KB151760

대상관계 부부치료

데이빗 E. 샤르프 **&** 질 새비지 사르프 지음
이재훈 옮김

한국심리치료연구소

국립중앙도서관 출판시도서목록(CIP)

대상관계 부부치료 / 데이빗 E. 샤르프 ; 질 새비지 샤르
프 [공]지음 ; 이재훈 옮김. -- 서울 : 한국심리치료연구
소, 2003
   p. ;   cm

원서명: Object relations couple therapy
원저자명: Scharff, David E.
원저자명: Scharff, Jill Savege
참고문헌과 색인수록
ISBN 89-87279-31-6 93180 : ₩20000

513.8915-KDC4
616.89156-DDC21   CIP2003000420

대상관계 부부치료

-Object Relations Couple Therapy-

David E. Scharff, M.D. &
Jill Savege Scharff M.D.

역자 서문

지난 해 8월 워싱턴에서 열렸던 국제 대상관계 부부치료 컨퍼런스에 참석했을 때, 저는 샤르프 박사 부부의 부부치료에 대한 발표를 듣고 신선한 충격을 받았습니다. 대상관계 이론의 통찰들을 부부치료에 적용할 뿐만 아니라 성치료적 접근까지도 대상관계적 접근에 통합시킨 이들 부부의 혜안과 노력에 경의를 표하지 않을 수 없었습니다. 그래서 이들 부부의 노력의 결실을 한국의 상담과 심리치료 전문가들과 함께 나눌 수 있으면 좋겠다고 생각했고, 그러한 생각을 행동으로 옮기게 되었습니다.

이혼율이 급증하고 있고, 가정과 가족의 안정이 크게 위협받고 있는 이 시대에 아무쪼록 이 책이 부부문제로 고통받고 있는 많은 사람들을 돕는 일을 하고 있는 전문가들을 위한 좋은 안내서가 되기를 바랍니다. 앞서 출간된 「대상관계 개인치료」와 또 앞으로 출간될 「대상관계 가족치료」와 함께 이 「대상관계 부부치료」는 한국의 심리치료 이론과 실제의 수준을 한 단계 끌어올리는데 크게 기여할 수 있을 것이라고 믿어봅니다.

이 책의 번역과정에서 초역을 맡아주신 최 혜숙 님의 노고에 감사드리며, 편집과 교열을 맡아주신 이 은경 님의 수고에도 감사드립니다. 그리고 이 모든 일이 가능하도록 뒤에서 밀어주시는 한국심리치료 연구소 가족 여러분들께 감사를 드립니다.

2003년 4월 19일   역자

목 차

서문

　이 책은 우리가 이전에 저술한 「대상관계 가족치료」에 이어 데이빗 샤르프의 초기 이론서인 「성적 관계」(The Sexual Relationship)와 임상적으로 짝을 이루는 책이다. 앞의 두 책이 그렇듯이, 이 책은 소그룹, 유아발달, 성 행동에 대한 조사 연구 결과 확립된 여러 이론들을 영국 대상관계 이론의 입장에서 통합하고 있다. 이 책에서 우리는 상호 성적 즐거움이라는 강력한 끈으로 연결된 헌신적인 체계로서의 부부관계에 대해 사고하고 작업하는 방법을 개발하고자 한다. 부부관계는 신체적으로나 정서적으로 친밀한 관계로서, 유아-엄마 사이의 초기 정신신체적인 동반자 관계를 물려받은 것이다. 각 개인 인격의 억압된 부분은 부부관계에서 무의식적으로 연결되며, 부부관계가 안전하다고 느껴질 때 의식 수준에서 표현된다. 이러한 측면들은 결혼한 부부의 특성을 만들어내는데, 이것은 일상적인 상호관계, 성관계, 자녀를 관리하는 방식, 그리고 물론 치료자와의 관계에서도 나타난다.

　우리의 부부치료 방법은 이 모든 면에 초점을 맞춘다. 대상관계 부부치료는 이해를 위한 심리적인 공간을 만들어 내기 위해 비지시적으로 이야기를 듣고, 꿈과 환상 자료를 다루고, 무의식적 갈등에 도달하기 위해 감정을 따라가는 것 등에 가치를 두고 있다. 또한 부부간의 반복되는 상호작용의 유형을 찾아내고, 그것을 불안을 방어하고자 하는 욕구와 연결시키며, 이에 대해 이름을 붙여준다. 때로 치료가 빠르게 진전되기도 하지만, 그렇다고 해서 항상 그렇다는 기약은 없다. 주된 치료 방법은 갈등을 해석하는 것을 통해서 무의식 안에 있는 것을 의식화하는 것인데, 이것은 황폐해진 부부관계에 새로운 활력을 불어넣는 효과를 가져온다.

우리의 접근 방법은 두 가지 점에서 다른 형태의 정신역동 부부치료와 구별된다. 그 중 하나가 성에 대한 강조점이다. 성적인 어려움은 결혼 초기와 그후의 결혼생활에 계속해서 영향을 준다. 부부치료 영역 안에서 이 문제는 성적인 역기능과 성적 분리 안에 작용하는 무의식적 갈등을 충분히 고려하지 않은 채, 행동주의적 접근을 통해서만 다루어졌다. 이 책에서 우리는 성치료의 중요성을 인식하면서, 그 분야에서 얻은 지식을 부부치료에 적용하고 있다. 데이빗 샤르프는 전문 성치료가로서의 경험을 토대로 성치료와 부부의 대상관계를 관련시키는 작업을 수행해왔다. 특별한 성치료가 요구되든 않든, 부부치료에서 성적인 관계를 이해하는 것은 치료 작업의 중요한 부분이다. 결혼과 성에 대한 우리의 의견은 이성 부부를 치료하면서 얻은 것이다. 우리가 동성애자들을 치료해왔음에도 불구하고, 게이 부부나 레즈비언 부부가 우리에게 상담을 받으러 온 일이 없는데, 그것은 아마도 우리 부부가 "이성애적 성정체감"을 지닌 치료자이기 때문일 것이다. 물론 우리가 이야기하는 많은 주제들이 동성애 결혼에도 마찬가지로 적용될 수 있다. 그러나 동성 부부의 문제는 우리가 이 책에서 다루지 않은 근본적으로 다른 측면들을 가지고 있다.

우리의 접근 방법의 두 번째 특성은 전이와 역전이에 강조점을 두는 것이다. 우리는 가장 깊은 수준의 무의식적 의사소통을 통해서 부부와 합류하고자 한다. 부부의 무의식이 우리의 무의식에 반응하도록 허용하면서, 우리는 공유하는 경험을 토대로 해석을 한다. 이 모든 것은 치료자의 내면에서 무의식적으로 일어나기 때문에 그것을 말로 표현하기란 쉽지 않다. 그것은 우리를 당황케 할 수도 있고, 그러한 자료에 환자 자신도 놀라고 당황할 수도 있다. 역전이를 설명하는데 있어서 또 다른 제한점이 뒤따른다. 즉 역전이를 즉각적으로 통찰하고 명석하고 분명하게 설명한다는 것이 실제로 불가능하다는 것이다. 사실, 그것은 치료자에게는 혼란스러운 일이다. 그러나 어쨌든 우리는 우리의 역전이를 계속해서 검토하고 탐구한다. 왜냐하면 그것이 우리가 치료 방법을 배울 수 있는 유일한 길이기 때문이다. 우리는 역전이의 탐구가 개인적 경험과 우리의 치료에 활기를 불어 넣어주고, 치료의 최고 절정의 순간인 치료적 통찰에 도달하는 것에 의해 보상되기를 소망한다.

종종 독자들은 우리가 함께 저술하기 때문에 우리 둘이 함께 일할 것이라고 생각한다. 때로 우리는 교육을 목적으로 진단 자문을 할 때 함께 일하기도 하지만, 일반적으로 우리는 서로 다른 곳에서 따로 일을 한다. 이처럼 따로 일하는 데에는 재정적이고 행정적인 이유가 있지만, 주된 이유는 임상적 독립성을 유지하려는 것이다. 부부치료에서, 결혼한 공동 치료자들은 환자의 내적 부부와의 관계에서 각자 고유한 위치를 갖고 있음에도 불구하고, 치료가 진행되면서 환자들이 경험하는 환상과 무의식적 갈등을 부부치료자 자신들의 환상 및 갈등과 구분하는데 시간과

노력이 소요된다. 이론적으로, 이것은 환자와 치료자 부부 모두
에게 가장 유익할 수 있지만, 그러나 실제적으로 우리는 결혼생
활의 즐거움을 위해 독립적으로 작업하기로 결정했다.

　우리는 부부의 상호작용을 연구하기 위한 오디오 테이프를
만들 수 있도록 허락해준 부부들과 좀더 깊이 배우고 가르치기
위해 비디오 테이프를 만들 수 있도록 허락해 준 부부들에게 감
사를 드리고 싶다. 이 책에 나오는 모든 사례들은 개인의 신분을
보호하기 위해 가명을 사용하고 있으며, 부부에 관한 모든 자료
는 익명성을 유지하기 위해 변경했거나 다른 부부의 자료와 결
합시켰다. 이 과정에서 우리는 관계의 증상, 병리, 무의식적인 대
상관계에 대한 서술에 혼란이 생기지 않도록 노력을 했다. 그러
나 우리는 역전이에 관한 부분만은 전혀 위장하지 않았다. 이 책
을 읽는 환자들은 우리가 드러내 보여주는 것을 과학적 탐구의
정신으로 이해할 수 있기를 바란다. 마지막으로, 우리의 치료를
신뢰해주고 우리가 배우고, 가르치고, 저술할 수 있도록 기여해
준 환자들에게 감사 드린다.

제 1 부

대상관계 관점에서 본
부부 치료

제 1 장

친밀감과 성에 대한
대상관계적 접근

부부관계는 두 사람의 문화적, 개인적, 성적 이상이 얼마나 잘 조화를 이루는가와 같은 의식적인 문제만이 아니라, 각 인격의 억압된 부분이 어떤 보완관계를 형성하느냐와 같은 무의식적인 문제에 의해 크게 좌우된다. 그것은 무의식적 의사소통이 부부 사이의 정서적 성적 친밀감을 유지시키는 능력을 결정하기 때문이다.

친밀감은 꼭 오래된 관계에서만 나타나는 특징이 아니다. 그것은 어떤 상황에서든지 관계에 참여하는 사람들간의 무의식적 의사소통에 따른 결과이다. 우리는 우연히 기차 여행에서 만난 두 사람이 즉시 가까워지는 경우가 있음을 알고 있다. 이처럼 사람들은 즉시 자기 자신의 삶을 나누는 친밀한 관계로 들어갈 수 있다. 그들이 관계할 수 있는 시간이 짧기 때문에 오히려 일상의 파트너와 나누는 친밀감보다 더 강렬한 친밀감을 나눌 수도 있다. 사실 첫 만남에서 경험할 수 있는 강렬한 친밀감은 그후의 접촉에서 지속될 수도 있고 그렇지 않을 수도 있다. 짧은 만남에서 친밀감을 이끌어낼 수 있는 능력과 사교적 상황에서 매력적으로 보일 수 있는 능력, 그리고 더 오랜 기간 관계를 지속할 수 있는 능력 사이에는 상당한 불일치가 있을 수 있다. 교제 초기에 경험하게 되는 강렬한 친밀감은 종종 급속한 상호 침투와 서로 간의 유사성과 상보성에 대한 즉각적인 인식으로 구성되며, 이는 전체적인 내적 상황의 균형을 고려하기보다는 어느 한 측면만이 강조되기 쉽다. 두 사람의 방어적인 억압 구조는 약혼 기간 동안에 어느 정도 확인될 수 있지만, 두 사람의 무의식적 상호 적합성은 보통 결혼 후에 좀더 오랜 기간의 삶을 통해 보다 철저하게 검증된다.

친밀감의 문제는 서로 친밀감을 나누며 만족스러운 성생활을 즐기는 서로 사랑하는 커플 중 한 사람 혹은 두 사람 모두가 그들의 관계로부터 철수하게 되면서 드러난다. 우리가 여기에서 말하는 철수는 두 사람이 실제로 완전히 헤어지거나 별거하는 것이 아니라 자아의 일부분이 자기 안으로 후퇴하는 것을 말한다. 이러한 친밀감으로부터의 철수는 상대방에게서 자신이 받아들이기 어려운 성격 특성을 갑자기 발견하게 될 때 나타난다. 사실 이 순간은 상대를 좋기도 하고 나쁘기도 한 전체 인간으로서 인식해야 하는 순간이며, 자기 자신 또한 전체적인 인간으로서 직접적이고 상호적으로 상대방을 만나야 하는 순간이다. 부부치료와 성치료에서는 자기와 타자를 뗄 수 없이 서로 얽혀 있는 존재로 간주한다. 특히 부부관계와 부부의 성적 기능은 아주 밀접하게 연결되어 있다. 성적 역기능을 수정하는 부부치료는 부부간의 관계를 고려하지 않을 수 없다. 그것은 성적 문제가 무의식적 요소에 뿌리를 둔 관계의 어려움을 표현하는 것인 동시에 그 문제에 접근할 수 있는 통로를 제공하기 때문이다.

　정신분석 치료자들은 오랫동안 성기능과 성적 역기능에 대한 구체적인 지식의 도움 없이 성적인 문제를 치료하고자 애써왔다. 그러나 이제는 성에 관한 조사 연구 결과물로부터 성기능과 성적 역기능에 대한 구체적인 정보를 얻게 되었다. 동시에 우리는 정신분석으로부터 분석가-환자 관계를 포함해서 친밀한 관계에서 발생하는 관계의 문제에 관해 많은 것을 배워 알고 있다. 이 지식은 우리가 대상관계 이론과 접목시킴으로 해서 이전보다 더 널리 사용될 수 있게 되었다. 무엇보다 이 지식은 개인의 내적 차원에서 발생하는 발달적 노력을 중요한 타자와의 관계 안에서 발생하는 상호작용의 차원과 연결시켜준다. 딕스(Dicks, 1967)와 진너(Zinner, 1976)는 지난 50년간 놀라운 발전을 이룩한 대상관계 이론을 부부관계에 적용했으며, 샤피로와 진너(Shapiro, 1979, Zinner and Shapiro, 1972), 스키너(Skynner, 1976), 박스와 그의 동료들(Box et al., 1981), 슬립(Slipp, 1984), 그리고 가장 최근에는 우리(Scharff and Scharff, 1987dl)가 가족 역동에 적용하였다. 데이빗 샤르프는 정신분석적 대상관계 이론을 가족치료에 적용하려고 노력했을 뿐만 아니라, 그의 책 「성적 관계」(The Sexual Relationship, 1982)에서는 성과 일반적 발달 사이의 연결에 대해 서술하였다. 그는 그 책에서 개인의 성적 발달이 가족의 문제를 표현하는 동시에 가족을 끊임없이 변화시키는 요소로 작용한다고 주장하고 있다.

　대상관계 이론은 관계를 맺고자 하는 개인의 욕구에 토대를 두고 있는 이론이다. 생의 처음부터 유아는 엄마와 관계를 맺고자 하는 욕구를 갖고 있으며, 아기는 엄마와의 애착관계라는 모체 안에서 성장한다. 가장 초기의 애착관계는 심리-신체적 동반관계(Winnicott, 1971), 즉 전적으로 신체적이며 전적으로 심리적인 관계 안에서 형성된다. 엄마는 아기를 안아주고 다루어주는 것을 통해서 그리고 아기의 타고난 리듬과 욕구를 이해하려고 하는 노력을 통해서 아기 내부에서 어떤 것이 일어나고 있는지를 배운다. 그리고 엄마가 그렇게 하는 동안 아기는 엄마와 갖는 경험을 심리 내부로 들이게 된다. 이러한 경험은 전적으로 신체적인 동시에 전적으로 심리적인 강렬한 쾌감의 원형을 구성하며, 이것은 성인의 성관계에서 반복된다.

주요 대상관계 이론가들은 유아가 돌보는 사람과 맺는 이 초기 관계 경험을 내재화하여 그의 내면세계를 구성하는 과정에 대해 연구했다. 가장 융통성 있는 견해에서, 이 이론은 환경적 요소와 타고난 요소를 균형 있게 강조한다. 다시 말해서, 돌보는 사람이 제공해주는 환경과 자신이 받아들인 것을 변형시킬 수 있는 유아의 능력을 동등하게 고려하고자 한다(Mitchell, 1988).

정신분석 초기에, 프로이트는 실제 박탈 경험이 개인의 어려움의 핵을 구성한다고 생각했다; 유아 성적 유혹, 자위, 자위에 대한 금지, 그리고 성교의 방해가 심리적 외상의 원인으로 간주되었다(Freud, 1895, 1905a, Breuer and Freud, 1895). 그러나 프로이트는 어린아이가 실제로 일어난 사건을 변형시키고 왜곡한다는 사실을 발견하면서, 자신의 이론의 초점을 내적인 무의식적 갈등의 영역으로 옮겼다. 그는 초기 유혹 이론을 포기하였다. 유혹 이론은 흥미롭게도 그가 등을 돌린 극소수 이론 가운데 하나가 되었다. 그는 아동의 실제 경험이 중요하다는 점을 뒷받침해주는 임상적 설명에서, 아동이 세상을 어떻게 경험하느냐의 문제는 대체로 그가 어떻게 발달할 것이냐를 결정한다고 말했다. 이 초기 이론 이후로 그의 이론은 예정된 형태를 따라 욕동과 구조의 프로그램이 전개되는 과정을 설명하는데 강조점을 두었다. 따라서 경험과 접촉하면서 수정되는 것들은 단지 이차적인 중요

성을 갖는 것으로 간주되었다. 프로이트의 견해에 따르면, 개인
은 이미 발달 프로그램이 입력되어 있기 때문에 미리 디자인된
대로 움직이며, 발달 과정에서 만나는 방해물에 적응하면서 미
리 결정된 목표를 향해 나아가는 미사일과 같은 존재이다. 우연
이 환경과 조우하는 것은 미리 예정된 것이 펼쳐지는 것과 비교
할 때 이차적인 것이다.

　가족치료 이론은 프로이트가 이차적인 위치에 놓은 환경 요
인에 초점을 둔다. 가족치료 이론은 외부 세계, 가족체계, 원 가족
과 확대 가족 사이의 관계구조의 중요성을 강조하며, 경험을 유
발하고 변형시킬 수 있는 개인의 능력을 이차적인 것으로 인식
한다. 이 이론에서는 외적 사건을 확고한 현실로 보는 반면, 내적
심리적 사건은 덜 구체적이고 신비적인 특성을 갖고 있다고 본
다. 행동주의적 치료는 그 중간에 위치해 있다. 행동주의 치료에
서는 관찰할 수 있는 행동과 사건만을 중요하게 생각하며, 가족
치료에서처럼 개인의 내적 삶과 멀리 떨어져 있고, 정신분석에
서처럼 가족체계에 대한 이해와 멀리 떨어져 있다.

　대상관계 이론은 이 두 가지 모두를 포함한다. 대상관계 이론
은 동기, 발달, 관계에 대한 정신분석적 이론이다. 그것은 개인의
무의식 구조를 탐구하는 이론으로서 시작되었으며, 환자의 병리
보다는 분석적 관계에 대한 연구에 기초를 둔 이론이기 때문에
쉽게 부부, 가족, 그리고 집단 역동에 적용할 수 있었다. 그것은
일차적인 관계 안에서 나타나는 행동과 그러한 행동의 무의식적
결정요인 및 결과를 탐구할 수 있는 도구를 제공해준다.

　그러나 대상관계 이론은 이론 그 이상의 의미를 갖는다. 그것
은 환자, 부부, 가족의 문제에 접근하고 작업하는 방식이다. 그것
은 엄마가 말없는 이해로 아기를 받아들이듯이, 우리가 환자를
받아들이는 방식이다. 우리의 치료적 입장은 함께 옆에 있어주

고, 들어주고, 반영해주고, 요약해주고, 피드백에 의해 수정된 공
감에 기초해서 반응해주고, 전체 경험을 언어적 형태로 개념화
해주는 과정을 포함한다. 그리고 그렇게 할 때, 우리는 외적인 사
건과 사람들이 개인, 부부, 가족에게 미치는 영향력과, 경험을 변
형시킬 수 있는 개인의 능력 모두가 중요하다고 믿는다. 이 이론
은 폭넓고 깊이 있는 이론이다. 이것은 우리로 하여금 경험의 복
잡성을 온전히 취급할 수 있게 해준다. 예를 들어, 정신분석 또는
정신분석적 심리치료에서는 개인의 내적 세계에 치료의 초점을
둔다. 부부가 함께 치료받는 공동치료 상황에서, 우리는 외적인
상호 관계의 문제를 이해하며, 종종 사람들 사이에서 실제로 어
떤 일이 일어났는지를 묻고 나서, 그러한 사건이 무엇을 의미하
는지를 묻는다. 그러나 우리는 이런 작업방식을 사용하면서 하
나의 포괄적인 이론 안에서부터 그때마다 다른 관점을 취하게
된다. 즉 우리는 "실제" 세계 속에서 일어나는 사건들에 관한 견
해와 우리 안의 "주관적" 세계로부터 얻은 자료 사이를 왔다갔
다한다. 우리는 이 두 가지 측면을 모두 중요하게 생각한다.

대상관계 이론

이제 페어베언(Fairbairn, 1952, 1954, 1963)의 대상관계 이론으
로 돌아가 보자. 그는 특별히 친밀감에 대해 이야기하지는 않았
지만, 그럼에도 불구하고 우리에게 친밀감에 대해 많은 것을 말
해주고 있다. 그는 유아가 처음부터 엄마 또는 돌보는 사람과 관
계 맺고 싶은 욕구를 갖고 있다고 주장했다. 유아는 상호 관계가

불만족스러울 때 너무 고통스럽기 때문에 그 측면을 경험으로부터 분열시키고 억압한다. 이런 고통스러운 경험은 두 가지 측면으로서 무의식 안에 저장된다: 흥분시키는(리비도적) 엄마와의 관계와 거절하거나 좌절을 주는(반리비도적) 엄마와의 관계 측면. 흥분시키는 관계에서 유아는 엄마를 유혹적이거나 불안스럽게 질식시키는 존재라고 느낀다. 이때 유아는 만족을 갈망하지만 결코 만족을 얻지 못한다. 거절하는 관계에서 유아는 엄마를 거절하고, 화가 나 있고, 자신의 욕구를 좌절시키는 존재라고 느낀다. 이때 유아는 화가 나고 슬픔을 느낀다. 마지막으로, 엄마와 아이 사이에 만족스런 관계 영역이 있다. 페어베언은 이 영역 안에 "중심적 자아"와 "이상적 대상"을 두었다. 이 영역 안에서는 합리적인 감정이 특징으로 나타난다. 페어베언은 거절하는 대상 체계는 흥분시키는 대상 체계에 다시 한번 "적대적인 억압"을 행사한다고 보았다. 임상적으로, 실패한 부부관계에서는 서로에 대한 고통스러운 갈망을 인식하기보다는 서로 끝없이 싸우는 모습을 보인다. 그림1-1은 심리내적 구조에 대한 페어베언의 이론적 윤곽을 보여준다.

　다른 영국 대상관계 이론가들의 이론들도 가족치료에 적용될 수 있다. 우리는 멜라니 클라인의 연구로부터 투사적 동일시 개념을 배웠다(Klein, 1946, Segal, 1964, Ogden, 1982). 이 개념은 매우 복잡하기 때문에 제대로 다루려면 별도의 설명이 필요하다(3장 참조). 간단히 말해서, 투사적 동일시란 개인이 받아들일 수 없는 자신의 부분을 다른 사람에게 투사하는데, 그때 상대방은 무의식적으로 그것을 받아들이는 내사적 동일시 과정을 통해서 그 투사된 부분이 자신의 일부분인 것처럼 느끼며, 그것을 확인하기 위해 그렇게 행동하거나, 좀더 성숙한 개인의 경우 그것을 수정하는 과정을 말한다. 정상적인 관계에서, 투사적 동일시는

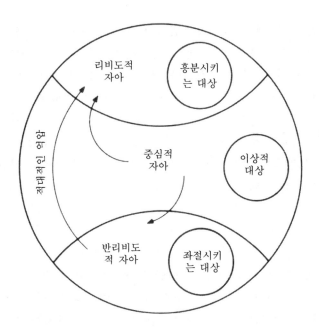

그림1-1. D. E. 샤르프의 책 「성적 관계: 대상관계의 성과 가족에 대한 견해」에서 인용한 페어베언의 정신 구조 모델. 이상적 대상과의 관계 안에 있는 중심 자아는 돌보는 사람과 의식적인 상호작용을 한다. 중심 자아는 경험의 리비도적 측면과 반리비도적 측면을 분열시켜 억압하며, 그때 무의식 속에 남아 있는 자아의 일부분이 동시에 분열되고 억압된다. 리비도적 체계는 반리비도적 체계에 의해 다시 한번 억압된다.

다른 사람의 경험을 이해해주는 공감 능력의 기초가 된다. 그러나 불안한 관계에서 투사적 동일시는 다른 사람을 견디기 어렵고 불편한 방식으로 소유하고 통제하는데 사용된다. 그림 1-2는 이러한 서로 상호적 정신 과정을 보여준다.

투사적 동일시는 또한 친밀감의 기초가 된다. 부부는 투사적 동일시를 통해서 그들의 내적 대상이 서로 잘 맞는지 시험한다. 이 과정은 짧은 만남에서 일어나기도 하지만, 여러 번 반복해서

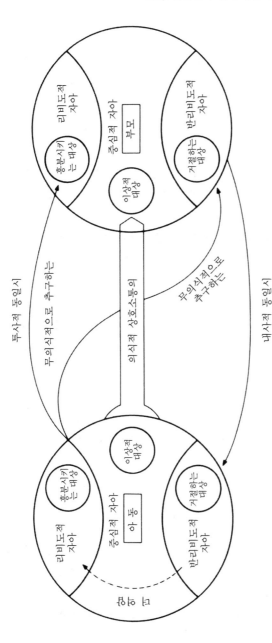

그림1-2. 투사적 동일시와 내사적 동일시의 상호작용. 이것은 아동이 좌절을 만나거나 갈망이 해소되지 않고 외상이 생길 때 아이와 부모와의 관계에서 상호작용하는 투사적 동일시와 내사적 동일시의 과정을 있는 말한다. 이 도표는 아동이 자신의 욕구를 갈망하고 투사적 동일시를 통해서 부모에게 반사적 유사한 경향과 동일시하는 것을 묘사한다. 가절당한 아동은 내사적 동일시를 통해서 부모 자신의 아동비도적 체계 안에 있는 좌절과 동일시한다. 좌절에 대한 내적인 반응을 통해서, 리비도적 체계는 아동의 반리비도적 체계에 의해 더욱 억압된다.

시험해보려면 보통 더 긴 시간이 필요하다. 엄마와 유아간의 친
밀감은 엄마가 아기를 먹여주고, 기저귀를 갈아주고, 목욕을 시
켜주는 것을 통해서, 즉 일반적으로 아기를 안아주고 몸을 다루
어주는 것을 통해 발달한다. 부부가 가정생활에서 자녀를 양육
하고, 차를 태워주고, 자녀에게 교육의 기회와 사회적인 기회를
제공하는 것은 부부에게 비성적인 친밀감의 영역이 된다. 부부
가 성적 친밀감을 나누기 위해 시간을 내는 것은 쉬운 일이 아
닐 수 있다. 자녀가 없는 부부에게는 먹을 음식과 편안한 잠자리
를 준비하는 것, 자원을 공유하는 것 그리고 일과 사교생활 및
개인 시간의 우선 순위를 정하는 것 등이 비성적인 친밀감의
영역이 될 수 있다. 자녀가 있건 없건 간에, 부부가 오랜 기간 친
밀감을 유지하려면 일상생활에서 일어나는 사소한 일들을 서로
의논하는 것이 필요하다.

그러므로 부부치료 과정에서 사소한 일상생활에 대해 검토하
는 것이 중요하다. 부부 사이의 상호작용을 검토하는 과정에서
분열되고, 억압된, 또는 개인의 무의식적인 투사적 동일시에 의
해 다루어진 내용들이 겉으로 드러나게 된다. 이러한 검토를 통
해서 가족치료와 부부치료는 친밀성의 영역에 접근하게 된다.

개인치료에서, 우리는 환자와 친밀한 관계를 형성하기를 기대
한다. 게다가, 정신분석이라는 정서적 교류는 전이 안에서 행하
는 일종의 성교로 경험될 수 있다. 이 전이라고 하는 은유는 성
적인 어려움을 탐구하는데 매우 유용한 도구이다. 이제 우리는
분석 또는 심리치료 과정에서 일어나는 전이가 성적 주제를 표
현하는 방식에 대해서 또는 정반대로 그것을 숨기는 방식에 대
해서 좀더 정확하게 인식할 수 있게 되었다. 환자는 친밀한 언어
표현을 사용하여 신체적인 성에 담겨 있는 무의식적인 요소를
더욱 억압할 수도 있다. 어떤 환자의 경우에는 심리치료가 갖는

비밀보장이라는 요소가 치료관계가 확립되기 이전까지는 억압된 성적 요소에 접근하지 못하게 가로막는 역할을 하기도 한다. 그러면 억압된 것은 다시 출현을 시도하게 된다. 치료관계에서뿐만 아니라 모든 가까운 관계에서 개인은 전인으로서 이해 받고 사랑 받기를 원하기 때문에, 부인되고 억압된 인격의 요소들은 이해 받을 때까지 자체를 표현하고자 노력한다(Fairbairn, 1952).

정신-신체적인 동반자 관계

신체적 친밀감과 정서적 친밀감의 관계를 탐구하기 위해서, 우리는 신체적 가까움과 정서적 가까움이 하나로 통합되었던 초기 상황으로 되돌아가야 한다. 엄마와 유아의 관계를 "정신-신체적 동반자 관계"(the psycho-somatic partnership)라고 한 위니캇의 표현(1960a, 1971)은 이러한 친밀감과 성의 영역에 대한 서술이기도 하다. 그는 신체적 교류를 통해서 이루어지는 엄마-유아간의 관계를 통해서 유아의 심리적 내면 세계가 조직된다고 말한다. 이 시기에 엄마와 유아의 관계는 전적으로 신체적인 동시에 전적으로 심리적이다. 유아와 엄마 사이의 신체적 상호작용은 또한 엄마의 심리를 조직한다. 다시 말해서, 정신신체적인 동반자 관계는 서로를 확증해주는 관계이다. 유아-엄마 관계의 새로운 측면에 대해서는 스핏쯔(Spitz, 1945, 1965), 말러와 동료들(Mahler et al., 1975), 브라젤톤과 동료들(Brazelton, 1982, Brazelton and Als, 1979, Brazelton et al., 1974, Brazelton et al., 1979), 그린스팬

(Greenspan, 1981), 그리고 다른 많은 학자들이 연구해왔다. 최근에 스턴(Stern, 1985)은 이러한 연구 결과들을 요약하였다. 유아의 자기는 엄마-유아의 정신신체적인 동반자 관계를 형성하고 있으며, 상호 교류를 통해서 점진적으로 성숙한다; 엄마와 유아는 서로에게 신체의 움직임을 맞추며, 서로를 바라보고 소리를 교환하는 것을 통해서 초기의 대화 형태를 구성한다. 초기 몇 달 동안, 엄마와 유아는 서로 신호를 주고받는 반응에 적응하게 되고, 그 반응이 세련되면서 장기간 지속되는 관계 유형을 형성하게 된다.

성적인 관계

성인의 성적인 관계도 마찬가지이다. 성적 관계는 두 사람 사이의 신체적 상호작용이 일어나는 정신신체적인 동반자 관계이며, 이때 이 신체적 상호작용은 개인의 심층 심리를, 특히 내적 대상관계를 반영한다. 매스터스와 존슨(Masters and Johnson, 1966, 1970)은 정상적이거나 비정상적인 생식기에 대해 설명하면서 생식기의 기능과 상호작용에 대해 명확하게 설명하였다. D. 샤르프는 성감대를 갈등이 투사되는 화면으로 보는 관점을 발전시켰다(D. Scharff, 1982). 그는 다음과 같이 말한다:

생식기와 여자의 젖가슴은 성인 부부나 개인의 내재화된 대상 및 현재의 중요한 인물과의 갈등이 투사되는 신체적 부위로 선택되기 쉽다. 따라서 비교적 작은 신체 기관인 페니스와 질은 개인적 및 대인관계적 갈등이 전개되는 전쟁터가 된다. 이 작은 신체 영역에 맞추기 위해 엄청나게 복잡한 주제들이 심리적으로 처리되는 과정을 거친다. 기억이 아주 희미한 갈등이나 오랫동안 무의식에 억압되어 있던 갈등들이 생식기라고 하는 신체의 화면 위에 압축된 형태로 투사된다.

이 화면은 전체 그림을 보여 주기에는 너무나 작다. 따라서 그 결과물은 아주 단순화되고 압축되어서 잘못 해석되기 쉽다. 이 그림에서 중요한 세부사항은 더 이상 구분되지 않고, 하나의 갈등이 다른 갈등 위에 겹쳐지며, 한 가지 내재화된 관계가 다른 것들과 섞이게 된다. 이것은 마치 꿈꾸는 사람의 자아가 의미와 감정을 표현하는 꿈을 만들어내는 과정에서 사건을 압축시키고 왜곡시키는 것과 같다.

그 과정에서 얻어지는 감정의 혼합물은 많은 사람들과 경험한 옛 관계와 현재의 관계에 관한 것이지만, 그것은 신체라고 하는 비교적 단순하고 직접적인 통로를 통해 표현된다. 예를 들어, 주어진 상황에서 성적인 활동과 반응은 있을 수도 있고 없을 수도 있다. 여기에는 개방성, 억제, 성적인 실패, 공격성 등이 다양한 형태로 관련될 수도 있고, 그에 따라 성적 만남이 좋게 느껴질 수도 그렇지 않을 수도 있다.

만일 우리가 성적인 관계를 정신신체적인 동반자 관계로 간주한다면, 우리는 이러한 신체 기관들—생식기, 가슴, 입, 손을 포함하는—사이의 특정한 상호작용이 깊은 정서와 관계를 표현하는 방법을 그려낼 수 있을 것이다. 성인의 성적 관계는 부분적으로 초기 관계의 재연이며, 이 초기 관계는 다른 어떤 관계에서보다 성적 관계에서 뚜렷이 드러난다. 이러한 상황에서, 성적 흥분은 흥분시키는 대상관계 체계를 자극하고, 성적 거절이나 좌절은 거절하는 대상 체계를 자극한다. 이것들을 나타내는 내적 대상관계는 외적 대상과의 상호작용에서 이러한 경험을 재창조하는 경향이 있으며, 그 외적 대상에 대한 성적 흥분으로 고조된 신체적 경험은 무의식적인 내적 대상관계의 역할을 확대시킨다. 이런 점에서 성인의 성은 초기 엄마-유아간의 정신신체적 동반자 관계를 이어 받은 것이다.

성적 표현은 새로운 사랑 대상과 내적 대상을 모두 연결시켜준다. 성은 다음의 것들을 상징한다(D. Scharff, 1982):

1. 사랑이 많은 부모 이미지에 대한 갈망과 그 부모에게 돌봄을 받고 그들을 사랑하고 싶은 갈망.
2. 사랑을 주지 않는 것처럼 보이는 부모 이미지를 극복하고 견디고자 하는 노력. 만약 그들을 용서할 수만 있다면, 그것은 역설적으로 그들과 화해할 수 있는 기회가 된다.
3. 이 두 가지 이미지를 사랑하는 부부에 대한 하나의 온전한 내적 감각으로 종합하고자 하는 시도. 이때 사랑하는 부부에 대한 내적 감각은 실제 부모 사이의 관계에 토대를 둔다.

만족스런 성행위는 실제적 및 상징적인 보상(reparation)을 가져다준다. 이것은 몸에 대한 사랑을 통해서 다양한 신체적 및 정서적인 욕구의 근원들에 사랑을 부여한다. 이와는 대조적으로, 만족이 없는 성은 박탈감과 해소되지 않은 욕구를 다시 자극한다. 합리적인 성의 목표는 부부의 긴장을 완화시켜줌으로써 부부관계 안에서 평균 수준의 좌절과 갈등을 표현하고 담아낼 수 있으며, 때로는 부부가 꼭 필요로 하고 원하는 것을 주는데 있다. 우리는 이것을 "충분히 좋은 성교"라고 부른다.

그러나 배우자 한 사람 혹은 두 사람 모두에게 신체적 심리적 어려움이 너무 많은 경우에 충분히 좋은 성교는 불가능하다. 일반적으로 "성적 역기능"이란 용어는 신체적, 교육적, 심리적인 문제에서 유래된 병리적인 성적 상호작용을 설명하는데 사용되고 있다. 우리는 내적 대상관계에서 기인된 병리적인 성적 상호작용을 성적 역기능과 구분하기 위해서 D. 샤르프가 만든 "성적 부조화"라는 용어를 사용하고 있다. 성적 부조화에서 드러나는 대상관계의 문제는 그 기원이 최근의 경험일 수도 있고 뿌리가 깊은 것일 수도 있지만, 보통은 이 두 가지가 혼합된 경우가 대부분이다. 경험의 미숙이나 신체적 결함에서 비롯된 성적 역기능 또한 현재 관계의 정서적 색조에 영향을 미치고 내적 대상을 동요시킨다. 따라서 모든 성적 역기능 문제는 성적 부조화를 포함한다. 그러나 모든 성적 부조화가 특정한 성치료를 필요로 하는 성적 역기능에 해당되는 것은 아니다. 부부치료자로서 우리는 성적 부조화와 역기능을 모두 포함하는 전체 범주를 치료 대상에 포함시킨다. 동시에 우리는 필요하다면, 이러한 전체 범주의 한쪽 끝에 속하는 역기능 사례를 특정 성치료 전문가에게 의뢰하기도 하고 또는 행동치료로 전환하기도 한다.

작업 방식들

대상관계 이론은 성적 및 부부간의 문제에 관해 이야기하고 작업하는 방식을 제공해준다. 대상관계 이론은 개인 정신분석이나 정신분석적 심리치료, 부부치료 그리고 성치료에서 사용되는 행동주의적 치료의 틀과도 조화를 이룬다. 대상관계 이론은 충

고하거나 심지어 성치료에서 행하는 것과 같은 처방을 주는 것
에 대해 반대하지 않는다. 그러나 이 이론의 접근 방법은 개인의
내면에서 무엇이 일어나고 있는지에 대해 전혀 알 수 없으며 치
료 과정과는 무관하다고 가정하는 접근 방법과는 현저하게 다르
다. 대상관계 이론은 개인의 내면에서 일어나고 있는 것을 평가
하는데 집중하며, 이것은 부부의 상호작용에 대한 이해를 치료
의 핵심적인 요소로 보는 공동치료(conjoint therapy)에서도 마찬
가지이다.

우리의 목표는 환자의 무의식적 경험의 수준에서 환자를 이
해하고, 우리의 이해에 근거한 해석 작업을 통해 그들과 관계 맺
는 것이다. 다른 모든 것은 이것에 부과되는 이차적인 것일 뿐이
며, 심지어 성치료나 어린 아동 및 청소년의 부모를 상담할 때
적용하는 행동주의적 치료 방법들도 마찬가지이다. 이 접근에서
무의식적 의사소통을 이해하는 것이 치료의 핵심적인 요소이기
때문에, 우리는 깊은 이해에 도달하기 위한 방법을 필요로 한다.
그런 방법으로는 무의식의 조직과 의사소통에 대한 중요한 정보
를 제공해주는 전이와 역전이가 있다. 따라서 대상관계 치료에
서는 전이와 역전이가 무의식에 대한 이해에 도달하기 위한 중
심적인 방법으로 사용된다.

전이와 역전이

처음에 프로이트는 전이를 환자가 생의 초기 상황에서 겪었
던 충동을 치료자에게 전치시키는 것으로 설명했다(1895,

1905a). 그는 이 개념을 원래 분석 상황에만 제한해서 사용하였고, 무의식적인 정신 내용을 의식화시키고자 하는 치료자의 노력에 대항하는 힘인, 저항의 개념과 연결시켰다. 그에 따르면, 억압된 것은 억압에서 벗어나는 것에 대해 저항하며, 이것이 마음의 구조가 갖는 본래적인 특성이다.

사람들은 어떤 관계의 부분들을 의식에 담아두기가 너무 고통스러울 때, 그것을 분열시켜서 무의식에 집어넣는다. 따라서 불가피하게 관계를 구성하는 세 가지 측면이 무의식 안에 형성된다; 즉 대상의 흔적, 자기 또는 자아의 일부분, 그리고 자아와 대상 사이의 상호작용을 특징짓는 감정 등이 그것이다. 억압된 것은 의식에서 받아들이기가 몹시 고통스럽기 때문에 중심 자아가 의식에 접근하지 못하도록 무의식 속에 묻어버린 정신 내용이다. 억압된 것과 마찬가지로, 중심 자아도 억압이 풀려나는데 대해 저항하는데, 그것은 억압이 풀려날 때 중심 자아가 불안을 직면하게 되기 때문이다.

건트립(Guntrip, 1969)은 저항에 대인관계적인 측면도 있다는 사실을 주목했다. 환자는 자신의 부분을 치료자에게 드러내기를 꺼리는데, 그것은 초기 경험에 의해서 형성된 수치심과 상상된 대인관계적 구성물 때문이다. 저항은 바로 자신의 부분을 다른 사람에게 드러내는데 따르는 어려움을 말하는 것이며, 전이는 그러한 거리낌에도 불구하고 이러한 무의식적 요소를 드러내는 수단이다.

그렇다면 어째서 분열되고 억압된 대상들과 자기의 부분이 전이로 나타나는가? 페어베언에 따르면(1952), 그것은 인간이 관계를 맺고자 하는 욕구를 갖고 있기 때문이다. 각 개인이 관계를 추구하듯이, 인격의 각 부분은 일차적인 관계 안에서 인정을 받기를 추구한다. 그러므로 보통 사람들은 부모, 배우자, 연인, 자녀,

치료자와의 관계 안에서 충분히 이해 받기를 원한다. 치료 과정에서 자기의 부인된 부분이 이해 받기 위해 차례로 표면으로 떠올라온다. 이러한 인격의 요소들은 마치 그것들이 각자 독립적인 인격인 것처럼 인정받고자 한다. 이것은 전체 인간으로 통합되고 수용되고 사랑 받는 것이 우리 각자의 중심적인 동기이기 때문이다.

이러한 관점에서 볼 때, 전이는 일반적인 관계의 현상으로서, 더 이상 치료 관계에만 국한되지 않는다. 그것은 모든 관계 속에 존재한다. 심지어 짧은 만남이나 우연한 만남에서조차도, 전이는 한 사람이 다른 사람을 어떻게 바라보는가를 반영해준다. 따라서 개인이 새로운 관계에 접근할 때 느끼는 의심, 과대주의, 낙관주의, 또는 두려움은 그 개인의 주된 성격 특성을 나타내며, 동시에 그것은 중심 자아의 기능을 나타낸다. 보다 지속적이고 강렬한 관계에서, 무의식적인 내적 대상관계의 요소들은 더욱 심층적인 전이로 나타난다. 여기에서 전이는 자기와 내적 대상의 요소들을 단순히 다른 사람에게 투사하는 것으로부터 투사적 동일시를 통해서 무의식적 요소가 상호 침투하는 것으로 옮겨간다.

치료자는 환자의 투사를 인식하는 것을 통해 작업을 시작하게 되며, 처음에는 투사적 동일시의 문제를 다루지 않는다. 투사적 동일시는 나중에 나타나게 될 것이다. 투사적 동일시의 내용은 치료자가 그것을 흡수함으로써 알 수 있게 된다. 이것은 무의식적인 정신 과정이다. 그것을 의식하는 그 순간 치료자는 상황 바깥에 있어야만 하며, 환자에 대해 이방인으로 남아 있어야 한다. 기꺼이 자기를 개방하는 치료자는 결국 자기 안에서 자신의 성격과는 다른 다양한 마음 상태를 지각하게 되며, 따라서 환자 개인이나 부부에게 독특한 반응을 보일 수 있게 된다. 투사적 동일시를 발견하게 되는 단서는 역전이, 즉 환자에 대한 치료자의 반응에 있다. 여기서 치료자는 특정한 환자에 대한 반응으로 보이는, 자신에게 낯선 일련의 불편한 감정을 느끼게 된다. 치료자가 이런 감정을 이해하고자 애쓰고, 그것을 환자와의 관계 경험과 연결시키고자 노력할 때, 환자가 의사소통하고자 하는 의미가 차츰 드러나게 된다.

이러한 이해에 도달하기 위해서 치료자는 마음속에 불러일으켜진 환상을 사용할 수도 있고, 환상과 상관없이 떠오른 지배적인 감정을 사용할 수도 있다. 치료자의 마음속에 때때로 어떤 노랫말이 떠오를 수도 있고, 어린 시절의 사건에 대한 기억이나 현재 경험에 대한 연상이 떠오를 수도 있다. 이 모든 것들이 첫 반응에 해당되는데, 이것들이 치료 상황에서 의미 있는 것이 되기 위해서는 환자에 대한 치료자의 경험과 연결되어야 한다. 이것은 치료자가 단순히 자신의 역전이 반응을 환자와 나누는 것을 의미하지 않는다. 그것은 미숙하거나 자기 만족에 빠진 치료자가 자주 겪게 되는 오류이다. 치료자 자신의 경험을 깨달아 아는 것이 그 출발점이다.

치료자는 환자와 의사소통하기 전에 먼저 자신의 반응을 이해해야 한다. 우리는 이 책에서 치료자가 자신의 역전이 반응을 이해하는 과정을 보여주기 위해 많은 노력을 기울일 것이다. 이것은 치료 기법에서 가장 배우기 어렵고 가장 많은 훈련을 필요로 하는 부분이다. 심지어 이 분야에서 충분히 훈련받은 치료자라 하더라도 역전이에 근거한 해석은 최대한 자제해야 한다. 그럼에도 불구하고, 이러한 해석이 치료 상황에 대한 중요한 깨달음의 순간을 가져오는 경향이 있으며, 종종 치료 과정에서 전환점을 만들어내기도 한다.

역전이는 치료라는 항해 과정에서 일차적인 길잡이가 된다. 만일 치료자의 역전이가 쉽게 잘 이루어지고 있다면, 우리는 환자와 치료자간에 원활한 무의식적 교류가 일어나고 있다고 생각할 수 있다. 그러나 일이 잘못되어가고 있다고 느껴지고, 치료가 진전되지 않고, 절망적이고, 무익하고, 분노가 치료 상황을 지배하게 되는 때가 있다. 마찬가지로 치료 분위기가 장미 빛으로 물들고, 환자와 치료자가 서로를 비현실적으로 이상화할 때, 우리는 무언가 잘못되어 가고 있다고 느끼게 된다. 이러한 모든 치료 상황에서, 역전이는 가장 중요한 핵심적 요소로 작용한다. 거의 모든 치료 상황에서 아주 어려운 순간에 이러한 문제가 발생하게 된다. 역전이를 사용함으로써 이와 같은 강렬한 정서적 경험을 분석할 수 있는 치료자의 능력이 대상관계 심리치료의 주된 특징을 이룬다.

치료 초기의 상황을 보여주는 사례

레베카와 켄틴이 내게 치료받으러 왔을 때 결혼한지 10년이 되어 있었다. 켄틴은 40세의 법률가였고, 레베카는 32세의 음악가였다. 그들은 성관계를 갖지 않고 결혼생활을 하는 경건주의 신앙을 가지고 있는 순진한 부부로 보였다. 그러나 이러한 나의 환상은 맞지 않았다. 그들은 성생활을 하고 있었다. 그들은 레베카가 삽입을 두려워한다고 했다. 레베카가 켄틴을 만났을 때, 그녀는 처녀였고, 나중에 그와 성관계를 가질 때 질경련이 있었다. 그녀는 늘 질이 매끄러워지지 않아서 부담감과 불안을 느끼고 있었다. 켄틴은 레베카를 만나기 전에 많은 파트너들이 있었지만, 돌이켜 생각해볼 때 지속적으로 사랑하는 관계는 없었다. 그들은 레베카가 대학을 졸업한 직후에 만났다. 아버지가 죽음을 앞두고 있던 일로 인해 마음이 심란했던 켄틴은 그녀를 꼭 잡았다. 처음에 그녀는 켄틴과 신체적으로 친밀해지는 것과 성생활에 끌렸지만, 그녀의 흥분은 오르가즘으로 해소되지 못했다. 결혼한 순간부터, 그녀는 점점 더 성에 대한 관심을 잃었고, 켄틴이 가까워지고자 하는 자신의 욕구를 무시한다고 느꼈으며, 전반적으로 불안에 사로잡힌 상태에서 살았다. 켄틴은 레베카를 만나기 전에 오랫동안 성생활을 즐겼지만, 여자들이 어떤 욕구를 가지고 있다고 생각해 본 적이 없다고 말했다. 그는 여자들을 자신의 신체적 긴장을 방출하는 도구로서만 사용했음이 분명했다. 그는 자신이 이 점에 대해 다르게 생각할 수도 있다는 것은 알겠지만, 다른 방식의 성생활이 있다는 사실을 믿을 수 없다고 했다.

나는 처음부터 두 사람 모두 끊임없이 서로를 향해 털을 곤두세우는 두 마리 고슴도치처럼 불안해하고 있음을 느꼈다. 나에 대한 그들의 태도는 달랐다. 켄틴은 나를 사랑하고 이상화시켰다. 그는 대학에서 심리학을 전공했으며, 지금까지 치료를 피해 왔으면서도, 그는 성치료 애호가였다. 그는 나를 대단한 사람이라고 생각했는데, 이 점이 걱정스러웠다. 그가 어떤 다른 생각을 갖고 있을까? 레베카는 나를 경계했다. 그녀는 방안의 두 남자가 자신을 심리학적으로 세뇌시키려 하고 있으며, 자신이 그들에게 당할지도 모른다고 염려하고 있었다. 그러므로 치료를 시작할 때, 내가 느낀 감정은 레베카는 나를 신뢰할 수 없고, 나는 켄틴을 신뢰할 수 없다는 것이었다. 더욱이 나는 그가 내놓은 문제를 의심스럽게 보는 그녀의 입장에 동의하는 경향이

있었다: 내 생각에 그는 자신은 변화되지 않은 상태에서 내가 그를 위해 그녀를 변화시켜주기를 원하는 것 같았다. 나는 내 자신이 코미디 영화 고스트 버스터에 나오는 죽은 고스트의 잔재인 진흙을 연상시키는, "끈적거림"에서 벗어나고 싶어한다는 사실을 발견했다. 그들의 매달리는 특성에 대해 내가 느낀 감정은 유아적인 혐오감과 "나에게서 떨어져 줘"라는 것이었고, 유령에 대해서는 우리의 작업을 힘들게 할 내적 유령의 특질은 어떤 것일까라는 연상이 떠올랐다.

평가면담 후에, 성치료를 받는 것이 그들의 관계의 어려움을 찾아 낼 수 있는 수단이 될 것이라고 생각했기 때문에, 우리는 그들의 성치료에 동의했다. 나는 그들에게 첫 과제를 주었다. 그것은 두 사람이 교대로 알몸을 마사지를 해주는 것이었다. 그들 두 사람 모두 그 일이 기분 좋지 않았다고 보고했다. 레베카가 말했다. "저는 정말 신경이 쓰였어요. 마사지 때문이 아니라 켄틴과 함께 벌거벗고 있다는 것 때문이었어요. 전 그의 몸을 보는 것이 별로 기분 좋지 않았어요. 그의 몸에 난 털과 성기가 끔찍스럽게 보였어요." 그 두 사람은 차례로 몸을 마사지해 준 15분이란 시간이 영원처럼 길게 느껴졌고, 그녀는 켄틴이 밤 10시가 넘어 퇴근한 사실을 그녀가 졸린 것을 변명하는 구실로 삼았다. 게다가 그녀는 장난스럽게 마사지하거나 성교하는 것을 예의 없는 나쁜 행동으로 느꼈다.

켄틴 역시 이 실습에 별로 흥미를 느끼지 못했다. 그가 말했다. "저도 그녀의 성기를 바라보는 일이 힘들었어요."

그녀가 말했다. "이제 정말 그런 건 하고 싶지 않아요!"

그는 그녀를 바라볼 때, 어머니 생각이 났고 어머니가 그에게 요구하던 것이 떠올랐다고 말했다. 그는 항상 "어머니를 위해 무엇을 해야 할 것인지에 대해 불안"을 느꼈다. 그 실습은 어머니가 그의 집을 방문했던 주말 전후에 있었다. 레베카가 몸을 마사지 해주는 동안 그의 생각은 딴 곳에 가 있었고, 따라서 마사지 그 자체에 대한 느낌을 느끼지 못했다. 실습을 하는 동안 그의 마음은 방안에 머무르지 못하고 딴 곳을 헤매고 있었다.

첫 번째 성치료 회기에서 나는 신체적 정서적 친밀감에 대한 커다란 저항에 직면하게 되었다. 마치 그들의 성생활을 회복시키려는 나의 치료적 노력이 두 사람 모두에 의해 강한 반대에 부딪친 것 같았다. 그들의 저항이 레베카에게는 혐오감으로 켄틴에게는 어머니에 대한 생각으로 표현되었다. 이 부정적인 반응은 모두 그들의 어머니와 관련되어 있는 반면, 나는 그들이 갇혀 있는, 성교에 대한 혐오감과 두려움이라는 감옥으로부터 끌어내 줄 아버지의 역할을 떠맡은 것처럼 보였다. 그래도 거기까지는 괜찮았다. 성치료에서 부부가 이와 같이 첫 번째 과제에서 어려움을 경험하는 것은 드문 일이 아니다. 그러나 그들이 서로를 거절하면서 성적 친밀감에 대해 혐오하는 자신들의 감정을 나에게서 확인 받으려고 하는 모습이 내 마음에 걸렸다. 그것은 성치료자로서의 내 정체감에 일격을 가한 것이었다. 나는 성치료자로서 동료 분석가로부터 경멸 당하는 일은 흔히 있었지만, 내게 도움을 구하러 온 환자로부터 경멸 당하는 일은 거의 없었다.

나는 그들에게 다음 회기 전에 그 실습을 다시 해보라고 했고, 켄틴에게는 늦은 시간까지 일하는 문제에 대해 직면시켰다. 나는 그가 늦은 시간까지 일하는 것은 성생활뿐만 아니라 친밀감을 회피하기 위한 것이라고 생각했다. 나는 그들에게 그렇게 늦은 시간에는 두 사람 모두가 공유하고 있는 거리낌을 직면할 수 없다고 말했다. 그는 자신의 태도를 바꾸려고 하지 않았고, 그가 다니는 법률회사가 일이 많기 때문에 어쩔 수 없다고 항의했다. 나는 그래도 한번 생각해보라고 말했다.

그들이 사흘 후에 치료받으러 왔을 때, 그들은 실습을 하지 않았다고 보고했다. 레베카가 말했다. "켄틴이 저에 대해 화가 나 있기 때문에 저는 외로워요. 저는 제 몸에 대해 좋은 느낌을 갖고 있지만, 그에게 화가 나 있을 때는, 그가 제 몸을 만지는 것이 싫어요. 저는 때로 성생활을 즐기지만, 이런 기분일 때는 그렇지 못해요."

켄틴이 말했다. "저는 제가 그녀에게 화가 나 있었다고 생각하지 않아요. 우리가 만났던 날, 저는 근무 시간을 바꾸었습니다. 저는 함께 일하는 동료에게 늦은 시간에는 일하지 않겠다고 말했습니다."

레베카가 말했다. "저는 마사지를 하지 않았어요. 켄틴은 사무실에서 일을 마치고 돌아와 조깅하러 가는 시간에 하자고 했거든요."

켄틴이 그녀의 말을 수정했다. "그건 조깅대신에 하자는 말이었어."

그녀가 대답했다. "나는 그 말을 듣지 못했어요." "그리고 당신은 아무 의논도 없이 모든 작업 계획을 당신 마음대로 바꾸어 놓았어요!" 그녀가 비웃었다. "그건 변화를 거부하는 아주 경직된 행동이라고 생각해요. 아마 그건 내가 당신에게 변화를 요구했기 때문이겠죠. 보세요. 샤르프 박사님. 저는 선생님이 그런 실습을 하라고 해서 불안해요. 켄틴이 아주 많이 긴장하고 있거든요. 선생님이 그에게 무엇을 하라고 말하면, 그는 펄쩍 뛸거예요. 그는 저를 위해 그것을 하려고 들지 않아요. 그는 한번도 그런 적이 없어요. 그러면서도 그는 저녁 식사시간에 그가 선생님이 원한 것을 했다고 제게 칭찬 듣기를 원해요."

"나는 당신이 나를 인정해주기를 바래." 그가 말했다. "당신이 언제나 나더러 융통성 없는 사람이라고 말하니까, 내가 뭔가 도움이 될만한 일을 했을 때 당신이 인정해 주기를 바라는 거라구."

"나는 '잘했어요. 켄틴'이라고 말하지 않을 거예요. 당신이 별다른 생각 없이 그리고 아무런 감정의 변화 없이 즉흥적으로 행동만 바꾸는 것 또한 마찬가지로 경직된 행동이라고 생각해요."

나는 그녀가 순응하고자 하는 켄틴의 노력을 망치고 있다고 느꼈으며, 따라서 한방 먹은 기분이었다. 나는 그가 내가 내준 과제를 실습한 것에 대해 즐거워하고 있었고, 레베카가 변화하려는 그의 노력을 과소평가하는데 대해 마음이 심란했다. 나는 나의 치료적 노력을 망치고 있는 그녀에게 화가 났으며, 잠시 동안 켄틴과 완전히 동일시되어 있음을 깨달았다. 그러나 내가 그의 편을 들고 있다는 생각이 들면서, 나는 그녀가 그들 두 사람 모두의 견해를 말하고 있다는 것을 깨달았다. 그들은 자신들이 할 준비가 되어 있지 않은 일을 하도록 내가 강요하고 있다고 느끼고 있었다. 그들은 둘 다 나를 몹시 두려워하고 있었고, 내가 치료라는 명분아래 그들에게 친밀감을 강요하고 있다고 느끼고 있었다. 그러나 그들에게 있어서 친밀감이란 상대방에게 지배당하는 위협을 의미하는 것이었다. 그들은 접촉도 하지 않고 정서적인 침투도 받아들이지 않으면서 서로 가까워지기를 원했다.

나는 레베카가 불안 때문에 켄틴의 노력을 망치고 있으며, 켄틴은 레베카가 자신의 노력을 알아주지 않는다고 비난하고 있다고 말했다. 그러나 그들은 둘 다 자신들에게 부과된 과제, 즉 친밀해지려고 노력하기보다는 화가 난 감정을 발산하는 것이 더 쉽다고 느끼고 있었다.

레베카가 큰 목소리로 말했다. "제가 일을 망치고 있다는 선생님의 말씀에 상처받았어요. 그건 늘 제가 우리 엄마에게 듣던 말이에요. 선생님도 아시다시피, 그는 함께 지내기가 어려운 사람이에요. 선생님은 그의 감정이 전혀 변하지 않았는데도, 제가 그의 변화된 행동을 받아들이기를 바라고 있군요."

그가 말했다. "저는 레베카와 선생님 앞에서 감정을 통제하지 못할까봐 겁이 나네요. 그래서 레베카에게 소리를 지르지요."

"그렇지만 그 분노는 나에 대한 거지요."

"그런 것 같아요." 그가 말했다. "제가 레베카에게 화를 내는 것은 물통 속의 물고기를 향해 총을 쏘아대는 것과 같은 것 같아요!"

"그렇지만 당신 역시 당신이 총을 쏘아대고 있는 물고기와 함께 그 통속에서 헤엄치고 있습니다!" 내가 말했다. "당신들은 모두 내가 당신들을 위험한 상황으로 몰아넣고 총을 쏘지는 않을까 두려워하고 있습니다."

여기에서 나는 그들이 내가 자신들을 이해해주지 않고 자신들에게 강요하고 있다는 느낌 때문에 나를 두려워하고 있으며, 켄틴에게는 그가 아무 것도 이해하지 못한 상태에서 변화를 강요당하고 있다는 느낌을 갖고 있으며, 레베카에게는 그녀가 복종을 강요당하고 있다는 느낌을 갖고 있다고 말해 주었다. 그들은 통속에 갇힌 물고기 신세가 되었다고 느끼고 있었다. 그러한 감정이 그들의 성적 정서적 곤경의 밑바닥에 놓여 있었고, 이것은 이미 전이에서 그 모습을 드러내고 있었다. 내가 그 말을 했을 때, 그들은 그들이 공유하고 있는 불안에 대해 인정했고, 이해 받았다는 느낌과 함께 마음이 편안해지는 것 같았다. 그리고 나는 그것을 말했기 때문에, 레베카가 내 "처방"에 저항하는 것과 지나치게 순응적이며 느끼기를 거절하는 켄틴의 행동에 대해 더 이상 분노를 느끼지 않게 되었다.

이 사례는 성치료에서 치료 초기에 흔히 발견되는 양상이다. 우리는 여기에서 치료자가 친밀감을 두려워하는 부부의 어려움을 이해하는 방식을 설명하고자 한다. 이런 두려움은 부부 사이의 공유된 전이로 나타나는 느낌일 뿐만 아니라 부부에 대한 치료자 자신의 내부 경험에서 생기는 느낌이기도 하다. 때때로 치료자는 불공평하게 한 사람 또는 다른 사람 편을 들 수 있으며, 때로는 부부가 모두 부담스럽게 느껴질 수도 있다. 부부 각자의 불안과 그들이 공유하고 있는 불안이 어떻게 전이에서 드러나는 감정에 영향을 미치는지 조사하는 것을 통해서 치료자는 자신의 반응을 분석할 수 있다. 이런 치료자의 반응은 부부의 내적 대상의 기원에 관한 것이 아니라 치료자가 느끼는 감정, 즉 부부가 공유하고 있는 어려움에 대해 거슬리는 감정, 부담스런 감정 그리고 저항이 느껴지는 감정에 관한 것이다.

이 사례에서는 전이와 역전이를 통해 초기 저항이 해결되면서, 부부의 치료 과정은 안정을 찾았고, 부부는 신체적인 접촉과 친밀감을 두려워하는 어려움으로 표현된 그들의 내적 대상관계를 탐구하는 방향으로 나아갈 수 있게 되었다. 이 부부의 치료 결과에 대한 설명은 9장과 14장에서 제시될 것이다.

제 2 장

결혼과 성에 대한 치료적 접근

부부관계에서 성은 초기 엄마-유아 관계의 신체적인 측면을 반영한다. 이 측면은 아이가 신체적 욕구를 자율적으로 조절할 수 있는 능력이 발달되면서 관계의 배경으로 사라졌다가, 성인의 상호적인 성적 관계에서 그대로 재현된다. 그림2-1 의 도표는 이 관계를 간략하게 보여준다.

태아는 신체적으로 심리적으로 완전히 엄마 안에 거한다. 이때 엄마는 미래에 심리적 존재로 태어나게 될 태아를 품어주고, 태아는 엄마의 의식 및 무의식과 깊은 의사소통을 통해서 엄마의 내적 공간으로 침투한다.

탄생과 함께 엄마와 유아는 정신신체적 동반자 관계를 확립한다(Winnicott, 1971). 출생 순간의 강렬한 신체적 경험을 공유하면서 자궁 내의 신체적 공생 관계는 신체적 동반자 관계로 넘어간다. 대부분의 경우, 엄마는 이미 태어날 아기를 위해 자신의 온몸과 마음을 사용하여 안아주는 환경으로서의 역할을 수행하게

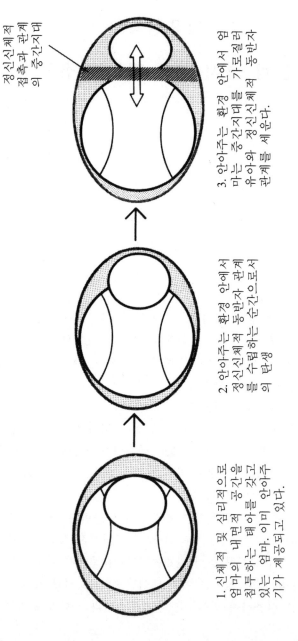

1. 신체적 및 심리적으로 엄마의 내면적 공간을 점유하는 태아를 갖고 있는 엄마. 이미 안아주기가 제공되고 있다.

2. 안아주는 환경 안에서 정신신체적 동반자 관계를 수립하는 순간으로서의 탄생

3. 안아주는 환경 안에서 엄마는 중간지대를 가로질러 유아와 정신신체적 동반자 관계를 세운다.

그림2-1. 출생 이전의 신체적 동반자 관계에서부터 출생과 함께 정신신체적 동반자 관계로 옮겨가는 움직임. 정신신체적 동반자 관계가 발생하는 중간 지대는 안아주는 엄마의 (친밀한 접촉을 통한) 지원에 의해 중재된다.

된다. 양쪽 부모가 함께 생활하는 가정인 경우, 아버지는 보통 먼저 엄마를 안아주는 역할을 하며, 아기가 태어나기 전부터 엄마-유아를 안아주기 위한 외부 환경을 제공해준다.

　초기 몇 달 동안, 정신신체적인 동반자 관계는 주로 신체적인 접촉에 의해 확립된다. 아기는 많은 시간을 졸거나 잠을 자지만, 깨어 있을 때에는 대부분 젖 먹이기, 안아주기, 기저귀 갈아주기, 몸 흔들어주기, 목욕시키기와 같은 엄마의 돌봄을 받게 된다. 이 관계 안에는 시선을 맞추거나 소리를 내는 등 덜 긴급한 신체적 욕구에 기초한 다른 요소들이 있는데, 이러한 초기의 관계 형태는 정서적인 의미를 갖는다기보다는 신체적이고 생물학적인 특성에 의해 결정된 것으로 볼 수 있다.

　그림 2-2는 엄마-유아 관계의 발달 경로를 보여준다. 이 발달 초기에, 엄마는 신체적인 접촉면을 가로질러 시선을 교환하고 소리를 주고받는 것을 통해서 유아의 정신을 조직하는데 필요한 기본 자료를 제공해준다. 이 과정은 신체적인 접촉을 통해서 일어나지만, 이 지대 안에는 처음부터 비신체적인 측면, 즉 중간 현상의 영역이 포함되어 있다(Winnicott, 1951, 1971). 이 영역에서 유아는 엄마의 새로운 측면을 포함해서 새로운 것들을 발견한다. 이때 부모는 그것들을 유아 자신이 창조해낸 것으로 그리고 아기의 일부분으로 경험한다. 유아는 거기에서 자신의 자기를 발견하고, 스턴(Stern, 1985)이 상세히 설명한 바 있는, 자신의 자기가 세상에 미치는 영향력을 발견한다.

　엄마-유아 동반자 관계의 신체적인 측면은 시간이 지나면서 급격하게 줄어든다. 엄마와 걸음마 아동 사이에서는 여전히 상당히 많은 신체적 상호작용이 일어나지만, 그것이 처음보다는 많이 줄어들고 있다는 것을 알 수 있다. 심지어 6내지 8개월 된 유아라도 깨어 있는 동안에는 더 많은 시간을 엄마를 너머 더

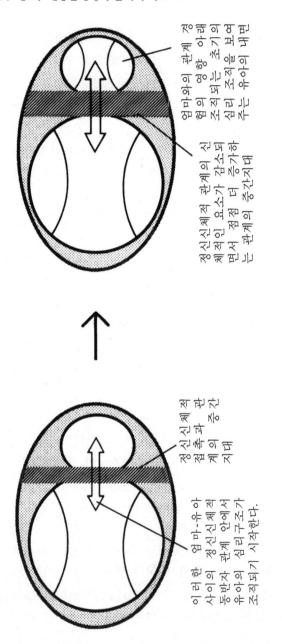

그림2-2. 엄마와 유아간의 초기 정신신체적 동반자 관계. 이 관계 안에서 유아의 정신이 조직되기 시작하며, 엄마의 정신 또한 조직되기 시작한다. 이 관계의 신체적인 요소가 중간 현상의 영역이 두드러지게 발달된다. 이때 이 영역은 정신신체적 동반자 관계의 핵심적 요소들을 물려받는다. 이것은 여전히 안아주기 기능과 밀접하게 연결되어 있다.

넓은 세계를 바라보면서 보내는 것을 알 수 있다. 이 시기에 정신신체적인 동반자 관계는 점차 심리적인 협력과 교류가 중신이 되는 관계로 기운다. 유아의 내부는 계속해서 이러한 상호작용에 의해 조직화된다. 관계의 중간 영역은 더욱 커지고, 유아의 통제를 더 많이 받게 되고, 엄마와의 구체적인 연결은 더욱 줄어든다. 그러나 우리는 근원적으로 중간 영역은 엄마가 제공하는 안아주기와 연결되어 있다는 사실을 주목할 필요가 있다. 따라서 관계의 중간 영역, 안아주기의 질 그리고 아동이나 성인의 안아주기에 대한 욕구는 서로 중요하게 연결되어 있다. 안정되고 안전하고 믿을 수 있는 안아주기가 제공될 경우, 이러한 만족스런 관계는 중간 영역 너머에 안전한 내적 대상을 형성한다. 반대로, 결함 있는 안아주기 상황에서 경험하는 과도하게 나쁜 대상관계는 현재 관계에서 안아주기에 대한 욕구를 증가시킨다.

성과 정신신체적 동반자 관계

정신신체적 동반자 관계는 성인의 성적 관계를 포함한 모든 관계의 원천이다. 성적 관계는 성인이 누릴 수 있는 유일한 정신신체적 동반자 관계로서, 엄마-유아 관계에서처럼 연합된 신체적 및 심리적 친밀감을 제공해준다. 또한 그것은 신체적인 만족에 의해 재강화된다. 성적 경험이 그토록 강렬한 이유는 바로 여기에 있다.

청소년기의 성 또한 정신신체적인 것이고 만족을 주는 것이기는 하지만, 서로에 대해 헌신적인 성인의 성적 관계에 대해 배우는 기간에 속한 것이라고 할 수 있다. 청소년기는 성인 관계로 가는 길목에 있는 정류장이며, 헌신적인 관계에 얽매이지 않은 채 실험하고 연습하는 시기이다.

신체적인 성은 정서적인 헌신과 깊이 관련되어 있다. 성생활이 순조로울 때, 성적인 유대는 정신신체적 동반자 관계에 내재된 힘을 새롭게 하며, 내적 대상 세계 안의 긍정적인 측면을 강화시킨다. 그러나 성생활이 순조롭지 않을 때에는 분열되고 억압된 대상관계들, 즉 흥분시키는 대상에 대한 끝없는 갈망과 거절하는 대상에 대한 달래지지 않는 분노와 좌절로 채색된 대상관계들이 강화된다. 적절한 성적 관계는 사랑이 자라도록 지원해주고, 나중에는 부부관계의 유대를 강화시켜주며, 일상 생활의 피로를 회복시켜주고, 정신적으로 힘든 위기를 헤쳐나갈 수 있도록 지지해준다. 그러나 좌절을 주거나 위협적인 성적 관계는 서로에 대한 신뢰감과 안전감을 깨뜨리고, 사랑과 돌봄을 침식시키며, 중심적인 유대를 붕괴시킨다.

성교는 유대를 맺는 과정의 근본적인 요소이며, 초기 관계와 후기의 관계 모두에서 서로에 대한 헌신을 깊게 해준다. 이런 이유로 성교에 실패하거나 관계로부터 물러설 때, 거절, 실망 그리고 분노가 증대된다. 성생활의 질은 결혼생활에서 상호 안아주기의 질과 밀접하게 연관되어 있다. 좋은 성적 관계는 안전하고 상호적인 안아주기에 달려 있는 동시에, 그것은 또한 배우자간에 안아주기를 지원해주는 상호적인 기능을 갖는다. 이러한 안전한 환경적 안아주기 안에서 초점적 안아주기가 발생하며, 이 초점적 안아주기 안에서 (투사적 동일시의 상호 침투로 인해 발생하는) 내적 대상과의 깊은 무의식적 의사소통이 발생한다.

구애 기간 또는 사랑에 빠진 초기 단계 동안에는 관계의 흥분시키는 측면이 성생활을 특징짓는다. 로맨스가 계속되기 위해서는 (거절하는 대상의 측면을 상쇄시키는) 흥분시키는 대상의 특질이 확대되어야만 한다. 그래야만 중심적 자아 기능의 영역이 흥분에 젖어들 수 있다. 이것은 새로운 일차적 유대를 형성하는 데 필요한 정상적인 측면이다. 성은 부부관계로 인도하는 유대감의 형성을 위해 필요한 것이다. 그것은 커플이 반드시 육체 관계를 가져야 한다는 말이 아니라, 커플의 관계 안에는 성취되든 않든 정서적 성화(sexualization)가 포함되어 있다는 것이다. 이것이 빗나갈 때 거절하는 대상의 측면이 흥분시키는 대상 측면을 억압하거나 커플 바깥의 대상에게로 투사되는 경향이 있다. 로미오와 줄리엣은 이와 같이 흥분된 이상화를 유지한 반면, 세상 사람들은 자신들의 억압된 위험한 충동을 그들에게 투사함으로써 적대적인 태도를 유지했다.

결혼을 하거나 그와 동등한 서약을 할 때, 커플이 갖고 있는 거절하는 대상의 측면은 더 이상 무시될 수 없다. 항구적인 일차적 관계임이 확인되자마자 각 배우자는 상대방에게 자신의 모든 측면을 인정해주고 받아들여줄 것을 요구하기 때문이다.

한쪽 혹은 양쪽 배우자 모두가 다소 취약한 흥분시키는 대상을 가지고 있는 경우, 거절하는 대상과 자아는 두 사람을 하나로 묶어주는 성적 요소와 흥분을 덮어버린다. 사람들이 결혼을 하거나 서약하고 난 직후에 성적인 흥미가 현저하게 감소되는 현상을 보이는 것은 바로 이런 이유 때문이다. 성교가 두려운 대상 관계와 관련되어 있기 때문에 의식적 또는 무의식적으로 성교에 대해 두려움을 느끼는 남자 또는 여자가 구애 기간에는 즐겁고 흥분된 성적 반응을 할 수 있지만, 결혼이 확정된 후에는 그러한 감정이 사라지는 경우가 여기에 해당된다.

결혼생활에서 만나는 중요한 변화의 시기에 부부는 스트레스를 받게 될 수 있다: 첫째 혹은 둘째 아이의 탄생, 직업의 전환,

오이디푸스 시기나 청소년기 자녀의 도전, 중년기 위기 또는 노화 과정. 이 모든 인생의 변화는 성장과 재생을 가져오든지 아니면 위협과 후퇴를 가져올 수 있다. 그리고 이러한 위협적인 상황에서 부부의 성적인 관계가 악화될 수 있다.

성은 부부에게 에너지와 흥분을 주입시키는 것을 통해서 부부관계의 사랑하는 측면을 표현할 뿐만 아니라, 부부가 지닌 거절하는 대상 체계로부터 온 어려움을 표현할 수도 있다. 충분히 좋은 성생활은 위안을 주고, 가정생활에서 오는 스트레스를 담아주며, 사랑의 유대 관계를 재생시켜준다. 반대로 성교의 부재는 부정적인 영향을 미쳐서 피로감과 권태감을 악화시키고, 거절받는다는 좌절된 느낌을 확산시키며, 유대감을 유지하지 못하도록 방해한다. 이러한 이유로 부부의 성적 어려움은 커다란 대가를 치르게 된다. 주로 부부의 일반적인 관계의 부조화 때문에 성생활이 침식된 부부의 경우, 성적 역기능은 이차적인 어려움이라고 할 수 있다. 그러나 성행위 자체에 대한 불안이 있거나, 성기능에 대한 지식이 부족하거나, 신체적인 손상이 있을 경우, 성적 역기능은 일차적인 어려움이 된다. 정신역동 심리치료자는 성적 역기능 사례를 주로 대상관계의 문제와 관련된 것으로 보지만, 정신역동 심리치료 훈련을 받지 않은 성 치료자는 성 장애가 일차적으로 대상관계 문제에서 발생한다는 사실을 과소평가할 수 있다. 우리는 이 두 종류의 사례를 모두 살펴볼 것이다. 우리의 견해로는, 형편없는 성적 관계는 대부분 대상관계의 어려움에서 비롯되며, 불만족스러운 성교는 그 대가를 치르게 된다.

결혼한 부부의 성 장애에 대한 치료

부부치료는 직접적인 성 장애를 다루는 치료보다 훨씬 더 오래된 임상 분야이다. 결혼생활을 돕고자 하는 시도는 본래 정신역동적인 관점에서 행해졌으며, 주로 개인에 대한 이해에 기초를 두고 있다. 결혼 문제에 정신분석적 통찰을 적용한 플루겔 (Flugel, 1921)을 선두로 파오리노와 맥크레디(McCready, 1978) 등이 이 분야를 발전시켰다.

타비스탁 인간관계 연구소 부설기관인 결혼문제 연구소 (Institute of Marital Studies of the Tavistock Institute of Human Relations)의 딕스(Dicks, 1967)와 그의 동료들(Pincus, 1960, Bannister and Pincus, 1965)은 대상관계 이론을 처음으로 부부치료에 적용했다. 그러나 이때까지도 부부의 상호작용에 대한 직접적인 연구 자료가 없었고, 결혼생활에서 성이 수행하는 역할에 대해서도 명백한 이해가 없었다.

이것은 놀랄 일이 아니다. 매스터스와 존슨의 첫 번째 책, 「인간의 성적 반응」도 1966년에야 비로소 출간되었다. 그 전까지는 성 장애 치료에 대한 직접적인 연구는 체계적인 이론을 갖지 못한 임시적인 형태를 띠고 있었다. 그러다가 1970년에 「성적 부적절성」(Human Sexual Inadequacy)의 출간을 필두로 이 분야의 연구들이 쏟아져 나왔는데, 매스터스와 존슨은 주로 학습 이론과 행동주의 이론을 이 연구에 사용했다. 그들은 정신역동적 이론을 기피했으며, 특히 근저의 원인을 해석하는 것은 부적절하다고 주장했다. 이것은 그들이 정신분석에 관해서 별로 아는 바가 없었기 때문이었다. 그들은 많은 성적 역기능의 원인이 부부 상호작용 안에 있는 불안 때문이라는 것을 확인했으나, 이 불안을 의식에 가까운 어떤 것으로 생각했다.

예를 들어, 그들은 "자신을 관찰하기"(spectatoring)라는 개념을 설명하면서, 발기부전의 문제는 남자가 자신의 성적 능력에 대해 불안하게 생각하기 때문이라고 했다. 이 개념은 성적 실패에 대한 불안이 어떤 영향을 끼치는지를 이해하도록 돕는데 크게 공헌했다. 매스터스와 존슨은 성 생리학과 성적 반응 주기에 대해 상세하게 설명했다. 이것은 겉으로 드러난 것을 이해할 수 있는 능력을 제공해줌으로써, 이전에는 알 수 없었던 표면적인 것과 심층적인 것 사이의 상호작용에 대해 많은 것을 알게 해주었다. 이로써 우리는 이제 성숙한 여성의 성을 질 중심의 오르가즘이라는 관점에서 보았던 프로이트의 생각으로부터 자유롭게 되었다. 우리는 오르가즘의 메카니즘을 생리적인 메카니즘으로 볼 수 있으며, 이것은 때로 내적 대상관계와 상관이 없을 수도 있고 때로는 그것에 의해 영향을 받기도 한다. 치료 실제에서, 우리는 오르가즘의 경험이 정서적 성숙의 잣대가 되지 못한다는 것을 발견했다. 임상적인 경험은 대부분의 여성들이 페니스의 자극만으로는 오르가즘에 도달하지 못한다는 카플란의(Kaplan, 1974) 주장을 확인해준다. 피셔(Fisher, 1972)는 오르가즘에 대한 연구에서 전체 여성 중 20%만이 성교에서 손을 사용하는 자극 없이 오르가즘을 얻을 수 있다는 것을 발견했다. 하이트 보고서(Hite Report 1976)에 의하면, 그들이 조사한 3,000명의 여성들 중에서 30%가 성교 중 페니스의 자극만으로 오르가즘을 경험했으며, 나머지 70%는 손으로 음핵을 자극해야 했다.

헬렌 싱어 카플란의 책 「새로운 성치료」(New Sex Therapy, 1974)는 부부치료에서 정신분석적인 방법과 행동주의적인 방법을 통합하고자 한 첫 시도였으며, 처음으로 부부치료 사례의 전체 내용을 보여주었다. 그녀는 주로 개인적 관계의 뿌리에 관해

서 다루었는데, 그 외에도 성기능의 생리학에 대한 이해의 문제
도 많이 다루었다. 그녀는 각 배우자가 현재 관계에서 옛날의 중
요한 인물들과의 상호작용을 재현한다는 사실을 알고 있었으며,
이것이 성적인 어려움을 가져오는 방식을 밝혀냈다.

카플란은 연구 초기에는 성적 어려움에 영향을 끼치는 초기
원인들이나 성격에 뿌리박고 있는 오래된 역기능적인 정서적 패
턴에 대한 심층적인 연구에 중점을 두지 않았다. 그러나 자신의
치료적 노력에 대해 전혀 반응을 보이지 않는 사례를 경험한 후
에, 그녀는 차츰 심층적인 관점에서 성적 욕망의 장애를 설명하
게 되었다. 매스터스와 존슨(1966)은 성적 반응을 4단계로 설명
했다: 자극(arousal), 자극의 고조(plateau), 오르가즘(orgasm), 해소
(resolution). 카플란은 여기에다 욕망의 예비적 단계를 덧붙이면
서, 가장 일반적인 성적 어려움은 지나치게 왕성한 성적 욕망에
있다고 설명했다(Kaplan, 1977, 1979). 그녀는 이 단계에 뿌리를
갖고 있는 성 장애는 치료하기가 가장 어렵고, 장기적인 치료가
필요하며, 배우자 중 한 사람은 정신역동적인 심리치료를 필요
로 한다는 사실을 관찰했다. 그러나 그녀는 이 모든 사실에도 불
구하고 이런 사례들 중에서 어떤 것은 단기 성치료로 충분히 해
결될 수 있다고 보았다.

성적 욕망의 감소는 가장 많이 나타나는 성 장애 중 하나이
다. 성적 욕망의 감소는 부부 중 두 사람 누구에게서도 일어날
수 있다. 성적 흥미의 감소는 거절하는 대상관계를 나타낸다. 이
런 경우, 개인은 평생 동안 성적 흥미를 스스로 금지할 수 있으
며, 청소년기나 구애 기간 동안만 상당한 흥미를 보이다가 실제
로 결혼을 하자마자 욕망이 감소되기 쉽다. 이처럼 뿌리 깊고 오
래된 어려움은 종종 집중적인 심리치료나 정신분석을 필요로 한
다. 그러나 카플란이 말한 대로, 이러한 부류에 속하는 사례들 중

에서도 부부치료를 해야 하는 경우가 있다. 이 책의 마지막 사례
가 여기에 해당된다. 티 박사 부부는 남편과 아내 모두의 성적
욕구가 심각하게 떨어진 문제로 치료를 받기 시작했는데, 단기
성치료를 통해서 크게 도움을 받았다. 성적 욕구가 저하되는 장
애가 단기 성치료로 효과를 보지 못할 때조차도, 낮은 성적 욕구
가 바람직하지 않은 것임을 깨닫게 하는 도움을 줄 수 있었다:
그것은 지나치게 왕성한 성적 욕망을 가지고 있는 사람의 어려
움을 이해할 수 있게 해주었고, 배우자가 이런 현상에 무의식적
으로 관련되어 있다는 사실을 깨닫게 해주었다.

　이 연속체의 다른 쪽 끝에는 부부간의 갈등, 반복되는 싸움,
또는 그들이 알고 있는 문제—예를 들어, 직장에서 피곤하다든
지, 아기가 새로 태어난다든지—로부터 오는 스트레스 때문에
성적 흥미를 잃어버린 부부가 있다. 이런 경우, 결혼생활의 질과
성생활은 그들의 전반적인 삶의 상황이 호전될 때 향상되지만,
그들이 겪는 스트레스가 갈등과 분노를 불러일으킬 경우, 그들
의 결혼생활과 성생활은 계속 침범 당할 수 있다. 이런 부부는
성생활을 기피할 수 있고, 따라서 부부가 이전의 적응적 관계로
돌아가는 일이 힘들 수도 있다.

　성적 욕구의 감소가 더 깊은 적개심이나 갈등에서 비롯된 것
일 경우, 우리는 그 문제가 시간이 지나면서 쉽게 해결될 것으로
기대하지 않는다. 그들은 한때 만족스런 성교를 즐기던 부부로
서, 특정한 성치료를 거의 필요로 하지 않는다. 성교 또는 성적인
상호작용에 흥미를 잃는 문제에 대한 연구는 보통 일반적인 갈
등에 대한 조사로 시작되는데, 이 갈등은 일상적인 상호작용에
서 오는 갈등과 개인의 무의식적 대상관계와 상호 투사적 동일
시에서 오는 갈등으로 구성되어 있다. 다시 말해서, 대상관계 부
부치료는 대개 특정한 행동주의적 성치료 없이도 충분히 이루어

질 수 있다.

그러나 대부분의 부부 문제는 여러 가지 원인이 한데 섞여 있는 혼합된 원인을 갖고 있다. 부부 문제 안에는 두 사람 모두의 대상관계 발달의 어려움, 생애 발달주기에서 오는 긴장 그리고 부부간의 직접적인 갈등이 한데 섞여 있다. 성적 어려움은 본질적으로 내적 대상의 문제로부터 유래하지만, 그것은 또한 결혼생활의 스트레스로 인해 강화된다. 많은 부부들에게 있어서, 각 원인이 얼마만큼의 비중을 차지하고 있는지를 정확하게 측정하기란 매우 어렵다. 우리는 치료적 개입을 계획할 때 원인을 가장 잘 설명해주는 것으로 보이는 내용을 추측해서 치료 방법에 적용할 수밖에 없으며, 만일 우리의 방법이 난관에 부딪친다면 다른 방법으로 전환할 수밖에 없다. 이런 치료 방법의 전환은 부부치료에서 성치료로, 성치료에서 부부치료로 그리고 배우자 중 한 사람 또는 두 사람 모두의 개인치료로 전환하는 것을 포함한다. 때로는 전체 가족이 부부에게 어떤 영향을 끼치는지를 밝히기 위해서 부부치료에서 가족치료로 전환하는 것이 필요할 수도 있다. 반대로 가족치료에서, 부부의 문제가 자녀들에게 미치는 문제를 탐구해야 할 경우도 있다. 이 책의 11장은 이러한 상황에 대한 사례를 보여준다. 그랠러(Graller, 1981)는 때때로 정신분석과 함께 정신분석적으로 지향된 부부치료가 도움이 된다는 것을 발견했으며, 샌더(Sander, 1989)는 부부치료가 개인의 문제를 조사하는 것을 용이하게 해준다는 점에서 개인치료를 위한 준비과정이 될 수 있다고 주장했다. 치료작업은 어느 방향으로든지 이동할 수 있다. 개인치료에서 부부치료로 그리고 부부치료에서 개인치료로 이동할 수 있으며, 또한 성치료의 어떤 특정한 측면을 포함할 수 있다. 이러한 성치료의 측면은 비록 그것 자체로는 충분하지 않다 하더라도 전체적인 접근을 위해 필요할 수도 있다.

구체적인 사례 하나를 제시함으로써 이러한 복잡한 요인들 사이의 관계에 대해 설명해 보겠다.

클로에 존슨은 자신이 이상적이라고 느끼고 있는 남편과의 성적인 관계에서 생긴 어려움 때문에 나(J.S.S.)와 개인 상담을 하게 되었다. 그녀의 남편은 그녀를 병리적인 가정으로부터 구출해주었다. 그녀의 계부는 정신병적이었고 그녀를 성적으로 위협하였으며, 어머니는 난잡한 여자였고 그녀를 화나게 했었다. 그녀는 샘을 만나자마자 그를 이상화했다: 대학에서 탁월한 지적 능력을 인정받고 있던 그는 그녀를 돌보겠다고 제안했다. 그녀는 학교를 졸업하기 전에 그와 결혼하였고, 학업도 계속해서 대학을 졸업할 수 있었다. 졸업 후 샘은 쉽게 좋은 건축회사에 취직했지만, 클로에는 자신이 원하는 그래픽 분야에서 일자리를 구하는데 어려움이 있었다. 샘은 그녀가 결혼한지 얼마 되지 않아서 임신을 하자 당황했지만, 클로에가 낮 동안에 아이를 탁아소에 맡기기로 동의했기 때문에 크게 마음을 쓰지는 않았다. 그러나 두 번째 임신이 되자 그는 심하게 당황했고, 클로에 역시 이번에는 아이들과 함께 집에 있고 싶은 충동을 포기하기가 무척 힘들었다.

두 사람 사이에 증오가 쌓이기 시작했다. 클로에는 일이 힘들어졌고, 직장에서 샘처럼 발전하지 못하고 있다고 느꼈다. 반면에 샘은 사업이 척척 잘 되어 가는 것처럼 보였다. 그녀는 자신의 감정을 아이들에게로 옮겨 엄마가 그녀를 대하던 패턴을 따라 자녀들을 무시하곤 했다. 그녀의 엄마는 클로에를 낳고 나서 빠른 터울로 자녀 둘을 더 낳았다. 그녀의 엄마는 클로에를 낳았을 때 17세 된 미혼모였고, 2년 후 결혼할 때까지 클로에를 외할머니에게 맡겼다. 클로에는 외할머니와 가깝게 지냈지만, 외할머니는 화를 잘 내고 불만이 많은 성격이었다. 할머니는 클로에를 이상화하면서 피상적인 사랑을 주었다. 그럼에도 불구하고, 클로에는 곧 할머니가 주변의 모든 사람에게 분노하고 있다는 것을 알게 되었고, 차츰 외할머니를 불편하게 느끼기 시작했다. 클로에는 아동기 동안 줄곧 엄마와 외할머니 사이에서 갈등의 대상으로 이용당했다. 그들은 때로 서로 클로에와 함께 살겠다고 싸웠고, 클로에 앞에서 서로를 헐뜯었으며, 생활이 어려울 때에는 클로에를 서로에게 떠넘기려고 했다.

지금 클로에가 두려워하는 것은 바로 이 어린 시절의 증오로 가득했던 분위기였다. 그녀는 샘을 이상화시킨 상태로 유지하기 위해서, 무의식적으로 두려움과 증오를 분열시켜 그녀의 성적 반응 안으로 집어넣었고, 따라서 그녀의 성적 반응은 시들기 시작했다. 그 결과 그녀의 성적 반응은 충분히 성숙하고 통합된 기능을 지닐 수 없었다. 클로에는 청소년기에 남자 친구를 사귀면서 신체적인 친밀감과 포옹을 즐겼으며, 성교를 하는데 아무런 문제가 없었다. 그러나 그녀는 오르가즘을 느끼지 못했고, 줄곧 그녀 자신의 몸을 함부로 다루었다. 그후 개인치료에서 그녀의 성적 문제의 원인이 차츰 드러나기 시작했다. 그녀는 계부로부터 자주 성적인 위협을 겪어야 했다. 한번은 그녀가 사진을 현상하기 위해 혼자 암실에 있었는데, 계부는 페니스가 발기된 상태로 그녀에게 다가왔다. 그때 그녀는 혐오감을 느끼며, 방을 뛰쳐나와 토했고, 1년 동안 집을 떠나 외할머니와 함께 살았다.

이 모든 사실은 부부 평가면담에서는 알려지지 않은 것이었다. 그 면담에서는 결혼생활에서 오는 스트레스가 주된 문제였다. 샘은 클로에가 성생활에서 철수한 데서 그 스트레스가 왔다고 느꼈다. 이로 인해 그는 박탈감을 느낀 반면, 그녀는 점점 더 귀찮아지기만 하는 성생활을 규칙적으로 요구하는 샘에게 거절 받는다고 느꼈다.

샘 편에서 볼 때, 클로에의 철수는 잔인한 공격으로 느껴졌다. 그는 표면적으로는 여러 가지 면에서 매력적으로 보이는 삶을 살아왔다. 그는 외아들이었는데, 사랑이 많았던 그의 부모는 그를 이상화하고, 그가 원하는 것이면 무엇이든지 해주었다. 그는 부모의 결혼생활에 대해 좋게 보았지만, 일정한 거리감을 가지고 바라보았다. 그는 교제 기간 중에 클로에가 자신을 이상화하는 것을 즐겼다. 그러나 아이를 돌보는데 지친 클로에는 더 이상 그를 이상화할 수가 없게 되었고, 따라서 그는 그 이상화를 잃어버리고 말았다. 그러나 그는 자신의 만족스런 직장생활로 관심을 돌림으로써 그녀의 증오를 무시할 수 있었다. 그에게 이상화의 상실보다 더 큰 상처가 된 것은 그녀가 성교에 흥미를 잃어버린 것이었다. 성적인 어려움은 즉각적으로 그에게 거절감을 가져다주었다. 그 결과, 그는 격노하였고 부루퉁해졌으며, 이것은 다시 클로에의 증오, 경계심 그리고 특히 성적인 철수를 증가시켰다.

평가면담에서, 나는 샘의 (자존감을 위협하는 요소인) 거절 받는다는 느낌과 클로에의 두려움에서 오는 철수 사이의 상호작용을 이해할 수 있었다. 샘은 이전에는 자존감이 취약하다는 사실을 전혀 이해하지 못했었다. 클로에는 아이들을 자극하고 침범하며 도움을 주지 않는 엄마에 대한 과거 경험으로 인해 샘과의 관계에서 경계심을 느끼고 있었다. 특히 그녀는 자녀들을 돌보는 일이 점점 더 힘들어졌고, 그녀 어머니가 자신을 무시했던 것처럼 자신도 자녀들을 무시하고 있다는 죄책감을 갖고 있었다. 페어베언(1954)이 말했듯이, 성적인 어려움은 나쁜 내적 대상관계의 구체적인 표현이다. 나쁜 대상은 클로에의 성적인 어려움 안에 자리를 잡은 반면, 이상화되고 흥분시키는 대상은 샘 안에 자리를 잡고 있었다. 부부 사이에서, 성교와 그에 따른 스트레스가 타협할 수 없는 문제가 되면서, 클로에는 거절하는 사람이 되었다. 클로에는 끊임없이 샘을 이상화하기를 원하면서 자신을 비난했고, 처음에는 혼자서 치료를 받으려고 했다. 그러나 샘도 함께 치료를 받는 것이 바람직하다고 생각되어 치료에 참여하게 되었다.

나는 우선 성치료를 추천하기로 했다. 그것은 두 부부가 성적인 어려움을 가장 심각하게 느끼고 있었기 때문이다. 클로에의 개인적인 문제를 먼저 다루자고 제안했더라도 두 사람 모두가 그것을 받아들였겠지만, 성적인 문제를 먼저 다루지 않았다면, 그것은 샘의 감정을 무시하는 것이 되었을 것이다. 나는 이 부부의 성치료를 데이빗 샤르프에게 의뢰했다.

성치료는 어느 지점까지는 효과가 있었다. 그것은 부부관계를 보다 안전한 것으로 만들었고, 클로에가 철수할 때 샘이 조급하게 침범하지 않도록 그들을 교육했다. 샘이 전희단계 동안 조급해지는 것은 거절 받는데 대한 숨은 불안과 관련되어 있었다. 그리고 그 불안은 어린 시절에 그의 엄마가 그에게 지나친 관심을 가지고 불안하게 그를 이상화시켰던 과거 경험에서 유래된 것이었다. 클로에는 성교에 대한 자신의 두려움을 샘에게 이해시키는 법을 배웠고, 그가 그녀를 배려하면서 천천히 접근하는 것에 대해 감사하고 안도하면서 그를 따스하게 대하게 되었고, 좀더 자유롭게 숨쉴 수 있게 되었다. 이처럼 그녀가 그에게 자상한 엄마가 될수록 그는 순응하지 않으면 자신을 버릴지도 모르는 나쁜 엄마나 위협하는 계부의 상으로부터 벗어날 수 있었다.

이 부부치료는 성치료의 단계로 넘어갔다. 샘은 부드러운 분위기를 만들어내는 법을 배웠고, 클로에는 삽입에 대한 불안을 통제하는 법을 배웠다. 클로에는 샘의 페니스가 그녀를 침범하고 습격할까봐 두려워하는 동시에 자신이 샘에게 손상을 입힐까봐 두려워했다. "제가 두려워하는 것은 단지 그가 저를 해칠 것이라는 것만은 아니에요. 때로 저는 그의 페니스가 저를 찢어 놓는 이미지를 마음속에 떠올리게 돼요. 그렇지만 저도 역시 그를 해칠 수 있고, 그 역시 안전하지 않다고 느끼기 시작하지요. 제가 철수하는 것은 그로부터 떨어져 있음으로 해서 그를 보호하려는 것이라고 생각해요. 때로 저는 저 자신으로부터 샘을 보호하기 위해 아이들에게로 철수한다고 생각합니다"라고 그녀는 말했다.

성치료를 통해서 그들은 보다 안전감을 가지고 관계 맺는 법을 배웠다. 하지만 클로에는 여전히 편안하게 성교를 받아들이지 못했다. 페니스가 질 속에 가만히 담겨 있는 상태에서 천천히 그리고 부드럽게 움직이기 시작할 때면 그녀는 다시 불안을 느끼기 시작했고, 그녀는 새롭게 형성한 샘의 인내심을 필요로 했다. 성치료는 그녀가 성교를 할 수 있다는 가능성을 확인한 상태에서 끝이 났다. 그러나 성교가 가능하기 위해서는 클로에가 자신의 불안과 침범에 대한 공포를 감당할 수 있어야만 했다. 클로에가 이전에 성관계 자체를 피한 것은 구체적으로 삽입과 침범에 대한 공포 때문인 것으로 드러났다. 이것은 궁극적으로 그녀의 엄마와 계부와의 관계 경험에서 유래된 것이었다. 그녀는 이러한 불안과 공포가 샘의 잘못이 아니라는 것을 깨달았고, 그 문제를 다루기 위해 개인치료로 전환해 줄 것을 요청했다. 샘은 이전 과는 달리 그녀의 불안에 대해 지지적인 태도를 보여주었으 며, 아내가 집중적인 심리치료를 통해 심리적 억압에 대해 작업하는 동안 부분적이고 제한된 성생활을 유지해 나갔다.

클로에와 샘의 사례는 부부가 모두 문제를 가지고 있더라도, 배우자 중 한 사람이 어린 시절의 대상관계에서 기인하는 보다 깊은 문제를 갖고 있음을 보여준다. 이 경우에, 한쪽 배우자의 심리적 외상에서 시작된 어려움은 다른 사람의 내적 대상의 영향으로 인해 더욱 악화된다. 우선 성 장애는 부부 두 사람의 관계에서 오는 일반적인 스트레스에서 비롯된다고 말할 수 있다. 이 사례에서도 초기 대상관계에서 방치되고, 학대받고, 버림받은 경험 때문에 두려워하는 클로에와, 아이에 대해 지나치게 걱정하고 이상화하는 엄마와의 관계 경험으로 인해 거절에 취약한 샘 사이에서 발생하는 일반적인 스트레스가 주된 원인인 것처럼 보인다. 그러나 여기에는 이차적인 원인이 있었다. 성교 자체의 결여는 그들로 하여금 거절당하고 상처입고 불안한 느낌을 갖게 함으로써 상황을 더욱 악화시켰던 것이다.

부부의 성적 기능에 대한 평가

부부관계 안에서 성적 기능의 질은 혼외 정사에 관한 질문과 마찬가지로 결혼생활에 대한 평가 기준의 일부로서 취급되어야 한다. 어떤 부부는 그들의 성관계를 가장 중요한 문제로 제시하

면서 그들을 괴롭히는 문제는 모두 성교의 문제라고 이야기한
다. 좀더 통찰력을 지닌 다른 부부는 성적인 문제는 자신들이 해
결할 수 없는 관계의 측면이 표현된 것이라고 말한다. 그들에게
성적인 부조화는 광범위하게 퍼져 있는 어려움을 나타낸다. 또
다른 어떤 부부는 부부 문제가 일반적인 어려움에서 오며, 그 어
려움의 근원이나 그 어려움을 지속시키는 요인으로 작용하는 성
적 어려움의 역할을 명료하게 밝히려고 하지는 않는다.

평가를 위한 틀

우리는 부부관계에서 나타나는 성적 어려움이 다음과 같은
네 가지 요인으로부터 비롯된다고 본다. 많은 경우, 이 요소들은
혼합되지만, 그럼에도 불구하고 가장 중요한 영역을 찾아내는
것이 유용하다.

개인의 심리내적 갈등

먼저, 부부의 성적 어려움은 배우자 한쪽 혹은 양쪽 모두의
심리내적 원인으로부터 온다. 대상관계적 용어로 말한다면, 부부
관계는 한 사람 혹은 두 사람 모두의 갈등적인 내적 대상에 의
해 어려움을 겪는다.

투사적 동일시의 상호작용

부부의 성적 어려움은 문제 있는 투사적 동일시의 상호작용
으로 인한 대인관계적 갈등에서 오기도 한다. 이것은 한 배우자

개인의 문제만이 아니며, 그들은 각각 다른 사람이나 다른 환경에서는 좀더 좋은 성적 관계를 맺을 수도 있고 결혼생활을 잘할수도 있다. 이 경우에 두 사람 사이의 갈등이 서로의 내적 세계안에 있는 대상관계적 어려움을 이끌어내어 확대시키는 것이 문제이다.

발달 주기에 따른 스트레스

또한 이 성적 어려움은 발달 주기에 따른 삶의 스트레스, 삶의 상황, 또는 질병에서 비롯되기도 한다(신체 기관의 장애에서오는 성적 어려움은 이 논의에서 제외되었다). 이러한 상황적 요인은 그 자체가 스트레스를 불러오는데, 종종 부부의 내적 대상관계와 함께 맞물리면서 성적 기능을 방해한다. 이때 성적 어려움은 결혼생활을 힘들게 하는 이차적인 요인으로 작용한다.

개인의 신체적 한계

성적 어려움의 다른 쪽 끝에는 대상관계의 문제와는 상관없이, 성적인 문제를 야기하는 신체 장애와 학습 장애가 있다. 그러나 신체적 측면과 관련된 문제는 정서적 유대 관계에 직접적인영향을 미친다. 이런 경우, 증오, 좌절, 상실, 실망 등의 이차적 문제를 가져오며, 이것들이 갈등을 만들어낸다.

몇 가지 사례가 어떤 치료를 선택해야 할지를 보여주는 원인의 차이를 밝혀줄 수 있을 것이다.

한쪽 배우자의 심리내적 어려움

타마라와 탐은 타마라가 결혼생활에서 성교에 흥미를 잃어 버린 문제로 나(J.S.S)를 만나러 왔다. 타마라는 이 결혼이 두 번째였고, 탐은 처음이었다. 결혼 전에 그들은 성교하는데 별 문제가 없었다. 그러나 연애 초기 단계에서도 그녀는 탐을 완전히 신뢰하지 못했다. 탐은 그녀의 부모를 방문하는 등 끈질긴 노력 끝에 아주 어렵게 그녀의 신뢰를 얻어냈고, 마침내 결혼했다. 그러나 타마라는 결혼하기로 결정한 후, 곧 성교에 흥미를 잃었을 뿐 아니라 혐오감마저 느끼게 되었다. 그녀는 이런 감정을 감추었고, 탐은 6개월 후에 결혼한 뒤에도 이런 사실을 알아차리지 못했다. 그녀는 곧 바로 임신을 했고, 아들을 낳아 키웠으며, 또 다시 임신했다. 그 동안 그녀는 자신의 신체 상황의 변화가 성적 무관심의 원인이라고 생각했다. 그녀는 첫째 아이에 이어 둘째 아이를 키워야 했으므로, 결혼 후 거의 4년이 지나도록 자신의 성적 무관심에 대한 "합리적인 변명"을 유지할 수 있었다. 그러나 마침내 결혼 후 처음으로 그녀는 임신과 양육으로부터 자유롭게 되었다.

그녀가 아이의 양육이라는 방해물이 없어진지 몇 달이 못되어서, 탐은 그녀가 성적 욕구가 적은 것과 성관계를 혐오하는 것에 대해 문제를 제기했고, 그녀는 문제 해결을 위한 조처가 필요하다는 그의 주장에 조용히 동의했다.

부부치료가 시작되자, 타마라는 첫 번째 결혼을 실패로 이끈 문제와 유사한 패턴을 드러냈다. 즉 그녀는 전 남편과도 정서적인 헌신을 약속하기 전까지는 성교에 관심이 있었다.

그러나 결혼한 후에 그녀는 임신과 육아라는 구실아래 성교를 회피했고, 그러다가 남편이 그녀의 가장 친한 친구와 불륜 관계를 갖게 되자 그 결혼은 깨지고 말았다.

탐은 신체적인 성기능 장애가 없었고, 부부관계를 만족스럽게 생각하고 있었으며 아내를 지지해주고 있었기 때문에, 타마라에게 개인치료를 받도록 권하게 되었다. 타마라는 첫 번째 결혼을 실패로 이끈 원인을 인정하고 있었기 때문에, 자신의 문제를 부인하지 않았고 더 이상 결혼에 실패하지 않기 위해서 치료받기로 했다. 그녀는 전이에서 탐을 금지하고 침범하는 자신의 어머니로 경험했다. 종교에 심취해 있던 타마라의 어머니는 그녀에게 성에 대해 억압적인 생각을 심어주었다. 타마라는 어린 시절에 어머니가 "성적 불감증"을 갖고 있다고 생각했지만, 부모가 성적으로 결합되어 있는 꿈을 꾼 뒤부터 부모의 성에 대해 호기심을 갖게 되었다. 그녀는 어머니의 침대 옆에서 체온계를 보았던 기억을 떠올렸는데, 이는 그녀의 어머니가 피임하기 위해 기초 체온법을 사용하고 있었음을 말해주며, 그것은 그녀의 부모가 성생활을 했음을 의미했다.

그녀는 어머니가 성을 억압했을 뿐만 아니라, 아버지와의 성적 연합을 사용하여 자녀를 자극했다는 것을 알게 되었다. 성적으로 연합한 부모에 대한 그녀의 증오와 시기심은 그녀가 그들처럼, 그들과 함께 그리고 그들 중 하나를 대신하는 관계를 맺고 싶은 갈망에서 온 것이었다. 그녀는 자신의 분노와 시기심을 억압한 채, 자신의 결혼생활에 헌신했다. 그녀는 자신이 남편에 대한 시기심 때문에 자신의 성적인 감정을 억압했다는 사실을 차츰 깨닫기 시작했다. 그 이유는 그가 그녀가 원하는 페니스를 가지고 있고, 그녀가 느끼지 못하는 성적 욕망을 가지고 있기 때문만이 아니라, 그가 성적으로 연합된 부부를 나타냈기 때문이었다. 그녀는 이 연합된 부부의 일부분이 되기를 원하면서도 그 부부와 성적으로 연관되어서는 안 된다는 느낌에 사로잡혀 있었다. 타마라가 개인 분석 작업을 통해서 자신의 결혼생활에 대해 통찰하게 되었을 때, 상황은 호전되기 시작했다. 그녀의 성적 관계는 상당한 정도로 향상되었다.

배우자 모두의 심리내적 문제들

벨리아와 라스는 성적인 어려움 때문에 도움을 받으러 왔다. 벨리아가 성교를 싫어했는데, 그 이유는 라스가 성교 시작한지 1분에서 3분 사이에 사정을 해버리기 때문이었다.

이 부부의 치료 과정은 10장에서 자세히 다룰 것이다. (10장에서는 아이들이 부모의 대상관계를 성과 관련해서 어떻게 내재화시키는지를 설명할 것이며, 11장에서는 그들의 가족치료에 대해 논의할 것이다.) 여기서는 초기 평가면담에서 얻은 자료만을 가지고 각 배우자의 내적 대상 세계로부터 온 요인들을 밝힐 것이다.

벨리아는 심리학적인 사고능력을 가지고 있었다. 그녀는 짧은 평가면담 기간 동안에 자신이 두려움과 갈등이 많은 가정에서 성장했다고 나(D.E.S.)에게 이야기하였다. 그녀의 아버지는 술고래였고, 화를 잘 내고 입버릇이 고약했으며, 때로는 엄마를 때리기도 하였다. 그녀는 엄마가 아버지에게 일방적으로 폭력을 당하면서 자녀들을 보호하지 못한 것에 대해 분개했다. 벨리아는 외로움을 달래기 위해 오빠들에게 애정을 구했다. 어린 소년들이었던 오빠들과 섹스 놀이를 했는데, 그것은 그녀의 몸을 어루만지고 면밀히 조사하는 일종의 의사 놀이였다. 한번은 그녀가 오빠의 페니스를 잡았고, 다른 경우에는 다른 오빠가 그녀의 가슴을 만졌다. 청소년 중기가 되어서 그녀는 섹스에 대한 상상과 연애감정을 상실했다.

라스는 그녀가 처음으로 진지하게 사귄 남자 친구였다. 그들은 성급하게 서로 껴안았고 사귀기 시작한지 6주 후에 성적인 흥분을 경험했다. 그러나 첫날밤 그들의 성관계는 삽입의 실패로 끝났고 따라서 실망스러웠다. 간단한 산부인과 수술과 치료를 받은 후에 그들은 가까스로 성교를 할 수 있게 되었으나, 이제는 라스의 조루가 문제였다. 벨리아는 오르가즘을 경험하지 못했다. 그녀는 만족에 도달하지 못하는 흥분이 좌절을 준다는 사실을 발견했고, 좌절을 경험하기 전에 미리 성적 경험으로부터 철수하는 경향을 보였다. 그녀는 곧 성교를 피하게 되었고, 다만 이따금씩 이를 악물고 성교를 견딜 뿐이었다.

라스는 벨리아에게 상처를 주고 싶지 않았기 때문에 약물을 사용해서 자신의 성적 욕구를 억제했다. 그는 다른 남성적 특성들에 대한 억압을 갖고 있었고, 매우 수동적으로 보였으며, 심리학적인 사고 능력이 없었고, 아동기에 대한 기억이 거의 없었다. 그는 어린 시절 부모가 결혼생활을 잘 하고 있다고 생각했었다. 그러다가 그가 16~17세였던 어느 날 아버지가 어떤 남자의 방에서 동성애를 요구하다가 체포되었다는 사실을 알게 되었다. 아버지는 감옥에 갔고, 어머니는 즉시 이혼하였다. 라스는 아버지와 계속 접촉을 유지했지만,

아버지는 오랫동안 다른 남자와 동거하였다. 그는 아버지와의 관계는 친밀한 관계가 아니었다고 말했다. 그는 어머니와는 가깝게 지냈지만, 그녀에 대해 할말이 별로 없었다.

라스의 심리적인 모호성과 심한 억압으로 인해 우리는 그의 내면 세계의 어떤 문제가 조루의 원인이 되고 있는지 확인할 수 없었다. 그러나 우리는 그의 초기 삶과 관련된 문제가 있을 것이라는 점을 추측할 수 있었다. 그는 아버지의 동성애와 그것에 대해 전혀 알지 못한 채 참고 지냈던 어머니의 관용에서 구체화된 성에 대한 위협을 무의식중에 자신 안에 받아들였을 것이다. 동성애 문제로 체포되었던 아버지에 대한 기억은 가정을 파괴하는 페니스의 상을 나타내고 있었다. 나는 그의 무의식 안에 성교를 위협적인 것으로 느끼는 무엇인가가 있으며, 그것이 어떤 방식으로든 벨리아의 성교에 대한 공포와 서로 보완적인 관계를 형성하고 있다는 말을 해주었다.

벨리아의 상황은 추적하기가 좀더 쉬웠다. 그녀의 아버지는 위협적인 인물이었고, 그녀의 엄마는 무방비 상태에서 삶을 살면서 자기 자신과 자녀를 보호하는데 실패한 인물이었다. 사랑에 대한 갈망이 벨리아로 하여금 성화(性化)된 통로를 찾게 했고, 그녀는 이 성적 갈망을 고통스런 욕망과 죄책감으로 인해 억압했다. 이것들이 결합되어 성교에 대한 공포가 되었고, 이 공포로 인해 그녀는 욕망을 포기하게 되었다. 그녀는 라스와 성교를 하든 자위를 하든 그 어떤 방법으로도 오르가즘을 경험할 수 없었다.

그러나 다음의 정보는 그녀의 욕망이 표면에서 그다지 멀지 않은 곳에 묻혀 있음을 뒷받침해주었다. 그녀가 둘째 아이를 낳고 나서 우울증으로 심리치료를 받았는데, 이때 그녀는 오르가즘을 통해 해소할 수는 없었지만, 한동안 강렬한 성적 욕구를 경험했다. 그 심리치료는 라스가 직업을 바꾸는 바람에 9개월만에 끝이 났다. 치료가 끝났을 때, 그녀의 욕망은 사라져 버렸다. 그럼에도 불구하고, 그녀는 그 기간 동안 그녀가 청소년기에 느꼈던 성적 흥분에 대한 갈망과 열정을 다시 한번 느낄 수 있었고, 비록 억압되어 있지만 자신에게도 강렬한 성적 갈망이 있다는 사실을 확인하였다.

이 사례는 연속체의 한쪽 편만을 나타낸다; 성적 역기능은 거의 각 배우자의 내적 대상관계의 산물이며, 상호적인 투사적 동일시를 통해 그들 안과 사이에서 지속된다. 벨리아는 그녀의 내면 세계 안에 있는 보호적이고 흥분시키는 부분을 라스에게 투사한 반면에, 라스는 자신 안에서 포기된 성교에 대한 소망을 벨리아에게 투사했다. 그리고 그는 그녀에게 투사한 자신의 희생된 부분을 보호하고자 했다. 이 사례는 본래 우리가 부부치료와 가족치료를 추천했던 사례였지만, 벨리아의 개인 치료부터 시작하게 되었다. 이 부부의 상호적인 투사적 동일시와 가족치료에 관해서는 10장과 11장에서 논의할 것이다.

부부 갈등과 성적인 어려움

부부가 갈등을 겪는 동안에 성적인 어려움이 따른다는 것은 성 장애 치료 경험이 없는 부부치료자들도 잘 알고 있는 사실이다. 결혼생활에서 스트레스가 커질 때 성관계가 시들해지는 것은 흔한 일이다. 이따금씩 결혼생활에서 오는 스트레스 문제보다는 성교 문제에 관해 도움을 구하는 사람들도 있다. 그런 경우, 부부 사이의 일반적인 어려움을 명료하게 밝히고 어느 정도 해결하기 전에는 성교 문제에 대한 어떠한 접근도 별 도움이 되지 못하는 것이 보통이다. 성적 관계의 질은 종종 일반적인 부부관계의 질을 따르기 때문에, 만일 부부관계가 심각하게 악화되고 있다면, 대개는 성적 문제 또한 악화될 것이다. 이러한 일반적인 상황을 설명하기 위해 간단한 사례를 제시해 보겠다.

바바라는 로이스가 그녀로부터 성적으로 멀어진다고 느꼈고, 이것을 견딜 수 없었기 때문에 로이스와 함께 나(J.S.S.)를 만나러 왔다. 그러나 로이스가 바바라에 대한 불평을 장황하게 늘어놓자 그들은 5분을 견디지 못하고 자리를 떴다. 바바라는 끝없이 비판하고, 자주 소리를 지르며, 아이를 일관성 있게 돌보는데 실패한 여성이었다. 로이스는 자신이 바바라와 성교를 하는 것에 흥미를 잃은 것은 너무 자주 그녀에게 화가 나기 때문이라고 설명했다.

바바라 편에서는, 로이스가 자기 일에만 몰두하는 것과, 그가 자녀들을 자기편으로 만드는 것에 몹시 화가 나 있었다. 그녀는 성교를 점점 더 불안해지는 결혼생활을 안정적으로 유지하기 위한 방편이라고 생각하고 있었다. 그녀는 로이스와 만족스런 성교를 하게 되면, 그가 자신을 사랑하지 않으며 결혼생활이 위기에 빠졌다는 불안감으로부터 벗어날 수 있을 것이라고 생각했다. 성교에 대한 그녀의 강렬한 갈망은 절망감에서 나오는 요구적인 특성을 가지고 있었고, 그것은 로이스를 더 멀리 몰아내는 결과를 가져왔다. 그는 자신이 화가 나 있을 때 그녀가 성관계를 요구하면, 마치 그녀가 자

신을 삼키려고 한다고 느꼈다. 이러한 상황을 좀더 깊이 이
해하려면 바바라와 로이스 사이의 보다 깊은 부조화의 원인
을 추적해 보아야겠지만, 성적 어려움 자체는 두 사람의 내
적 대상 세계의 문제로부터 온 것이 아니고 그들의 일반적
인 관계를 침식하는 문제로부터 온 것임이 분명했다.

질병이 발생했을 때

부부관계를 위협하는 인생의 위기는 아주 많다. 이런 위기들
중에 어떤 것은 그 영향력을 부부가 의식하지 못할 수도 있다.
부부는 그런 위기로 인한 스트레스를 어떤 방식으로든 다루어야
한다. 그 스트레스를 그들의 상황과 연결짓는데 실패한다면, 거
기에는 성적 어려움이 뒤따를 것이다. 이러한 어려움은 문제가
생기기 전에는 성적으로 만족스럽던 부부 사이에서도 일어날 수
있다. 만일 그 어려움을 잘 이해하지 못한다면, 이차적인 불안을
형성해서 만성적인 어려움으로 자리잡을 수 있다.

피트와 레이첼은 뒤늦게 결혼을 하였는데, 그녀는 초혼이
었고 그는 재혼이었다. 그들이 도움을 받으러 오기 1년 내지
1년 반 전에는 그들의 성적 관계는 두 사람 모두에게 만족
스러운 것이었다. 그후 피트는 가벼운 관상동맥 혈전증을 앓
게 되면서 몹시 불안해졌다. 그가 회복되고 나서도 두 사람
은 격렬한 성교의 위험성에 대해 생각하기 시작했다. 피트는
바로 이 시기에 처음으로 발기 부전을 경험하였다. 이 발기

부전은 계속 문제가 되었으며, 그에게 엄청난 불안을 가져다 준 관상동맥 혈전증으로부터 회복되고 난 후에도 발기 부전에 대한 불안은 계속되었다.

처음에 레이첼은 피트의 발기 부전을 대수롭지 않게 생각했다. 그녀는 그 문제가 피트의 건강 염려증에서 비롯되었다고 생각했고, 그를 달래주려고 애를 썼다. 그러나 그녀는 그가 건강에 좀더 자신을 갖게 되었는데도 여전히 발기가 되지 않자 그것을 이해할 수가 없었다. 이제 그녀는 좌절감을 느낄 뿐만 아니라 피트와의 관계에서 그녀가 이해하지 못하는 무언가가 있다고 생각하게 되었다.

여기서 치료자는 피트의 관상동맥 혈전증이 죽음에 대한 불안과 관련되어 있으며, 성교에 대한 그의 불안이 여기에서 왔음을 이해할 수 있었다. 이러한 치료자의 능력에 힘입어 이 부부는 이전처럼 성관계를 가질 수 있는 능력을 회복할 수 있었다. 이 사례는 단기치료로 충분히 치료할 수 있었다.

신체 장애가 원인일 경우

신체 장애가 성기능 장애의 원인일 경우가 있다. 즉 부부가 처음부터 신체 장애를 의심하고, 그런 측면에서 도움을 구하러 올 수 있다. 이런 증상은 발기부전으로 어려움을 겪는 40세 이상의 남자에게서 흔히 발견된다(Kaplan, 1983, Levine, 1988). 이들 중 반 이상이 그리고 나이가 들어가면서 더 많은 비율의 남자들이 발기를 담당하는 신체기관의 손상 때문에 고통을 받는다. 부부가 이 점을 분명히 인식하고 받아들일 수 있다면, 발기의 문제로 인해 전반적인 부부관계에 이차적인 손상을 가져오지 않을 수 있다. 그러나 만일 부부관계가 처음부터 손상을 입거나 신체적인 원인을 인식하지 못할 경우에는, 부부관계와 부부 사이의 행복감은 이차적인 침범을 받게 된다.

전반적인 부부관계에서이건 단지 성적 관계에서이건, 기존의 심리적 어려움을 가지고 있는 부부인 경우에는 이러한 신체적 문제로 인한 성 장애가 문제를 훨씬 더 악화시킨다. 다음의 사례가 이 경우에 속한다.

블레어와 조 엘렌은 결혼한지 35년 된 50대 중반의 부부이다. 그들은 나에게(D.E.S.) 자신들이 대체로 매우 행복한 결혼생활을 했으며, 한눈을 판 적이 없다고 말했다. 그들은 십대에 만나 연인이 되었으며, 중학생 때 첫 성교를 했다. 그 첫 경험에서 블레어는 발기에 어려움을 겪었고, 그리고 나서는 조루를 경험했다. 그때부터 그는 20대 후반까지 정신분석을 통해 상당한 도움을 받았다. 그는 자신의 조숙한 성 경험이 죄책감에 의해 물들어 있었으며, 돌이켜 보면 그가 성적인 어려움을 겪은 것이 놀랄 일이 아니었음을 발견했다. 그럼에도 불구하고, 그는 자신의 성적 부적절감을 극복하기가 몹시 어려웠고, 평생 발기부전으로 심각한 어려움을 겪었다. 그들은 자녀를 다섯이나 두었음에도 불구하고, 거의 만족스런 성교를 하지 못했다. 블레어는 보통 발기가 잘되지 않았고, 삽입에 성공하더라도 30초 이내에 사정을 했다.

당연히 조 엘렌은 성교에서 큰 만족을 경험한 적이 없었다. 그녀는 청소년기에 경험했던 열정적인 흥분을 기억했지만, 오래 전에 크게 기대하지 않는 법을 배웠다. 그녀는 성교

를 기대하는 것을 그만 두었고, 성치료를 받아보자는 요청을
고통스럽게 느꼈다.

"선생님, 어째서 이 뻔하고 불만스런 일을 다시 경험해야
하는 거지요?" 그녀가 물었다. "블레어는 이 문제를 해결할
수 있는 방법이 있을 거라는 희망을 가지고 있어요. 그가 이
런 노력을 하는 것이 이번이 처음은 아니에요. 그는 정신분
석을 받았고, 우리 둘이 성치료도 받았습니다. 우리는 선생님
이 다른 어떤 것을 제공할 수 있을 것이라는 이야기를 들었
지만, 저는 제가 희망을 가졌다가 또다시 실망하게 될 때 견
딜 수 있을지 모르겠군요."

블레어는 자신의 문제가 심리적인 문제라는 굳은 신념을
가지고 있었다. 결국, 그는 평생 그 문제를 가지고 살았고, 그
가 청소년기에 매우 불안했었다는 것을 알고 있었다. 그는
그것이 자신이 가지고 있던 아버지 이미지와 아버지의 기준
에 맞추어 사는데서 오는 어려움과 관련되어 있다고 생각했
으며, 그 증거로서 자신이 직업에서 실패한 것을 예로 들었
다. 그는 직장에서도 자신이 무능하다고 느꼈다. 그는 실제로
신체적이 어려움을 가지고 있다고 생각했지만, 그것은 그의
기억의 문제였지 그의 페니스의 문제는 아니었다!

나는 블레어의 발기의 어려움이 신체적인 문제일 수도 있
다고 생각했고, 그가 말하는 기억 상실과는 관련이 없다고
느꼈다. 그러나 그의 발기 문제에 대한 나의 추측은 빗나간
것으로 드러났다(적어도 이 단계에서는). 그는 권위 있는 의
사의 도움을 받아 잠자는 동안 발기 여부를 알아보는
NPT(Nocturnal Penile Tumescence Test) 검사를 했는데, 그의 발
기 능력이 충분하다는 결과가 나왔고, 따라서 우리는 심리적
인 성치료를 계속하기로 동의하였다. 블레어는 발기부전과

관련해서 기꺼이 NPT 검사를 했으면서도 그의 기억력을 검사하는 것은 원치 않았다. 나는 이 점이 놀라웠다.

성치료는 대체로 순조롭게 진행되었다. 회기가 계속되는 동안 블레어와 조 엘렌은 서로에게 새로운 수준에서 부드러움을 표현하는 법을 배웠고, 조 엘렌은 자극과 오르가즘을 공유하는 새로운 능력을 획득했다. 그들은 치료 시간에 꿈을 가지고 왔으며, 직업적인 불만을 둘러싼 어려움을 포함해서 그들 사이에서 스트레스를 야기하는 근저의 문제를 분석했다. 그러나 성치료가 페니스를 질 속에 "담아둔 채," 발기에 관한 블레어의 불안을 조사하는 지점에 도달했을 때, 치료는 어려움에 봉착했다. 나는 그가 내가 요구한 모든 것을 다 했다고, 그가 통찰력을 얻었으며, 내 환자 중 가장 열정적인 치료 동기를 가지고 있었다고 느꼈지만, 그는 계속 발기에 실패했다.

나는 차츰 그가 NPT 검사에서 확인된 것보다 더 심각한 신체적인 문제를 가지고 있다고 확신하게 되었다. 우리는 새롭게 혈관 부족에 대한 평가를 해보고 가능한 외과적 도움과 주사치료를 받도록 의뢰할 것을 고려하였다. 비뇨기과 의사 역시 블레어가 심리적인 문제를 가지고 있는 것 같다고 생각했지만, 심리치료가 도움이 되지 않았으므로 주사제 치료를 처방했다. 주사제는 마치 마술처럼 발기를 자극한다. 그러나 심리적인 원인을 가지고 있으면서도 성치료를 거부하고, 처음부터 주사제를 선택하는 대부분의 환자들에게 이 주사제는 상황을 크게 변화시키지 못한다. 그럴 경우 그 주사제의 효용성은 오래 가지 않기 때문이다(Levine and Agle, 1978). 그러나 이들 부부는 주사제 처방을 흔쾌히 받아들였고, 따라서 그들은 긴 결혼생활에서 처음으로 신뢰할만한 성교를 할 수 있었다. 조 엘렌은 성교의 중요성을 받아들이는데 더 오랜 시간이 걸렸지만, 곧 블레어가 경험한 안도감이 그녀에게 상당한 기쁨의 원천이 된다는 것을 느꼈다.

블레어는 처음으로 황홀 상태를 경험했다. "그렇게 오랫동안 절실하게 원하다가 마침내 그것을 가질 수 있게 되는 것이 어떤 것인지 선생님은 모를 겁니다!" 그가 말했다. "그것은 제 삶을 바꾸어 놓았고, 지금은 모든 것이 더 좋게 느껴집니다. 우리는 지금껏 근사한 결혼생활을 해왔고, 저는 여전히 조 엘렌을 무척 사랑하지만, 이제야 완전한 상태에 도달한 것 같아요. 이것을 오래 전에 가질 수 있었더라면 더 좋았겠지만, 지금이라도 그것을 갖게 되어 온 몸에 전율을 느낍니다!"

결혼이나 오랜 기간 유지되는 사랑하는 관계에서 성교는 종종 복잡한 양상을 보인다. 어떤 경우이든, 부부 사이의 관계를 가능한 한 구체적으로 이해하는 것이 중요하다. 이러한 이해를 통해서 사례에 맞는 가장 유용한 접근 방법을 선택할 수 있으며, 이를 통해서 더 깊은 연구와 치료가 가능해진다.

제 3 장

대상관계 이론, 부부관계
그리고 투사적 동일시

대상관계 이론은 인간의 성격을 의미 있는 타자와 상호작용하는 부분들로 이루어진 체계로 보는 개인 심리학이다. 이 이론은 페어베언, 건트립, 발린트, 위니캇 등 몇몇 영국 학자들의 이론들이 합쳐진 혼합 이론이다. 그들의 이론은 일반적으로 클라인의 영향을 받은 것으로 알려져 있지만, 영국에서는 클라인을 중심으로 한 그룹과는 별도로 하나의 독립적인 그룹을 형성하고 있다. 이러한 경계에 대해서 별로 관심을 갖지 않는 미국에서는 대체로 클라인을 대상관계 이론가에 포함시킨다. 그러나 초기 대상관계 이론가들 중에서 페어베언이 유일하게 프로이트의 본능 이론에 정면으로 도전하는 이론을 발전시킨 이론가이기 때문에, 우리는 페어베언(1944, 1952 ,1954, 1963)의 이론을 중심적인 이론으로 받아들이고 있다. 또한 우리는 위니캇(1058, 1960b, 1968, 1971)의 개념을 중요하게 사용할 것이며, 클라인의 투사적 동일시 개념(1946) 역시 대상관계 이론을 대인관계적 상황으로 확장시키데 없어서는 안 될 개념으로 받아들이고 있다. 우리는 또한 대상관계 이론을 부부치료에 적용한 딕스(Dicks, 1967)의 공헌을 참조할 것이며, 대상관계 이론을 소그룹에 적용한 비온(Bion, 1961)의 이론, 부부 상호작용과 가족 역동에 적용한 진너와 샤피로의 이론(Zinner, 1976, Zinner and Shapiro, 1972)을 참조할 것이다.

대상관계 이론의 배경

페어베언: 대상관계에 근거한 개인심리학

페어베언(1952, 1963)은 유아를 "대상을 추구하는" 존재요, 애착과 양육이라는 기본적인 욕구를 충족시키기 위해 엄마와의 관계를 필요로 하는 존재로 보았다. 긴 절대적 의존기와 그후의 상대적 의존기 동안 유아는 부모 형제와 관계를 맺는다. 유아의 성격은 실제 가족 경험에 대한 유아의 지각 위에 세워진다. 욕구와 좌절에 대한 유아의 느낌은 실제 사건을 인식하는 유아의 능력에 영향을 미친다. 즉 경험, 정동, 지각 등은 사건에 대한 아동의 기억과 경험에 영향을 줄뿐만 아니라, 훨씬 더 중요하게는 유아의 심리 구조를 결정한다. 이 구조는 의식적 및 무의식적 대상관계 체계로 구성되어 있고, 이것이 실제 관계에 대한 유아의 경험을 결정하는 것으로 보인다. 요약하면, 볼라스(Bollas, 1987)의 표현처럼, "자아 구조는 관계의 흔적으로 구성된다."

심리내적 상황은 미래 경험, 인지 능력의 성숙 그리고 다양한 발달단계에서 겪는 일차적 관계의 질적 변화와 같은 요소에 의해 재강화되고 수정된다. 아동 개인은 프로이트(1905b)가 서술한 심리성적 발달단계를 통하여 성장할 뿐 아니라 가족의 발달단계를 통해서도 발달 과정을 겪는다. 가족은 조부모나 부모의 죽음, 병, 이사, 생활방식이나 경제적인 환경의 변화, 새로운 아기의 탄생 등을 겪으면서 발달해간다.

개인의 성격은 의식 체계와 무의식 체계로 구성되는데, 이 개인의 성격 안에는 가족체계와 가족 구성원 개인들의 성격 부분들이 상호 역동적인 관계 안에 존재한다. 아이는 항상 변화하는 무수히 많은 부분적인 관계들을 통해서 성장하며, 이 부분 관계들은 성장을 위한 문화적 매개물로 확장된다. 그 결과 개인의 성격은 다른 사람들의 부분들과 동일시된 부분과 역동일시된 부분들을 반영하는 복잡한 구조를 갖게 된다. 개인의 의식적인 부분은 융통성 있고 변화할 수 있는 열린 체계로 머무르면서 자유롭게 다른 부분과 상호작용한다. 개인의 무의식적 부분은 분열되어 폐쇄적인 체계 안으로 배치되어 의식 수준에서 배우거나 변화되지 않는 경직되고 억압된 내용이 된다(Sutherland, 1963). 페어베언이 이러한 체계들과 그것들의 요소들이 내면에서 끊임없이 역동적으로 상호작용한다는 사실을 지적한 것은 그의 중요한 공헌 중의 하나이다. 억압된 체계 내의 욕구, 좌절, 갈망, 사랑, 증오는 재경험된다. 이런 감정은 전체적인 성격 안에 내재화되고 계속해서 역동적으로 상호작용하는 흥분시키는 대상과 거절하는 대상의 속성이 된다. 이러한 내적 관계는 적극적으로 억압되지만, 동시에 똑같이 의식으로 되돌아오고자 적극적으로 추구한다.

비온: 담아주기, 집단 가정, 역가
(Containment, Group Assumption, and Valency)

비온(Bion, 1962, 1967, 1970)은 집단 의사소통, 사고 과정, 엄마-유아 사이의 역동에 대한 연구로부터 엄마가 '환상'(reverie)이라고 부르는 특별한 사고 형태를 사용해서 아기를 돌본다고 가정했다. 엄마는 이러한 사고 안에서 유아의 불안과 좌절을 감당해 주고, 유아를 담아준다. 담아주는 사람인 어머니와의 동일시를 통해서 아이는 사고할 수 있는 안정된 자기를 발달시킨다. 이러한 동일시는 클라인(1946)에 의해 도입된 내사적 동일시의 예이며, 이것을 시걸(Segal, 1964)은 다시금 '대상이 자아 안으로 내사되어 자아의 일부 또는 전체가 된 결과'라고 정의했다. 비온의 담아주는 그릇-담기는 것(container-contained)이라는 개념은 유아의 투사적 및 내사적 과정이 엄마를 손상시키지 않고 성장을 촉진시키는 촉진적 요인이 될 수 있음을 말해준다. 이것은 위니캇의 안아주는 환경 개념(1960a)과 구별된다. 안아주기 환경은 비온의 담아주기 개념에서처럼 심리적 공간을 창조해내는 엄마의 인지적 기능을 언급하기보다는 신체 심리적 경험을 허용하는 엄마와 아기 사이의 공감적이며 정신신체적인 동반자 관계를 언급한다. 또한 담아주기는 위니캇(1971)이 말하는 엄마와 유아 사이의 중간 공간(transitional space) 개념과도 구별된다. 이 중간 공간은 유아가 엄마를 대신하는 대상을 사용하는 상징적 영역을 가리킨다. 이때 유아는 그 대상을 자신의 통제 아래 있다고 간주한다.

위니캇의 안아주는 환경과 중간 공간에 대한 서술은 대인관계적 과정에 대한 설명으로서, 그 과정은 그 중의 많은 부분을 엄마가 수정하고 동시에 유아가 재작업하는 과정인 반면에, 비온의 담아주기에 대한 서술은 내사적 동일시와 투사적 동일시를 사용하는 엄마의 능력을 가리킨다.

우리는 담아주는 그릇과 안아주는 환경이라는 두 용어 모두를 사용하는데, 이는 가족 구성원들 간에 자연스러운 변화와 상호적인 투사적 동일시를 촉진시키는 상황을 가족 구성원들과 부부에게 제공해주기 위함이다.

비온(1961)은 소그룹 과정에 대한 연구에서 사람들은 지도자가 충족시켜주지 못한 무의식적 욕구를 표현하고 충족시켜주는 하위집단을 형성하는 경향이 있다는 사실을 주목했다. 이 하위집단들은 구성원들이 공유하고 있는 무의식적 가정의 토대 위에서 형성되는데, 이 가정은 의존에 대한 욕구, 투쟁 또는 도피로 표현되는 공격성에 대한 욕구 그리고 고통 속에 있는 집단을 구해줄 구원자를 만들어내기 위해 짝을 형성하고자 하는 욕구를 어떻게 충족시킬 것인가에 관한 것이다. 개인들은 어떻게 이러한 주제들 중에 하나를 선택하여 반응하는가? 비온은 역가라는 개념을 제안하는데, 이것은 "개인으로 하여금 어떤 기본적인 가정에 기초해서 다른 사람과 함께 나누고 행동할 수 있게 하는, 즉각적이고 자동적으로 결합하는 능력"을 말한다. "그것은 즉각적이고, 불가피하며, 본능적이다(p. 159)." 이것의 예는 사랑에 빠지는 커플에서 가장 명백히 나타난다. 이 역가는 결혼 상대자나 가족 구성원들 사이에서 작용하며, 장래의 성격 발달을 결정한다. 우리는 나중에 어떻게 이 역가가 투사적 동일시를 이해하는 데 도움이 되는지를 고려할 것이다.

딕스: 부부 연구와 투사적 동일시

또 다른 영국의 이론가인 딕스(1967)는 부부관계에 대한 연구에 페어베언의 개인 심리학을 사용했다. 그는 페어베언의 용어를 사용하여 개인의 성격이 의식적 및 무의식적 대상관계 체계들로 구성되어 있다고 설명했다. 딕스는 각각 서로 다른 치료자에게서 치료를 받고 있는 부부의 개인치료에 대한 평행 연구에 근거해서, 배우자들이 갖고 있는 부분들과 체계들이 의식적 및 무의식적인 수준에서 서로 잘 맞는 정도가 다르다는 사실을 주목했다. 그는 배우자 선택이 겉보기에는 의식적인 요인에 의해 결정되는 것 같지만, 그것은 또한 두 사람의 무의식적 대상관계의 일치에 의해 결정된다고 보았다. 그는 이러한 배우자의 무의식적 대상관계의 일치에 대한 필요를 "무의식적 상보성"(unconscious complementariness)이라고 불렀다. 개인은 배우자에 대해서 "마치 상대방이 자신의 일부인 것처럼 지각한다. 개인은 이 자신의 측면을 어떻게 다루느냐에 따라 배우자의 측면을 다룬다: 즉 못쓰게 된 것, 소중한 것, 또는 격하되거나, 박해받는 것." 결혼생활이 계속되면서, 부부관계에서 자기와 타자 사이의 경계가 모호해지고, 부부는 "공동 인격"을 발달시키게 된다. "이 공동 인격 또는 통합된 인격은 각 배우자가 일차적 대상관계에서 상실한 측면을 회복시켜준다. 각 배우자가 상실한 측면들은 분열되거나 억압된 것으로서, 이것들은 두 사람이 부부로서 서로에게 참여할 때 투사적 동일시의 작용에 의해 다시 경험되게 된다."

딕스는 자신의 이론을 설명하기 위해서 클라인(1946)의 투사적 동일시 개념을 사용했다. 페어베언이 서술한 성격의 각 부분 사이의 역동적인 관계는 결혼한 두 사람의 체계들 사이에서 발생하는 것으로 개념화되었다. 딕스는 투사적 동일시 개념을 연결 고리로 사용하여 개인의 심리내적 구조에 대한 페어베언의 대상관계 이론을 부부의 상호작용에 적용하였다. 그렇다면 그 투사적 동일시는 과연 무엇인가?

투사적 동일시에 대한 혼동들

딕스는 투사적 동일시 개념에 대한 많은 이론적 설명과 임상 사례를 제시했으면서도, 그 개념을 공식적으로 정의하지 않았다. 그는 그 개념을 부부 문제에 적용함으로써 클라인처럼 그 개념을 임상자료를 통해 보여주고자 했다. 이 용어에 친숙한 사람들 중에는 투사적 동일시를 심리내적인 한 몸 현상으로 이해하는 사람이 있는가 하면, 그것을 대인관계적인 두 몸 현상으로 이해하는 사람이 있다(Meissner, 1987)는 사실을 망각한 채, 사람들이 이 개념에 대해 다 알고 있다고 간주하는 경향이 있다. 이런 현상은 한편으로 이 개념이 놀랄만한 융통성과 적응성을 가지고 있음을 말해주며, 다른 한편으로는 개념적인 명확성이 부족하다는 사실을 가리킨다.

우리는 이러한 혼동이 어느 정도는 투사적 동일시라는 정신 과정 자체가 갖고 있는 모호성에 따른 불가피한 결과라고 가정한다. 즉 이 용어는 본래 마음의 복잡성과 모호성을 담아내기 위해 고안되었기 때문이라는 것이다. 여기에는 여러 저자들이 그들의 글에서 시걸(Segal, 1964)이 소개한 이중적 의미 중 하나는 따르고 다른 하나는 무시하면서, 그 차이를 인식하지 못한 탓도 있다. 이 문제와 관련해서 동일시가 어디에서 발생하는지, 자기인지 타자인지, 자아인지 대상인지, 내적 대상인지 외적 대상인지에 대한 견해의 차이가 있어왔다. 이러한 혼동의 또 다른 원천은 투사적 동일시에 관한 우리의 견해가 생애 초기 몇 달 동안 자기와 타자 사이에서 일어나는 개인적인 관계 경험을 통해서 형성된다는 생각에 의해 영향을 받았다는 사실에 있다. 다시 말해서, 투사적 동일시가 주요 방어 기제로 작용하는 편집-분열적 자리의 해결에 의해 한 개인의 성격구조가 형성된다는 클라인 이론의 영향을 받았다는 사실이 이 개념의 명료성을 약화시켰다. 마지막으로, 이 개념이 명료성을 갖지 못하는 이유는 이 개념을 처음 제시한 클라인의 산만한 글쓰기 스타일과 관련되어 있다.

클라인의 투사적 동일시 개념

클라인은(1946) 생애 첫 몇 개월 동안에 발달하는 편집-분열적 자리를 설명하는 분열성 상태의 기제에 관한 논문에서 투사적 동일시의 개념을 도입하였다. 그녀는 이 개념을 공식적으로 정의하지 않은 채, 생애 초기에 유아가 엄마 또는 젖가슴과 관계하는 동안에 경험하는 증오를 다루는 환상 과정을 설명하는데 사용했다. 불안한 유아는 자기 내부의 파괴적인 부분을 환상 속에서 뱉어내고, 토하고, 배설하고, 엄마 몸 속에 있는 대상 속으로 투사함으로써 제거하고자 한다. 이때 유아는 그것을 엄마가 자기 자신을 공격하는 것으로 경험한다. 유아는 이러한 박해적인 대상과 동일시하는데, 이것이 편집-분열적 자리를 더욱 강화시킨다.

이후에 클라인은 자기의 좋은 부분도 투사될 수 있다고 말함으로써, 투사적 동일시에 대한 그녀의 주장을 다소 수정한다. 유아는 자신이 투사한 좋은 부분과 동일시함으로써 좋은 대상관계를 경험할 수 있게 된다. 이것은 자아의 통합을 위해 중요한 요소이다. 그녀는 죽음 본능뿐만 아니라 생명 본능의 영향 아래 미움뿐 아니라 사랑과 관련해서도 투사적 동일시가 작용한다고 말한다. 분열, 투사, 투사적 동일시, 내사는 투사적 및 내사적 정신 과정의 일부분으로서, 보통 생애 첫 몇 달 동안 계속되는 편집-분열적 자리에서 발달하는 정신 과정을 특징짓는다.

클라인의 이론을 가장 명료하게 설명해준 시걸(1964)은 다음과 같이 말한다. "투사적 동일시는 자기의 부분을 대상 안으로 투사한 결과이며, 따라서 주체는 대상이 자기가 투사한 부분을 갖고 있는 것으로 지각한다. 그와 동시에 자기 또한 그 대상과 동일시한다." 시걸은 이와 같이 이 용어에 이중적 의미를 부여했다. 그것은 대상이 마치 자기인 것처럼 잘못 지각되거나, 자기가 마치 대상인 것처럼 잘못 지각되는 것을 의미할 수 있다. 시걸은 이런 투사의 결과를 다음과 같이 설명한다. "외부 대상은 … 투사된 부분에게 사로잡히고, 통제 당하며, 그것과 동일시된다." 이런 설명을 통해서 시걸은 한 몸 관점을 두 몸 관점으로 확장시켰다. 이 두 관점의 연결 고리는 내사적 동일시 개념인데, 이는 "대상이 자아 안으로 내사되면, 자아가 그 대상의 특성을 부분적으로 또는 전체적으로 동일시하는 것"을 말한다. 시걸에 의하면, 이러한 정신 과정은 편집-분열적 자리의 특징적인 불안인 박해 불안의 영향 아래에서 발생하며, 정상적인 발달에서 투사된 것은 방해받지 않고 되돌아와 자기 안으로 재통합된다. 스타이너, 윌리암스, 시걸과 같은 현대 클라인 해설자들은 투사적 동일시에서 외부 대상이 투사에 의해 영향을 받는다는 생각에 견해를 같이 한다. 투사적 동일시의 작용을 통해서 자기의 마음 상태가 다른 사람 안에서 불러일으켜진다(Williams, 1981).

다른 공헌들: 말린과 그롯슈타인, 마이쓰너, 컨버그, 옥덴, 샌들러

투사적 동일시 개념을 설명하는 문헌(Jaffe, 1968)을 보면, 많은 저자들이 투사를 투사적 동일시와 동의어로 사용하고 있는 반면, 어떤 이들은 그 둘의 차이를 강조하는데 많은 에너지를 소모하고 있는 모습을 보여준다. 예를 들어, 말린과 그롯슈타인(Malin and Grotstein, 1966)은 투사라는 용어는 본능적인 욕구를 전치시키는 것에 대한 설명으로 이해해야하며, 또한 자기의 부분을 투사하는 것은 항상 투사적 동일시를 수반한다고 말한다. 이 투사적 동일시에서 대상은 투사되고 부인된 자기의 부분을 받아들여 혼합하는데, 이 혼합물—외적 대상과 새로 투사된 부분이 합쳐진—은 다시금 자기 내부로 재내사됨으로써 순환 과정이 완성된다. 마이쓰너(1980)는 이 두 개념의 혼동을 개탄하면서 다음과 같이 차이점을 제시했다:

투사에서, "투사된 것은 대상에게 속한 것 혹은 대상으로부터 오는 속성이나 특성으로 경험된다."
투사적 동일시에서, "투사된 것은 자기의 부분과 동일시되고 자기의 부분으로 경험된다."

마이쓰너는 투사적 동일시는 자아 경계의 상실을 가져오고 대상을 자기의 일부로 받아들인다는 점에서 본질적으로 정신병적인 정신 과정으로 보았다. 이 견해는 죽음 본능으로 인한 불안의 정도가 너무 커서 견뎌낼 수 없을 경우를 제외하고는 정상적인 발달 과정으로 보는 클라인의 견해와는 대조된다. 컨버그 (Kernberg, 1987)는 투사를 편집증 환자의 증상으로 나타나는 비정상적인 정신 과정으로 본 프로이트(1984)와는 달리, 그것을 정상적이거나 신경증적인 정신 과정으로 보았다. 그는 투사적 동일시를 비정상적인 정신 과정으로 본 마이쓰너의 견해에 동의하면서, 그것을 원시적이지만 불가피한 것이 아닌 정신병적 방어로 간주했다. 그리고 그것은 정신병과 경계선 상태에서 가장 분명하게 나타난다고 설명하였다. 컨버그(1987)는 투사적 동일시 개념을 다음과 같이 정의한다:

임상 경험을 통해서 나는 다음과 같은 결론을 내리게 되었다. 투사적 동일시는 a) 감당할 수 없는 심리내적 경험의 측면을 대상에게 투사하는 것, b) 투사된 부분과의 공감을 유지하는 것, c) 감당할 수 없는 심리내적 경험에 대한 방어적인 노력의 연장으로서 대상을 통제하려는 시도, d) 실제 대상과의 상호작용에서 투사된 것을 대상 안으로 유도하고자 하는 무의식적인 시도 등으로 이루어진 원시적인 방어기제이다(p. 94).

마이쓰너(1980)는 또한 이 개념이 가족 역동에 관한 논의에서 사용되고 있는 "일종의 유행"에 관해 언급한다. 그는 가족 역동 안에서 복잡한 투사적 및 내사적 과정이 일어나는 것은 사실이지만, 그것이 투사적 동일시는 아니라고 주장한다. 그는 "대상이 마치 주체의 성격 요소를 가지고 있는 것처럼 주체가 대상을 지각한다면," 그때에 진정으로 투사적 동일시라는 용어를 적용할 수 있다는 진너와 샤피로(Zinner and Shapiro, 1972)의 생각에 동의하면서도, 그는 투사적 동일시가 거의 정신병적 상호작용에서만 작용하는 정신기제라고 주장한다. 여기에서 그는 진너와 샤피로가 임상 조사 자료에 근거해서 투사적 동일시가 정신병적인 정신 과정이 아닌 상호작용 속에서도 일어난다고 한 주장을 논박하면서도, 자신의 주장을 입증하기 위한 임상 자료를 제시하지 않는다.

좀더 최근에 옥덴(Ogden, 1982)이 임상 경험을 토대로 투사적 동일시 개념에 관한 정의를 내렸는데, 그의 이런 노력은 혼돈스런 이 개념을 규정하는데 약간의 질서를 가져다주었다. 그 역시 투사와 투사적 동일시를 구별한다:

투사에서, "… 환상 안에 있는 자기의 측면이 축출되고 거절되어 대상에게 전가된다."

투사적 동일시에서, "개인은 자신이 다른 대상에게 감정, 생각, 자기 표상을 투사하는 동시에 마치 자기 자신이 그 대상과 하나가 된 것처럼 그 대상이 느끼는 감정을 똑같이 경험한다."

여기서 옥덴은 동일시를 하나됨의 감정으로 설명한다. 그는 또한 투사된 정신 내용에 대해 설명한다. 그는 자기의 한 부분만이 투사되는 것이 아니라, 감정이나 생각도 투사될 수 있다고 보았다. 나중에 그는 투사적 동일시를 심리내적 차원에서 "대상관계를 수반하는 환상 집단"이라고 결론을 내린다. 이 환상 집단은 말린과 그롯슈타인(Malin and Grotstein, 1966)이 처음 설명했고,

옥덴(1982)이 요약한 대인관계적 상호작용의 3단계 안에서 작용한다(표 3-1을 보시오).

표3-1 옥덴의 3단계 투사적 동일시

---

1. 자기의 부분을 축출하여 그것을 받는 누군가에게 집어넣는다.
2. 그것을 경험하도록 다른 사람을 강요한다.
3. 그 사람으로부터 그것을 되찾는다.

이 모델은 투사, 강요, 되찾음으로 이루어지며, 상호적인 연쇄과정을 불러온다. 옥덴은 투사하는 사람의 심리내적 관점으로부터 한 걸음 더 나아가 왜 투사하는 사람이 이 모든 단계를 거치는가를 묻는다. 투사적 동일시가 가져다주는 심리내적 및 대인관계적 유익은 무엇인가? 그는 투사적 동일시에는 4가지 목적이 있다는 것을 발견했다(표3-2 참조).

옥덴(1982)은 투사적 동일시에 대해서 이렇게 말한다: "이 개념은 무의식적 환상, 대인관계적 압력, 일련의 감정에 대한 각 성격 체계의 반응 등을 통합적으로 설명하는 개념이다. 투사적 동일시는 부분적으로 대인관계적 상호작용(한 사람이 다른 사람에게 투사적 환상에 응하도록 압력을 가하는)에 대한 진술이며, 부분적으로 개인의 정신 활동에 대한 진술(투사적 환상, 내사적 환상, 심리적 과정)이다. 그러나 가장 근본적으로는 심리내적인 것과 대인관계적인 것 양자 사이의 역동적인 상호작용에 대한 진술이다." 원래 개인 치료자인 옥덴은 결혼 연구에 관한 딕스의 작업을 언급하지 않고 있다. 그러나 흥미롭게도, 그는 환자-치료자 관계에 대한 연구와 그 관계가 유아기의 원시적 정신 과정을 불러일으키는 현상에 대한 연구에 기초하여 자신의 투사적 동일시의 개념을 설명하고 있음에도 불구하고, 그의 생각은 딕스가 말하는 것과 다르지 않다. 따라서 그의 개념은 부부의 역동을 이해하는데 적용될 수 있다.

후기 저서에서, 옥덴(1986)은 엄마가 자신에게 투사된 내용을 처리하여 유아가 감당할 수 있는 유용한 형태로 변형시켜서 되돌려줌으로써, 유아의 경험의 질이 변화되는 과정을 설명했다. "투사적 동일시를 통해 정서적 연결 고리(emotional linkage)가 창조되는 과정에서" 유아에게 실제적인 변화가 일어난다. 왜냐하면, 투사적 동일시 안에서 발생하는 "하나됨과 둘됨이 동시에 유지되는 상태(엄마와 유아의 연합과 분리)"에서 "개인의 심리 상태의 총합보다 더 큰 창조성을 지닌 경험의 형태가 만들어지기 때문이다." 그의 견해로는, 유아와 엄마, 환자와 치료자, 투사하는 사람과 투사를 받는 사람은 이 과정에 적극적으로 기여하고 또 그것의 영향을 받음으로써 각자 변화를 겪는다. 옥덴은 치

표 3-2. 옥덴의 투사적 동일시의 4가지 기능

1. 방어 : 자신이 원하지 않는 부분으로부터 거리를 두거나, 그 부분을 다른 사람 안에 보존하는 기능.
2. 의사소통 : 다른 사람에게 투사된 감정들이 마치 그 자신의 것인양 경험하도록 그를 강요함으로써 그에게 자신을 이해시키는 기능.
3. 대상과의 관계형성 : 투사를 받기에 충분하리 만큼 분리되어 있으면서도 다소 왜곡된 지각을 허용할 만큼 그리고 하나됨의 느낌을 조장할 만큼 충분히 분화되지 못한 사람과의 상호작용을 가능케 하는 기능.
4. 심리적 변화를 위한 통로 : 엄마-유아 관계, 부부관계, 치료자-내담자 관계에서처럼, 투사를 받는 사람이 그 투사된 내용을 수정하여 본인으로 하여금 재내사하게 하는 것을 통해서 심리적 내용을 변형시키는 기능.

료자가 투사된 것을 정교화하는 측면을 그의 연구에 포함시켰는데, 이로써 그는 두 몸 관계의 투사적 동일시 체계를 연구했다. 우리는 이러한 그의 연구 업적을 환영하는 입장이다. 그러나 그렇지 않은 사람들도 있다. 예를 들어, 컨버그(1987)는 옥덴의 연구를 "확신이 가지 않는" 시도라고 개탄했다: 옥덴은 클라인의 한계를 넘어서 투사적 동일시의 대인관계적 측면과 환경의 중요성을 강조하면서도, 클라인처럼 유아의 경험을 강조했다; 그는 비온의 통찰에 근거해서 유아(또는 엄마-유아)가 엄마에 의해 담겨지는 경험의 효과에 대해 숙고했으며, 엄마의 담아주는 기능에 대해 숙고했다; 이와 같이 그는 투사적 동일시라는 대인관계적 과정의 심리내적 차원으로 우리의 관심을 돌려놓았다.

옥덴이 말하는 투사적 동일시 과정의 상호작용 단계는 샌들러의 생각과 일치하는 면이 있다. 샌들러는 이 개념이 세 단계를 거친다고 보았다. 1) 실제 대상이 환상에 의해 영향을 받지 않는 심리내적 과정; 2) 환상에 의해 대상이 영향을 받는 대인관계적 과정(역전이에서 발생하는 것과 같은); 3) 투사된 부분이 담아주는 엄마의 사고나 환상에 의해 변형될 때(Bion, 1967), 대상이 환상에 영향을 주는 대인관계적 과정. (샌들러는 이 세 번째 단계의 타당성에 대해서는 확신을 갖지 못했다.)

가족 연구로부터 온 공헌: 진너와 샤피로

진너와 샤피로(Zinner and Shapiro, 1972)는 투사적 동일시 개념을 가정 생활의 대인관계적 상황에 적용했다. 진너(1976)는 딕스

(1967)의 영향 아래 그 개념을 부부치료에 적용했다. 그는 투사적 동일시는 방어 기능과 회복 기능을 모두 가지고 있는 무의식적 정신 과정이라고 강조했다. 이때 그는 투사적 동일시가 무의식적 정신 과정임을 강조했는데, 이것은 다른 저자들이 투사적 동일시를 마치 의식적인 정신 과정인 것처럼 심지어 의도적인 정신 과정인 것처럼 설명한 점을 고려할 때, 아주 훌륭한 공헌이었다. 그는 다음과 같이 말했다:

"투사적 동일시는 대상에 대한 지각 내용을 변형시키고, 상호적인 방식으로 자기에 대한 이미지를 바꾸어주는 자아의 활동이다." 그는 덧붙이기를, 개인은 "투사적 동일시를 통해서, 대상을 자기 안에서가 아니라 관계 맺고 있는 상대방 안에서 발견하게 된다"(Zinner, 1976, J. S. Scharff, 1989, p. 156).

진너는 투사적 동일시를 갈등이 무의식적으로 자기 안에 보존되거나 관계 속으로 투사되는 심리내적 과정으로 설명한다. 그는 딕스가 주장했던 것처럼, 이 과정이 부부관계에서 일어나며, 이 과정은 자아가 어떻게 대상을 지각하는가를 변화시킬 뿐만 아니라 실제로 대상 안에서 투사된 내용에 동조하는 반응을 불러일으킨다는 사실을 주목했다. 이러한 생각은 대상이 대인관계적 압력을 행사한다는 옥덴의 생각과 일치한다. 그러나 진너는 딕스처럼, 한 걸음 더 나아가 배우자 모두가 투사적 동일시 과정에 참여한다는 사실을 지적한다. 두 사람 모두가 투사하는 사람이 되고 동시에 투사를 받는 사람이 된다는 것이다. 따라서 진너는 결혼을 "상호 만족을 주는 공모 체계"라고 묘사했다(Zinner 1976). 여기에서 투사적 동일시는 상호적인 과정이다. 그에 따르면 부부치료의 목적은 각 배우자로 하여금 투사된 갈등을 재내재화하도록 돕는 것이다.

진너는 또한 건강하기도 하고 불건강하기도 한 과정으로서의 투사적 동일시라는 유용한 개념을 제시한다. 투사적 동일시를 사용하는 정도에 따라 부부관계의 특성은 공감적인 것과 망상적인 것 사이의 어딘가에 위치하게 된다:

하나의 관계가 이 연속선상의 어디에 위치하게 되는가의 문제는 내재화된 핵심적 대상관계의 질과 발달 수준, 서로를 개별적이고 분화된 개인으로서 경험할 수 있는 부부의 능력, 그리고 방어의 필요성이 지닌 강도에 의해서 결정된다. 부부가 갈등을 외부로 돌리는 방법으로 투사적 동일시를 덜 사용할수록 그리고 경험을 공유하기 위한 방법으로 많이 사용할수록, 부부관계는 더 건강한 쪽에 위치하게 된다(Zinner, 1976).

이제 투사적 동일시는 개인 심리학과 대인관계 심리학 사이에서 개념적인 교량 역할을 하는 것으로 여겨진다. 배우자의 선택은 "무의식적 환상을 보완해주고 재강화시켜주는 대상을 추구하는 욕구에 의해 동기화된다"(Dicks, 1967). 이처럼 성인의 발달은 계속해서 투사적 동일시의 영향을 크게 받는다. 진너와 샤피로(1972)의 가족 연구는 더 나아가 투사적 동일시가 개인 발달에 미치는 영향력이 어떤 것인지를 보여준다. "투사적 동일시는 투사를 받는 사람 안에 확실하고 지속적인 구조의 변화를 가져온다. 이 현상의 첫 번째 예로는, 바로 유아의 성격 발달에 영향을 미치는 가족의 상호작용을 들 수 있다"(Zinner and Shapiro, 1972).

진너는 가족의 상호작용에서 투사적 동일시가 갖는 역할에 관한 글을 썼을 때와는 달리, 지금은 투사적 동일시를 전적으로 자기의 부분과 대상 내부의 내적 대상 사이에서 일어나는 심리내적 과정으로 보고 있다. 진너에게 있어서, 그것은 한 몸 현상이다. 유사한 심리내적 과정이 중요한 타자 안에서도 일어나지만, 그러한 심리적 내용을 다른 사람에게 투사하거나 역으로 다른 사람의 것을 안으로 들인다는 생각은 너무 신비주의적인 생각이라고 진너는 말한다. 그는 초기에 쓴 글에서 대인관계적 맥락을 강조했음에도 불구하고, 지금은 심리내적 차원, 즉 개인 안에서 무엇이 일어나는가에 초점을 두고 있다. 그러나 만일 투사적 동일시가 전적으로 심리내적 과정이라면, 진너는 어떻게 자신이 주장했고 아직도 동의하고 있는 상호적인 투사적 동일시 과정을 설명하는 것일까? 개인이 대상에게 끼치는 영향을 그는 어떻게 설명하는가? 진너의 설명에는 대인관계적 행동이라는 연결 고리가 빠져 있다. 진너는 아내의 투사적 동일시는 배우자에 대한 지각에 영향을 미치며, 이것은 남편을 대하는 태도에 변화를 가져온다고 말한다. 그리고 그때 그녀의 남편은 그 자신의 투사적 동일시와 그에 상응하는 행동으로 반응을 한다고 말한다. 이때 아내와 남편의 투사적 동일시는 부부 각자의 내부에서 일어나는 심리내적 과정이라고 그는 간주한다. 진너는 이러한 진술이 자신의 관점이 전환된 것이라고 보기보다는 투사적 동일시가 발생하는 장소에 대한 설명으로 간주한다.

가족치료 연구의 공헌을 임상 경험에 통합함으로써, 우리는 수많은 개인적인 심리내적 과정이 결국은 가족의 여러 요소들과 동일시된다는 결론에 도달했다. 동시에, 심리내적 상황은 가족 안의 집단 무의식에 투사된다. 이때 가족 중 한 사람이 가족이 원치 않거나 거부된 부분을 떠맡아 줄 투사의 대상으로 선택된다. 건강한 상황에서 이 역할은 가족 구성원들이 돌아가면서 맡게 되지만, 병리적인 상황에서는 한 사람에게 집중되거나 고정된다. 이때 그 사람은 가족의 병리를 대표하는 환자(index patient)로서 다른 가족 구성원들이 부인하는 부분을 대신 떠맡게 되며, 원치 않는 가족 무의식의 측면을 처리해 내지 못하는 가족 집단의 문제를 나타낸다.

성치료에서 온 공헌들

부부 사이의 투사적 동일시에서, 투사는 외부 대상 안에 특정한 마음 상태를 유도해낸다. 우리는 투사적 동일시가 투사된 것과 관련된 행동, 생각, 감정을 불러일으킴으로써 발생한다고 생각하는 경향이 있다. 그리고 성적인 관계에서는, 유아기에 그러했듯이, 신체가 투사의 매개물이 되는 경향이 있다. 이때 투사하는 사람은 대상의 정신 속으로가 아니라 그 대상의 신체 안으로 투사를 하며, 상호 투사적 동일시에서는 이것이 역으로도 일어난다. 때로는 투사하는 사람이 상대방을 보호하기 위해 되돌아온 투사물을 내사하여 자신의 신체 부분과 직접 또는 간접적으로 동일시한다. 어쨌든 투사의 대상은 이제 자기 안에 자리를 잡게 된다. 자기나 상대방의 모든 신체 부분이 투사된 내용과 동일시될 수 있지만, 특히 신체의 성적 부분이 표적이 될 수 있다. 갈등은 압축된 형태로 성기라는 스크린에 투사된다(D. Scharff, 1982). 페니스, 질, 젖가슴은 거절적이고 흥분시키는 억압된 대상 체계가 투사되는 신체적인 자리가 된다. 이 억압된 대상은 결혼한 부부의 신체적인 사랑에 기여하거나 그 사랑을 방해하는 형태로 되돌아온다.

그 외의 공헌들

역가(Valency)

소집단에 대한 연구에서, 비온(1961)은 개인의 성격 요소가 집단이 지닌 무의식적인 주제를 둘러싸고 상호적으로 작용한다는 점을 주목했다. 그는 이 현상을 역가라는 개념으로 설명하고자 했다. 역가는 한 개인의 성격이 다른 사람의 성격과 즉각적이고 자발적으로 결합하는 본능적인 능력을 일컫는다. 비온은 역가를 "인간의 성격 안에 있는, 집단을 형성하고자 하는 자발적이고 무의식적인 기능"이라고 말했다. 이러한 진술은 그 현상이 어떻게 발생하는지에 대해서는 충분히 설명해주지 않는다. 이것을 이해하기 위해 래커의 연구를 살펴볼 필요가 있다.

일치적(Concordant) 동일시와
상보적(Complementary) 동일시

래커(Racker, 1968)는 역전이를 환자의 투사에 대한 치료자의 반응으로 보았으며, 이는 치료자의 무의식 안에서 투사적 동일시가 작용함으로써 발생한다고 설명했다. 이러한 동일시는 두 가지 유형 중에 하나일 수 있다:

일치적 동일시에서, 치료자는 환자가 투사한 자기의 부분을 동일시한다.
상보적 동일시에서, 치료자는 환자가 투사한 대상의 부분을 동일시한다.

우리는 이 개념을 가족 집단의 투사를 밝히려고 노력하는 가족치료자들의 연구에 적용했다(Scharff and Scharff, 1987). 우리는 또한 래크의 이론을 치료 상황에서 꺼내어 부부관계에 적용했는데, 이를 통해 비온의 역가 개념과 딕스의 무의식적 상보성 개념을 연결시켰다. 간략히 말해서, 아내의 자기(또는 그 일부)가 배타적으로, 교대로, 또는 동시적으로 남편의 대상 또는 남편의 자기의 일부분으로 간주될 수 있다. 이러한 자기와 대상의 상호 투사와 동일시는 대상관계 체계의 발달을 가져오며, 이는 부부와 가족 안에서 무의식적 대상관계의 인공두뇌 체계를 형성한다.

추출적 내사(Extractive Introjection)

볼라스(Bollas, 1987)의 추출적 내사 개념은 이러한 무의식적 상호작용을 이해하는데 유용하다. 그것은 "한 사람이 다른 사람의 마음에 침입해서 정신적 삶의 특정 요소를 빼앗아 가는 상호 주관적인 과정"(intersubjective process)을 말하는데, 이때 이 과정의 희생자는 "자기의 부분을 박탈당한다." 도둑맞은 정신 내용에는 생각, 감정, 초자아와 같은 정신 구조 그리고 자기의 부분이 포함된다. 예를 들어; 아내가 부당한 이유로 시험에 떨어진 상황에서, 남편이 아내보다 더 당황해한다면, 그것은 남편이 아내로부터 화를 낼 권리를 도둑질하는 것이 된다. 극단적인 경우에는 이러한 추출 작용으로 인해 "정신 구조 자체가 증발할 수도 있다." 다른 경우에는 "다른 사람의 정신을 빼앗아 가고는, 그 자리에 틈새 또는 진공 상태를 남겨둔다. 그는 거기에 자신이 훔친 것 대신에 절망이나 공허를 둔다." 따라서 "추출적 내사는 어느 정도 투사적 동일시를 수반한다."

이제 우리는 투사적 동일시가 내사적 동일시와 함께 일어나며, 좀더 심한 경우에는 추출적 내사와 관련된다고 말할 수 있게 되었다. 이렇게 서로 맞물린 정신 과정이 역가를 형성하는 기초가 된다. 우리는 부부가 역가를 통해서 일치적 또는 상보적 동일시를 형성하며 이러한 동일시가 딕스(1967)가 말한 부부의 "무의식적 상보성"을 결정한다는 사실을 알게 되었다. 각 부부의 역가가 서로 잘 맞으면, 두 사람은 즉각적인 결합을 이루게 되고, 따라서 사랑에 빠지게 된다. 투사 과정과 내사 과정은 개인의 대상관계의 특성에, 각 개인의 자기의 부분이 서로 얼마나 잘 맞는지 그 정도에, 그리고 각 배우자의 내적 대상들이 서로 얼마나 잘 맞는지 그 정도에 따라 균형을 이루게 된다. 병이 들었든지 건강하든지, 역가는 현재 삶의 관계에서 표현되고, 반복되고, 치유되기를 추구하는 내적 대상관계에 의해 결정된다.

더욱 진전된 논의

이제 우리는 문헌 연구와 부부 및 가족치료자로서의 경험을 토대로 투사와 투사적 동일시에 대한 우리 자신의 견해를 제시해 보겠다.

투사에서 자기의 일부—자아 또는 내적 대상의 한 부분이거나, 원래는 자기 또는 대상과 연결되어 있던 감정이나 생각이 그것들로부터 분열되어 떨어져 나온—는 심리내적 영역으로부터 축출되어 외부 대상에게 전치된다. 투사를 하는 사람은 자신이 다른 사람에게 투사하고 있다는 사실을 알지 못하며, 축출된 자기의 부분을 갖고 있는 외부 대상으로부터 분리된 존재라는 느낌을 갖는다. 그리고 그 자신이 갖고 있지 않은 특성을 대상이 갖고 있는 것으로 간주한다. 여기에서 발생하는 동일시는 대상 안에 있는 특성을 인식하는 것뿐이다. 투사가 반드시 적응적인 것은 아니다. 이 투사 과정은 편집증에서는 망상으로 나타날 수도 있고, 신경증에서는 왜곡된 지각으로 나타날 수도 있으며, 정상적인 상태에서는 순간적인 투척(expulsion)으로 나타날 수도 있다.

투사적 동일시에는 여러 단계가 포함된다. 첫 번째 단계는 언제나 투사이다. 그것이 투사로 남을지 아니면 투사적 동일시가 될지는 대상에게 영향을 주는 두 번째 단계가 일어나는가의 여부에 달려 있다. 만일 관련된 대상이 단지 내적 대상이면, 정신 과정은 심리내적인 것으로 남는다. 그러나 투사를 받는 외적 대상이 이 정신 과정에 영향을 끼친다면, 소극적이든 적극적이든, 이미 투사적 동일시가 대인관계 차원에 들어온 것이다. 그때 대상은 상호적인 투사적 동일시를 통해서 동시적으로 그 자체의 부분을 주체 안으로 집어넣는다. 모든 단계가 끝이 나면, 투사적 동일시 과정은 한 몸 또는 두 몸 현상을 넘어 다중적인 부분들 사이의 관계 현상이 된다. 가정에서 발생하는 한 두 사람, 또는 그 이상의 자기 및 대상의 부분 사이에서 발생하는 무의식적 의사소통을 설명하기 위해서는 바로 이러한 투사적 동일시 개념이 필요하다.

투사적 동일시의 단계

결혼생활에서 작용하는 투사적 동일시의 단계는 다음과 같다:

1. 투사. 배우자 중에 투사하는 사람은 자기의 부분을 축출하여 그것을 다른 배우자에게 덮어씌운다. (이것이 본래 투사이다. 여기에서 동일시는 투사된 특성을 명명하거나 인식하는 것과 관련된다.)

2. 대상 유도(induction). 투사하는 배우자는 확신을 가지고 자기의 부분을 다른 배우자에게 투사함으로써, 자기의 부분에 상응하는 감정 상태가 투사를 받는 배우자 안에서 불러일으킨다.

3. 대상에 의한 내사적 동일시. 이 지점에서 투사를 받는 배우자는 무의식적 수준에서 내사적 동일시 과정을 통하여 배우자가 자신에게 투사한 것을 동일시한다.

4. 대상에 의한 변형. 투사를 받는 배우자가 자기 자신의 성격을 가지고 있기 때문에, 그 또는 그녀가 동일시하는 배우자의 투사된 부분은 투사하는 사람의 심리내적 영역에 있던 것과 동일한 것으로 유지될 수 없다. 배우자의 투사된 부분은 상대 배우자의 정신 안에 잠시 머무는 동안 변형을 거치며, 그것의 좋음과 나쁨이 확인되고, 과장되고, 또는 감소된다.

5. 투사를 받는 것과 관련된 대상의 역가. 투사를 받는 배우자가 어떤 특정 투사에 대한 역가를 가지고 있을 경우, 투사 받는 사람은 그 투사된 내용을 받아들여 자신의 것으로 삼는 경향이 있다. 이 요소는 수동적으로 작용하는 것

이 아니라 동일시할 부분을 적극적으로 찾아 나서며, 심지어는 "추출적 내사"(Bollas)라는 과정에서처럼 다른 사람의 정신의 부분을 빼앗는 데까지 이른다.

6. 대상에 의한 상보적 및 일치적 동일시. 투사된 자기의 부분은 자아(자기 표상의 부분)나 대상의 한 부분일 수 있다. 따라서 투사 받는 배우자는 투사하는 배우자 안에 있는 대상에 맞추어 자아를 통제하거나 또는 투사하는 사람의 자아에 맞추어 대상을 통제하도록 조종당할 수 있다. 이것은 자기의 어떤 부분이 실제로 투사되었는가 뿐만 아니라 투사 받는 사람이 투사된 부분에 대해 또는 투사되지 않은 부분에 대해 어떻게 반응하는가에, 즉 역가에 의해 결정된다. 다시 말해서, 래커(1968)의 용어로 투사 받는 배우자의 내사적 동일시는 투사한 배우자의 자기 또는 대상과 일치적일 수도 있고, 상보적일 수도 있다.

7. 자기에 의한 내사적 동일시. 자기는 재내재화되거나 수정된 자기의 부분을 동일시하거나 자체 안에 동화시킨다. 그때 정신 구조는 "보다 확고해지거나" 약간 변경된다. 만일 외부 대상이 투사된 내용을 정확하게 받아서 대체로 정확하게 되돌려준다면, 이 과정은 건강한 과정이 될 수 있을 것이다. 그러나 그 과정이 변화를 허용하지 않는다면, 그것은 건강하지 않은 과정이 될 수 있다. 만약 투사된 내용이 조금씩 수정된다면, 그것이 배우자의 타자됨을 인식할 수 있는 능력에 기초해서 그리고 투사된 내용을 근본적으로 왜곡하지 않은 상태로 유지하거나 되돌려줄 수 있는 능력에 기초해서 수정된다면, 이러한 과정은 성장을 촉진시킨다.

8. 상호적인 투사적 동일시. 투사를 하는 사람도 투사와 동

시에 상대방으로부터 투사를 받는다. 투사하는 사람/투사 받는 사람으로 이루어진 짝은 서로의 투사를 동일시하는 역가에 기초해서 무의식적인 조화를 이룬다. 따라서 투사적 동일시는 상호적인 과정이 된다. 남편과 아내는 무의식적인 대상관계의 상보성에 따라 서로 연결된다. 부부와 치료자 또한 마찬가지로 전이와 역전이를 통해서 이와 같은 무의식적인 대상관계의 상보성에 따라 관계한다.

결 론

우리는 이 투사적 동일시 개념이 갖고 있는 풍부한 유용성을 제거하거나 또는 그 개념을 더욱 복잡하게 만드는 일없이, 이 개념을 둘러싼 혼동과 오해를 최소화하고자 했다. 이 개념이 혼동스러운 이유는 투사적 동일시 과정 그 자체가 마치 우리가 손에 잡을 수 있듯이 확실히 알 수 있는 그 무엇이 아니기 때문이다. 우리는 이것이 무의식적 과정이며, 우리가 언어나 사고를 사용하기 이전인 생후 초기 몇 달 동안에 발생하는 원시적인 의사소통의 한 형태라는 사실을 기억해야 한다. 따라서 문제는 생각이나 기억으로서가 아니라 심리 구조로서 살아있는 경험을 나타낼 수 있는 말을 발견하는 것이 쉽지 않다는 것이다. 왜냐하면 그것은 바로 투사적 동일시를 이해하고자 하는 우리의 인지적 과제를 수행할 수 있게 하는 구조인 동시에, 투사적 동일시를 통해서 형성되고 계속 수정되는 구조이기 때문이다.

우리는 투사적 동일시를 심리내적인 차원과 대인관계적인 차원을 포함하는 다양한 수준의 정신 과정을 나타내는 포괄적인 용어로 간주할 것을 제안한다. 이 개념은 부부 각자의 내면에서 일어나고, 부부의 상호작용에서 드러나는 무의식적 갈등을 설명하기 위한 이론적 기초를 제공해준다.

제 4 장

치료 모델

이 장에서 우리는 전이와 역전이 유형에 근거한 부부치료의 이론적 모델을 제시하고자 한다. 부부치료에서 일어나는 전이와 역전이 유형은 개인치료와 가족치료에서 일어나는 전이-역전이 와 다르다.

가족과 부부 사이에서 발생하는
전이의 기원

치료 과정 안에는 두 종류의 전이 관계가 존재한다. 이 두 전이 관계는 동시에 진행되는 것임에도 불구하고, 엄마-유아 관계의 두 측면에 따라 두 종류로 구별된다. 우리는 이 두 측면을 각각 환경적 관계와 초점적 관계라고 부른다. 이 두 관계의 측면에서 각각 환경 전이와 초점 전이가 일어난다(Scharff and Scharff, 1987).

환경 전이의 근원

엄마-유아 관계의 첫 번째 측면은, 엄마가 아기를 품에 안고
그녀 자신과 아기를 위해서 안전한 환경을 제공할 때 명백하게
드러난다. 여기서 그녀는 아기의 욕구를 충족시켜주고, 남편의
도움을 받아 아기를 위한 안전한 환경을 제공한다. 그녀는 아기
가 청결한지, 편안하게 자리를 잡았는지, 만족하게 잘 먹었는지
를 확인하며, 잠은 잘 자는지, 잘 노는지 그리고 살아가는데 필요
한 기능을 잘 발달시키고 있는지에 충분한 주의를 기울인다. 이
모든 돌봄을 제공함에 있어서, 그녀는 우리가 "안아주는" 관계라
고 부르는 것을 아기에게 제공한다. 즉 그녀는 아기와 관계 맺는
데 필요한 환경을 제공한다. 그때 아기는 엄마와 관계 맺는데 관
심을 보이고 엄마에게 반응하는데, 엄마는 이러한 아기의 반응
을 통해서 자신이 지지 받고 있다는 느낌을 갖게 된다. 그러나
이러한 안아주기를 제공하는 책임은 대부분 엄마에게 있다. 우
리는 이것을 엄마의 환경적인 안아주기 능력이라고 부른다.

초점 전이의 기원

초기 관계의 두 번째 측면은 엄마와 유아가 서로 눈을 맞추
고, 소리내어 함께 이야기하면서 서로를 응시하고, 신체 자세의

미묘한 변화를 통해 서 상호적인 반응을 주고받으며 서로에게
반응하는 모습에서 찾아볼 수 있다. 이것이 유아와 엄마의 심리
적인 핵심과 관련된 초점적 관계인데, 이 관계는 정체성을 확인
하고 심리구조를 형성하는 것과 관련된다. 초점적 관계는 신체
적 관계 및 심리적인 분위기와 성격 특성의 상호침투에 의해 영
향받는다. 우리는 이것을 "눈과 눈의 관계"(eye-to-eye) 그리고
"나와 나"(I-to-I)의 관계라고 부르는데, 이것은 이 관계의 주관적
인 특질을 강조하기 위한 것이다. 초점적 관계는 친밀한 안아주
기에 의해 촉진되는데, 우리는 이것을 중심적 안아주기라고 부
른다. 이 중심적 안아주기를 통해서 엄마는 심리적으로 유아의
내면 세계에 들어갈 수 있고, 그 내면 세계를 볼 수 있으며, 그
의미를 이해할 수 있다. 이처럼 엄마의 품안에 안겨 있는 동안
유아는 자기 자신을 발견한다. 이와 동시에 초점을 지닌 나와 나
상황(I-to-I situation)에서 유아는 타자를 발견한다.

개인치료에서 발견되는
환경 전이와 초점 전이의 특성

치료자에 대한 환자의 전이는 관계의 두 측면으로부터 온다.
우선, 환자는 관계 속에서 안아주는 환경을 제공해준 사람들에
대한 이전 경험에 기초해서 치료자에 대한 기대를 갖는다. 이전
경험 안에는 부모와의 관계에서 시작해서 가족 관계와 사회적
관계가 포함되는데, 사회적 관계는 아동기에 선생님과 갖는 관
계, 청소년기의 또래 관계 그리고 나중에 성적인 관계와 부부관
계로 차츰 확장된다. 안아주기에 대한 이러한 기대와 그것의 실

패에 대한 공포는 치료 초기에 환자와 치료자 사이에서 일어나는 환경 전이에 중요한 영향을 미친다.

환자는 또한 중심적 관계 경험에 기초한 기대와 환상을 치료 관계 안으로 가지고 오는데, 그것은 환자의 내적 세계의 구조 안에 기록되어 있다. 여기에서 흥분시키고 거절하는 대상들과 부분 대상들, 그것들과의 관계 속에 있는 자기의 부분들과 그 안에서 발생하는 모든 감정들이 한데 모여 좀더 뚜렷한 형태의 전이를 구성하는데, 우리는 이것을 초점 전이라고 부른다. 초점 전이에서 환자는 자신의 이러한 내적 대상관계를 투사적 동일시를 통해서 치료자에게 집어넣는다.

개인 심리치료에서, 환경 전이는 치료 초기 단계에서 두드러지게 나타난다. 치료자는 이 환경 전이에 주의를 기울임으로써 나중에 초점 전이가 나타날 수 있도록 준비해야 한다. 초기 전이와 후기 전이의 이러한 차이를 이해하지 못하면, 개인 심리치료에서 전이의 역할을 정확하게 이해할 수 없을 뿐만 아니라, 개인 분석과 부부 및 가족치료에서 일어나는 전이가 각각 다르다는 것을 이해하기 어렵다. 특히 이러한 혼동으로 인해 과거에는 부부 및 가족 심리치료에서 전이에 대한 이해를 적용하는데 한계가 있었으며, 심지어는 전이가 부부 및 가족치료와 아무런 관련이 없는 것으로 간주되기도 했다.

정신분석 치료에서 전이는 중심적 위치를 차지하고 있다. 여기에서 전이는 환자가 분석가를 자신의 내적 대상을 대표하는 사람으로 취급하는 방식과 그에 대한 환자의 감정을 말한다. 이것은 전이 신경증에서 가장 잘 조직화되고 강력한 방식으로 나타나는데, 이 전이 신경증에서 환자들은 현실 검증 능력을 충분히 유지하면서도 분석가를 마치 그들의 내적 대상인 것처럼 취급한다. 완전하게 조직화된 전이 신경증은 치료가 잘 진행된다고 해도 한 주에 4, 5회씩 최소한 1, 2년의 분석을 필요로 한다.

환경 전이와 치료 동맹

관계의 양상이 전이 신경증보다 먼저 드러난다. 그린슨 (Greenson, 1965)과 젯첼(Zetzel, 1958)은 각각 작업 동맹과 치료 동맹에 대해 말했다. 이것들은 전이라기보다는 관계의 비전이적 측면, 즉 "실제 관계"의 부분으로 간주된다. 젯첼은 특히 치료 관계를 형성할 수 있는 환자의 능력이 언어 이전 시기에 유아가 엄마와 가졌던 상호작용에서 유래한다고 제안했다. 다른 저자들은 치료 초기에 때로는 분석을 시작하자마자 표면으로 떠오르는 전이의 측면에 관심을 가졌다. 길과 머슬린(Gill and Muslin, 1976)은 치료의 시작과 함께 표면으로 떠오르는 부정적인 전이의 측면을 서술하면서, 이것은 안정된 치료 관계의 확립을 위해 반드시 해석되어야 한다고 제안했다.

우리의 견해로는, 치료 동맹을 형성할 수 있는 환자의 능력은 환경 전이에 기초해 있으며, 이것은 이전의 중요한 인물이 제공해준 환경적 안아주기에 기초를 둔 것이다. 그런가 하면 초점 전이는 중심적 안아주기에 기초해 있다.

환경 전이는 위니캇(1963)이 말하는 안아주는 "환경 엄마"에 대한 유아의 경험과 관련되어 있으며, 초점 전이는 그가 "대상 엄마"라고 부른 엄마의 역할에 대한 유아의 경험과 관련되어 있다. 우리는 위니캇처럼 이러한 엄마 경험 안에 실제 엄마만이 아니라 돌보아주는 다른 중요한 인물들과의 경험도 포함시킨다. 형제들과 정기적으로 돌보아주는 대리 부모도 초기의 안아주기 경험에 기여한다.

개인 심리치료, 정신분석, 부부 및 가족 치료 등 모든 심리치료 과정에서, 치료 초기에 나타나는 전이는 환경 전이이다. 이 초기 전이는 좀더 나중에 나타나게 되는 뚜렷한 대상 이미지와 자기 이미지에서 유래하는 것이 아니라, 엄마 품에 안겨 있던 보다 막연한 경험의 내재화로부터 유래하는 것이다.

초기 초점 전이의 현상

이러한 초기 전이에서 나타나는 문제는 치료가 시작된 지 1년이나 그 이상 지난 후에 일어나는 전이(자기와 대상의 구조에 기초한 전이가 투사적 동일시를 통해서 작용하는)에서 나타나는 문제와 다르다. 개인치료에서 이러한 초점 전이의 현상이 치료 초기에 나타나면, 치료자의 이미지는 너무 빨리 왜곡되고, 잘못 지각된다. 이런 일은 프로이트의 초기 사례들에서 여러 번 나타났는데, 그 중에서도 특히 프로이트가(1905a) 처음으로 전이를 치료를 방해하는 요소 그 이상으로 설명했던 도라의 사례에서 뚜렷이 나타났다. 이러한 초기 왜곡 현상은 보통 히스테리 환자나 경계선 병리를 갖고 있는 환자에게서 많이 나타나는 것으로 보인다.
치료 초기에 환경 전이 대신에 초점 전이가 나타나는 현상은 성애화된(eroticized) 초기 전이에서 흔히 발견된다. 이러한 전이에서 환자는 치료자를 안아주는 관계에서 결핍된 것을 보충해줄 성적 대상으로 삼고자 한다. 예를 들어, 치료가 시작된 지 몇 달이 지난 후에 한 환자가 회기를 시작하면서 다음과 같이 말했다. "저하고 섹스하고 싶지 않으세요? 제가 만난 다른 사람들은 다 그랬거든요. 선생님도 저를 거절하지 않을 것 같아요!" 이 사례에서, 이 말은 별로 유혹적인 것이 아니었다. 그것은 실제로 그녀가 자신에게 결핍된 정서적인 안아주기를 보충하기 위해 다른 사람들로 하여금 자신을 안아주도록 성적으로 유혹하던 전략이 이번에는 잘 먹혀들지 않는다는 사실을 깨닫고 있음을 말해주는 것이다. 즉 그것은 환경 전이의 초기 성애화 과정이 이미 실패하고 있음을 말해주는 것이다. 이 상황에서, 환자는 신뢰가 좀더 깊어지는 상황으로 옮겨가고 있고, 비성적인 안아주기 관계 안에 머무는 것이 가능해지고 있다. 치료자가 볼 때 그 언급은 환경 전이에 대한 환자의 신뢰가 자라나고 있는 것을 보여주는 작은 징표였다.

부부와 가족치료에서 일어나는
환경 전이와 초점 전이

환경 전이와 초점 전이는 안아주는 환경을 제공하는 부모와 가졌던 환자의 초기 경험에 기초해 있다. 이 두 전이 유형 모두는 사실상 치료 과정 처음부터 존재하며, 심리구조가 형성되기 이전인 전언어기에 그 뿌리를 두고 있다. 심리구조는 언어 발달 시기에 정교화된다. 이 두 전이는 개인 심리치료뿐만 아니라 부부와 가족치료에서도 일어난다. 그럼에도 불구하고, 이 두 관계의 측면은 다양한 치료 양태 안에서 매우 다르게 경험된다.

배우자 개인이나 가족 구성원은 그들의 초점 전이를, 다시 말해 자신들의 투사적 동일시를 그들의 공동 환경 안으로 가지고 들어온다. 부부 또는 전체 가족 역시 그들의 공유된 전이를 치료 공간으로 가져온다. 이 공유된 전이는 그들을 안아줄 수 있는 치료자의 능력에 대한 그들의 공유된 희망과 두려움을 둘러싸고 형성된 것이다. 이 공유된 전이는 부부나 가족이 스스로의 힘으로는 서로를 안아줄 수 없다는 인식으로부터 오는 것이다.

안아주기에 대한 부부 공동의 어려움을 나타내는 전이는 부부의 공유된 환경 전이(the couple's shared contextual transference)를 구성한다. 안아주기를 제공할 수 있는 능력의 유무는 부부나 가족에게 아주 중요한 문제이다. 가족이 잘 안아줄 수 있다면, 발달 과제를 성취하고자 하는 개인의 욕구와 중심적 관계를 맺으려는 개인의 욕구를 충족시켜줄 수 있기 때문이다. 그러므로 대상관계 부부치료 및 가족치료에서, 치료자는 가족의 공유된 환경 전이에서 얻은 정보를 통해서 가족에 대한 올바른 이해에 도달하게 된다. 이러한 수준의 이해에는 적어도 작은 집단이 공유하는 무의식적 과정에 대한 기본적인 이해가 포함된다. 그리고 좀더 큰 집단인 가족 관계에서 발생하는 무의식적 과정은 부부 관계에서 발생하는 것보다 더욱 복잡해진다.

개인, 부부, 가족치료에서 일어나는 역전이

개인치료에서 일어나는 역전이와 마찬가지로, 가족치료와 부부치료에서도 역전이는 치료자가 가족이나 부부를 만날 때 느끼는 감정 경험을 가리킨다. 그들의 개인적 및 공유된 전이는 치료자 안으로 들어와 감정을 불러일으키고, 치료자 안에서 치료에 도움이 되거나 방해가 되는 반응을 불러일으킨다. 치료자 안에서 일어나는 감정은 해결되지 않은 치료자 자신의 과거 문제에서 오는 것일 수도 있고, 심지어 병리적인 영역에서 오는 것일 수도 있다.

우리 생각에, 역전이는 부부나 가족이 의식적이고 비교적 합리적으로 이해할 수 있는 치료자의 능력, 즉 치료자의 중심적 자기의 영역을 뛰어넘는 영향력을 미칠 때 발생하는 치료자의 총체적인 감정적 반응을 말한다. 이 과정이 일어날 때, 가족 또는 부부의 대상관계 체계가 치료자의 무의식에 전달된다. 거기에서 그것은 치료자 자신의 억압된 내적 대상관계로부터 반향을 불러일으킨다. 교육 분석과 개인치료에서, 이 역전이는 내적 경험을 담아낼 수 있고, 불확실성의 밭에 의미의 씨앗을 파종하고, 그런 과정이 무르익을 때 그것으로부터 가족에 대한 이해를 수확할 수 있는 비옥한 땅의 기능을 갖는다. 이런 기능을 통해서, 치료자는 새로운 이해의 출현을 위한 토양이 되도록 허용하며, 그리고 나서 이 이해를 해석을 통해 부부나 가족에게 되돌려준다.

부부치료 및 가족치료에서, 두 가지 형태의 역전이가 두 가지 형태의 전이에 반응한다. 환경적 역전이는 환경적 안아주기를 제공할 수 있는 치료자의 능력 덕분에 부부와 가족이 치료자에게 거는 기대 또는 투사에 의해 자극되며, 그 역전이의 정도는 (부부와 가족이 성장하도록 안아주는 부모로서 기능하는) 치료자의 내적 대상관계의 성질에 의해 결정된다. 각 가족 구성원의 초점 전이는 치료자의 대상관계 체계에 따라 치료자 안에서 다양한 형태의 초점적 역전이를 불러일으킨다.

이것은 가족이 공유한 경험을 개인의 경험으로 대체하려고 할 때 초점 전이와 초점 역전이가 가족치료 실제에서 두드러지게 나타날 수가 있으며, 이는 경험의 왜곡으로 간주된다. 그때 가족 집단은 치료자가 전체 가족 집단을 마음에 안아주지 못한다고 믿기 때문에 한 사람을 선택하여 그 가족 집단이 공유하는 환경적 전이를 위한 대변인으로 삼는다. 이것은 우리가 앞에서 설명한 히스테리 환자나 경계선 환자가 치료 초기에 초점 전이를 발달시키는 것과 유사하다.

예를 들어, 가령 치료자가 가족치료에서 화를 내는 청소년에게 괴롭힘을 당한다면, 그것은 가족이 그에게 괴롭힘을 당하면서 느끼는 바로 그 감정을 치료자가 경험하는 것이다. 가족은 이 청소년의 행동을 통해서 그리고 그것을 다루는 방식을 통해서 전체 가족의 문제를 말하고 있는 것이다. 그 청소년의 행동에 대해 반응하는 가족의 태도는 가족의 환경 전이를 나타내는 구체적인 표현이다. 부모가 그 청소년의 행동을 지지하지도 않고 반대하지도 않으면서 치료자로 하여금 그의 분노를 다루도록 하는 것을 상상해 보라. 자신이 치료받으러 와 있는 것에 대해 화를 내는 소년은 부모가 느끼는 분노를 대변하고 있는 것이다. 이때 세 사람은 모두 서로에게 화가 나 있고 서로를 불신하는 환경 전이를 공유하며, 그 분노는 소년을 통해서 치료자에게로 전가된다.

또 다른 경우를 생각해 보자. 부모가 아들이 치료를 거부하는 것에 대해 좌절감을 표현하고, 그를 도울 수 없는 것을 유감스러워한다고 가정하자. 이 경우 가족 집단이 보이는 태도가 치료자의 따스한 안아주기가 충분하지 않다는데 대한 당혹스런 느낌이라면, 치료자는 자신이 전적으로 고립되어 있다는 느낌을 갖지 않을 것이다. 대신에, 치료자는 자신의 우군이 있다는 느낌을 가질 수 있을 것이다. 이때 치료자의 역전이는 좌절감을 느끼는 부모와 그들에게 화가 나 있는 소년에게 좀더 쉽게 공감적으로 접근할 수 있을 것이다.

요약해서, 전체 집단으로부터 오는 환경 전이 메시지에 대한 치료자의 역전이는 대변인 한 사람이 드러내는 초점 전이에 대한 치료자의 역전이에 의해 지지 받거나, 수정되거나, 심지어 부정되기도 한다.

전이, 역전이 그리고 치료 과제

개인, 가족, 부부치료의 치료 과제는 각 치료 양식과 관련된
전이-역전이 차원에 따라 다르다.

개인치료

환자의 개인치료에서, 치료자와 환자는 환자의 내면 세계를
조사하고 그것이—환자에 의해 서술되거나 치료자와의 관계 안
에서 드러난 것을 통해서—환자의 현재 관계에 미치는 영향력을
조사하는 과제를 공유한다. 이 과정에서, 그들은 처음에 안아주
는 환경에 대한 환자의 경험에 의존한다. 여기에서는 그 환경을
제공하는 주된 책임이 치료자에게 있지만, 환자도 마찬가지로
이 환경의 형성에 기여한다. 그것은 안아주기가 엄마에게 주된
책임이 있지만, 유아도 역시 안아주기에 기여하는 것과 같다. 개
인치료의 이 단계에서 치료 환경에 대한 환자의 환경 전이와 상
응하는 치료자의 역전이가 현저하게 나타난다. 전이가 뚜렷한
형태를 지닌 내적 대상과 자기의 부분이 치료자에게로 이동하
는—이렇게 이동한 정신 내용들은 치료자의 이해 안에 담겨지
고 해석됨으로써 신진대사가 이루어지고 수정된 형태로 재통합
된다—초점 전이는 나중에, 집중적인 심리치료나 정신분석이 어
느 정도 진행된 후에 일어난다(그림 4-1을 보라). 치료자의 과제
를 환자의 투사적 동일시를 받아서 수정해주는 것으로 이해하는
공식화는 비온(1962)이 말하는 담아주는 자로서의 엄마의 개념
과 일치한다. 비온에 따르면, 엄마는 아기의 원시적 투사를 받아

서 담아주고, 자신의 환상을 통해서 변형시켜주고, 보다 안전한
형태로 그것을 아기에게 되돌려주는 사람이다. 이러한 비온의
견해는 또한 아기가 지닌 성숙의 잠재력을 마음에 담아줌으로써
발달의 성숙 과정에 기여하는 엄마의 책임을 강조한 로우왈드
(Loewald, 1960)의 연구를 생각나게 한다.

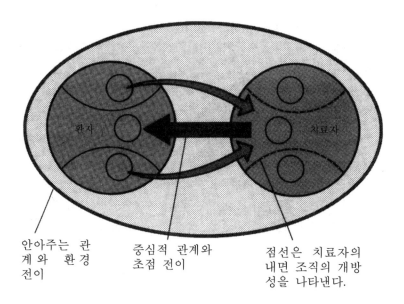

안아주는 관   중심적 관계와   점선은 치료자의
계와 환경   초점 전이   내면 조직의 개방
전이   성을 나타낸다.

그림 4-1. 개인치료. 안아주는 관계 안에서 환자와 치료자가 환
자의 내적 대상관계와 그것이 관계에 어떤 영향을 미치는지 조
사한다. 초점 전이에서, 그것들은 치료자에게 투사되며, 치료자 안
에서 치료자의 덜 경직되고 덜 분열되고 덜 억압된 내적 대상관
계와의 상호작용을 통해서 변형되고, 치료자는 그것을 변형된 형
태로 환자에게 되돌려준다. 그러므로 여기에서는 관계 자체가 변
화를 가져오는 요인이 된다.

가족치료

가족치료 상황은 그림 4-2에 요약되어 있다. 가족 성원은 모두 뚜렷한 형태의 상호 투사적 동일시 안에서 서로 개인적인 관계를 맺는다. 이것은 서로에게 중요한 대상인 개인들이 오랫동안 서로 깊은 교류를 나누고 안아줄 때 존재하게 되는, 중심적 안아주기 영역에서 일어난다.

그러나 이 모든 것은 각 개인이 기여하는, 그러면서도 가족 상호간의 안아주기의 총합보다도 더 큰 무엇인가로 이루어진, 공동의 환경적 안아주기에 의해 유지된다. 개인적인 중심적 안아주기에서 유래하는 수없이 많은 양자단일체(dyadic)적인 투사적 동일시를 가족치료에서 철저하게 추적하기란 쉬운 일이 아니다. 따라서 우리는 그 투사적 동일시와 환경적 안아주기가 서로 맞물리는 영역과, 가족 전체의 대상관계 체계를 형성하는 세력에 초점을 맞추고자 한다. 이런 가족-치료자 상호작용의 반복되는 유형을 통해 가족의 공유된 의식적 및 무의식적 가정이 그 모습을 드러낸다. 일단 가족의 공유된 무의식적 가정을 이해하고 나면, 각 개인이 가족 관계에서 담당하는 역할을 이해할 수 있게 된다. 그러나 그것이 가족치료의 주된 과제는 물론 아니다.

가족치료에서는 가족 구성원 각자가 기여하는 몫을 밝히기 위해 환경 전이를 분석하지 않는다. 치료자를 대하는 가족의 태도에서 드러나는 환경 전이는 그 가족이 함께 치료받으러 오게 된 원인인, 가족의 결핍된 안아주기에 대한 표현이다. 역전이는 치료자가 받아들인 환경 전이를 나타낸다. 치료자 안에서, 이 환경 전이는 어린 시절에 경험한 치료자의 가족 관계 경험을 통해 형성된 내적 구조와 서로 반향을 불러일으킨다. 모든 사람은 내면에 많은 가족 모델을 가지고 있다. 좋은 가족과 나쁜 가족, 공

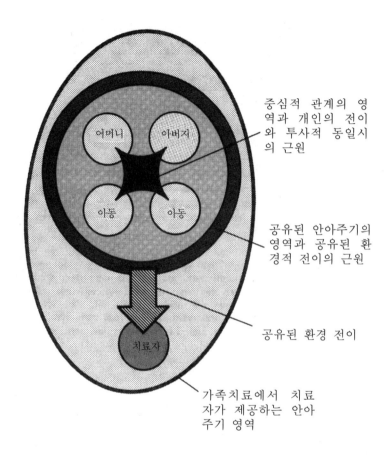

중심적 관계의 영
역과 개인의 전이
와 투사적 동일시
의 근원

공유된 안아주기의
영역과 공유된 환
경적 전이의 근원

공유된 환경 전이

가족치료에서 치료
자가 제공하는 안아
주기 영역

그림 4-2. 가족치료. 가족치료에서 치료자는 가족의 원 바깥에 있다.
가족 구성원은 서로 중심적인 안아주기 관계를 갖는다. 이 관계의 영
역을 중심으로 각 구성원이 한 몫을 담당하는 환경적 안아주기 영역
이 둘러싸고 있다. 공유된 환경 전이는 바로 이 영역에서 일어나게 된
다. 치료자는 치료 공간을 제공하기 위해서 가족에게 심리적 안아주
기 영역을 제공한다. 가족 구성원은 이 공간을 제공해주는 치료자가
에 대해 그들의 공유된 환경 전이로 반응한다.

격적인 가족과 사랑이 많은 가족, 튼튼한 가족과 약한 가족, 이상
적인 가족과 경멸스런 가족 등이 개인의 내적 가족을 구성하고
있다. 이처럼 서로 상반되는 모델들이 개인 안에 공존하는데, 한
개인이 어떤 가족과 관계할 때 그 중의 하나가 활성화된다. 각각
의 고유한 가족 집단에 대한 특정 반응으로서 나타나는 역전이
는 가족의 무의식적 상호작용을 치료하는데 필요한 가장 믿을만
한 지표이다.

부부치료에서의 환경 전이와 초점 전이

부부치료 상황은 개인치료와 가족치료의 중간에 위치한다. 단
두 사람을 치료하면서, 치료자는 상당한 정도로 개인의 발달과
전이를 추적할 수 있다. 그럼에도 불구하고, 치료자는 두 사람으
로 구성된 작은 집단으로서의 부부에게 초점을 맞추는 것이 중
요하며, 이는 그들을 두 사람의 개인으로 보는 것과는 질적으로
다른 조직의 수준을 나타낸다.

부부치료 상황의 핵심 요소들은 그림 4-3에서 제시되어 있다.
이것은 개인이나 가족치료보다 개념적으로 더 복잡한데, 그 이
유는 주로 부부치료에서 환경 전이와 초점 전이가 동등하게 작
용하며, 그 두 전이 사이에 빈번하고 급격한 변동이 존재하기 때
문이다.

부부는 두 사람으로 구성된 가장 작은 집단이다. 이 두 사람
관계를 깨뜨리는 것은 쉽지 않은 일인데, 그것은 두 사람 집단이
본래 친밀한 관계를 지지하는 튼튼한 안아주기 유형으로 고안된
것이기 때문이다. 즉, 이 집단 안에 엄마가 유아에게 제공해주는
것과 유사한, 공유된 환경적 안아주기의 영역이 존재하며, 남편

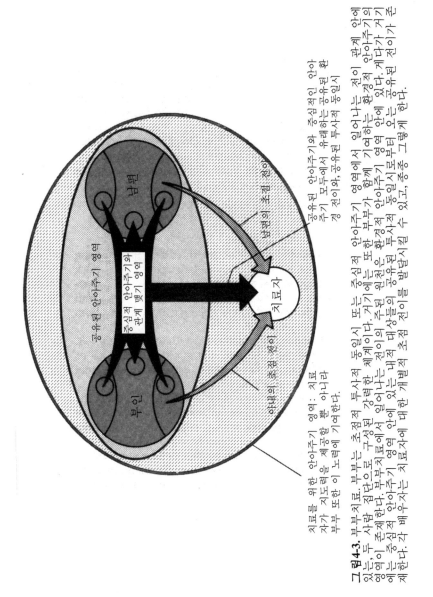

그림 4.3. 부부치료. 부부는 중첩적 투사적 동일시 또는 중심적 안아주기 영역으로 구성된 가설된 실체이다. 거기에는 보통 부부가 존재한다. 부부치료에서 일어나는 전이 안에 있는 내적 대상들이 공유된 투사적 동일시로부터 어느 정도 전이가 존재한다. 각 배우자는 치료자에 대한 개별적 중첩 전이를 발달시킬 수 있고, 종종 그렇게 한다.

치료를 위한 안아주기 영역: 치료자가 지도력을 제공할 뿐 아니라 부부 또한 이 노력에 기여한다.

공유된 안아주기와 중심적인 안아주기와 관계 맺기 영역에서 일어나는 전이 관계 안에 공유된 안아주기 부부는 함께 기여하는 환경적 안아주기의 전이, 공유된 투사적 동일시, 중심적 안아주기 영역 안에 있다. 게다가 게다가 거기 안에 공유된 투사적 동일시로부터 어느 공유된 전이가 존재 전이와, 공유된 투사적 동일시이다.

(그림 내 표기)
- 남편
- 부인
- 치료자
- 공유된 안아주기 영역
- 중심적 안아주기와 관계 맺기 영역
- 바깥의 조절 경이
- 아래의 조절 경이

과 아내 두 사람의 헌신이 여기에서 발생하기 때문이다. 게다가 그들의 헌신은 그들이 성적 관계에서 얻는 강력한 즐거움에 의해 강화된다. 그렇기 때문에 중심적 관계 맺기의 영역은 공유된 환경적 안아주기 영역과 아주 가까이 있다. 또한 그런 이유로 부부의 환경적 안아주기는 상호 투사적 동일시로부터 오는 침범에 의해 쉽사리 공격받을 수 있다.

치료자에 대한 전이는 중심적 관계 맺기와 환경적 안아주기라는 두 영역으로부터 유래한다. 이것은 가족치료에서도 마찬가지이지만, 부부치료에서는 더욱 유동적이고 빠르게 일어난다. 따라서 부부치료에서 부부의 치료 작업은 종종 부부가 치료자에게 기대하고 또 부부가 서로에게서 받기를 원하는 안전한 안아주기의 느낌을 공격하고 침식하는 투사적 동일시의 작용을 이해하는 과정이 된다.

마지막으로, 부부 각자는 치료자에게 개인적인 전이를 발달시킬 수 있다. 배우자 중 한 사람이 치료자에게 성적인 감정을 느끼거나 다른 배우자가 전이 감정 때문에 격노하는 일은 드문 일이 아니다. 이러한 현상은 현재의 부부관계 유형을 보호하기 위해 무의식적으로 왜곡되고, 공유된 안아주기 영역으로부터 오는 전이를 개인적 전이로 대체하는 것으로 이해될 수 있다. 부부치료의 후기 단계에서, 부부가 치료자를 전체적으로 수용하는 분위기가 형성되었을 때, 초점 전이를 직접적으로 다룰 수 있게 된다. 이것은 긍정적인 공유된 환경 전이를 특징으로 하는 좋은 안아주기 상황을 필요로 한다.

가족치료에서 역전이가 가족 집단에 대한 치료자의 반응으로 이해되듯이, 부부치료에서 역전이는 부부 한 쌍에 대한 치료자의 반응으로 이해된다. 치료실에는 단 두 사람의 내담자밖에 없기 때문에, 치료자가 남편이나 아내 중 한 사람에 대한 관심을

놓치는 일이 좀더 자주 일어난다. 이것은 부부 체계로부터 자신
이 배제되는 것에 따른 불쾌감에 대한 치료자의 방어이다. 부부
와 치료자의 내면 세계에서 발생하는 근본적인 공명은 치료자의
내적 대상들과의 관계에서 발생하는 것이 아니라 치료자의 무의
식 안에 존재하는 내적 부부와의 관계에서 발생하는 것이다. 그
림 4-4는 부부와 치료자의 내적 대상관계 사이의 상황을 보여주
고 있다.

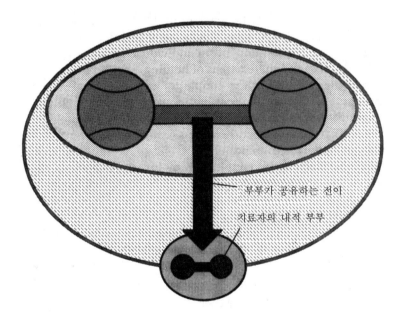

부부가 공유하는 전이

치료자의 내적 부부

그림 4-4. 부부치료에서 일어나는 역전이. 역전이는 부부 각자에
대한 치료자의 반응으로 경험된다. 이것은 치료자 개인의 내적
대상들, 특히 치료자의 내적 부부의 형태와 공명 관계에 있는 부
부 각자에 대한 치료자의 반응으로 경험된다.

부부치료에서 치료자가 겪는 경험은 치료자 자신의 삶에서
겪은 부부관계의 경험, 특히 부모와의 관계, 청소년기와 성인기
의 배우자 관계, 과거의 부부관계, 이전 치료자와의 관계 그리고
현재의 배우자나 애인 관계를 포함하여, 초기와 현재의 삶에서
중요한 위치를 차지하고 있는 사람들의 부부관계에 대한 경험과
공명한다.

모든 사람들은 가족에 대해서 그러하듯이, 내면에 많은 형태
의 부부 이미지들을 가지고 있다. 다시 말해, 모든 개인은 화가
난 부부, 사랑하는 부부, 이상화되고 두려워하는 부부 등의 이미
지들을 내면에 가지고 있다. 전이의 한 지점에서, 내적 부부들의
다른 측면들과 그에 따른 정서가 치료자의 역전이 안에서 감지
된다. 치료자의 마음속에 떠오르는 일련의 정서는 치료자의 내
면 안에 불러일으켜진 관계의 형태에 대한 가장 직접적인 단서
이다. 이러한 단서가 치료자에 대한 부부의 환경 전이가 어떤 것
인지, 그리고 부부의 환경 전이와 공유된 투사적 동일시가 서로
어떤 공명을 일으키는지를 알게 해준다.

거절하는 부부 역전이

부부치료에서 부부가 서로 공유하는 안아주기를 강화함으로
써 치료자를 배제하는 상황은 자주 일어나는 현상이다. 이것은
부부의 관계를 폐쇄된 체계로서 유지하고자 하는 시도로서, 치
료자로 하여금 그러한 절박한 방어를 지지해주도록 압력을 행사
한다(Fairbairn, 1958). 이러한 상황에서, 치료자는 치료가 잘 진전
되지 않고 있다는 좌절감을 느낀다. 이때 치료자는 자신이 침실
에서 배제된 아이와 같다는 느낌을 갖게 되며, 부부를 심리성적
발달의 각 수준에서 흥분시키고 거절하는 대상으로 경험한다.

이것은 치료자의 갈망과 좌절을 증가시키며, 그 결과 치료자는 분노와 외로움을 느끼게 된다. 이러한 상황은 그림 4-5에서 묘사되고 있다.

때때로 치료자는 공공연하게 부정적인 방식에 의해서가 아니라, 아무 감정 없이 막연하고 불투명한 방식에 의해서도 배제 당한다는 느낌을 갖게 된다. 예를 들어, 어떤 한 부부가 다른 사람들을 천박하고 무가치하게 느끼는 공유된 느낌을 중심으로 자신들의 관계를 유지하고 있다고 말할 수 있다. 이때 그들은 다른 사람들을 상대할 만한 가치가 없다고 느끼는 공유된 태도를 즐기면서 살아갈 것이다. 이때 그 부부가 공공연하게 치료자를 거절하지 않더라도, 치료자는 이 부부의 정서적 삶으로부터 배제되고 있다고 느끼게 된다. 치료자는 그들을 매우 지루하고 모호한 사람들로 느낄 것이며, 그들이 자신을 무감각하게 만든다고 느낄 것이다. 그들은 생생한 관계를 맺는 것이 욕망을 일깨우는 위험을 안고 있기 때문에 이런 방식으로 관계를 유지한다. 이때 치료자는 생생한 관계에 대한 욕망이 억압되는 것을 경험하며, 그 욕망이 거절 받는다는 느낌으로 인해 고통받는다.

다른 부부는 능동적으로 치료자의 도움을 구하면서도, 무의식적으로 치료자가 그들 사이에 끼어 드는 것을 원치 않는다. 이것은 종종 부부 사이의 유대가 연약하다는 두려움을 표현하는 것일 수 있는데, 이는 그들 안에서 다른 사람을 배제시키려는 무의식적인 공모를 불러오고 그것을 강화시킨다. 치료가 진전되려면 조만간 부부가 공유하고 있는 억압된 갈망이 의식의 표면으로 출현해야 한다.

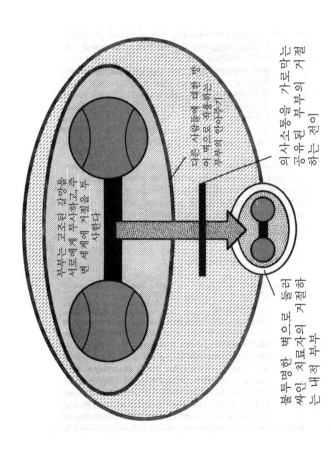

그림 4.5. 거절하는 부부 역전이. 부부는 서로 연합하여 거절하는 대상관계 체계를 억압하기 위해서 충분히 대상을 서로에게 투사함으로써 서로의 억압을 강화시킬 수도 있다. 거절하는 대상은 연합해서 다른 사람을 관계 밖으로 밀어낸다. 그때 부부는 공유하는 안아주기를 외부 세계에 대한 거대한 벽으로 변형시킨다. 치료자는 이러한 부부에 의해 배제 당한다는 감정을 느낀다. 치료자 자신의 내적 부부는 그때 거절당했다고 느끼게 되며, 이때 반응하는 대상이 치료자의 감당이 고조된다.

흥분시키는 부부 역전이

그림 4-6은 공유된 거절하는 환경 전이를 보완해주는 반대 요소를 설명해준다. 이것은 인식되거나 논의되는 일이 드물었다.

흥분시키는 부부 전이에서 역전이 경험은 강렬한 욕망을 포함할 수 있다. 그것은 성애적인 형태를 띨 수도 있고, 좀더 미묘한 형태를 띨 수도 있다. 여기서 치료자는 다소 강렬하게 부부를 좋아할 수 있으며, 부부는 각자 서로로부터 배척 당한다고 느끼면서, 다른 사람들에게는 매력을 느낀다. 치료자는 이러한 상황에서, 부부가 강렬한 관계를 두려워하고 있음에도 불구하고, 부부에게 강렬한 관계를 갖도록 촉구하고 싶은 충동에 사로잡히는 자신을 발견한다. 얼마 후, 치료자는 환경 역전이에서 자신을 흥분된 인물로 만들고 있는 부부의 고조된 갈망을 자신이 흡수했다는 사실을 깨닫는다. 치료자는 부부의 공유된 그러나 부인된 흥분시키는 대상을 해석함으로써, 부부가 자신들의 관계 안으로 들어올까 봐 두려워하는 갈망을 다른 사람들이 대신 드러내도록 하는 방식에 대해 작업하게 된다.

우리가 여기에서 명료화하려고 하는 것은 부부치료에서는 치료의 초점이 일차적으로 부부 각자의 내적 대상관계에 있지 않다는 점이다. 즉 부부치료에서는 부부 공동의 안아주기 능력과 그것의 결핍에 치료의 초점을 둔다. 이런 능력의 결핍은 부부가 서로에게 제공하는 공유된 환경적 안아주기와 중심적 안아주기 모두로부터 온다. 그 결과, 치료자가 자신의 다양한 형태의 내적 부부와 갖는 관계에 의해 역전이가 조직된다.

역전이에 대한 작업은 종종 보통은 약간의 불편감을 수반하는 고조된 정서를 경험하는 것으로 시작되고, 때로는 환상이나 사고를 통해, 그리고 때로는 내적 관계에 대한 의식적인 깨달음

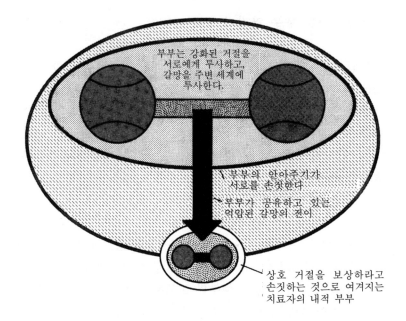

그림 4-6. 흥분시키는 부부 역전이. 이것은 고조된 흥분시키는 환경 전이의 상황을 나타내며, 치료자는 이 상황에서 손짓하는 대상에 대한 갈망을 느낀다. 이것은 부부가 자신들이 공유하는 전이 관계 바깥으로 갈망을 투사함으로써 거절하는 대상을 계속 억압하는데서 온다.

없이 진행된다. 그러나 치료 실제에서 대부분의 치료가 그러한 구체적인 인식이 없이 진행된다. 그것은 처음에 치료자의 마음 안에서 생기는 감정적인 동요로 시작되며, 그 다음에 치료자는 부부에게 불편함을 느끼게 만드는데, 이때 치료자와 부부는 함께 거기에서 벗어나기 위해 작업하게 된다. 부부치료에서 초점 전이와 환경 전이를 명료하게 밝히기 위해 역전이를 사용하는 많은 예들이 다음 장들에서 제시되고 있다.

　개인치료, 가족치료, 부부치료에서 발생하는 이러한 전이와 역전이 모델들은 치료자가 각 상황에서 무엇을 해야 할지를 찾을 수 있도록 돕기 위해 고안된 것이다. 이 세 종류의 치료는 서로 조화를 이룰 수 있다. 그것들 중 한 가지 이상이, 때로는 세 가지 모두가 동시적으로 이루어질 수 있다. 그러나 그럴 경우, 각 치료의 양식이 관심을 갖고 있는 중심적인 과제를 아는 것이 중요하다.

제 2 부

부부 문제의 평가와 치료

제 5 장
평가 과정

　이 장에서 우리는 대상관계 부부치료의 평가 방법을 설명하고자 한다. 기본적으로, 평가 기법은 치료를 위한 틀을 확립하는 과정과 극복과정을 을 제외하고는 보통의 치료 기법과 다르지 않다. 이 평가 작업의 의도는 치료에 들어가기에 앞서 문제에 대한 이해에 도달하는 것이지만, 필요하다면 치료 과정 자체로 들어갈 수도 있다. 다시 말해서, 우리는 평가 과정에서 모든 것을 발견하려고 애쓰거나, 마술적인 해석을 하려고 하지 않는다. 이 평가 과정은 부부가 치료를 받기로 결정할 수 있는 치료 공간을 확보하는데 그 목적이 있다.

　틀 만들기. 우리는 신뢰할 만한 치료 공간을 만들기 위해서 치료적 틀을 만든다. 이 틀에 대한 부부의 모든 반응은 환경 전이의 측면에서 검토될 수 있는데, 이 틀을 만드는 목적은 왜곡을 가져오는 무의식적인 세력을 억제하고, 부부의 안아주기 능력

안에 있는 결함의 특성을 발견하기 위해서이다. 이 틀은 치료 초기에 세울 수도 있고, 상담이 진행되는 과정에서 세울 수도 있다. 우리는 보통 평가면담을 다섯 회기 정도 한다. 그것은 한두 번의 부부 면담, 각 배우자와의 한번 또는 그 이상의 개인 면담, 그리고 평가 결과를 공식화하고 치료를 추천하기 위한 마지막 부부 면담으로 이루어진다.

우리는 전문가적인 경계를 유지하기 위해 환자의 이름대신 성을 부르고 우리 자신을 샤르프 박사라고 소개한다. 집중적인 부부치료 상담에서처럼 부부가 서로 이름을 부르는 친밀한 상황에서는 우리도 그렇게 한다. 그러나 치료 상황 바깥에서는 공식적인 이름을 사용한다. 이 책에서 우리는 상황에 맞추어 성을 사용하기도 하고 이름을 사용하기도 했음을 알 수 있을 것이다.

심리적 공간 만들기. 우리는 부부가 들어올 수 있는 심리적 공간을 만든다. 우리는 부부 개인이 아니라 부부관계를 다룰 수 있을 것이라는 기대를 가지고 이렇게 하는데, 얘기를 들어주고, 감정이 표현되도록 허용하고, 우리 자신이 그 감정을 경험하고 난 후에는 그것을 해석한다. 부부는 우리의 안아주기 기능을 동일시함으로써, 이해를 위한 공간을 만들 수 있는 능력을 발달시킨다.

무의식에 귀기울이기. 우리는 주의를 기울이면서도 초점을 갖지 않은 상태로 편안하게 듣는다. 우리는 부부 각 개인으로서만이 아니라 우리와 관계하는 하나의 체계로서의 부부가 하는 말을 듣는다. 우리는 의식적인 의사소통뿐 아니라 무의식적인 의사소통에도 귀를 기울인다. 우리는 언어적 연상으로부터 떠오르는 주제를 따라감으로써, 침묵의 의미에 주목함으로써, 환상과 꿈의 자료를 작업함으로써, 이 과제를 수행한다. 우리는 또한 성적인 기능을 포함하여 신체적인 측면에서 표현된 무의식적 의사소통에 귀를 기울인다.

감정을 따라가기. 우리는 감정이 무의식적인 영역에 접근할수 있게 해주기 때문에 감정적인 순간에 주의를 기울인다. 이러한 순간에 우리는 부부 각자의 원가족 관계에 대한 산 역사를 배운다. 이것은 사회적인 역사나 가계도에서 우리가 얻는 공식적인 정보보다 더 직접적이고 유용한 자료이다.

소극적 능력. 우리는 세련된 듣기의 형태인 소극적 능력을 사용한다. 이 명칭은 키이츠가 셰익스피어의 시적 자질을 묘사한용어에서 왔다. 그는 소극적 능력을 "사실과 이유를 성급하게 추적하지 않고 불확실하고 의심스러운 상태" 안에 머물러 있을 수있는 능력으로 정의했다(Murray, 1955). 우리는 정보를 얻고 상황을 이해하려고 하는 욕구로부터 자유로워지려고 노력한다. 우리는 얘기를 들으면서, 우리의 감각으로 느끼고, 경험을 내면에 간직하고, 그리고 나서 그 경험의 의미가 내부로부터 나타나도록허용한다.

전이와 역전이. 공간 만들기, 듣기, 소극적 능력, 감정을 따라가기 등은 (부부와 개인의 전이를 받는 장소인) 역전이라는 마디점에서 한데 모이게 된다. 역전이는 때로 전이와 조화를 이루고치료에 도움이 되는 방식으로 무의식 안에 머무르기도 한다. 그런가 하면, 다른 때에는 불편한 감정이나 환상, 또는 꿈으로 나타남으로써 치료 과정을 안내하는 길잡이가 되기도 한다. 역전이를 담아내고 분석함으로써, 우리는 무의식적 대상관계에 근거한 부부의 전이를 우리 자신 안에서 경험하게 된다.

방어의 해석. 우리는 부부의 방어 유형을 해석한다. 우리는 이미 방어적인 목적으로 사용되고 있는 반복적인 상호작용의 유형을 인식하고 있을 수 있고, 부부 또한 그것을 깨닫고 있을 수 있다. 그러나 우리 경험에 비추어볼 때, 우리의 중재는 역전이 경험에 근거했을 때 가장 효과가 크다는 사실을 알 수 있다. 우리 자신들이 관련되어 있는 역전이의 유형과 방식을 다룰 때에, 우리는 그들과 우리 자신들이 방어해 온 정신 내용에 대해 작업할 수 있다.

기본적인 불안을 직면시키기. 마지막으로, 우리는 의식이 감당할 수 없는 기본적인 불안에 대해 작업한다. 그 불안을 명명하고, 직면하고, 그것에 적응할 때, 부부는 그들의 생활 주기의 다음 단계로 나아갈 수 있다. 평가면담 과정에서, 우리는 철저한 검토는 보류한 채, 우리가 지적한 방어 유형에서 드러난 기본적인 불안의 측면들을 알아내는 것으로 만족한다.

다음의 사례는 성적인 관계와 성숙한 결혼생활을 유지하는데 어려움이 있고, 공유된 삶의 가치관의 부재로 인해 어려움을 겪고 있는 부부에 대한 평가 과정을 보여준다. 이 사례는 치료 초기에 역전이에서 나타나는 환상을 사용하는 방식이 예시되어 있다. 경청은 부부의 결혼생활이 지닌 무의식적 의미를 드러내 준다. 우리는 수치스러운 비밀의 딜레마를 해결하고, 이런 저런 환상과 꿈들을 사용하여 그들의 무의식에 접근하기 위해 노력한다. 이 사례를 선택한 이유는 그것이 주로 서로 맞물려 있는 성적 및 관계적 측면을 보여주고 있으며, 따라서 평가와 치료 과정에서 통합적 접근이 필요하다는 사실을 보여주기 때문이다.

델마와 입스 해밀턴은 런던에서 동거한지 8년만에 결혼했으며, 결혼한지 6년이 지났다. 그들은 성적인 어려움 때문에 도움을 얻기 위해 나(J. Scharff)를 만나러 왔다. 델마는 키가 크고 아름다운 금발 머리에 어울리지 않게 길고 헐렁한 어두운 색 옷을 입고 있는 모습이 마치 운동선수 같았다. 그녀는 런던의 유대인 마을에서 성장했다. 입스는 델마보다 약간 키가 작았고, 검은 머리에 턱수염을 기르고 있었고, 소매가 짧은 셔츠와 짧은 바지를 입고 있어서 그런지 그의 짙게 탄 피부가 더욱 돋보였다. 여장을 하고 쇼 무대에 서 있는 그의 모습이 내 환상 안에서 스쳐갔고, 그런 내 환상은 그의 실제 모습과 전혀 걸맞지 않았다. 그럼에도 불구하고, 나는 내 환상을 버리지 않고, 아직은 알 수 없지만 어떤 의미를 지닌 정보로 간주하고 내 안에 담아두었다.

내가 "무엇이 문제인가요?"라고 물었을 때, 그들은 한 목소리로 대답했다. "우리는 성생활을 하지 않아요." 그들은 5년 동안이나 잠자리를 함께 하지 않았으며, 이에 대해 최근까지 전혀 문제 삼지 않았다.

"우리는 마치 룸메이트 같아요." 입스가 말했다. "아니면 결혼 놀이를 하고 있는 오누이 같아요." 그가 덧붙였다.

"맞아요!" 델마가 말했다. "우리가 함께 사는 것은 소꿉장난하는 것 같아요—조그만 아파트에서 말이죠. 하지만 전 더 요구할 수가 없어요. 저는 입스를 사랑하고, 그를 많이 의지하고 있어요. 저는 잃어버리기를 원치 않는 것이 있어요. 저는 그 누구보다도 그에게서 가장 많은 사랑을 받았어요. 하지만 보다 성숙한 관계는 변화를 받아들이는 게 아닐는지요." "하지만 전 우리 두 사람을 위해 집이 꼭 있어야 한다고 생각하지 않아요. 그건 제가 원하는 게 아니에요." 그가 말했다. 그리고 나를 위해 다음의 말을 덧붙였다. "그녀는 햇빛이 들어오고 정원이 있는 집을 원해요."

나는 그들이 함께 살고 있는 공간에 대해 이야기하는데 흥미를 느꼈다. 의식적인 수준에서, 그들은 서로 다른 소망을 다루고 있었다. 무의식적 수준에서, 그들의 대화 내용 안에는 많은 의미가 숨어 있다고 추측할 수 있었다. 나는 좀더 기다렸다.

델마가 계속했다. "우리는 정원을 가지고 있어요. 그 정원을 만들기 위해 정글의 일부분을 깎아내지요. 전 밝고 깔끔하고 상쾌한 집을 원해요. 너저분한 것이 싫다구요. 우리 마루는 너무 좁아서 정신이 없어요. 부엌은 제가 좋아하는 곳인데도 그곳마저도 너무 너저분해서 들어가기가 싫어요."

"델마." 입스가 매우 부드럽게 항의하였다. "우리 집을 갖는다고 더 나아지는 것은 아닐 거야. 그건 당신이 청소해야 할 공간만 더 넓어지는 것일 뿐이니까. 난 당신이 어지르는 것이 문제가 되지 않아. 난 단지 당신이 그런 일 때문에 흥분하는 것이 싫을 뿐이라구."

여기에서 나는 델마가 자기 자신과 자신의 병리로부터 벗어나기 위해 집을 원하고 있다는 것을 알게 되었다. 집은 그녀에게 보다 성숙한 자아를 의미했다. 그녀는 두려움에도 불구하고 이것을 갈망하고 있었지만, 입스는 두려움 때문에 뒤로 물러서고 있었다. 내가 집과 그들의 개인적인 문제가 서로 연결되어 있다는 것에 대해 물으려고 했는데, 입스가 스스로 연결시켰다.

"저는 우리의 관계를 우리 두 사람의 성격이 만들어낸 것

으로 보고 있습니다. 우리 두 사람 모두는 자신감과 자기 존
중감이 매우 부족한 것 같아요. 그것이 우리 직업과 성생활,
그 밖의 모든 일에서 드러나고 있어요. 델마는 급료는 적지
만, 그래도 자기가 좋아하는 법률과 관련된 일을 하고 있어
요. 저는 종교학을 공부하다가 따분해져서 건축 분야에서 일
하다가 요즘은 집을 팔고 있지요. 저는 집장사라는 직업을
좋아하지 않아요. 상업적인 부동산업은 먹고 먹히는 싸움이
기 때문에, 그보다는 슬슬 할 수 있는 집을 팔거나 세 놓는
부동산 중개업이나 하려고 해요. 저는 제 자신을 세상에 드
러내고 싶지 않고 제 삶을 번거롭게 만들고 싶지 않거든요.
그래서 저는 제 집을 갖고 싶지 않아요."

나는 입스에게는 집이 남근기적인 의미가 있다고 느꼈고, 그
느낌은 그의 다음 연상에 의해 확인되었다. 그는 어제 일이 잘
되어 기분이 좋았던 것에 대해 계속 이야기했다.

　"그래서 저는 아주 행복해졌습니다. 제가 집에 돌아왔을
때, 델마는 비키니를 입고서 운동하고 있었어요."
　델마가 설명하기 위해서 끼어 들었다. "너무 더워서 비키
니로 갈아입었어요—실제로 운동할 때엔 항상 그렇게 해요."
　입스가 계속했다. "그래서 성적으로 흥분했지요. 과거에는
그렇지 못했어요." 그가 이야기를 끝냈다.

이제 집은 성인들이 서로 관계를 가질 수 있는 공간이 된 것
같아 보였다; 빛이 가득한 공간에서 성적인 요구가 용납되고
그 욕구가 꽃피울 수 있게 되었다. 나는 그들의 성적인 사랑이
결실을 맺었는지 궁금했지만, 그들에게 자녀가 있는지 묻지 않

앉다. 그들이 여전히 성적인 문제에 대해 이야기하고 있기 때문이었다.

"무엇이 당신을 그렇게 흥분시켰나요?" 델마가 물었다. "당신은 그런 내 모습을 수백 번 보았는데요."

"당신이 그저 무척 사랑스럽게 보였어." 그가 웃었다.

"사랑스럽다구요! 그건 내가 당신에 대해 느낀 감정인데!" 델마가 외쳤다. 그리고 나서 내게 말했다. "그가 나와 성교를 원하다니, 기뻤어요. 그렇지만 우리가 성교를 할 수 없어서 정말 안타까웠어요. 유통 기한이 2년이나 지난 피임약밖에 없었거든요. 지금도, 저는 성교를 하면 행복해요. 하지만 입스가 제 음핵을 자극해주지 않으면 흥분이 되지 않아요. 마치 제가 기계적인 것 같아서 기분이 언짢아요. 프렌치 키스를 하면 흥분이 될 것 같았는데, 그렇지 않았어요..."

"그건 나도 마찬가지야." 입스가 그녀를 위로하기라도 하듯 말했다.

"나도 알아요." 그녀가 슬픔에 잠겨 말했다. "그가 내 음핵을 애무하는 동안 제가 싫어하는 성적 환상이 떠오르는데, 그것이 저를 흥분시켜요. 저는 그것이 너무 수치스러워요."

"입스가 그것에 대해 알고 있나요?" 내가 물었다.

"아니요. 저는 너무 두려워요. 여러 해 동안 치료를 받으면서, 그 문제를 다루었는데 전혀 변하지 않았어요. 그 환상은 세 살 때부터 시작되었죠. 그걸 떠올리지 않으려고 했지만, 그렇게 되면 성적으로 전혀 흥분이 되지 않았어요."

나는 이 말을 듣고 깜짝 놀랐다. 여기에는 매우 개인적이고 사적인 정신 세계 안에 개인 치료에서도 치료되지 않은 자위 환상이 놓여 있었다. 나는 델마의 사생활을 침해하거나 그녀의 개인치료에 개입하고 싶지 않았다. 그렇지만 그것은 분명히 그녀의 성적 즐거움과 부부간의 성적인 경험을 방해하고 있었다. 나는 어떻게 해야 하나? 나는 델마에게 그녀가 그 환상을 피하기 위해 성교를 회피하는 것 같다고 말했고, 성교를 하는 동안 그 환상이 떠오르도록 허용해보라고 제안했다. 그렇게 되면 부부치료에서 그들이 성적 경험에 대해 작업할 수 있는 공간이 생길 것이다. 나는 여전히 그녀의 성적 환상 내용을 다루는 문제를 그녀와 그녀의 개인치료자에게 맡길 생각을 하고 있다는 것을 인정해야만 했다. 그러나 이러한 전략이 지금까지는 별 효과가 없었다는 사실을 나는 알고 있었다. 함께 나눌 수 없는 비밀은 시간이 지나면서 더욱 커지고 분열된 대상관계를 나타내는 주요한 무의식적 세력으로 남게 되는 경향이 있다. 역전이에서 나는 그녀의 수치심과 동일시되어 있었다. 나는 또한 너무 많이 묻지 않도록 스스로를 통제하고 있다고 느꼈다. 입스처럼, 나는 그 문제를 다룰 준비가 되어 있지 않았고, 지금 이 글을 쓰는 동안에도 마음이 내키지 않음을 느끼고 있다.

그가 말했다. "저는 한편으로는 화가 나고 한편으로는 놀랐습니다. 나는 이 환상에 대해 잊고 있었습니다. 그렇지만 우리가 같은 침대에서 잘 수 없는 것을 보면, 그녀를 방해하는 무언가가 있다는 걸 알겠어요. 그녀는 자기 방을 가져야만 하지요. 그녀는 베개들로 둘러싸여 밤새도록 엎치락뒤치락해요. 성교의 문제로 돌아와서 말하자면, 왜 제가 반쯤 화가 나느냐고요? 저는 그녀의 음핵에 키스해야만—제가 그렇게 하는 것을 좋아하지만—그녀가 오르가즘을 느낄 수 있다는 사실이 증오스러워요. 그녀는 그렇게 하고 나야만 긴장이 사라지고 자유롭게 성교를 하게 되지요."

델마가 덧붙였다. "저도 그것이 증오스러워요. 저는 제가 그렇게 수동적이 되는 게 싫어요. 그렇지만 제가 먼저 오르가즘을 느끼지 않으면, 성교가 고통스러워요. 입스는 종종 절정에 도달하지는 않지만 성교 자체를 즐기는 편이에요."

"나는 절정에 도달해." 그가 그녀의 말을 정정했다. "다만 항상 사정하지 않을 뿐이야."

델마는 성교 시에 삽입을 두려워했는데, 그것은 아마도 그녀가 지닌 환상 때문인 것 같았고, 입스 역시 성교 자체에 대한 불안을 가지고 있었다. 첫 면담이 끝날 무렵, 나는 상담을 더 연장하는 것이 필요하다고 느꼈다. 그들에게 부부치료뿐만 아니라 행동주의적인 성치료가 필요한지를 평가해야만 했다. 나는 새로운 상담의 틀에 대해 설명했다: 두 번에 걸친 부부 면담, 개인 별 1회 면담, 면담 내용을 간단히 정리하고 치료를 추천하기 위한 마지막 부부 면담. 나는 그들 각자에게 성행동과 태도에 대한 질문지를 주었다. 질문 내용은 그 또는 그녀가 상대방이 바라거나 싫어한다고 생각하는 것뿐만 아니라 각자가 성교에서 무엇을 원하고 무엇을 원치 않는가에 관한 것이었다. 나는 그들에게 함께 답을 쓰지 말고 각자 답을 쓰라고 요청했다. 그리고 마지막 면담 시간에 그들의 대답을 대조해서 알려주겠다고 말했다.

다음 회기를 시작하기 전에, 나는 환상에 대한 나의 역전이에 대해 작업했다. 내가 그들 부부의 상호작용을 연구하기 위해 비디오 테이프를 찍어도 되겠느냐고 말했을 때, 그들이 내 요청을 정중하게 거절했던 일이 기억났다. 그때 델마가 말했다. "싫습니다. 다른 사람이 여기 있는 것같이 느껴질 거예요." 이것은 그녀의 환상 속에 등장하는 다른 사람에 대한 느낌일 거라고 나는 생각했다. 누군가가 그래서는 안 되는 행동을 하고 있고, 누군가가 금지된 곳에 있다고 느끼는 것이다. 이 환상이 결혼생활에서 불륜처럼 작용하고 있고, 따라서 제3의 인물에게 에너지가 소모되고 있기 때문에 그녀의 결혼생활에서 성적인 에너지의 고갈이 발생하고 있다는 생각이 들었다.

두 번째 회기에서 입스는 놀라운 꿈을 보고했다. "파리에 사는 옛 여자 친구가 남편을 떠나 제게로 돌아오는 꿈이었습니다. 저는 그녀를 안고 춤을 추고 있었는데, 그것이 정말 좋았습니다. 나는 안경을 잃어버렸다가 다시 찾았습니다." 그는 이 꿈이 델마를 향한 성적인 감정을 경험하는 것이 훨씬 더 쉬워졌다는 자신의 느낌을 나타낸다고 생각했다.

나는 이 글을 쓰면서 그가 성적인 감정을 경험하는 것이 훨씬 더 쉬워졌다고 표현한 것에 흥미를 느낀다. 그것은 그에게 감정이 훨씬 더 중요하다는 것을 말해준다. 어쨌든 그는 성적인 감정을 되찾았고 따라서 좀더 인간답다고 느끼게 된 것을 감사하고 있었다.

그는 기쁘고 안심이 되어 외쳤다. "나는 어떤 사내가 한 소녀를 그리워하며 그녀를 성적으로 갈망하는 러브송을 들었어요. 그 순간 아하! 하고 깨닫게 되었지요. 그가 무슨 말을 하는지를 알겠더라고요." 그는 배꼽을 잡고 웃으며 말했다. "델마, 마음속에서 성교를 원하는 사람이 있다는 건 얼마나 다행이야. 나는 오랫동안 당신을 원한다는 느낌을 갖지 못했어."

델마 역시 자신의 성적 갈망이 환상에 얽매인 채 잠자고 있다고 느꼈다. 그런데 그 주에 그녀 역시 성적 감정이 타오르는 것을 경험했다. 그녀는 계속해서 그들이 가졌던 최근의 성교에 대해 이야기했다. "우리는 사랑을 했는데요. 그는 내가 예쁘고 섹시하다고 말했어요. 난 결코 그렇게 느껴본 적이 없었죠. 그가 그렇게 느낀다고 생각해보지 못했어요. 난 감동했죠. 입스는 매우 민감한데, 나는 늘 둔감하고 마치 내 몸과 연결되어 있지 않는 것처럼 느끼죠. 나는 키스할 때 흥분이 되지만 언제나 그가 키스를 혐오할 거라고 생각하죠. 그때 우리 모두는 벽을 느끼게 되지요. 그런데 이제 보니 그가 키스받는 것을 즐기고 있더군요! 나는 그럴 리가 없다고 생각했어요."

"우리는 같은 문제를 가지고 있습니다." 입스가 동의했다. "나는 성교를 회피해왔지요. 그건 완전히 반대되는 행동이죠!"

"저는 성교 시에 삽입이 고통스러웠어요." 델마가 말했다. "그래서 처음으로 그 사실을 말했죠. 그는 제게 고통을 주지 않는 방법을 발견했고, 저는 안심이 되었죠." 그리고 입스에게 말했다. "당신이 내 음핵에 키스하고 내가 오르가즘을 두 번을 느꼈음에도 불구하고 나는 여전히 편치 않았어요."

델마는 어렸을 때 친구의 정신지체 친척이 그녀의 팬티에 손을 넣어 자신을 괴롭힌 적이 있다고 말했다. 그러나 실제로 그녀의 성적 억제에 더 많은 영향을 끼친 것은 엄마와의 관계에 대한 기억이었다. 그것은 실제로 성적 학대는 아니었지만 성적인 것으로 경험된 것이었다. 델마의 엄마는 감정 표현을 하지 않는 영국인 부모 밑에서 자랐다. 그녀는 자기 부모의 자녀 양육 방식과는 대조적으로 델마의 입술에 정열적으로 키스를 했고, 그녀와 딸 사이에는 분리가 존재하지 않았다. 델마의 부모는 서로에 대해 실망했고 전혀 애정 표현을 하지 않았다. 델마는 13세가 될 때까지 부모와 함께 잠을 잤고, 그녀의 아버지가 잠결에 그녀를 던진 일이 있고 난 후에는 항상 눌려 죽을까봐 두려워했다. 그녀는 이것이 자신이 원하면서도 입스와 한 침대에서 잠을 잘 수 없는 이유라고 설명을 했다.

그녀는 여전히 부모와 함께 잠을 자고 싶어하고 있으며, 그녀의 침대에 있는 베개들은 무의식적으로 부모의 몸을 나타낸다는 생각이 내게 들었다. 그러나 그 생각은 곧 사라지고 대신에 나는 입스가 침대에서 자신을 안전하게 안아주기를 원하는 그녀의 열망을 입스가 여자 친구를 안고 행복하게 춤을 추는 꿈과 서로 연결시키고 있었다. 나는 갈망의 흥분에 잡힌 채 저항의 원천을 간과하고 있었다.

이 부부는 다소 흥분해 있었다. 그들은 나에게 대단한 찬사를 표했다. 입스는 목회상담자인 친구로부터 최근에 출간된 나의 책이 아주 좋다는 이야기를 듣고 나서 나에게 치료받기로 결정했으며, 내가 그들에 대해 어떻게 쓸지 궁금하다고 말했다. 그리고 단지 한 회기를 면담한 후에 그들은 놀라운 반응을 보였다. 델마는 깊숙한 내면세계에서 일어나는 일에 대해 말하는 데 익숙해 있었고 입스는 감정 표현에 특별히 능숙했다. 나는 내가 흥분시키는 연합된 대상으로서 그들과 관계하게 될 것이며, 그래서 그들을 만족시켜주고 먹여주어야 할 것이라고 느꼈다. 그렇게 함으로써 나는 아마도 그들의 성을 억제하는 환상을 실연하는 사람이 될 것이다. 나는 아직도 그 환상에 대해 궁금해하고 있었다. 아마도 그것은 서로 사랑하는 부모의 대체물이었던, 델마가 엄마와의 관계에서 경험한 성화된 관계를 포함할 것이다. 나는 그들이 다른 곳에서 치료를 받도록 추천하기가 어렵게 되었다는 것을 깨달았다. 나는 이로 인해 그들을 치료하는 것이 현명한 것인가라는 문제와 비밀 유지에 대한 나의 거리낌을 극복할 수 있었고, 치료 작업을 계속하기 위해서는 그 환상에 접근해야 한다고 결정하게 되었다. 그렇지만, 나는 그들에게 비밀을 털어놓아야만 내가 작업을 할 수 있고 되돌아오는 억압된 자료를 직면할 수 있다고 주장하지는 않았다.(그림 4-6을 보라.)

부부치료 세 번째 회기는 델마가 상담에 대한 꿈을 이야기하는 것으로 시작되었다.

"입스와 제가 선생님을 만나러 왔는데, 선생님은 꼬마 소년과 I.Q 검사를 하듯 퍼즐을 하느라고 바빴어요. 그리고 나서 우리가 상담을 받는데, 거기에는 제 삼의 인물이 있었고, 그는 우리의 일부였어요. 선생님이 말했지요. '걱정하지 말아요. 우리는 45분 동안 충분히 상담할 거니까요.' 그때 저는 선생님께 너무 신경이 거슬려서 질문지의 모든 질문에 다 답하지 않았다고 말했지요." 그녀가 꿈에 대한 연상을 말했다: "제 삼의 인물은 제 성적 환상과 관련이 있는 것 같아요. 성적 환상 속에서 제 이름은 실라에요…"

나는 델마가 개인치료로 들어가는 것이 아닌가 은근히 염려가 되었다. 그것은 그녀가 받고 있던 개인치료와 경쟁하게 되고 부부치료에 대한 관심이 줄어들 수 있기 때문이었다.

바로 그때 그녀가 말했다. "사실, 저는 제가 너무 말을 많이 하는 것이 아닌가 염려가 돼요."

곧 입스가 활기를 되찾았다. "저는 오늘 일부러 델마 옆에 앉았는데, 그것은 지난 주 저쪽에 앉아서 그녀가 거의 혼자만 말하는 것을 들으면서 우울했기 때문이에요. 제가 그녀 곁에 앉은 것은 선생님이 저도 바라볼 수 있게 하기 위해서죠."

나는 그의 논평을 델마와 나에 대한 유익한 직면으로 보았다. 그가 그렇게 느꼈듯이, 나도 그녀가 모든 시간을 그녀 자신을 위해 쓰고 있다고 느끼고 있었다. 그녀는 많은 자질을 가지고 있었다— 자기주장 능력, 좌절, 언어 능력, 그리고 치료에 대한 지식. 그녀는 두드러지게 부각되었고, 마치 흥분한 성기처럼 요구적이고 부풀어 오른 것처럼 보였다. 나는 이것이 전면에 나서기를 두려워하는 입스를 대신하는 행동이라고 생각하였다. 그래서 나는 그의 자기 주장을 환영하였다.

내가 말했다. "이 꿈은 나에게 치료받는 것에 대한 당신의 두려움과 망설임을 표현하는군요. 치료자가 더 나이 어린 사람에게 더 관심을 갖는 것은 아닐까; 환상보다는 검사에 초점을 두는 것은 아닐까? 나는 또한 그 꿈에서 나타난 제 삼의 인물이 당신의 성적 환상을 나타낸다고 생각하고 있습니다. 나는 이것이 당신이 그것에 대해 이야기할 준비가 되었다는 것을 의미하는지, 만약 그렇다면 입스가 그것을 이야기할 수 있는 공간을 내줄 수 있는지, 아니면 당신이 시간을 모두 차지하는 것으로 느낄지 궁금합니다."

"두 가지 다예요." 입스가 말했다.

"나는 입스가 우울해지고 위축되어서 다시는 성교를 하고 싶지 않다는 게 당혹스러워요." 델마가 말했다.

입스는 자신이 우울해진 것은 주로 직장 일이 잘 풀리지 않고 직장에서 사람들과 관계하기가 힘들기 때문이라고 설명했다. "당신은 교외에 거주하는 사람들에게 집을 팔고, 통계학 강의를 듣는다는 게 얼마나 힘든지 모를 거야." 그가 신음하듯 말했다. "난 그 일을 하고 있으면서도 실제로는 거기에 있지 않아요."

"그럼 당신은 어디 있죠?" 내가 물었다.

"아무 데도 없어요. 저는 여름 내내 헤르만 헷세를 읽고 음악을 들었죠. 빌어먹을! 저는 수업 시간에 주목을 받으면 얼어붙고 말죠. 나는 듣는 것을 통해서만 배울 수 있어요." 그가 말할 때, 델마는 아주 조용히 앉아 있었다. 그녀는 그의 손을 잡고 그가 자신의 재능을 발견하도록 격려하고 있었다. 나는 그녀가 입스에게 오랫동안 말할 기회를 주고 있는 것이라고 생각했다. 나는 내 질문에 대한 입스의 대답은 그가 델마에게 이야기할 수 있는 공간을 내 줄 준비가 되어 있지 않다는 것을 의미할 수 있으며, 또는 자기 패배적인 부분에 대한 그의 이야기는 아마도 환상적인 요소와 연결되어 있을 것이라고 말했다.

"정말 그래요." 델마가 말했다. "저는 일에서가 아니라 성적인 면에서 실패한 것 같아요. 너무 수치스러워요. 글쎄요. 아마 환상 내용 중에 하나를 말할 수 있을 것 같네요. 실라는 15세이고 멀리 기숙 학교에 가 있어요. 선생님들은 그녀에게 그들의 이름을 알아야 한다고 말하지요, 미스 아무개와 미스 아무개 말이에요. 만일 그녀가 그들의 이름을 잘 모르면, 그들은 그녀에게 어떤 짓을 할 거예요." 델마가 잠시 멈추었다. "… 그녀의 옷을 벗긴다든지 하는 것 말이에요. 그녀는 그들의 이름을 기억하지 못하지만, 그들이 원하는 것은 무엇이든지 하려고 하지요. 그래서 그녀는 그들이 그녀의 옷의 일부를 벗겨도 그냥 가만히 있지요. 예를 들면, 그녀의 팬티와 같은 것 말이에요."

델마는 여기에서 깊은 환상 속으로 빠져드는 것 같았고, 약간 해리된 상태였다. 그녀는 앞을 똑바로 응시하고 있었고, 두 손은 뻣뻣해 보였는데 오른 손은 마치 아기의 머리를 받쳐주고 있는 것 같았고, 왼 손은 가슴 위에 올려놓은 것 같은 모습이었다. 나중에 그녀의 손은 발기된 페니스를 잡고 있는 것 같은 상태로 위치가 변경되었다.

이 환상에 대한 이야기는 전혀 성애적이지 않았다. 그녀가 가버린 후에도 내 귀에 그녀의 아주 작은 목소리가 들리는 것 같아서 나는 혼란스러웠다. 나는 그녀가 압도적인 성적 소망이나 또는 아마도 성적 학대로 인해 겁에 질린 아이 같다고 느꼈다.

델마가 계속했다. "그리고 더 많은 선생님들이 나타나요. 그들 중 한 사람은 기숙사 보모이에요. 그녀는 잠든 실라를 깨워 목욕탕으로 보내고 기저귀를 채워요. 그녀가 오줌을 싸면, 그들은 그녀에게 엄마더러 자신을 핥아달라고 말하도록 시키지요. 이게 제가 말할 수 있는 전부예요. 그들은 그녀를 흥분시켜놓고 그녀의 엄마더러 그와 같은 행동을 하도록 간청하게 만들어요."

나는 회기가 거의 끝날 무렵에 델마를 해리된 상태에서 돌아오게 했는데, 그것은 회기가 끝나기 전에 그녀가 말한 것에 대해 함께 이야기하기 위해서였다. 입스가 울기 시작했다. 그가 말했다. "오, 델마, 이건 너무 고통스러워. 그건 내 문제와 연결되어 있어. 그렇지만 중요한 건 기저귀를 찼다는 거야. 오! 오! 그건 당신에게 너무 끔찍스러운 일이야."

입스의 개인 면담

입스는 대부분 일과 관련된 억제의 문제에 관해 이야기했다. 그는 언변이 좋고, 언어 능력이 뛰어나고 문학에 재능이 있는 그리고 독서를 많이 한 사람이었다. 그는 처음에 좋은 대학에서 평균 A⁺학점을 받았지만 차츰 공부가 힘에 부친다는 느낌이 들자 흥미를 잃었고, 불어를 전공해서 평균 B학점으로 그럭저럭 졸업을 했다. 그는 종교학을 포함해서 다른 지적인 학문 분야를 공부해 보려고 했지만, 그의 흥미를 끄는 것은 아무 것도 없었다. 그는 다음과 같이 말했다. "저는 학구적인 소질을 가지고 있고, 글을 읽기를 좋아하지만, 그 소질을 활용하지는 못하고, 단지 시간을 보내는데 쓸 뿐이에요. 저는 어떤 것에 흥미를 갖다가도 곧 시들해지고 말지요. 그러니까 저의 재능을 현실 세계와 연결하고 직업을 얻기는 틀린 거죠. 다른 사람 앞에서 일을 할 때는 긴장이 돼요. 마치 내가 그것을 할 수 없는 것처럼 말이죠. 혼자서는 믿을 수 없을 만큼 고집이 세고, 정확하고, 문제를 잘 해결하지만, 다른 사람 앞이나 다른 사람을 위해서 또는 계획표에 따라서는 아무 것도 하고 싶지가 않아요." 그는 압력을 받을 때 자기 능력을 발휘하지 못하는 문제뿐만 아니라 불안에서 오는 학습 장애와 성취 불안에 대해 말하고 있었다.

그가 계속해서 말했다. "그래서 진지하게 일하기보다는 어릿광대처럼 일하는 흉내를 내죠. 아마도 저는 우스운 사람인가 봐요. 어떤 직업이 제게 맞는지 모르겠어요. 마치 하늘에서 만나가 떨어지듯이 직업이 나타나기를 기다리고 있어요. 아니면 누군가가 저에게 '내 운전 기사가 되거나 내 평생의 동반자가 되어주게. 우리는 영원히 함께 책을 읽고 음악을 들을 수 있을 걸세'라고 말해주기를 기다리고 있죠."

내가 말했다. "그것은 여자가 결혼을 통해 구원받기를 바라는 것과 비슷하군요."

"제 어머니는 저를 여자아이로 길렀어요!" 그의 대답에 나도 놀라고 그도 놀랐다. "어머니가 실제로 그렇지는 않았지만, 지금 막 그런 생각이 제 마음에 떠올랐기 때문에 그대로 말한 거예요." 그가 불쑥 한 말은 그를 처음 보았을 때 그가 여자 옷을 입은 것 같다고 느꼈던 나의 환상이 적중했음을 보여주었다. 그가 설명했다. "부모님은 첫 아이가 아들이었기 때문에 두 번째 아이는 딸을 원했던 것 같아요. 저는 제가 이성애자인지 동성애자인지에 대한 생각에서 오랫동안 벗어나지 못했어요. 저는 감정적으로 남자들에게 매력을 느꼈고, 한번은 어떤 남자와 아주 가까워져서 성관계를 가질 뻔한 적이 있었지요. 하지만 저는 제가 동성애자라는 생각이 두려웠고, 그가 저 자신의 성적 지향을 탐구해 보는데 도움이 될 만큼 좋은 사람이 아니었기 때문에 그로부터 도망쳤습니다. 이것은 15년 전 일이었어요. 저는 저 자신을 일차적으로 이성애자라고 생각해요. 저는 근육질 타입의 남자를 보면 성적 흥분을 느끼는 것을 사실이지만, 남자 사진을 보면서 자위하는 것은 결코 생각해 본 적이 없어요."

나는 그의 부모에 대해 물었다. "어머니는 차가운 사람이었어요. 그리고 도덕적이었고 매우 보수적이었어요. 어머니는 아버지가 불란서 지사에서 근무할 때 아버지를 만났고, 결혼해서 미국으로 이민을 오셨어요. 저는 엄마에게 사랑을 많이 받았습니다. 그것은 제가 학교에서 공부를 잘했고 또 행동이 바른 모범생이었기 때문이죠. 아버지는 부드럽고 친절한 사람이었고, 농담도 잘하고 말하기를 좋아하는, 따뜻한 마음을 가지고 있었어요. 저는 아버지에 대해 과장된 이미지를 가지고 있었는데, 그 때문에 저는 아버지가 저를 안내해주지 않는 것에 대한 분노를 억압했던 것 같아요. 아버지 직업은 세무사였는데, 그 회사의 고객은 서해안에 사는 사람들이 많았죠. 그래서 아버지는 출장이 많았어요." 입스는 계속해서 유럽으로 신학 공부를 하러 가기 위해 군 입대를 연기했던 일에 대해 이야기했다. "제가 만일 군대에 갔더라면, 누군가를 죽였을 거예요. 저는 모자를 쓰거나 누구에게 경례하는 것을 원치 않거든요. 저는 모든 것을 심각하게 생각하지 않아요. 직업에 대해서도 제 자신에 대해서도 마찬가지죠. 제 열정의 불꽃은 너무 작아서 곧 꺼져버려요."

이것은 입스가 부모와의 관계 경험에서 살인적인 분노를 가지고 있으며, 그 분노가 그 자신에게로 향하고 있는 것을 암시해주고 있었다. 그가 이전에 거친 개인치료, 집단치료, 영적 치료는 이 문제를 전혀 건드리지 못한 것 같았다. 나는 그에게 집중적인 개인치료에 대해 어떻게 느끼는가를 물어보았다.

"정신분석 말이에요? 그거 아주 힘들죠. 그런데 그게 무슨 유익이 있죠? 저는 도움을 얻을 수 없을 거예요. 델마를 보세요. 무슨 변화라도 있나요? 저는 제 자신이 별로 가망이 없는 사람이라고 생각해요."

델마의 개인 면담

델마는 자신이 얼마나 요구적이고 탐욕스러운지에 대한 말로 상담을 시작하였다. 그녀는 입스도 자신에게 무언가를 요란하게 요구한다고 말했다. 그녀는 지금 여기에 혼자 있기 때문에 자신에 대해 좀더 이야기하기를 원하지만, 그것이 너무 지나쳐 나를 압도할까봐 걱정이 된다고 했다. 그녀는 여러 가지 물건을 가지고 왔는데, 그 중에는 그녀의 가족 사진도 있었다; 그녀의 부모와 두 오빠가 함께 햄스테드 지역의 연못에서 찍은 사진이었다. 그들은 낚시질을 하면서 행복한 시간을 보내고 있었다. 델마의 엄마는 델마보다 훨씬 작고 통통해 보였다. 또 그녀는 작은 유화도 한 점 가지고 왔는데, 그 그림에는 슬퍼 보이고 멀리 있는 것 같은 엄마의 얼굴이 그려져 있었다. 델마는 그 나이의 엄마의 얼굴을 닮았는데, 엄마처럼 불행해 보였다. 델마는 그녀의 엄마는 연극성 인격을 지녔고, 자기를 비하하며 자살 충동을 갖고 있었다고 말했다. 그녀의 아버지도 자살 충동을 갖고 있었으며, 한번은 총을 가지고 다락방에 들어가 문을 잠그고 있던 적이 있었다. 그는 신뢰할 수 없는 실패한 사람이었다. 그녀의 부모는 서로를 증오했던 것으로 보였고, 위험할 정도로 격렬하게 싸웠다. 어린 델마가 한번은 경찰을 불렀는데, 경찰이 도착하자 부모들은 별일 없다는 듯이 시치미를 떼고 그녀가 실수한 거라고 말했다. 그녀는 부모들이 행복한 모습을 한번도 본적이 없었다. 그녀 자신과 엄마의 그림에 대해서 그녀는 다음과 같이 말했다. "저는 엄마한테 사로잡혔던 것 같아요. 거울을 보면, 엄마의 얼굴과 엄마의 숱이 없는 금발 머리카락이 보여요. 저는 제 얼굴을 좋아하지 않아요. 제 얼굴이 제 얼굴 같지 않아요. 그리고 저는 키가 너무 커요."

델마의 엄마는 델마 때문에 자신이 살아있는 거라고 말하곤 했다. 델마는 엄마의 자살 충동과 또한 살고 싶어하는 욕구 모두를 동일시했는데, 치료를 통해서 자살 충동으로부터 자유로워졌다.

그때 델마는 내게 앞치마를 입고 요리사 모자를 쓴 곰인형 사진을 보여주었다. 그 곰인형은 기분이 좋아 보이지도 포근하게 보이지도 않았다. 그것은 딱딱하게 경직된 모습이었고, 외눈이었으며, 털은 윤기가 없었는데, 찢어진 솔기 사이로 더러운 솜이 불거져 나와 있었다. 그녀는 그것을 마구 때렸다. 그리고 나서 말했다. "다른 곳에서 저는 이게 제 자신의 모습이라고 말할 수 있을 겁니다." 내가 말했다. "다른 곳에서가 아니라면 어떻게 말할 건데요?"

그녀가 말했다. "그녀가 뻣뻣하고 차갑고 돌봄을 받지 못했다고 말하겠어요. 저는 뻣뻣하게 굳어있는 자신을 의식하고 있어요. 여기에서 제 불평이 나오죠."

나는 그녀가 예기했던 것처럼 압도당한다고 느꼈다. 내가 말했다. "당신은 내게 너무 많은 것을 들려주려고 하는군요. 내 생각에 당신은 내가 당신을 받아들이지 않을 경우 당신 스스로 그 자리를 대신 채우려고 하는 것 같습니다."

"선생님에게 제 사진을 드리고 싶어요. 우리 어머니는 그 사진을 가지고 있지 않아요. 제 치료자는 그것을 갖고 있지요. 선생님은 안아주기의 중요성에 대해 제게 말씀하셨어요. 저는 그녀와 선생님이 함께 말하는 것을 상상했어요. 선생님이 그녀가 아니라는 점이 제 마음에 걸렸죠."

이것은 델마와 그녀의 엄마 사이에서 일어났던 일을 델마의 치료자와 내가 경험하기를 바라는 환상이었다. 이 환상이 좀더 발전된다면, 그것은 그녀의 치료자와 내가 안아주기 능력을 확장하여 그녀에게 안아주는 환경을 제공해주는 것일 것이다.

부부 면담

다음 부부치료 시간에, 나는 안아주기를 갈망하는 그녀의 느낌을 사용했다. 델마는 이 면담을 꿈 이야기로 시작했다. 그녀는 꿈에서 나무토막 쌓기 장난감 세트를 찾고 있었는데, 그것이 내 사무실에 있다는 것을 잊고 있었다고 했다. 이 꿈은 그녀가 상담을 시작하기 전에 나와 어린 소년이 함께 퍼즐 놀이를 하는 꿈을 꾸었다고 말했던 것과 관련이 있는 듯했다. 그래서 나는 말했다. "당신은 여기서 아이가 되기를 바라는군요." 그녀는 내가 그녀를 이해하고 있으며, 그것을 허용하고 있다는 것을 느끼고 안도의 눈물을 흘렸다.

입스도 꿈을 꾸었다.

"저는 우리를 보다 깊은 이해의 수준으로 이끌어주는 꿈들에 대해 언제나 고맙게 생각합니다. 하지만 저는 여기에서 꿈이 너무 많다는 생각이 들었습니다." 입스와 델마는 나에게 가치 있는 것을 더 많이 가지고 오려고 경쟁하고 있는 것 같았다.

입스가 자신의 꿈을 현재 시제로 다음과 같이 묘사하였다.

"꿈속에서 저는 아버지와 함께 있었습니다. 제가 보니까 그는 뺀찌를 손에 쥐고 있어요. 그는 그 뺀찌로 그의 딸을 죽이려고 식료품 저장실에 숨어 있어요. 저는 그녀에게 그곳으로 들어가지 말라고 경고합니다. '왜냐하면 그녀가 살해당할 것이 뻔하기 때문이죠. 그녀는 둥글고 예쁜 얼굴에 엘리자베스 여왕처럼 이마가 훤했고, 손에는 소포 꾸러미를 들고 있었습니다."

나는 훤한 이마를 가진 영국 여자는 나를 가리킨다고 생각했다.

"저는 엄마가 골목길로 내려가는 것을 보고 있습니다. 저는 그녀를 만나서 식사를 하기로 되어 있습니다. 저는 뛰어가서 그녀를 큰 거리에서 따라 잡습니다. 우리는 식당으로 가고 있는데, 우리 일행은 여섯 내지 여덟 명입니다. 모든 식탁에 하얀 식탁보가 덮여 있는 근사한 식당이었습니다. 갑자기 아빠가 도착하고 제가 말합니다. '아빠, 여기서 뭘 하세요? 이건 엄마를 위한 식탁인데요.' 속옷 바람의 웨이터가 더 큰 식탁을 찾고 있는데, 우리는 하나를 찾아보고 나서 또 다른 하나를 찾아봅니다. 나는 식탁보를 하나 더 달라고 하지요. 그때 그는 또 다른 식탁을 폅니다. 어떤 사람이 기타를 연주하고 있고 외국어로 이야기를 하고 있습니다. 여기에는 많은 정서적인 음조가 담겨있지는 않았습니다. 저는 꿈을 깨고 나서 잠시 그것에 대해 생각했습니다."

입스가 계속해서 꿈에 대한 연상을 이야기했다. "저는 비극적인 요소를 좋아했어요. 햄릿 생각이 났습니다. 그리고 다른 이야기들도 생각이 났는데, 맞아요! 도스토예프스키의 책 중에, 가운데 아들이 공이로 아버지와 하인을 죽이는 장면이 있어요! 그런데 제 꿈에서는 뺀찌로 죽이지요!"

나는 부부의 꿈을 분석할 때, 보통 그 꿈에 대한 부부 두 사람의 연상 내용을 말해달라고 주문한다. 물론 부부치료에서 개인 정신분석이나 개인 치료에서처럼 개인의 심리내적인 상황에 대한 충분한 이해를 얻는 것은 기대하기 어렵다. 대신에 나는 드러난 심리내적인 내용을 대인관계적 상황과 연결시키려고 노력한다. 그러나 이번에는 연상 내용을 말해달라고 요청할 필요가 없었다.

델마가 말했다. "당신은 처음에 어린 소녀에 대해 말했었는데 나중에는 어른이 되었어요."
입스가 대답했다. "그래, 소녀는 그의 딸이었는데, 그 다음에는 어른 여자가 되었어. 그리고 꿈에는 마치 셰익스피어의 연극에서처럼 내적 및 외적 차원이 있었고 정체성의 혼동이 있었어. 우리는 지난 주말에 「한 여름 밤의 꿈」을 보았지. 오! 나는 그 내용, 복잡성, 감동, 넘치는 낭만, 유머, 그리고 뛰어난 표현을 정말로 사랑한다구."

나는 "왜 이 사람은 집장사를 하고 있는 걸까?"하고 혼자서 생각했다.

델마는 계속해서 가정 문제로 돌아와서 그 꿈이 갖고 있는 의미에 대해 말했다. "나는 식탁에 새로운 식탁보를 까는 것이 우리 사이의 관계와 관련되어 있다고 생각해요. 식탁을 펴는 것이 마치 제가 다리를 벌리는 것처럼, 성적인 의미를 갖는 것 같아요."

"글쎄," 입스가 말했다. "식사는 오직 나와 엄마를 위한 것이었는데, 아빠가 나타나서 놀랐고 더 큰 식탁이 필요했거든."

델마가 계속했다. "나는 여전히 죽임을 당하게 될 어린 소녀와 여자가 충격적이에요. 나는 내 안에 있는 어린 소녀를 죽이기를 원해 왔지만, 당신은 무섭게도 나의 작은 실라를 죽이려고 했어요."

"뭐라고? 그건 실라가 아니었어."

"그러면 누구죠?"

"나도 몰라. 청년과 아버지 사이에서 경쟁하고 있는 질이 별로 안 좋은 여자야."

"어떻게 그녀가 경쟁자죠?" 내가 물었다.

"그들 둘 다 그녀의 사랑을 받으려고 경쟁하죠." 그가 대답했다.

나는 꿈속의 이 소녀/여자는 엄마를 훔치기를 원하는 그리고 그러한 죄책감 때문에 살해당해야만 하는, 입스와 델마의 공유된 오이디푸스적 아이를 의미한다는 사실을 깨닫기 시작했다. 입스의 꿈에서, 그 소녀는 뺀지로 살해당해야만 했는데, 그것은 그렇게 함으로써 소년이 살해당하거나 거세당하지 않고 아버지가 한눈을 파는 동안에 엄마와 도망칠 수 있기 때문이라고 나는 생각했다.

델마가 꿈속에서 살해당하는 실라에 대한 자신의 생각을 말했을 때, 입스는 자신이 어린 소녀들을 괴롭히는 환상을 가지고 있던 것이 생각난다고 말했다. 그는 발가벗은 두 살짜리 아기에게 성적 흥분을 느낀 적이 있었다. 입스와 델마는 모두 음모가 없는 외음부에 매혹된다는 생각에 동의했다. 그러자 입스는 당황했고 얼어붙었다. 그러나 곧 이야기를 계속했다. 그는 "더러운 어떤 녀석이 훼방을 놓을 때" 그를 살해하는 환상을 가졌던 것에 대해 이야기했다. 나는 그가 근친상간적 환상이나 용납될 수 없는 성적 환상을 방어하는데 누군가를 살해하는 환상을 사용한다고 생각하게 되었다.

그러자 델마가 또 다른 꿈을 보고했는데, 그것은 내가 아기를 낳기 위해 병원에 가느라고 그곳에 없는 꿈이었다. 내 남편은 나와 새 아기를 만나러 병원에 오느라고 델마에게 큰 아이를 맡겼다. 그녀는 아기가 낯선 사람에게 맡겨지는 것 때문에 기분이 좋지 않았다. 그녀는 또한 냉장고에 남아 있는 양고기 때문에 기분이 좋지 않았는데, 그 이유는 그것이 값비싼 것이었고 그녀가 그것을 썩게 내버려두어서 냉장고를 온통 망쳤기 때문이었다.

델마는 더 상세한 이야기를 늘어놓았고, 입스는 방해하지 않았다. 델마는 이제 자신의 이야기를 끝내려고 하는 것 같았다. "꿈의 마지막 부분에서 제 노르웨이 친구 브릿을 보았어요. 제가 선생님의 이름을 말하자 그녀는 '샤르프란 그 사람도 노르웨이 사람이니?' 하고 물었죠." 델마가 계속해서 자신의 연상을 말했다. "그렇지만 그 이름이 독일식 이름이라는 걸 저는 알고 있죠. 그게 제가 선생님의 남편보다는 선생님을 찾은 이유랍니다. 제가 알기에 선생님은 스콧틀랜드 사람이거든요. 양고기는 하나님의 어린양, 즉 유월절에 장자를 죽음의 천사로부터 지켜주기 위한 양의 피를 연상시켜요. 제가 바로 장자거든요. 저는 대학살에 관해 아주 잘 알고 있어요. 제 꿈에는 나찌가 많이 나와요. 그리고—"

나는 그녀가 말하는 중간에 개입했다. "샤르프는 실제로 독일 이름이에요. 그런데 그 양의 피는 유대인 쪽인가요 아니면 나찌 쪽인가요?"

"오, 나찌 쪽이지요." 한 순간도 주저하지 않고 그녀가 대답했다. "스콧틀랜드 사람들이 유대인을 보호해 주었어요. 우리 가족은 여름 휴가를 스콧틀랜드의 낮은 산을 등산하면서 보냈죠. 저는 스코틀랜드가 좋아요. 특히 꽃과 사람들이 좋아요. 저는 거기서 안전하다고 느꼈지요. 저는 안전을 위해 제가 유대인이 아닌 척했어요. 금발 머리 때문에 아무도 짐작하지 못했죠. 저는 유대인 남자 친구를 사귀어 본 적이 없어요. 입스는 유대인이 아니거든요."

나는 입스에게 델마의 이야기에 대해 할 말이 있는지 물어보았다. "아니오." 그가 대답했다. "저는 일에 대해 생각하고 있어요." 현재의 상호작용으로 돌아오면서 그가 말했다. "글쎄요. 샤르프란 이름은 마치 무기처럼 날카롭게 들리는군요."

"저도 그런 생각을 했어요." 델마가 동의했다.

델마가 입스의 꿈에 대해 관심을 보여주었던 것과는 달리, 입스는 델마의 꿈에 별로 주의를 기울이지 않았다. 그녀는 버려진 아기, 독이 들어있는 음식, 그녀 자신의 살인에 대해 염려하고 있었다. 나는 그녀가 나의 "날카로움"을 분열시켜 내 남편에게 전가시킴으로써 나를 좋은 사람으로 보존하는 한편, 안전한 스콧틀랜드 사람인 나를 그녀의 친구와 동포로 간주하고 있다는 점을 주목했다. 그러나 그들은 모두 나를 통찰력을 사용하여 그들을 관통하거나 죽일 수 있는 사람으로 지각하고 있었다. 입스는 자신의 꿈에서 살해당하지 않았다; 대신에, 어떤 소녀가 살해되기로 되어 있었다. 그런데 델마는 입스의 꿈과 그녀 자신의 꿈에서 바로 그와 같은 일이 일어날 것을 기대하고 있었다.

공식화와 추천

입스와 델마는 아버지보다는 엄마와 관련된 문제를 더 많이 공유하고 있었다. 그녀는 엄마와 꼭 닮는 것을 통해서 엄마를 만족시켜준 반면, 그는 학교에서 공부를 잘하는 것을 통해서 엄마를 만족시켜주었다. 그들의 아버지는 모두 어머니에 의해 경멸 당했는데, 그녀의 아버지는 믿을 수 없고 경제력이 없다는 이유 때문이었던 반면, 그의 아버지는 사람은 좋았지만 권위가 없다는 이유 때문이었다. 아버지에 대한 오이디푸스적인 승리자가 된 것에 대한 죄책감 때문에, 델마는 여성으로서 자신의 삶을 살수 없었고, 입스는 다른 여자가 대신 희생자가 되어줄 때에만 살아남을 수 있었다. 그는 희생자와 동일시됨으로 인해 성적으로나 직업적으로 남성됨을 주장할 수 없었고, 따라서 개인적인 권위가 없었던 그의 아버지처럼 유약한 모습을 보였다. 그녀는 자신을 장자로 생각하는 것을 통해서 살아남았는데, 이것이 그녀의 여성스러움에 손상을 가져왔다. 그들은 무의식적으로 서로 완벽하게 맞았다. 그러나 델마는 개인치료를 받고 난 후, 자신에 대해 더 많은 것을 기대하게 되었고, 그것이 입스에게 압력으로 작용하고 있었다. 그는 성적으로 좀더 적극성을 보이는 것을 통해서 어느 정도 이 압력에 맞설 수 있었으며, 그로 인해 둘 모두는 짜릿한 쾌락을 경험했지만, 곧 그녀는 삽입을 두려워하기 시작했다. 그들은 성교를 통해서 서로 사랑하고 있는 성적인 부부의 내적 이미지를 만들어낼 수 없었다. 그것은 아마도 그들이 공유하고 있는 부모에 대한 환상 때문일 것이다.

나는 질문지와 면담을 통해 얻은 자료를 바탕으로 위에서 제시한 내용을 공식화할 수 있었다. 나는 그들에게 3가지 수준의 문제가 있는 것 같다고 말했다.

성적 관계

첫 번째 수준에서, 그들의 관계는 그들 자신의 성과 상대방의 성에 대한 의식적 및 무의식적 가정에 의해 제한 받고 있었다. 그들 모두는 자신과 배우자가 동성애적인 요소를 갖고 있음을 알고 있었다. 이것은 적절하게 수용되었지만, 언급된 적은 없었다. 두 사람은 모두 성적인 해소를 위한 방법으로 자위를 사용하고 있었다. 뎰마의 자위는 그녀의 환상을 영속화시켰는가 하면, 입스는 포르노를 사용하고 있음에도 불구하고 자신에게는 환상이 없다고 믿고 있었다. 두 사람은 모두 성교 횟수에 대해 비슷한 기대를 가지고 있었는데, 한 주에 한 번 또는 두 번이 적당하다고 생각하고 있었다. 그녀가 자신의 성적 표현 방식을 통제하는 것에 대한 그의 무의식적인 분노가 그녀에 대한 성적 접근을 가로막았다. 그녀는 그가 키스하거나 어루만지는 것을 좋아하지 않는다고 잘못 생각하고 있었다. 이러한 생각은 그녀로 하여금 자신의 성적 기술을 폭넓게 개발하지 못하도록 방해했다. 그가 가슴을 자극 받는 것을 싫어한다는 그녀의 생각은 옳았지만, 그녀가 가슴을 자극 받는 것을 좋아하지 않을 것이라는 그의 생각은 옳지 않았다. 그들은 성교 시 서로의 가슴과 음핵에 대한 자극을 피했으며, 따라서 그런 행동은 흥분 단계와는 상관없는 별개의 활동이 되었다. 좀더 복잡한 가정은 그녀는 10분에서 20분 동안 성교가 지속되는 것이 좋을 것이라고 생각하고 있는 반면, 그는 그녀가 1분 내지 3분 정도 지속되는 것을 좋아할 것이라고 생각하고 있는 점이었다. 나는 그들에게 1분에서 3분은 대부분의 여성에게 충분하지 않을 것이라고 말했고, 그들은 모두 좀더 오래 성교하기 위해 노력하는 것은 흥미로운 일일 거라고 생각했다.

나는 그들에게 그들이 성적인 문제를 주된 문제로 제시했기 때문에 그 문제에 초점을 맞추었다고 말했다. 만약 그들이 이 상담의 마지막 회기를 마칠 때까지도 성적인 문제를 주요한 문제로 본다면, 행동주의적인 방식의 성치료로 다루어야 할 문제가 있다고 보아야 할 것이다.

나는 두 번째 수준으로 옮겨갔다.

부부관계

내가 말했다. "나는 사람들이 치료에 꿈이나 음악을 가져오듯이, 당신들이 성적인 문제를 가지고 왔다고 생각합니다. 마치 그 문제가 당신들이 제공할 수 있는 무엇이라고 생각하는 것 같습니다. 물론 그 문제는 작업할 필요가 있지만, 그렇다고 해서 부부 사이의 관계를 제외시킬 정도로 중요한 것은 아닙니다." 두 사람 모두 이 말을 듣고 안심했다. 델마는 내가 그 점을 주목한데 대해 감사한다고 말했다. 내가 말했다. "삶의 이 단계에서 적절하고 공유된 목표를 개발하기 위해서는 당신들의 바램과 생각을 서로 나누는 것이 필요합니다. 나는 당신들이 행복하기 위한 긍정적인 선택으로서 자녀를 갖지 않기로 결정할 수 있다고 생각합니다. 다른 한편, 나는 당신들이 상호간의 갈등에 관해 작업한다면, 집을 사는 문제와 부모가 되는 일에 대해서 좀더 자유롭게 고려할 수 있게 되고, 따라서 그런 문제들을 두려운 문제가 아니라 사려 깊게 선택할 수 있는 문제로 보게 될 거라고 생각합니다. 당신들은 부모들이 보여준 결혼생활의 모델을 닮지 않으려고 하고 있지만, 당신들의 결혼생활이 그러한 모델 이상으로 발전하지 못하도록 가로막고 있는 것이 무엇인지는 잘 모르고 있습니다. 그리고 이 점에서 도움을 필요로 하고 있습니다." 내가 결론을 내렸다. "당신들 각자는 불안과 공격을 피하기 위해 노력하고 있는데, 이것이 서로의 발전을 방해하고 있어요. 그것은 부부치료에서 그러한 공유된 억제에 기여하는 개인적인 문제가 무엇인지를 이야기함으로써 다루어질 수 있을 겁니다. 그러나 아마도 입스는 그 이상을 필요로 할 것입니다."

나는 세 번째 수준으로 옮겨갔다.

개인

그들은 성인으로서 현실을 다루고 책임을 질 수 있는 능력의 발달을 가로막는 개인적인 문제를 가지고 있음이 분명해졌다. 델마는 이미 그 문제를 개인치료에서 다루고 있었고 그녀를 사로잡고 있던 자살 충동을 포기하는데 상당한 진전을 보이고 있었다. 그럼에도 불구하고, 그녀의 개인치료는 걸림돌에 걸려 있었다. 그녀는 부부관계에 대한 작업을 통해서만 그녀를 사로잡고 있는 근친상간적 환상으로부터 자유로워질 수가 있었다. 나는 입스에게 만일 이 부부치료에서 그가 가지고 있는 개인적인 억제를 충분하게 해결하지 못한다면, 당장 아니면 나중에라도 집중적인 개인치료를 고려해 보라고 강력하게 권했다. 나는 그가 거세 불안과 불안정한 남성으로서의 정체성을 가지고 있고, 또한 이전의 집중치료가 충분하지 못했기 때문에 집중적인 개인치료를 필요로 한다고 말했다.

이 부부는 나와 부부치료를 계속하기로 결정했고, 치료 과정에 그들의 성적인 문제를 다루는 회기를 포함시키기로 했다. 나중에, 만일 그들에게 성적인 문제가 지속된다면, 나는 그들이 성치료를 받도록 위탁하거나 아니면 내가 치료 양태를 바꾸어 행동주의적인 성치료를 하고 난 후에 다시 부부치료로 돌아올 것이다. 입스는 개인치료를 좀더 생각해 보는데 동의했고, 델마는 마치 비밀스런 소망이 이루어지기라도 한 것처럼 놀라움과 기쁨을 나타냈다.

추후 면담 회기

델마는 입스가 마지막 회기 이후 몹시 화가 나 있고 우울해졌다고 말하면서 이 회기를 시작했다. 입스가 말했다.

"저는 차에 올라탄 순간 그렇게 느꼈어요. 누군가를 죽이고 싶은 느낌이 들었고, 철수하는 것을 통해서 그녀를 괴롭히기 시작했지요. 저는 몇 시간 동안 아무 말도 하지 않았어요. 마침내 그녀에게 말했죠. '나는 당신을 끔찍스럽게 괴롭히고 싶어.' 그리고 나서 그곳에서 물러나 울기 시작했는데, 그것은 제가 전에는 다른 사람을 사랑할 줄 아는 따뜻한 사람이라고 믿고 있었기 때문이죠. 저는 말했어요. '나는 변하지 않을 거야. 젠장! 나는 생겨먹은 대로 살거라구. 그리고 당신이 너무 나를 밀어 부치면 좋지 않을 걸.'"

내가 말했다. "당신은 당신의 분노를 아내에게 전가했군요. 하지만 내 생각에 당신은 나에게 화가 나 있어요. 당신은 내가 당신에게 변하기를 요구하고 있다고 느끼고 있어요."

"제게 강요하고 있죠." 그가 되받아 쏘았다.

"그리고 당신은 길을 가르쳐달라고 필사적으로 내게 요청하고 있습니다." 내가 대답했다.

"하, 하." 그가 웃으면서, 시인했다. "화를 내고 나서 저는 곧 그것이 무엇 때문인지 스스로 생각해봤어요." "저는 당신들이 제 면전에서 온갖 이야기를 퍼부은 것에 대해 화가 나 있었어요. 저는 그때, '오, 또 그 문제로군. 남자답지 못하다는 문제를 또 다루어야만 하는군'이라는 생각이 들었어요."

그는 말을 마치자마자 마치 광대처럼 익살스런 어조로 은행조차도 자신의 정체성을 알아주지 못한다고 말했다. 나는 그가 분노를 농담으로 바꾸고 있다고 지적하고 나서, 그가 느낀 분노에 대해 좀더 듣고 싶다고 말했다.

"저는 델마에게 화가 났어요. 저는 그녀가 꼼짝못하게 압정을 그녀의 엄지손가락에 꽂아버리고 싶었어요. 입스는 이 말을 하면서 자신의 엄지손가락을 내밀어 분노를 생생하게 표현했다. "저는 제가 자극 받을 때 제 안에서 냉혹한 살인자를 느껴요. 물론 그건 환상이죠. 저는 제 모든 삶을 바꾸고 싶지 않아요. 저는 제 안에 안전한 작은 영역을 가지고 있는데, 그곳을 벗어나면 기분이 좋지 않아요. 델마, 나는 당신이 나를 변화시키려 하는 게 싫다구." 그는 몹시 화가 나 있고, 냉정하고, 심술궂은 모습을 보이며 옹고집을 부렸는데, 그것은 한편으로 내게 좌절감을 주었지만 다른 한편으로는 감탄할만한 것이었다. 이 모든 것은 그가 익살스런 광대 노릇을 한 후에 나타났다.

델마는 울고 있었다. "나는 당신이 이럴 때마다 절망감을 느껴요. 그리고 이 책으로 당신을 때리고 싶어요. 내가 우리 모두가 변해야 된다고 말할 때마다 당신은 철수하곤 했어요. 그게 너무 화가 나요. 나는 그건 정말 나쁘다고 생각해요. 나는 이런 식이 마음에 들지 않아요." 그녀는 내가 지금까지 한번도 본 적이 없는 모습, 즉 훨씬 더 직접적으로 자신의 분노를 표현하고 있었다. "나는 당신을 기다렸지 당신에게 강요하지 않았어요. 나는 당신이 정말 못된 사람이라고 느껴져요!"

"제기랄" 그가 되받아 쳤다. "나는 당신에게 변하라고 요구하지 않는다구. 도대체 이게 다 뭐 말라죽은 거야? 나는 변하지 않을 거야. 그건 내가 타고난 성질이 아니야."

그녀가 울면서 계속 말했다. "당신이 이럴 때면 나는 콱 막힌 기분이 들어요. 그리고 난 당신이 정말 그런 사람이라고 생각하지 않아요. 나는 당신이 겁을 집어먹고 있다고 생각해요. 내가 너무 지나친 요구를 하는 것처럼 말하는 것이 기분 나빠요. 당신은 내가 당신을 격려해주기를 바라면서도, 당신이 변화를 원할 수도 있다는 사실을 부인하고 있어요."

나는 입스가 변화를 둘러싼 자신의 갈등을 그와 나 사이 그리고 그와 델마 사이로 옮겨놓고 있다고 말했다. 입스가 대답했다. "나는 그저 '아니요' 라고 말하고 싶지만, 다른 한편 성교에 대한 우리 경험을 이야기하고 싶기도 해요."

치료가 필요없다는 그의 항의에도 불구하고, 입스는 부부치료를 유용하게 사용하고 있었다. 그래서 나는 그가 부부치료에서 제공되는 영역을 떠나서 스스로 걸어나가는 것에 대해 불안해하고 있다고 생각했다. 그는 자율성에 대한 두려움 때문에 관계 맺기를 완강하게 거부하는 상태로 퇴행했으며,

그런 상태에서 불안해 하고 있었다.

나는 이것을 입스와 델마가 성적 경험에 대해 이야기할 때 깨달았다. 입스는 오르가즘에 도달하지는 못했지만, 델마가 자신의 페니스를 만져주는 것을 좋아한다고 말할 수 있었다. 그녀는 기꺼이 그렇게 해주었지만, 그녀 자신은 아무런 감흥을 느끼지 못했다. 나중에 성교가 20분 동안 지속되었을 때 그녀는 욕망을 느꼈고, 입스의 페니스가 그녀의 질에 접촉하는 환상을 가졌다. 이것은 지지받고 있다는 느낌과 즐거움을 가져다주었다. 입스와 델마 두 사람 모두 불안했지만, 그럼에도 불구하고 어려움 없이 페니스를 삽입할 수 있었다. 델마의 경우, 누군가가 자신을 만지고 모욕하는 환상은 이제 삽입을 바라는 환상으로 전환되었다. 그러나 델마가 본래 가지고 있던 환상이 아직도 입스를 지배하고 있었다. 그는 페니스가 델마의 질 속에 있는 동안 자신감을 잃게 된다고 말했다. "그것은 심리적인 장애였어요." 그가 설명했다. "그래서 저는 페니스를 사용하지 않고 입으로 그녀의 성기를 애무해주었어요. 저는 생각했습니다. '나는 남자가 아니라 여자가 되기를 바라는 건가?' 페니스를 사용하는 대신 입을 사용하는 게 더 마음이 편했어요. 델마, 당신은 당신이 나를 애무할 때 내가 다리를 쭉 뻗는 것이 마치 여자 같다고 말했어."

"그것이 혼란스러웠어요." 델마가 말했다. "그것 때문에 내가 당신을 남자로 취급하지 않았던 것 같아요."

내가 말했다. "지금까지는 당신들이 서로를 온전한 여자와 남자로 보지 않는 환상에 서로 익숙해왔던 것 같아요. 하지만 이제 막 변화가 시작되었고, 지금 당신들은 함께 변화하지 못할까 봐 두려워하고 있어요…"

델마가 그 말의 나머지 부분을 채웠다. "우리는 아마 헤어

지게 될지도 몰라요. 하지만 저는 끝내기를 원치 않아요. 그
래서 털어놓고 이야기하지 않은 거죠. 그렇지만 저는 무척
답답하게 느끼고 있어요."

이 사례에서 치료에 대한 부부의 저항이 분열된 채 남아 있었
고, 그것은 입스가 개인치료를 꺼리는 것으로 표현되고 있었다.
격노, 돈, 야망, 인생의 목적 등의 형태로 공격성의 문제가 중요해
졌을 때 그들이 성적인 문제에 그렇게 강렬하게 초점을 맞춘 것
은 이미 치료에 대한 그들의 저항이 작용하고 있었기 때문이었
다. 많은 부부들에게 있어서, 치료에 대한 저항은 성적인 자료를
다루기를 꺼리는 것으로서 표현된다. 입스와 델마는 치료 초기
에 성적인 문제를 그렇게 분명하게 제기했다는 점에서 특이했
다. 그러나 이것은 다른 자료에 대한 저항의 증거일 수도 있고
그들의 장애입은 성적 관계를 다루는 것이 가장 시급한 문제라
는 증거일 수도 있다. 그들은 계속해서 부부치료에 열심히 참여
했다. 몇 달 후에, 입스는 나의 동료와 정신분석 심리치료를 시작
했고, 그 해 말에 정신분석으로 옮겨갔다.

치료 중간 단계에서의 확장된 평가

치료가 여러 달 계속되면서, 델마와 입스는 성과 결혼생활에
대해 두려움을 느꼈다. 이러한 두려움은 전이에서 드러났다. 즉
델마는 내가 늦게 나타나거나, 약속을 어기거나 취소할까봐 두
려워한 한편, 입스는 가시나무 수풀로 길이 막혀 있어서 내 사무

실에 올 수 없게 되는 꿈을 꾸었다. 이러한 개인적인 의사소통을 통해서 그들은 내게 들어오기를 원하는 자신들의 공유된 소망에 대해 그리고 그들이 나에게 접근할 수 없거나 내가 노골적으로 그들을 거세해 버리는 것에 대해 두려움을 갖고 있음을 나타냈다. 그들은 전이 안에서 드러난 이런 문제에 대한 작업을 통해서 더욱 친밀해질 수 있었다. 이 장의 결론 부분으로, 우리는 부부치료의 중간 단계에서 행한 한 회기의 면담 내용을 제시해 보겠다. 그 회기는 만족스런 성교가 사랑과 연결되는 모습과 억압된 죽은 내적 부부의 환상을 쫓아내는 모습을 보여줄 것이다.

부부는 그들이 함께 행복을 누렸던 날들에 대해 이야기했다. 그들이 집에 돌아왔을 때, 그들은 시트도 없는 침대에서 자연스럽게 만족스런 성교를 했다.

"저는 그 어느 때보다도 강렬한 열정을 느꼈어요." 델마가 감격해서 말했다. "저는 입스가 제 음핵을 만질 때 흥분이 되었죠. 그렇지만 주로 그의 페니스에 키스하고 그것을 만질 때에 많이 흥분이 되었어요. 그가 삽입할 때, 나는 평소처럼 불편했지만, 그가 나의 요청대로 천천히 움직였고 그것이 좋았어요. 나는 열정을 즐겼고, 멈추었다가 다시 시작하는 그의 방식을 즐겼어요."

"저는 천천히 움직여야 한다는 것을 기억하려고 애썼지요. 좀더 천천히 말이에요. 그건 문제가 없었습니다. 저도 정말로 즐겼구요. 나중에 저는 흥미로운 경험을 했어요. '사랑해' 라고 말할까 하고 생각했지요…"

"그랬어요?" 델마의 눈빛이 기쁨으로 빛났다. "난 생각이 나지 않는데요."

"맞아. 그렇게 생각했지만, 그걸 말하지는 못했어. 나는 그 다음날 그 말을 했어. 그 당시에는 그렇게 말할 수 없었다구. 그 말이 어떤 결과를 가져올지 몰라서 말하기가 겁이 났던 것 같아."

나는 입스가 사랑하는 감정을 가지고 있지만, 그 감정을 겁내고 있다는 말을 반복했다. "어떤 결과 때문이죠?" 내가 물었다.

입스는 내가 한 말을 정정했다. "아니에요. 저는 사랑하는 감정을 느끼지 못했어요. 그것을 생각했을 뿐이에요. 저는 무언가가 빠져있다는 느낌이 들었고, '당신을 사랑해'라는 말이 그 공백을 채워줄 것이라는 생각이 들었어요. 아시다시피, 제 마음속에서 성교와 사랑은 함께 있지 않아요."

내가 대답했다. "내가 보기에 당신은 그 감정을 느끼는 것이 두려워서 그것을 생각으로 바꾼 것 같습니다. 다음날 당신은 신체적인 느낌이 크지 않았는데도 그 감정을 생각하고, 말하고, 느꼈어요. 그러니 결과에 대한 질문으로 돌아갑시다."

입스가 즉시 대답했다. "그건 제가 덫에 걸리는 거죠. 이 말은 여러 가지 의미를 가지고 있어요. 그것은 사랑, 결혼, 가족을 의미하고 또 끝없는 요구를 의미하지요. 하나의 생각이 막 떠오르네요. 그건 우리 아버지가 성교에 대해서 해주신 충고였어요: '나는 네가 남자와 여자가 다르다는 것을 알아차렸으면 한다.' 바로 그거였어요! 그때 그가 말했어요. '입스, 여자들은 너를 유혹할 거야. 그들의 덫에 걸려들지 않도록 조심해라.'"

"바로 그 순간에 당신 아버지가 당신을 덫에 걸리게 했군요." 나는 나도 모르게 강한 어조로 말했다. "당신은 그때 이후로 그 말의 올가미에 매달린 채 살아온 겁니다." 입스는 경악을 금치 못하는 모습이었다. 델마는 어떤 생각에 빠져 있었다.

"내 말이 당신에게 큰 충격을 주었군요." 내가 말했다.

"하지만 그 말은 사실이에요." 입스가 말했다. "저는 그 충고에 사로잡힌 채 지내왔어요. 제 생각에, 그는 결혼이라는 덫에 사로잡혀 있다고 느꼈던 것 같아요."

"당신은 아버지가 충고하신 그대로 살아왔고 아마도 아버지를 대신해서 살아온 것 같군요." 내가 말했다.

"오." 그가 한숨을 내쉬었다. 긴 침묵이 흐른 후에 그가 말했다. "저는 정말 놀랐습니다. 아버지를 대신해서 덫에 걸리지 않으려고 애를 쓰며 살아왔다는 것이 기가 막힙니다. 저는 엄마에 대한 소문을 들었어요. 아니 그건 제 기억이에요. 엄마는 실수로 제 동생 수지가 생기지만 않았더라면, 아버지와 이혼했을 거라고 말하곤 했죠. 그것은 제가 꾼 꿈을 기억나게 하는데, 그 꿈은 담배를 피우면서 먼 곳으로 걸어가는 여자가 "가족이 깨져도 나를 원망하지는 말아라"라고 말하는 꿈이었어요.

내가 말했다. "만약 당신의 동생 수지 때문에 그들이 함께 살게 되었다면, 당신은 당신 자신이 가족이 깨지게 되는 원인을 제공할까봐 염려했다는 건가요?

"실은 제가 사랑은 더 많이 받았거든요." 입스가 다시 말했다. 그리고 갑자기 그는 자신의 머리를 움켜잡았다.

"오, 뭔가 숨기고 있는 것이 있군요!"

"숨기고 있는 것을 말해요." 델마가 덧붙였다. "저는 제가 결혼하고 집을 갖기를 원한다고 생각했지만, 실은 입스가 8년 동안 저와 결혼하기를 원하지 않았고 지금도 집을 사려고 하지 않는 것이 오히려 저에게는 잘 맞았던 것 같아요. 제게 결혼은 파괴를 의미했어요. 우리 부모는 서로를 죽이는 삶을 살았어요. 입스 아버지의 말은 '여자가 너를 꿰차지 못하게 하라'는 것이었는데, 제 엄마가 한 말은 '사랑은 믿을 게 못된다'는 것이었어요. 하지만 지금 저는 정말 결혼을 했다고 느끼고 있어요. 저는 결코 다른 남자를 사랑할 수 없었어요. 저는 제 결혼이 아이들을 위해 좋은 것이 되었으면 하지만, 그럴 수 있을 거라는 믿음을 갖지 못하는 것 같아요."

델마와 입스는 모두 그들의 부모들과는 달리 서로 사랑하는 관계를 갖기를 원했다. 그러나 그들은 집을 갖거나 자녀를 두게 되면, 그들 부모의 관계 유형을 재연하게 될까봐 두려워했다. 그들은 서로 성교를 즐길 수 없었는데, 그 이유는 성교가 죽은 내적 부부의 이미지를 다시 창조해냈기 때문이었다. 델마는 입스가 그녀에게 헌신을 주지 않을까봐 두려워했고 입스는 여자의 덫에 걸려 사로잡힐까봐 두려워했다. 그의 환상 속에서, 덫은 페니스를 소유하고 파괴시킬 수 있는 질 안에 자리잡고 있었다. 내 사무실로 들어오는 길을 가로막고 있는 가시나무에 대한 그의 공포를 어느 정도 분석한 후에, 이 부부는 즐겁게 성교를 할 수 있게 되었다. 이것은 그들에게 치유의 경험을 제공했으며, 이제 그들은 죽은 내적 부부의 지배에서 벗어날 수 있었다.

제6장
부부치료 기법

　대상관계 부부치료는 대상관계 이론에서 온 기법의 원리에다 소그룹 과정에 대한 이론과 심리성적 발달의 이론을 종합한 치료 방법이다. 우리는 부부의 관계를 관찰하는데, 일차적으로 부부가 우리를 사용하는 방법을 주목하며, 또한 부부가 어떻게 서로 작용하는 지에도 관심을 갖는다. 우리는 부부의 의식적인 유대 관계만이 아니라 부부의 무의식에서 작용하는 상호 투사적 동일시 과정을 통해서 형성되는 내적 대상관계에도 관심을 갖는다.

　우리의 치료 기법은 출현하는 무의식적 주제에 대해 비지시적인 자세로 귀를 기울이며, 감정의 표현을 중요하게 생각하고, 부부 두 사람이 제시하는 꿈 또는 환상과 그것에 대한 연상을 분석하며, 현재 부부관계에 영향을 미치는 부부 각자의 가족 내력을 조사하는 것으로 이루어져 있다. 우리는 반복되는 경향이 있는 상호작용의 유형을 지적하고 그러한 반복을 강요하는 무의식적인 세력을 살핀다. 이 과정에서 점차적으로 우리는 반복되

는 상호작용의 유형이 갖고 있는 방어적인 측면에 대해 알게 된
다. 우리는 이런 노력을 반복함으로써 방어된 영역 안으로 들어
가는 길을 찾게 되는데, 특히 부부의 전이가 우리의 역전이 감정
을 자극할 때 접근 통로를 발견하게 된다. 우리는 우리의 역전이
감정을 통해서 부부의 취약성에 대한 이해에 도달한다. 신뢰 관
계가 형성되면서, 우리는 부부가 차츰 방어 뒤에 있는 이름 모를
불안을 이해하고 직면하도록 도울 수 있게 된다. 우리의 도움은
무의식적인 대상관계 체계가 결혼생활을 지지해주기도 하고 전
복시키기도 한다는 개념을 바탕으로 저항, 방어 그리고 갈등에
대한 해석의 형태로 제공된다. 그리고 우리는 이 해석을 역전이
안에서 신진대사 과정을 거친 후에 제공한다. 해석은 부부의 무
의식적 대상관계의 변화를 산출하는 통찰로 인도할 수도 있고
무의식적 갈등에 대한 저항을 증폭시킬 수도 있다. 부부의 방어
구조를 극복하기 위한 작업 과정에서 전진과 후퇴가 여러 번 반
복되지만, 마침내 그 방어들은 더 이상 부부의 삶을 방해하지 않
게 된다. 그때 부부는 서로를 삶의 동반자로 받아들이고, 서로를
사랑하며, 좋음과 나쁨을 통합하고, 평생을 두고 발달해 가는 친
밀한 성적 관계를 건설할 수 있게 된다.

　이 모든 것이 치료 실제에서 무엇을 의미하는가? 우리의 치료
기법은 다음과 같이 요약될 수 있다(표 6-1을 보라).

표 6-1. 대상관계 부부치료 기법

1. 틀 만들기
2. 공정하고 중립적인 입장을 유지하기
3. 심리적 공간 만들기
4. 치료자의 자기를 사용하기: 소극적 능력

5. 전이와 역전이
6. 방어, 불안, 환상, 내적 대상관계를 해석하기: 원인에 대한 설명
7. 극복 작업
8. 종결

대상관계 부부치료 기법

틀만들기

우리의 첫 번째 과제는 치료를 위한 틀을 만드는 것이다 (Langs, 1976). 이것은 "아무런 두려움 없이 예민한 개인적인 감정과 환상이 표현되고 조사될 수 있는 안전하고 일관된 환경을 제공하기 위한 것이다"(Zinner, 1989, 재인용 J. Scharff, 1989, 321쪽). 부부는 무의식적인 소망을 충족시키기 위해서 그 틀을 바꾸려고 하는데, 이때 치료자가 확고한 태도로 버티어 줌으로써 그들의 시도가 좌절된다. 이 좌절에 이어 갈등이 나타나는데, 이 갈등은 결혼 관계를 힘들게 해온 문제를 치료 영역 안으로 가져온다.

처음에 어떻게 틀이 만들어지는가? 그것은 서로의 약속 내용을 분명히 하고 약속된 치료 형식을 유지하는 것을 통해서이다. 예를 들어, 우리는 부부에게 치료 양식을 추천한 후에 상호 동의하에 하나의 치료 계획을 세운다. 그리고 그 계획을 충실하게 따른다. 만일 그후의 경험들이 계획의 수정을 요구한다면, 항상 철저한 토론과 상호 동의를 거쳐서 수정한다. 그러므로 그 틀은 안전하면서도 융통성을 갖는다.

그리고 나서 우리는 상담료, 휴가, 지불 방식 등과 같은 다른 방침들을 정한다. 상담료는 월말에 청구서를 보내서 매월 10일까지 지불하게 한다. 이렇게 하는 것은 청구서 발송 시기를 기억하기가 쉽고, 또 부부가 치료 계약의 한 부분을 어떻게 지키는지에 초점을 맞출 수 있기 때문이다. 우리는 우리의 시간을 개별 단위의 서비스 항목으로서가 아니라 장기간의 서비스를 포함하는 전체 단위로 제공한다고 믿고 있다. 따라서 우리는 부부가 계획대로 치료 면담에 나타나주기를 기대한다. 만일 그들이 결석할 상황이라면, 우리는 기꺼이 주중에 다시 약속 시간을 잡지만, 만일 그것이 가능하지 않을 경우에, 우리는 그들에게 그 시간에 대한 비용을 부담시킨다. 우리는 가족치료에서는 한 사람이 결석해도 치료를 하지만, 부부치료에서는 부부 모두가 참석하지 않으면 치료를 하지 않는 규칙을 따른다. 이처럼 갑자기 한 쪽 배우자와 개인치료를 하는 것은 치료자의 중립성과 부부를 도울 수 있는 능력에 위협이 되기 때문이다. 물론, 융통성 있는 틀을 유지하면서, 치료 계획과 상호 동의에 의해 개인 상담이 이루어질 수도 있지만, 치료 과정에서 결석을 메우기 위해서 그렇게 하지는 않는다.

우리는 진단에서 치료 과정으로 넘어갈 때, 부부에게 치료의 틀을 받아들일 것인지 아니면 다른 치료자에게 위탁할 것인지를 선택할 수 있는 기회를 준다. 다음의 사례는 이런 과정을 잘 보여준다.

이전에 개인치료를 받은 적이 있는 멜빌 부부는 나에게 (J.S.S) 부부치료를 받기를 원했다. 남편은 자기 일을 사랑하고, 음식, 스포츠, 섹스를 즐기는 성공한 컨설턴트이다. 그는 자기 자신에 대해 자부심을 느끼고 있지만, 결혼생활에서는 자신이 사랑을 받지 못하고 있다고 느끼고 있다. 아내는 세 어린 자녀를 둔 알뜰한 주부로서, 자기 고향에서 가져온 보석을 파는 작은 사업을 하고 있었다. 그녀는 지쳐 있고, 아무 것도 이룬 것이 없고, 성교에 흥미가 없다고 느끼고 있다. 두 사람 다 낭비벽이 있고, 따라서 돈 문제가 결혼생활에 부가적인 스트레스를 가져다주고 있다.

나는 그들에게 내가 받는 치료비를 이야기했고, 그들은 그것을 받아들였다. 그들은 내가 제시하는 지불방식에도 동의했다. 그러나 그들이 결석하는 치료 시간에 대한 치료비가 문제였다

"제가 출장 중일 때에도 치료비를 내야 된단 말입니까?" 멜빌씨가 물었다.

"나는 될 수 있는 대로 기꺼이 그 주에 다시 시간을 잡을 겁니다." 내가 대답했다. "그렇지만 사정이 여의치 않을 때에는 당신이 그 시간에 대해 지불해야 합니다."

"하지만 저는 시간을 아주 잘 지키고 약속을 어기지 않습니다." 그가 항의했다. "제 이전 치료자에게 물어보면 아실 겁니다. 제가 출장을 가서 치료 시간에 올 수 없을 때 그녀는 제가 행동화하는 것이 아니라는 것을 알고 있었기 때문에 그 시간에 대해서는 돈을 받지 않았어요. 출장은 제 통제 밖의 일이니까요."

멜빌 부인은 다른 관심을 가지고 있었다. 그녀가 물었다. "선생님께서 휴가를 가실 때 저도 휴가를 가야 하나요? 선생님은 언제 휴가를 가시나요?" 나는 그녀가 내 계획에 매이는 것을 증오하고 있다고 생각했지만, 그것을 말하지 않고 그녀의 질문에 대답했다.

"나는 8월에 3주간 휴가를 가는 편입니다. 때로는 크리스

마스에 한 주 그리고 3월 하순에 한 주간 갈 때도 있습니다." 내가 대답했다.

"오, 잘됐어요!" 그녀가 소리쳤다. "저도 그렇게 해요. 그러니까 그건 문제가 아니네요. 그가 출장 가는 게 문제네요."

내가 말했다. "당신들은 내 방침에 다르게 반응하는군요. 멜빌씨, 당신은 당신이 좋은 사람이고 또 책임감 있는 사람이기 때문에 치료비를 물지 않을 자격이 있다고 느끼고 있고, 그 치료비를 무는 것을 당신의 가치가 인정받지 못하는 것으로 느끼는군요. 멜빌씨, 당신은 나와 맺는 관계라는 덫에 사로잡힐까봐 두려워하고 있는 것 같습니다. 나는 그러한 감정이 당신이 결혼이라는 문제를 다룰 때에도 마찬가지로 나타날 거라고 추측합니다."

"오, 그래요." 멜빌 부인이 얼른 동의했다. "저는 결혼의 함정에 빠졌다고 느끼고 있어요. 저는 저만의 공간이 필요하고 특히 제 돈이 필요해요. 그렇지만 그는 그것을 자신이 벌을 받는 거라고 생각해요."

"사실 그래요." 멜빌씨가 말했다. "당신 전 남편이 당신을 가난하게 남겨둔 것에 대해 나는 벌을 받는 느낌이었어. 나는 그와는 달라. 당신이 당신의 상속 재산을 자녀들에게 줄 생각을 하고 있는데도 불구하고, 나는 내 상속 재산을 당신과 함께 나눌 생각을 하고 있다구."

"그건 사실이에요." 그녀가 동의했다. "그리고 당신은 당신의 첫 번째 부인에게 공정했어요. 그렇지만 당신은 우리 두 사람의 예금계좌를 하나로 합친다는 생각이 날 얼마나 놀라게 하는지는 모르고 있어요. 나는 내 자신을 잃는 것처럼 느껴요. 나는 결코 내 첫 번째 결혼이 깨졌을 때처럼 재정적으로 그리고 정서적으로 궁핍해지고 싶지 않아요."

"나도 이혼을 경험했고, 만일 그런 일이 다시 일어나서 내가 가진 것을 모두 다 잃는다고 해도 나는 다시 그렇게 할 거라구." 그가 말했다.

그녀가 말했다. "하지만 나는 그렇게 하는 게 두려워요."

그가 말했다. "나는 당신의 전 남편이 아니야."

멜빌 부인이 조용히 말했다. "내가 내 자신을 잃어버리는 것을 얼마나 두려워하는지 당신은 모르고 있어요."

틀에 대한 초기 전이 반응에서, 멜빌 부부는 그들의 근본적인 문제를 드러냈다. 그에게 있어서 가치는 사랑 받는 것보다는 돈을 버는 능력에 있었는데, 그것은 후자가 전자보다 더 믿을만했기 때문이었다. 그가 기꺼이 그녀에게 주려고 생각하고 있음에도 불구하고 그것이 그녀의 불안을 완화시킬 수 없었는데, 그 이유는 그것이 그가 그녀에게 의존되어 있지 않고 사랑으로부터 그 자신을 방어하고 있음을 나타내고 있기 때문이었다. 겉보기에 그렇게 자신감에 찬 사람이 어떻게 그녀의 의존에 대한 공포와 멸절에 대한 두려움을 이해할 수 있겠는가? 어떻게 그렇게 너그러운 사람이 그가 제공하는 것을 보잘것없는 것으로 생각하는 사람과 결혼할 수 있었을까? 그 대답은 그들의 상호 투사에 있었는데, 그것은 그녀가 좋고, 풍부하고, 자양분을 주는, 생명력 있는 젖가슴을 그에게 투사하고 있었고(그들 두 사람이 모두 그들의 아버지를 그렇게 경험했듯이), 그가 오그라들고, 고갈되고, 다시 채워지지 않는 젖가슴을 그녀에게 투사하고 있었기 때문이었다(두 사람이 엄마에 대해 공유하고 있는 생각에서 나온 이미지). 내가 치료자로서 치료비를 받을 것을 기대했을 때, 나는 그들이 함께 채워주어야 할 젖가슴이었다. 이런 나의 기대는 그들에게 각각 다른 관점에서 위협이 되었고, 이런 위협은 그들의 대상관계 체계를 드러내게 만들었다.

무의식에 귀기울이기

의식적 수준에서, 우리는 부부가 무엇을 말하며 어떤 순서로 그리고 어떤 감정으로 말하는가를 듣는다. 우리는 말하는 것 못지 않게 침묵에 대해서 주의 깊게 듣고 몸짓으로 나타나는 비언어적인 의사소통에 귀를 기울인다. 그러나 이렇게 주의 깊게 듣는다는 것은 의식적으로 주의 깊게 듣는다는 말이 아니다. 그보다는 자유롭게 떠다니는 마음의 상태를 경험하는데, 이때 우리는 한 수준에서는 질문도 하고 대답을 듣기도 하는 상호작용을 하면서, 또 다른 수준에서는 특별히 아무 것도 듣지 않는 상태에 머문다. 프로이트(1912b)는 이것을 "고요히 떠있는 주의"(evenly-suspended attention)라는 말로, 또는 치료자가 "자신의 무의식을 환자가 전달하는 무의식적 의사소통을 받아들이는 기관으로 삼는 것"이라고 설명했다. 우리는 가장 깊은 의사소통의 수준에서 부부로부터 오는 무의식적 신호에 주파수를 맞추는데, 이 신호는 연상의 흐름과 침묵을 통해 우리에게 오며, 꿈과 환상에 의해 강화되고, 치료자의 무의식 안에서 역전이 감정으로 경험된다. 이러한 경험을 통해서 우리는 부부의 무의식적 대상관계를 알게 되고 그 내용을 재구성한다.

중립적 위치

우리는 한 배우자나 다른 배우자에 대해서 그리고 우리의 생활 양식의 선택이나 치료 결과에 대해서 어느 한쪽으로 기울지 않고 중립적인 위치를 유지하고자 노력한다. 우리는 각 배우자

의 심리내적 차원, 그들의 대인관계적 과정 그리고 우리와의 상
호작용에 골고루 관심을 갖는다. 우리는 기본적으로 결혼 제도
에 가치를 두지만, 결혼관계를 지속하든 이혼을 하든 그것에 대
해 어떤 편견도 갖지 않는다. 우리는 부부를 치료하고 부부가 성
장하고 발전하도록 노력을 기울이지만, 부부가 함께 성취해야
할 과제를 대신 해결해주지는 않는다. 우리는 "공정한 참여"
(Stierlin, 1977)라고 부르는 위치를 고수하려고 노력한다. 물론 부
부가 각자 자기 방식대로 이 원칙에서 벗어나는 일이 발생하기
도 하지만, 우리는 우리를 특정한 방향으로 끌어당기는 그 힘에
대해 검토함으로써 부부의 무의식적 대상관계에 대해 배우게 된
다.

심리적 공간 만들기

이처럼 기꺼이 자기 자신의 경험을 통해서 작업하고자 하는
부부의 의지는 경험한 내용을 평가하고 검토하는 태도로 나타난
다. 그것은 부부에게 자기 반성과 인격적인 나눔에 대한 모델을
제공하고, 부부가 함께 움직일 수 있고 성장하기 위한 잠재력을
개발시킬 수 있는 심리적인 공간을 만들어준다.

우리는 부부가 우리와 맺는 관계 안에서 그들 사이의 관계를
경험할 수 있는 치료 환경을 제공한다. 우리의 치료적 입장은 담
아주고 담기는 것에 대한 개념(Bion, 1962)과 안아주기 환경
(Winnicott, 1960a)의 개념을 통합시킨 개념에 토대를 두고 있다
(이 두 개념의 중심적인 차이점에 대해서는 제 3장에서 설명한
바 있다). 여기에서는 우리가 통합한 이론에 대해 간략하게 요약
하겠다. 부부와 치료자가 맺는 관계 안에서 하나의 중간 공간이

형성되는데, 부부는 그 공간 안에서 자신들의 현재 기능 방식을 묘사하고, 반성하며, 그들의 투사적 동일시 체계에 대해 배우고 그것을 수정하며, 새로운 존재 방식을 형성해낸다. 치료자는 임상 경험, 임상 수련 과정, 수퍼비젼, 집중적인 심리치료나 정신분석을 통해서 안아주는 능력, 즉 무의식적인 자료로부터 출현하는 불안을 견디어주고 담아주는 능력을 개발하며, 안아주는 능력을 사용하여 부부의 감정을 담아주고, 투사적 동일시 과정을 통해서 그들의 불안을 수정해준다. 또한 치료자는 이 능력을 사용하여 중간 공간을 만들어내는데, 이 중간 공간이 이해를 위한 심리적 공간으로 변형되고 확장된다. 그때 부부는 이 공간 안에서 그리고 그들의 관계 안에서 현재와 미래의 불안을 다룰 수 있는 능력을 발견하게 된다. 일단 부부가 이러한 능력을 성취하면, 실제 치료 관계를 종료할 수 있는데, 그것은 이미 치료 기능이 내재화되었기 때문이다.

자기의 사용

치료자의 자기를 사용하는 것이 우리 기법의 가장 중요한 핵심이다. 우리 자신을 사용하는 능력은 경험으로부터 배울 수 있는 개방성을 요하며, 또한 수련과 수퍼비젼을 요한다. 임상 장면에서 자기를 충분히 사용하기 위해서, 우리는 설령 우리의 사적인 삶과 상관이 없더라도, 우리 자신이 부부치료나 가족치료를 포함한 정신분석이나 집중적인 심리치료를 받음으로써 우리 자신의 가족 내력과 대상관계를 이해하는 개인적 경험을 가질 필요가 있다. 이것은 치료자가 자기를 진단과 치료를 위한 도구로서 사용하는데 필요한 지식의 기초를 제공해준다. 치료자는 이

러한 지식을 평생 동안 지속적으로 정교화해야 할 과제를 갖는
다. 이것은 주로 실제 임상 경험과 그것에 대한 검토, 동료와의
토론, 가르치고 저술하는 것을 통해서 성취된다.

소극적 능력

일단 치료자의 자기가 수용할 수 있는 도구로서, 그리고 부부
의 경험을 담아줄 수 있는 공간으로서 사용될 수 있으면, 치료자
가 알아내려고 노력하지 않아도 부부의 무의식에 대해 알 수 있
게 된다. 오히려 치료자가 그것을 알아내려고 애쓸 때 치료자의
관찰 내용이 왜곡될 수 있다. 그 대신에 우리는 비지시적이고 초
점을 갖지 않는 수용적인 태도를 유지해야 한다. 이러한 태도는
소극적인 능력이라는 용어로 가장 잘 표현되는데, 이것은 키이
츠가 셰익스피어의 시적 능력을 묘사하면서 "불확실성, 신비, 의
심, 사실과 이유를 성급하게 추구하지 않는 태도"라고 말한 것에
서 유래한 것이다(Murray, 1955, p. 261). 비온(1970)은 키이츠의
용어를 확장시켜서 치료자는 "기억이나 욕구를 삼가는 적극적인
훈련"이 필요하다고 강조했는데, 이것은 치료자가 모든 것을 다
알려고 하고 또 그것에 의미를 부여하려고 하는 욕구를 버리는
것을 의미한다. 그러나 소극적 능력은 치료자의 이상적인 상태
를 가리키는 말이며, 우리는 이것을 강박적으로 추구하지 말아
야 한다. 이 소극적 능력은 우리가 너무 많은 것을 하지 않고, 이
해가 우리 경험의 내부에서부터 출현하도록 허용할 때 가장 잘
성취된다.

전이와 역전이

소극적 능력은 부부의 전이에 반응하는 능력을 길러준다. 전이는 우리의 역전이 안에서 생각, 감정, 행동을 불러일으킨다. 하이만(Heimann, 1950)이 지적했듯이, "분석가의 역전이는 환자의 무의식을 조사할 수 있는 도구이다." 분석가는 역전이의 가치를 인식하고 탐구해야 하는데, 그 이유는 "분석가가 느끼는 감정은 그의 이성적인 판단보다 문제의 핵심에 더 가깝기" 때문이다. 역전이에 대한 이러한 설명은 치료자의 반응이 병리를 나타낸다고 보는 관점과는 다르다. 우리는 그보다는 정상적인 역전이와 왜곡된 역전이(Money-Kyrle, 1956)를 이해할 필요가 있다.

정신분석, 심리치료, 부부치료, 가족치료에서 무의식적 자료에 대한 우리의 역전이 감정을 연구하면서, 우리는 역전이 경험이 두 가지 전이와 관련되어 있음을 발견했다. 환경 전이와 초점 전이가 그것이다(Scharff and Scharff, 1987).

환경적 역전이는 환자의 환경적 전이에 대한 치료자의 반응을 말한다. 환경 전이는 치료 환경에 대한 환자의 반응이며, 이것은 치료 틀에 대한 태도, 안아주는 환경을 제공해주는 대상인 치료자에 대한 무의식적 저항, 특정한 의식적 감정 그리고 행동에서 드러난다.

초점을 지닌 역전이는 초점 전이, 즉 치료자에 대한 환자의 전이 감정에 대한 치료자의 반응으로 발생한다. 환경적 전이-역전이는 보통 개인치료의 시작 단계와 종결 단계에서 많이 나타나며, 가족치료에서는 처음부터 종결 단계에 이르기까지 치료 과정 내내 나타난다. 부부치료에서는 종종 양극단 사이를 오가는 빠른 변동이 발생한다.

론다 클라크 부인은 키가 크고 뼈만 앙상하며 적포도주 빛깔에 짧은 스파이크 머리형을 한 여인이다. 그녀는 남편보다 앞장서서 돌진해 들어왔는데, 그녀의 남편 클라크 박사는 키가 작고 부드러워 보이는 둥근 얼굴을 가진 남자였다. 그녀는 50대 초반임에도 불구하고, 최신 유행의 검정 가죽 바지와 장식이 달린 재킷을 입고 있었는데, 방안에 들어오자 옷을 벗어 의자 위에 던졌다. 반면에 그는 테가 아주 고풍스럽고 외과의사들은 잘 쓰지 않는 밝은 자주색 안경을 쓰고 있었고, 방안에 들어오자 그는 조용히 양가죽 코트를 벗어 내려놓고는 기대에 찬 눈으로 아내를 바라보고 있었다. 그녀는 말없이 적개심을 발산하고 있었다.

내가 이야기를 시작해보라고 말하자 그는 오늘 아내는 여기에 오고 싶어하지 않았다고 말했다.

내가 말했다. "어째서죠? 클라크 부인, 당신께서 내게 전화를 걸어 약속을 하셨는데요."

"저는 오늘 위대한 의사 선생님에 대해 화가 났어요. 의사는 신이 아니에요! 그런데 그는 언제나 저를 호되게 꾸짖고 얕잡아 본다구요. 그는 그의 병원 간호원들이 저를 우습게 본다고 말하는데, 그건 개똥같은 소리라구요. 그것은 그가 저를 존중해주지 않기 때문인 것 같아요."

"당신이 30분 동안 세 번이나 외과 센터에 전화를 거니까 그들이 걱정하는 거라구." 그가 대답했다. "제가 그녀를 비난하는 이유는 그녀가 너무 생각 없이 제 생활을 침범하고 사무실에 와서 소란을 피우기 때문입니다. 제가 원하는 것은 단지 만족스런 성생활을 하고 조용히 행복하게 사는 것이에요. 제 친구들은 저보고 이혼하라고 말하지만, 저는 아이들을 위해서 그냥 살려고 해요. 막내가 고등학교를 졸업하려면 4

년이나 더 있어야 되거든요."

"그는 이기적이에요. 그가 저를 무시하는데 왜 제가 그와 성관계를 해야 하나요? 저는 나쁜 사람이 아니에요. 제겐 친구들도 있어요. 그는 단지 자기의 성욕을 채우고는 저를 마치 미치광이처럼 취급해요."

나는 클라크 부인에 대해 어느 정도 혐오감을 느꼈다. 나는 그녀가 의사의 아내 같지도 않고 행동도 조심스럽지 않다고 생각하면서 수치스러움을 느꼈다. 나는 침착하고 합리적이고 많은 것을 요구하지 않는 의사에게 동정심을 느꼈다. 그러나 나는 경험을 통해서 이러한 감정은 내 생각이 아니라 일시적인 반응이며, 그녀에 대한 반응이 아니라 그들 부부에 대한 반응이라는 것을 알고 있었다. 어떤 이유에서건 이 부부가 치료 공간으로 들어왔을 때, 클라크 부인은 지배적이고, 방해하고, 무례한 모습으로 보였다.

내가 말했다. "내가 보니 클라크 부인 당신은 몹시 화가 나 있고 치료가 소용이 없을 거라고 느끼시는군요. 그리고 그뿐 아니라 당신은 그 결과가 어떨지 불안해하는 것 같습니다."

"그렇습니다." 클라크 박사가 말했다. "그녀는 언제나 이처럼 불안하게 행동하지요."

내가 말했다. "불안해하는 사람은 클라크 부인뿐일까요? 당신도 질문할 게 있을 것 같은데요."

"전 불안하지 않아요. 그렇지만 질문이 있습니다. 저는 선생님이 어디서 학교를 다녔는지 알고 싶습니다."

나는 그에게 나의 학력과 경력에 대해 이야기해주었고, 그는 내가 1967년에 의과대학을 졸업했다는 말을 듣고 무척 다행스러워했다. 그는 내가 심리학자이며(그가 좋아하지 않는) 너무 젊어 보인다고 생각하고 있었다. 그래서 그는 내가 15년간 협회가 인정하는 심리학자로서 일해왔다는 사실에 안심을 했다.

나는 이제까지 치료가 소용이 없다는 클라크 부인의 감정뿐만 아니라 그의 관심사에 대해 알게 되어서 기쁘다고 말했다. 나는 그녀가 화를 냄으로써 불안을 표현을 하고 있는 반면, 그는 그녀의 화를 통해서 불안을 표현하고 있다는 인상을 받았다고 말했다. 그는 그렇다고 인정했다. 두 사람은 모두 각각 자기 자신의 개인적인 이유 때문에 그리고 자기 나름대로 치료와 결혼생활에 대해 불안해하고 있었다.

역전이에서 나는 "참여적 공정성"(Stierlin, 1977)으로부터 벗어나고 있음을 경험했으며, 클라크 부인은 의사(그녀의 남편과 비슷한 전문직인)인 나에 대한 초점 전이를 표현하고 있으며, 이것은 치료 상황에서 부부가 공유하고 있는 환경 전이를 나타낸다는 사실을 깨달았다. 내가 다루어야 할 과제는 치료에 대한 클라크 박사 부부의 저항을 완화시키기 위해 환경 전이에 관해 그들과 함께 이야기하는 것이었다.

평가면담에서, 우리는 일부러 세세한 개인적 전이에 초점을 맞추지 않았다. 사실, 그것들은 부부치료 내내 공유된 전이 아래 머물러 있기도 하지만, 좀더 일반적으로는 가끔씩 겉으로 드러난다. 이 사례는 초점 전이, 즉 래커의 개념인 일치적 전이와 상보적 전이에 대한 우리의 반응을 예시해준다.

래커(Racker, 1968)는 역전이를 치료자가 환자의 투사를 받아들여서 그것을 견디어주는 상태라고 설명한다. 치료자가 환자의 투사를 받는 것은 무의식적으로 이루어지는 것이며, 그 경험을 검토하기 전까지는 의식적으로 알지 못하는 것이다. 래커는 역전이를 환자의 내적 세계를 이해하기 위한 기본적 수단으로 보는데, 우리는 그의 이러한 견해에 동의한다.

래커는 더 나아가 치료자는 환자의 자기 또는 환자의 대상들과 동일시할 수 있다고 지적했다. 그는 치료자가 환자의 자기와 동일시하는 것을 일치적 동일시라고 불렀고, 환자의 대상과 동일시하는 것을 상보적 동일시라고 불렀다. 우리는 부부가 치료자의 자기나 대상을 투사적으로 동일시하는 것을 받아주고 명료화해주는 것과, 그런 과정이 일어나는 대인관계적 조건을 분석하는 것이 부부치료자의 중요한 과제라고 생각한다.

클라크 부부의 면담에서, 클라크 부인은 나를 그녀가 남편에게 투사했던 것처럼 경멸하고 거절하는 대상으로 경험했으며, 그녀는 내 안에 그녀에 대해 경멸을 느끼는 환영하지 않는 마음 상태를 불러일으켰다. 나의 역전이는 그녀의 대상과 동일시하는 반응, 즉 상보적 동일시였다. 클라크 박사는 나를 그가 자신의 아내에게 투사했던 것처럼 더러운 대상으로 경험했으며, 그 다음에는 나를 자신의 일부인 지혜로운 의사로 보았다. 그에 대한 나의 역전이는 그의 자기의 부분과 동일시하는 반응, 즉 일치적 동일시였다. 나는 그의 더러운 대상과 동일시되지 않았는데, 그것은 아마도 의사라는 지위가 나를 보호했기 때문이었을 것이며, 그보다 더 중요하게는 클라크 박사가 자신의 거절된 대상을 억압하기 위해 이상적인 대상을 사용했기 때문일 것이다. 이 평가 단계에서 그가 분열시킨 거절된 대상은 나보다는 그의 아내에게 훨씬 더 많이 투사되었을 것이다.

초기 중간 단계에서 친밀감에 대한
방어와 불안을 해석하기

　아론과 필리스는 둘 다 전문 분야의 사업가로서 누가 보아도 서로 잘 어울리는 흑인 부부였음에도 불구하고, 이혼문제로 내게(J.S.S.) 상담을 받으러 왔다. 그들은 10년간 만족스런 결혼생활을 해왔다. 아론의 첫 번째 결혼에서 얻은 16세 난 딸 수지가 집으로 들어오기 전에 필리스는 아론으로부터 별로 비난받는 일없이 그리고 그들의 어린 아들과 딸에게 도전 받는 일없이 가족을 돌보았다. 그녀는 가족을 다정하게 잘 이끌어 가는 능력 있는 엄마였고 증권 중개인으로서도 성공했으며, 이 점에 대해 아론의 지지를 받고 있다고 느끼고 있었다. 그녀는 남편과 자녀들에게 사랑을 받고 있다고 느꼈다. 그녀는 친정 엄마보다 훨씬 더 좋은 엄마였으며, 따라서 스스로를 자랑스럽게 생각하고 있었다.

　문제는 수지가 집으로 들어와 함께 살게 되면서 시작되었다. 필리스는 수지에게 무엇이 적절한지에 대해 분명한 한계를 가지고 있는데 반해, 아론은 수지에게 무조건으로 허용적이었다. 그래서 필리스는 수지의 증오의 대상이 되었다. 아론은 한계를 둘 필요성에 대해 전혀 이해하지 못했고, 수지의 문제를 전혀 이해하지 못했다. 필리스는 아론에게 점점 더 화가 나기 시작했다. 그는 필리스와 수지 사이의 일에 거의 간섭하지 않았고 단지 이따금씩 문제를 직면했다. 그럴 때 그는 필리스에게 그녀가 수지를 질투하고 있으며 "수지를 비참하게 만들고 있는" 속 좁고 끔찍스런 여자라고 말하곤 했다. 그녀는 그가 자신의 자존심을 공격한 것에 대해 화가 났고 그 자존심을 회복할 수 없었다.

그때 그들은 가족상담가를 만났는데, 그 상담가는 16세 아이에게는 한계가 필요하다는 필리스의 견해를 지지해주었고 그런 관점에서 아론의 협조를 얻고자 노력했다. 아론은 태도를 바꾸었고, 그의 딸은 곧 행실이 좋아져서 필리스도 그녀를 좋아할 수 있게 되었다. 10년이 지난 오늘날까지도 필리스는 그녀가 집에 오면 반갑게 맞을 수 있게 되었다.

이것은 아주 멋지게 성공한 치료인 것처럼 보였다. 나는 아론에게 그가 어떻게 그처럼 놀라운 변신을 할 수 있었는지에 대해 물었다. 그는 치료자에게서 상황에 대한 설명을 듣고 나서, 그의 딸에게 "무조건 필리스가 하라는 대로 해. 그렇지 않으면 너를 쫓아내겠다"고 말했다고 했다. 그러나 그때 그녀의 주장을 계속 무시해온 아론에 대한 필리스의 분노는 해결되지 않은 채 계속 남아 있었다. 그녀가 아론과 성교를 즐기고자 계속 노력했음에도 불구하고, 필리스는 여러 해 동안 정서적으로 그에게서 떠나 있었고, 아론 역시 그 세월에 대한 보복으로 그녀를 마음속에서 버리고 있었다. 가족상담가는 유용한 처방을 내리고 그 가족의 증상을 치료했다. 그러나 그녀가 너무 문제 해결에 급급했기 때문에 그들의 부부관계의 바닥에 깔린 문제는 전혀 인식하지 못했다. 즉 두 사람이 친밀감의 문제에 대한 방어로 문제 자녀에게 초점을 둔 것을 밝히지 못했던 것이다. 따라서 그 문제는 그들이 두 번째 치료 기회를 갖게 되었을 때 다시 떠올랐다.

아론이 딸에게 했던 최후 통첩인, "필리스가 하라는 대로 해. 그렇지 않으면 너를 쫓아내겠다"고 한 말은 그가 지난 십 년 동안 그와 같은 방식으로 살아왔음을 보여주는 것이었다. 그렇지만, 이제 그는 아이들에게 대처하는 또 다른 방식으로 필리스의 방식에 도전하기 시작했는데, 그것은 이미 예견된 것이었다. 수지와의 관계에서 그들이 겪었던 것과 같은 동일한 문제가 이제 15세가 된 그들 사이에서 태어난 큰 딸에게서 발생했다. 그들은 서로의 견해 차이에 대해 충분히 대화를 나눈 적이 없었고, 따라서 공유된 자녀 양육 방법을 개발하지 못했다. 이제 아론이 필리스에게 도전하자 그들은 모든 일에서 어떤 것이 올바른 방법인가를 두고 싸우기 시작했고, 특히 그들의 자녀를 돌보는 일을 둘러싸고 가장 치열하게 싸웠다.

필리스는 문제의 딸이 아닌 열 한 살 먹은 아들에 관한 예를 들었다. 그가 식탁에서 물었다. "여자 애랑 데이트할 건데, 그래도 되죠?" 필리스는 즉각적으로 아직은 너무 이르다고 말했다. 그러자 아론이 불쑥 끼어 들었다. "여자 친구와 함께 영화를 보러 간다면, 그건 괜찮아. 내가 차로 데려다 줄게." 필리스는 자신의 명예가 손상되는 느낌을 받았다고 말했다. 아론은 자신이 그렇게 말한 것은 그녀의 생각이 아들의 사회성 발달에 도움이 되지 않는다고 느꼈기 때문이라고 말했다. 나는 양쪽 입장이 다 일리가 있지만, 문제는 그들이 11세 된 아이의 싹트는 사회적 독립성에 대해 느끼는 불안에 대해 의논하지 않은 것이라고 말했다.

필리스는 온종일 나에게 화가 났다고 말했다. 그녀는 내가 별 도움이 되지 못하고 있으며 통제하고 있다고 느꼈다. 놀랍게도, 그녀는 자신이 화가 난 것이 나 때문이 아니라 그녀가 치료에 가져온 문제 때문이었다는 생각이 들자 웃을 수밖에 없었다고 말했다.

"나는 당신이 한 말에 화가 났었어요. 하지만 그 말이 입에서 떨어지지 않았죠." 그녀가 말했다.

나는 필리스가 아론이 그랬듯이, 전이 안에서 나를 보고 있다는 것을 깨달았다. 나는 이러한 투사적 동일시의 근원에 대해 생각해보면서, 다른 한편으로는 그녀의 통찰력에 감탄하고 있었다.

필리스는 다시 자신의 주장으로 되돌아왔다. "저는 무슨 결정을 내릴 때마다 항상 선생님이 주장하는 것처럼 의논을 해야 한다고는 생각하지 않아요. 저는 11세 된 아이가 데이트하는 것이 토론의 주제라고는 생각하지 않습니다. 그것은 마치 아이가 '내 손을 잘라도 괜찮아요?'라고 물을 때, 내가 '아빠에게 물어볼게'라고 말하는 것과 같아요."

나의 반응은 세 가지였다. 첫째 나는 내가 열한 살 짜리 아이의 사회성 발달에 대해 아무 것도 모르는 사람으로 깎아 내려지고 있다고 느꼈다. 둘째 마치 내가 그들이 자녀 양육 문제 때문이 아니라 그들의 결혼생활에 도움을 구하기 위해 왔다는 것을 알고 있으면서도 자녀 양육 문제에 관해 그들과 논쟁하고 있는 속 좁은 사람인 것처럼 느껴졌다. 셋째 내가 독립성과 친밀감을 의미하는 데이트가 심각한 손상 또는 상실과 동등한 것으로 간주하고 있는 것처럼 느꼈다. 아마도 필리스는 아들이 그녀와 가까워야 한다는 욕구를 느꼈고 그로부터 고립되는 것을 직면하기 어려웠던 것 같다. 아마도 아론은 아들의 데이트를 돕기를 소망하면서, 가능한 한 그와 가까이 있기 위해 차로 데려다주기로 했던 것 같다. 나는 혹시 그들에게는 데이트가 상실감을 자극하는 성에 대한 신호가 아닐까 하고 생각해 보았는데, 그들은 성적인 갈등에 대해서는 이야기를 하지 않고 있었다. 그래서 나는 그 상실이 친밀한 모든 관계 영역으로부터 떨어져나간 성을 나타낸다는 결론에 도달했다.

내가 말했다. "나는 열한 살 짜리 아이가 데이트를 해야 하는지 말아야 하는지에 대해 말하고 있는 게 아닙니다. 나는 당신들이 양자택일의 입장을 고수하는 것과 그 문제에 관해 함께 이야기하지 않는 것에 대해 말하고 있는 겁니다."

여기서 나는 그들이 친밀성에 대한 갈등을 표출하는데 아이를 이용하고 있음을 직면시켰다.

아론이 말했다. "저는 제 모든 생활에서 갑갑하게 느낍니다. 필리스가 너무 쉽게 상처를 입기 때문에 제 느낌을 전혀 말할 수가 없어요."

필리스가 말했다. "저는 이렇게 살고 싶지 않아요. 우리는 지금 이미 우리가 동의한 것에 대해 논쟁하고 있습니다. 이러한 패턴은 정말 나빠요. 그것이 우리를 죽이고 있어요. 우리는 어떻게 하는 것이 옳은지를 서로가 지시하기 때문에 어떤 일을 함께 할 수 없어요. 우리는 심지어 장을 본 물건을 차에 싣는 문제를 가지고도 논쟁을 합니다. 제가 감자 칩을 위에 싣자고 하면, 그는 무거운 물건들과 함께 싣자고 합니다. 그러면 제가 말하죠. '좋아요, 당신 마음대로 하세요. 그리고 부스러진 감자 칩이나 실컷 먹어요!'"

내가 그들에게 말했다. "당신들이 어떤 것이 옳은지를 논쟁하지만, 당신들은 실제로 각자 옳은 방법이 자기 방식대로 하지 않으면 일이 망쳐질 것이라는 가정을 공유하고 있습니다."

필리스가 말했다. "저는 이 결혼생활이 금이 가서 회복될 수 없다고 느껴집니다. 되돌릴 수 없을 것 같아요. 더 악화되면, 나는 떠날 것이다. 지금은 그런 생각을 버리려고 노력하고 있어요. 과거에 한 번 가족으로부터 멀리 떠난 적이 있었죠. 제 어머니는 무섭고 침범하는 사람이어서 저는 매우 불행했어요. 저는 어머니의 기대 이상으로 완벽하게 행동하는 아이가 됨으로써 어머니로부터 벗어날 수 있었습니다. 저는 그런 문제를 극복한 것이 자랑스러워요. 어머니처럼 악하지 않으려고 애를 썼기 때문에, 아론이 제게 속이 좁고 악하다고 말했을 때 무척 위협을 느꼈습니다. 저는 제가 아주 많이 잘못되었다고 느꼈어요. 제 느낌은 이런 것이었죠: 나를 절대로 어머니와 비교하지 마!"

이제 나는 속 좁고 별 도움이 안 된다는 나의 역전이 감정이 필리스의 내적 엄마와 동일시된 상보적 동일시를 나타내며, 동시에 가장 억압된 필리스의 자기의 부분과 동일시된 일치적 동일시를 나타낸다는 사실을 이해하게 되었다. 필리스가 설명한 내용을 사용해서 나는 그녀의 말과 내 역전이를 통합하는 해석을 할 수 있었다.

　내 해석은 "이유를 설명하는 절"(Ezriel, 1952)을 사용하는 방식을 보여준다. 에즈리엘은 전이가 세 측면을 가지고 있다는 사실을 주목하였다: (1) 방어될 필요가 있는 관계, (2) 회피되는 관계, (3) 파국. 우리는 그의 모델이 불안과 방어의 관점에서 회피되는 관계에 초점을 맞추고 있다는 점에서 유용한 해석적 모델이라고 간주한다.

　내가 필리스에게 말했다. "당신은 이전처럼 편한 관계를 원했기 때문에, 그리고 때때로 만족할만한 성관계를 갖고 있기 때문에 아론으로부터 철수했군요. 당신은 침범하는 엄마가 관계를 망치지 못하게 하기 위해 그리고 이혼이라는 불행이 닥치지 않도록 당신 자신과 그를 보호하고 있군요."

　아론은 아직 내가 그를 충분히 이해할 수 있을 만큼 자신에 대해 충분히 말하지 않았다. 필리스가 아직도 끔찍스런 일을 막기 위해 부부관계에서 과도하게 투사를 사용하고 있음이 분명했다. 그리고 아론은 그의 자녀들과 마찬가지로 그녀의 통제를 답답하고 끔찍스럽게 느끼고 있었다. 감정이 심하게 상했을 때를 제외하고, 그는 보통 분노와 비판적인 감정을 억압할 때 필리스에 대한 따스한 애정도 함께 억압했다. 그리고 이러한 그의 감정 상태는 그녀와 성관계를 가질 때에만 바뀔 수 있었다.

이 사례에서, 성적으로 흥분시키는 대상관계는 "회피된" 거절하는 대상관계를 억압하기 위해 사용되고 있었다. 아론의 의식적인 감정의 억압은 피드백과 정서적인 교류를 갈망하는 필리스에게 정서적인 철수로 느껴졌다. 아론이 참다못해 분노를 터뜨리면, 그것은 그녀로 하여금 그의 관심과 찬성과 애정을 더욱 강렬하게 추구하도록 만들었다. 회피된 관계의 출현은 흥분시키는 대상이 지닌 에너지가 풀려나도록 허용했는데, 그것은 더 이상 억압이 필요 없게 되었기 때문이었다. 필리스는 아론으로부터 받고 싶었던 것을 얻는데 실패하자, 자신의 갈망을 억압하고 철수했다. 이제 거절하는 대상 체계가 흥분시키는 대상을 억압하게 되었다. 그러나 이런 일이 발생하자, 그녀는 아론에게 부루퉁한 태도를 보였고, 그는 철수했다. 이러한 악순환이 계속 되면서 친밀감에 대한 그들의 욕구는 상호적인 투사적 동일시에 의해 방어되고 좌절되었다. 나는 그의 이런 관계 유형을 짐작할 수 있었지만, 그가 어떻게 이 관계 유형에 기여하고 있는지를 명료하게 알기 위해 그에게서 대상관계에 대한 정보를 더 얻을 때까지 기다렸다. 우리가 항상 깊이 있고 구체적인 해석을 할 수 있는 것은 아니지만, 현상을 설명해 줄 수 있는 "이유를 설명하는 절"은 가족을 치료에 합류시키는데 사용될 수 있다.

치료 중간 단계에서 환상과
내적 대상관계에 대해 작업하기

우리는 부부 각자의 원가족과 맺었던 관계를 평가하는데 있어서 가계도를 사용하지 않고, 치료 과정의 중요한 순간에 살아있는 내적 대상관계의 역사가 출현할 때까지 기다린다.

클라크 부부는 1년 동안 나와 함께 치료 작업을 해왔다. 우리는 클라크 박사의 수동성, 그가 야망 있고 자상하며 성공한 남자로서 존경받지 못하는 문제, 병원의 간호사들과 비교하면서 아내를 무시하는 문제에 대해 작업을 해야 했다. 우리는 그녀의 잔소리와 그의 사무실 직원과 가족을 소외시킨 그녀의 난폭한 행동에 대해 그리고 그로 인해 그녀를 경멸하게 된 문제에 대해 작업했다. 클라크 부인이 돌발적으로 흥분하지 않게 되었음에도 불구하고, 부부 사이의 격노, 탐욕, 야심, 나쁨의 저장고인 끈질긴 방어 체계는 아직 충분히 해석되지 않았다. 나는 그녀의 반응의 심각성과 빈도수가 감소하고, 그녀에 대한 그의 경멸이 많이 줄어든 것에서 진전이 있었음을 알 수 있었지만, 그들의 근본적인 관계 유형은 아직 그대로였다.

그들은 10대 자녀들의 성적 행동에 대해 토론했지만, 내가 그 문제에 대해 해석한 뒤에는 자녀 문제에 대한 그들의 관심이 자신들의 성적인 관계에 대한 불안이 전치된 것이라는 사실을 깨달았고, 따라서 이제는 성적인 문제가 토론의 초점이 되었다.

클라크 박사는 평소처럼 소심하게 변두리를 맴돌면서 이

야기를 시작했지만, 결국 문제의 핵심에 도달했다:

그가 이야기를 시작했다. "여기서 문제의 핵심으로 들어간다면, 저의 성적 환상에 관한 것이라고 생각해요: 저는 그것들에 관해 제 개인 치료자에게 이야기했는데, 그는 그것은 단지 환상일 뿐이라고 저를 안심시켰어요. 그렇지만 제가 그것들에 대해 이야기할 때, 그는 앉아서 몸을 어색하게 꿈틀거렸어요." 그가 한숨을 내쉬었다. "제 환상은 가학적이고 잔학해요. 저는 그런 환상을 하루종일 갖고 있는 것은 아니고 단지 성교할 때만 갖게 돼요." 그는 그것이 그렇게 심각하지는 않은 것처럼 덧붙였다. 론다에게 그가 말했다. "우리가 이것에 대해 이야기했던 것을 당신도 기억하지?"

"아닌데요." 그녀가 머리를 흔들면서 말했다. "당신은 저한테 이런 말을 한 적이 없어요."

"음" 그가 계속했다. "환상의 대상은 저를 나쁘고 음란한 여자에게 맡겨두는 어떤 여자들이에요. 이따금씩 저는 제가 좋아하는 누군가를 사용하죠."

"그게 어떤 여자죠?" 론다가 물었다. "나는 당신이 좋아하는 여자는 아무도 없다는 걸 알고 있어요. 또 당신은 나도 별로 좋아하지 않죠."

"당신이 그 대상으로 나왔어." 그가 대답했다.

나는 론다에 대해서 불편하게 느끼기 시작했지만, 아더의 다음 말을 듣고는 안심이 되었다.

"저는 가학적인 환상을 하다가 중간에 생각을 바꿔서 이렇게 말하죠." 당신을 사랑의 대상으로 사용하는 건 근사한 일이 아닐까?"

클라크 부인이 미소지었다. "우리가 결혼하기 전인 20년 전에 당신은 정말 가학적이고 괴팍한 성적 행동을 했어요.

결혼하고 나서 당신은 마치 그런 거친 짓은 해서는 안 되는 것처럼, 성교는 갑자기 아주 정상적이 되었어요."

클라크 박사는 그녀의 말이 무엇을 의미하는지를 물었고, 그들은 서로를 놀리듯이 어떤 냉장고에 대한 추억을 회상했다. 나는 그들이 무엇을 말하는지 알 수 없었고, 즐겁고 비밀스런 어떤 것으로부터 제외된 느낌을 받았다. 그것은 냉장고 안에서 그녀의 젖꼭지를 얼리고 짜냈던 행동에 대한 기억으로 드러났다.

"저는 그것을 가학적이라고 생각하지는 않아요." 클라크 부인이 말했다. "가학적인 것을 생각할 때 저는 칼과 총을 생각해요. 그렇지만 그것은 통제아래 있어요.

나는 이것이 론다가 행복하게 받아들일 수 있는 아더의 환상 생활에 대한 부드러운 표현이라는 것을 알 수 있었다.

"오, 그녀는 나보다 그것을 더 즐겼어요." 그가 단언했다. "왜냐하면 (a) 나는 그것을 두려워했고, (b) 그것은 내 환상만큼 재미있지도, 좋지도, 가학적이지도, 살인적이지도 않았거든요."

"아마도 그래서 우리는 그만 두었을 거에요." 클라크 부인이 사려 깊게 말했다.

나는 클라크 박사가 자신을 드러낼 준비를 갖추어가고 있음을 알 수 있었다. 평소 그의 음성에 담겨 있던 망설임은 없어졌고, 그는 더욱 자기 주장적으로 보였다.

"좋아요, 여기서 환상 이야기를 시작하죠." 그가 말했다. "저는 좀더 많이 애무하고 키스하고 싶지만, 우리의 성교는 늘 같은 식이에요. 론다가 제 젖꼭지를 가지고 장난을 치죠. 그것이 저를 흥분시켜요. 그건 스위치를 켜는 것과 같아요. 그러면 환상이 시작되죠. 기분이 좋아져요. 우리는 삽입을 하죠. 그게 끝이고 저는 돌아눕지요. 지난밤은 이전 레지던트가 환상의 대상이었는데, 그녀는 병원을 떠났죠. 그래서 저는 힘이 덜 드는 전문 영역으로 옮길 수가 있었죠. 그녀는 결혼을 했고 지금은 아이가 두어 명 있어요. 그녀와 강제로 성교를 하기 위해 저는 그녀의 여섯 살 짜리 아이를 데려다가 위협하지요. 그리고 할머니를 데려옵니다. 할머니 또한 강간할 수 있는 대상이죠. 최근에는 그들에게 오랄 섹스를 할지 삽입을 할지를 선택하게 합니다. 그러면 그들은 미친 듯 강간을 당하는 것보다는 오랄 섹스를 선택하죠."

나는 이전에 이런 환상에 대해 많이 들었음에도 불구하고, 매우 불편한 느낌이 들었다. 부부가 함께 이런 환상에 접근하는 것이 중요하다는 것을 나는 잘 알고 있었다. 그러나 나는 클라크 부인이 어떻게 그것을 받아들이는지에 더 관심이 갔다. 내 눈에 비친 그녀는 흥미있게 듣고 있었고, 당황한 것 같지는 않았다.

클라크 박사가 이야기를 계속했다. "절정에 달하면, 저는 그들을 죽여버리죠."

"어떻게?" 론다가 알고 싶어했다.

"그야 미친 사람처럼 행동하는 거죠. 이것이 제 공포의 원천이에요. 제 환상은 마치 뉴욕에서 사람들을 도끼로 찍어 죽인 그 사내 같아요." 그가 나를 돌아보면서 말했다. "당신은 그 공포를 이해하시겠죠."

배제당하고 무시당했다는 느낌을 받은 론다가 반발했다. "당신은 나는 그것을 이해할 수 없고 선생님은 이해할 거라고 믿는군요."

"선생님은 정신과 의사야. 또 이 모든 것을 전에도 들은 적이 있을 거라구. 선생님은 내가 실제 성교에서 그런 행동을 하려는 충동이 없다는 것을 알고 있을 거야." 그가 대답했다.

론다는 일리 있는 지적을 했다: "당신이 그렇게 행동하지 않을 거라는 것을 선생님이 어떻게 알아요? 나는 또 어떻게 알죠? 당신은 아나요? 왜냐하면 당신은 정말 겁을 먹은 것처럼 보이거든요."

내가 말했다. "아더가 살인적인 환상을 실제로 행동화할 것이라는 증거는 없습니다. 그렇지만 그가 그것들이 걷잡을 수 없게 될까봐 두려워하고 있다는 증거는 있죠. 우리는 또한 당신들의 관계에서 신체적으로는 아니지만 정서적으로 서로에게 가학적인 행동을 하고 있다는 증거를 가지고 있어요. 당신은 그것을 '무시하기'라고 부르지요."

"지금 여기에서 일어나고 있는 것처럼 말이에요." 론다가 외쳤다. "물론 선생님은 훈련받은 전문가지만, 그건 나도 이해할 수 있어요."

"내가 당신이 이해하지 못한다는 게 아니잖아." 그가 그녀에게 상기시켰다.

"맞아요." 그녀가 대꾸했다. "그게 당신이 그것을 느끼는 방식이에요. 나는 그 대상이 나만이 아니었다는 게 너무나 다행이에요. 내가 안심이 된다는 걸 아시겠어요? 마침내, 이 모든 세월이 지나고 나서야 그가 책임을 지는군요. 마침내."

"그렇지만 나는 이미 당신에게 내 가학적인 환상에 대해 이야기했다구." 그가 말했다.

"결코 그런 적이 없어요. 나는 당신이 전에 환상들에 대해 말한 적이 없다고 말하는 게 아니라 당신이 진정으로 자신에 대해 말한 적이 없다고 말하는 거예요. 당신은 언제나 내가 이렇고 저렇다고 말해왔어요. 문제는 언제나 나였지요. 이제 나는 당신의 환상이 우리의 결혼생활을 가로막는 방해물이었다는 것을 알겠어요. 내가 강간 환상에서 흥분을 느낄 수 있을지 모르지만, 왜 당신은 살인을 상상해야 할까요? 그것이 겁나요. 내가 성교를 하지 않으면, 당신이 우리 딸을 안고 있을 거라고 생각해 보세요. 그건 정말 두려운 일이에요."

내가 말했다. "당신들은 모두 어느 정도는 그 환상의 위협적인 부분 때문에 흥분하고 있습니다. 하지만 그 환상의 마지막에, 아더, 당신은 통제를 잃을까봐 두려워하고 있고, 론다, 당신은 자신의 생명을 잃을까봐 두려워하고 있습니다." 그들은 깊이 생각하며 고개를 끄덕였다. 내가 계속해서 말했다. "우리는 여기서 무시된 것들에 대해서는 이야기하지 않았습니다. 그것들은 강력하고 강제성을 띤 환상들이죠. 아더, 나는 당신이 이야기할 때 강해지는 것을 보았습니다. 당신은 지금 변죽을 울리거나 문제의 핵심에서 빠져나가고 있지 않았습니다. 론다, 당신은 아더에게 좀더 존경심과 동정심을 가지고 반응하는 것으로 보입니다. 내 생각에 당신들은 모두 언어적 학대를 통해 오는 이 공격적 힘에 의해 상처를 입어왔습니다. 아더, 당신은 그 공격성이 파국을 가져올 것을 염려해서 가정이나 직장에서 자기 주장을 펴지 못했습니다."

론다가 대답했다. "저는 그의 환상이 그가 하는 일에 어떤 영향을 미치는지에 대해서는 생각해 본 적이 없어요. 어째서 그에게 진료를 받으러 오는 환자가 없는 걸까요? 그는 일류 외과 의사인데요. 아더, 당신은 그 점에 대해 분석해봐야 해요. 이것이 당신과 나 모두에게 커다란 장애물이었다구요. 아마도 이것이 우리의 문제를 해결하기 위한 타결점이 될 수 있을 거에요.

　나는 론다의 평가에 동의하는 쪽으로 기울고 있었다. 아더가 환상을 오래 가지고 있을수록, 그는 그것을 점점 더 현실적인 것으로 느끼게 되고, 그것이 발견되는 것에 대한 공포에 시달리고 있었다. 게다가, 그는 그것을 론다에게 투사했고, 론다는 그것을 동일시했다: 그녀는 아더에게 격노하고 아더를 공격함으로써 자신이 동일시한 그의 일부를 떼어내고 있었다. 그녀 자신 안에는 그의 일부분과 일치하는 역가를 지닌 부분이 있었다. 다른 한편, 그는 그녀의 죽음에 대한 공포라는 더 큰 비극을 담아주고 있었는데, 그것은 그녀가 시기하고 미워했던 오빠를 잃은 초기 상실 경험에서 유래한 것이었다.

후기 중단 단계에서의 극복 과정

　자기 노출 이후의 부부 면담에서, 론다는 남편이 자신의 환상을 말해준 것에 대해 감사하게 느낀다고 말했다. 그녀는 약간 겁을 냈고 그에게 성적으로 반응하는 것에 대해 아직 유보하고 있었지만, 그와 가까워졌다고 느꼈고 문제를 해결하겠다는 각오를 새롭게 했다. 처음으로 그녀는 그에게서 동등한 수준의 헌신을 느꼈다. 여름이 다가오고 있었고 그녀는 이전처럼 자녀들을 데리고 메인 주에 있는 그녀의 가족을 한 달간 방문할 예정이었다. 지금까지 그녀는 해마다 갖는 여름 여행을 남편의 비난과 성관계에 대한 요구에서 벗어나는 기회로 삼아왔다. 금년 여름에 처음으로 그녀는 그와 떨어져 지내는데 대해 슬픈 감정을 느꼈다.

환상을 함께 나누는 것이 치료적인 경험이 되었다. 이 부부는 이제 편집-분열적 자리를 넘어 대상의 상실을 인식할 수 있고 대상에 대한 진정한 관심을 가질 수 있는 우울적 자리로 옮겨갔다.

휴가에서 돌아온 후의 면담에서는 내가 이 치료를 위해 클라크 박사의 이전 개인 치료자와 그의 환상에 대해 이야기를 했는지에 대한 관심이 주된 주제였다. 그는 많이 주저한 끝에, 두 치료자가 자신을 미치광이라고 결론을 내리지는 않을까 두려워한다고 말했다. 론다는 두 가지 점에 대해 화를 냈다: 첫째 남편이 평소처럼 문제의 핵심에 도달하지 못했다는 것과, 둘째 그가 그녀가 이야기하고 싶어하는 것은 안중에도 없이 그의 개인 치료자와 나에게 몰두해 있다는 것이었다.

"당신은 진짜 문제가 무언지 모르는군요!" 그녀가 외쳤다. "아더는 지난 주 치료시간에 또 다시 일어나 나갈 뻔했어요."

나는 아더가 그들 두 사람 사이의 관계에 관심을 갖기보다는 두 치료자로 구성된 한 쌍의 부모에 대한 생각에 빠져 있다고 지적했으며, 그것을 방어라고 해석했다. 그러나 이 해석은 그에게 아무런 의미가 없었다. 그는 내가 그의 개인치료자에게 아이들이 있는 내 집보다는 내 사무실에서 작업하는 것이 더 안전한지 물어보고 싶었을 것이라고 생각한다고 덧붙였다. 이제 나는 그의 관심을 더 잘 이해할 수 있게 되었다. 그는 자신의 살인적인 환상을 알게 된 내가 나와 내 자녀의 안전을 위해 그의 치료를 포기하지는 않을까, 그래서 그가 치료 기회를 잃지는 않을까 두려워하고 있었다.

나는 아더가 치료의 중단을 두려워하고 있으며, 그리고 이 보다 더 많이 두려워하는 것은 론다가 그를 떠나는 것이라고 말했다. 그가 나와 다른 치료자에 대해서 이야기한 것은 그의 아내가 말한 것처럼 그가 "그녀에게 아무 것도 주지 않았기 때문"이 아니라 그녀가 떠나는 것을 직면할 수 없었기 때문이라는 것이었다.

"당신은 그에게 매우 동정적으로 말하는군요." 론다가 불평했다. "제가 보는 관점에 비한다면 말이에요. 그는 …" 이야기를 갑자기 중단한 채, 그녀는 아더를 돌아보았다. "그렇지만 당신은 당신 치료자들에 대한 문제를 다루고 싶어하는군요."

"아니." 그가 말했다. "그건 끝났어. 계속 해."

나는 그의 반응을 보고 그 방어는 전이 안에서 충분히 해석되었으며, 이제 우리는 그 부부의 문제로 직접 들어갈 수 있게 되었다고 결론을 내렸다.

론다는 그녀가 휴가를 갔을 때 들었던 생각과 느낌을 표현하면서 계속해서 사물에 대한 자신의 견해를 이야기했다. 그녀는 지난번 치료 시간에 많은 것을 얻었으며, 지난 4주간 그것에 대해 줄곧 생각하고 작업했다고 말했다. 그녀는 자신의 어린 시절에 가족과 맺었던 애착 관계에 대해 다시 검토했으며, 지금은 자신이 아더와 자녀들에게 속해 있다는 사실을 깨달았다. 그녀는 자신이 "성장했다"는 아주 뿌듯한 느낌을 경험할 수 있었다. 아더는 그녀에게 전화를 할 때, 애정 표현을 하지 않았다. 그는 그녀가 보고 싶다는 말조차 하지 않았다. 그녀는 이것 때문에 상처를 받았지만, 이전처럼 폭발하지 않았다. 그녀는 어떤 방식으로든 그가 거기에 있지 않

다는 것을 깨달았다. 그는 이러한 그녀의 생각이 사실이라고
시인했다. 그는 다른 생각을 하고 있었다. 나는 그가 몇 주
동안 자신을 혼자 남겨 둔 론다에게 화가 났지만, 그러한 사
실에 대한 인식은 억압한 채, 환상 속에서 그녀를 죽여 없애
버림으로써 그 분노를 처리한 것 같다고 말했다.

"나는 그녀가 메인에서 배를 타고 빈둥거리며 시간을 보
낸 것에 대해 화가 났습니다." 아더가 시인했다.

"그는 나를 죽인 게 분명해요." 론다가 확인했다.

내가 말했다. "살해하는 환상이 다시 작동한 거로군요."

"맞아요." 론다가 대답했다. "아더, 이해하겠어요? 우리가
휴가에 대해 말다툼을 하게 된 이유는 당신이 마치 '이게
나야, 론다! 당신이 해볼 테면 마음대로 해보라구' 라는 식으
로 뻣뻣하게 말했기 때문이에요. 당신은 여자는 대화하기를
원하며, 그것 없이는 성관계를 갖고 싶어하지 않는다는 것을
몰라요. 당신은 우리가 화가 나 있거나 말다툼을 하고 난 후
에 가장 근사한 성교를 한다고 말하지만, 그것은 우리가 말
다툼을 하기 때문이 아니라 우리가 다툴 때에만 당신이 직
접적이고, 정직하고, 내게 말을 하고 또 내가 하는 말을 듣기
때문이에요. 그때 나는 당신을 가깝게 느끼고 나 자신을 백
퍼센트 줄 수 있어요." 론다는 나의 생각을 확인해주면서 계
속해서 말했다. "지난 2주 동안, 저는 제가 성숙한 사람이란
느낌을 가질 수 있었어요. 아더가 저를 얕잡아 보더라도, 저
는 더 이상 작다는 느낌이 들지 않았어요. 예컨대, 그가 집에
돌아와서 "에어컨은 왜 켜 놓지 않은 거야? 지금 바깥 날씨
가 화씨 90도인 걸 몰라?' 하고 말해도 저는 전혀 방어적이
되거나 하찮게 취급당한다거나 비난당한다고 느끼지 않았죠.
전 그것을 개인적으로 받아들이지 않았어요. 저는 말했어요.

'날이 너무 좋아요. 그래서 신선한 공기와 미풍을 즐기고 있었어요.' 이것은 제게 커다란 변화예요.”

아더가 살인적인 환상을 드러낸 사건은 사로잡혀 있던 론다의 성장 가능성을 해방시켜주었다. 그리고 그 사건은 환상 안에서 표현된 투사적 동일시의 작용이 성인으로서 갖추어야 할 그녀의 능력을 말살시켜왔음을 확인시켜주었다.

극복 작업

여러 겹의 억압된 정신 층들을 벗겨내면서, 우리는 더욱 강한 저항에 부딪치게 된다. 때로 우리는 멀리 갈수록 더욱 뒤쳐진 것처럼 느끼기도 한다. 부부는 유아적인 대상관계 체계, 즉 서로를 만족시키는 방어적인 대상관계 체계로 인해 고통을 받는다. 좀더 성숙한 만족의 형태를 발견하기 전에는 변화를 시도하는 모든 노력이 저항에 부딪칠 것이다. 극복 작업이란 용어는 프로이트가(1914) 이 저항과 갈등을 제거하고자 하는 치료적 노력에 붙여준 이름이다. 이 단계에서 상담 회기는 터벅터벅 걷는 것 같고, 힘들고, 반복되고, 영감이 없는 것처럼 느껴진다. 치료는 보이지 않게 이루어지다가 어느 날 갑자기 치료가 거의 다 된 것처럼 보이게 된다.

종결

부부는 치료 시간을 끝내는 경험을 통해서, 또는 병이 들거나, 사업상의 약속, 또는 휴가로 인해 잠시 치료 과정이 중단되는 경험을 통해서 종결을 위한 연습을 하게 된다. 우리는 종결에 대비해서 분리를 다루는 부부의 방식을 다룬다. 언제 종결해야 할지를 결정하는 판단 기준은 표 6-2에 제시되어 있다.

표 6-2 종결을 위한 기준

1. 부부가 치료적 공간을 내재화하는 것을 통해서 이제는 상당히 안정된 안아주기 능력을 갖게 되는 것.
2. 각 배우자가 무의식적 투사적 동일시를 인식하고, 소유하고, 다시 내재화할 수 있게 되는 것.
3. 삶의 파트너로 함께 일할 수 있는 능력이 회복되는 것.
4. 친밀한 관계와 성적 관계가 상호 만족스러워지는 것.
5. 부부가 미래에 대한 비전을 갖게 되며, 가족을 위해 안아주는 환경을 제공할 수 있게 되는 것.
6. 부부가 서로의 욕구를 분별할 수 있고 그 욕구를 채워줄 수 있게 되는 것.
7. 대안적으로, 부부가 배우자 선택에 실패한 것을 깨닫고, 서로의 무의식적 대상관계가 양립할 수 없음을 이해하고, 부부가 어느 정도의 애도 작업을 거친 다음, 결혼의 상실을 개인적으로 계속 애도할 수 있는 능력을 갖게 되는 것.

종결 기준에 포함된 내용들은 실제에서 치료적 진전의 징표들일 뿐이다. 종결은 무한히 다양할 수 있으며, 이 책의 마지막 장에서 그 중 몇 가지가 제시될 것이다. 부부는 자신들의 목표를 스스로 결정한다. 그것들은 때로 완결에 대한 우리의 생각과 일치하기도 하고, 때로는 일치하지 않기도 한다. 우리는 결국 환자들에게 불필요한 존재가 되어야 하며 그들에게 버림받는 것을 감당해야 한다. 우리가 부부와 함께 치료 관계의 상실을 애도할 때, 우리는 이전의 모든 상실 경험을 다시 작업하고 치료의 이전 단계들을 반복하게 된다.

제 7 장
부부치료의 초기 단계

　추천이 이루어지고 나서 치료가 시작될 때까지 기다리는 동안에, 부부가 치료에 대해서 그리고 결혼에 대해서 새로운 다짐을 하게 되는 잠재적인 공간이 존재한다는 사실이 새롭게 밝혀지고 있다. 그것은 우리가 헌신적인 관계를 맺는 순간에 종종 급작스런 전환이 발생한다는 사실을 상기시켜준다: 결혼의 계약이 이루어진 후에야 비로소 억압된 나쁜 대상이 충분히 자체를 드러낸다.

　부부 문제의 해결을 돕기 위해 이 공간 안에서 다루어야 할 과제가 있다. 어떤 부부는 이 초기 단계를 별다른 불안의 흔적이 없이 아주 순조롭게 지나간다. 도움을 요청하는 것이 현실적이며, 치료자의 추천이 적절하다고 느낄 경우, 그들은 그 계획에 동의하고 바로 치료로 들어간다. 어떤 부부는 추천 받은 치료를 받아들이기로 작정하고 나서 갑자기 불안이 커지는 것을 경험하는데, 이때 전체 치료 계획은 위기에 봉착한다. 이런 부부인 경우,

치료를 추천 받고 치료 계획을 세우는 과정에서 치료자를 시험하는 단계를 거친다. 그러므로 이 치료 초기 동안에 치료자는 치료 작업을 위한 환경을 촉진시키기 위해 역전이에서 나타나는 거절하는 대상관계에 대해 작업해야 한다.

따라서 이 시작 단계에서 몇 가지 일반적인 과제를 다루어야 한다. 이것은 모든 치료 초기 단계가 똑같다는 말이 아니라, 초기에 치료자가 해결해야 할 어떤 과제가 있다는 말이다. 이것은 때로 치료자가 그것에 대해 의식적이고 의도적으로 말해야 하지만, 모든 일이 순조롭게 진행될 경우에는 특별한 관심을 기울이지 않아도 된다.

치료 시작 단계에서 다루는 과제들은 표 7-1에서 간략하게 제시되고 있다.

표 7-1에 열거된 과제 외에도 첨가될 것들이 있는데, 그것들은 치료자에 대한 부부의 환경 전이를 검토하는 것과, 역전이 안에서 부부의 전이를 받는 치료자의 수용 능력 및 그 전이 내용을 처리하는 능력 등을 조심스럽고 공감적으로 조사하는 것 등이다.

7-1 치료 시작 단계의 과제

치료적 진전을 위한 과제들

1. 환경 전이 안에 있는 저항을 다루기
2. 동의한 과제를 확인하고 조절하기
3. 평가 기간 동안에는 드러나지 않았던, 새롭게 출현하는 억압된 나쁜 대상을 수용하기.
4. 전이 안에서 고통스러운 투사적 동일시가 형성되는 것을 허용하기.

5. 환경적 안아주기를 토대로 치료 동맹을 형성하기.

6. 부부의 관찰 영역을 확장하기.

7. 부부가 함께 그리고 각 배우자가 어느 정도의 탄력성을 갖고 있는가를 보기 위해 방어 유형과 투사적 동일시의 성질을 시험하기.

8. 연결시키고 해석하는 능력과 관련해서 부부 각자의 개인적 능력과 부부로서의 능력을 시험하기. 즉 부부가 해석을 얼마나 수용할 수 있는지 그리고 그들 자신과 서로에 대해 작업할 수 있는지를 알아보기.

9. 개인의 성격 유형이 상호 투사적 동일시를 통해서 어떻게 서로 묶여지는지를 이해하지 못하는 공유된 어려움에 배우자가 각각 어떤 기여를 하고 있는지를 조사하기.

10. 방어할 필요성을 유발하는 근저의 상처에 대한 설명을 제공하기—"이유를 설명하는 절(Because Clause)."

11. 반복되는 성격 유형을 변화시키기.

치료 초기에 발생하는 어려움

다음은 억제된 성적 욕구가 부부 문제의 원인으로 작용한 사례이다. 이 부부는 오랫동안 계속된 남편의 성적 무관심으로 인해 위협받아왔다. 아내는 부부치료를 위해서는 무슨 일이라도 하겠다는 각오를 가지고 치료를 시작했다. 그러나 이 부부가 추천을 받고 나자 아내가 남편보다 먼저 치료에 대해 의심하고 불신하기 시작했고, 이것은 치료에 커다란 위협이 되었다.

결혼한지 11년이 된 호스트와 잉그리드 브라운 부부는 다른 치료자에게 3개월간 치료를 받았다. 이 치료 기간 동안에 성적인 문제가 그들 결혼 문제의 중심에 놓여 있다는 사실이 드러나자 그 치료자는 그들을 내게(D.E.S) 의뢰하였다. 브라운 부부는 결혼 후에 아주 드물게 성교를 했고 그나마도 호스트가 몇 차례 발기에 실패한 이후부터는 거의 성교를 하지 않았다. 잉그리드는 발기에 문제가 생긴 호스트의 불안에 대해서는 전혀 눈치채지 못한 채, 그가 철수하는 것은 성에 대해 흥미가 없기 때문이라고 생각했다.

그들은 매우 매력 있는 부부였다. 두 사람이 처음 만났을 때 그들은 둘 다 성공한 전문가로서 활발한 사회활동을 하고 있었다. 당시 호스트는 20대 중반의 나이에 결혼할 생각 없이 활기차게 살아가던 중에 잉그리드를 만났다. 당시에 그는 구속당하는 것이 싫어서 독신으로 지냈던 것 같다. 잉그리드는 이미 고향인 스웨덴에서 자신과 전혀 맞지 않는 남자와 짧은 결혼생활을 한 적이 있었다. 그 남자는 성실성이나 야망은 없었으나 그녀와 나눈 성생활은 열정적인 것이었다. 그러나 그녀는 결혼하고 1년도 되지 않아서 그와 이혼했다. 이혼한 그 순간에는 울었지만, 그녀는 이혼을 후회하지는 않았다. 그리고 나서 그녀는 미국으로 와서 처음에는 가정부로 일하다가 나중에는 법대를 다녔다.

함께 동거한 2년 동안 호스트와 잉그리드는 만족스런 성생활을 즐겼다. 그러나 그들이 결혼한지 2년이 지나면서 성관계의 횟수는 차츰 줄어들었다. 처음에는 호스트가 발기를 유지하지 못하는 문제가 발생했는데, 이것은 그를 불안하게 만들었다. 그러나 나중에, 잉그리드는 그가 자신에게 흥미를 잃었기 때문이라고 느꼈다. 그는 그녀의 신체가 혐오스럽지는 않았지만, 매력적이지도 않다고 느꼈다. 그는 그녀를 사랑한다고 말했지만, 그녀를 향한 신체적인 느낌은 사라져버렸다. 그는 어째서 또 어떻게 그렇게 되었는지 알지 못했다.

그들은 성적인 문제에도 불구하고 자녀를 셋이나 낳았는데, 이 사실은 잉그리드의 고통을 더욱 심화시켰다. 호스트는 아이를 낳기 위해 관계를 가질 때는 아무런 어려움이 없었다. 잉그리드는 그때마다 바로 임신을 했고, 아이들은 이제 8세, 6세, 3세가 되었다. 호스트는 열심히 일하느라 가족과 함께 지내는 시간이 거의 없었지만, 그럼에도 불구하고 아이들에게는 좋은 아빠였고, 아이들은 그를 따랐다. 잉그리드는 임신과 자녀 양육에 정신이 팔려 있어서, 자신이 사랑받지 못하고 있다는 느낌을 별로 인식하지 못하고 있었다. 치료를 받기로 결정하자 그녀가 덮어두었던 상처가 다시 자극되었다. 몇 해 전에, 그녀는 예리한 상처의 아픔을 느낀 적이 있었다. 그녀는 그 아픔을 그대로 파묻어 버렸고, 그녀는 그 아픔이 다시 일깨워질 때 과연 그 고통을 견딜 수 있을 지에 대해 전혀 생각하지 못했다.

평가 작업이 진행되는 동안, 나는 그들을 처음에는 함께, 그 다음에는 따로, 그리고 나서는 다시 두 사람을 함께 만났다. 그들 모두는 바람을 핀 적이 없었다. 잉그리드는 자신이 사랑받고 있다는 것을 확인받고 싶었으며, 무엇보다도 이 결혼이 지속될 수 있을지를 확인하고 싶었다.

그들은 서로에게 비밀이 없다고 말했다.

평가작업에서 저항 다루기

호스트는 개인 면담에서 다르게 이야기했다. 그는 개인 면담에서 잉그리드가 자신을 통제하는 방법에 대해 상세히 이야기하였다. 그는 그녀 자신이 옳고 그름을 잘 알고 있다고 믿고 있으며, 한번 옳다고 생각하면 자신의 입장을 끝까지 고수한다고 말했다. 나는 호스트가 자신의 증오를 표현하는 데 저항을 느끼고 있다고 생각되었다. 내가 그를 격려해주자 그는 서서히 자신이 증오를 느낀다는 사실을 인정했다. 그는 컴퓨터 컨설턴트로 일했는데, 직장에서는 증오를 느낀 적이 없고, 누구의 명령도 받지 않고 자신이 원하는 대로 일을 하고 있다고 했다. 독일에서 이주해온 이민자였던 그의 아버지는 가정 바깥에서는 훌륭한 사람으로 존경을 받았지만, 가정에서는 고함을 지르는 독단적인 가장이었다. 호스트는 독일인 특유의 권위적인 아버지에 대해 분개했으며, 결코 아버지에게 그런 무시당하지 않겠다고 결심했다. 그는 잉그리드가 지나친 요구를 하는 것에 대한 책임이 그녀에게만 있다고 생각하지는 않는다고 말했다. 그녀는 대체로 그의 아버지와는 달리 매우 합리적이었기 때문에 그녀를 힘들게 하는 것은 몹쓸 일이라고 생각되었다. 그녀는 아름답고 사랑스러우며 반응을 잘하며, 더 나은 대접을 받을 만한 자격이 있는 사람이라고 여겨졌다. 때때로 그녀는 요구적이 되기도 하지만, 그것은 그에게 중요하지 않았다. 물론, 그는 그녀의 요구에 대해 이의를 달거나 그것의 해결을 뒤로 미루곤 했다. 그가 자꾸 일을 뒤로 미룬다고 한 그녀의 지적은 옳은 것이었다. 그러면 그녀는 '성난 작은 암탉'이 되어 쏘아붙이곤 했다. "좋아요. 그러면 내가 하죠!" 그래서 그녀가 하곤 했다!

역전이에서, 처음에 이들의 부부관계는 수수께끼처럼 느껴졌다. 성적인 흥미를 잃었다는 호스트의 말은 잉그리드를 매우 만족스런 배우자로 여기고 있으며 그에 대한 그녀의 불평까지도 이유가 있다고 하는 그의 주장과는 모순되는 것이었다. 나는 그가 제시한 그림이 너무 모호한데 대해 좌절을 느꼈고, 그녀가 그의 말에 반발하고 있다는 것을 느꼈다. 그가 제시한 그림은 사실이기에는 너무나도 좋은 것이었다. 나는 그가 말한 것보다 그녀가 훨씬 더 힘들어한다는 것을 그가 느끼고 있음이 분명하다고 생각했지만, 그가 정말 무엇을 생각하고 있는지를 알아내기 위해 그를 자극하는 것은 삼갔다. 내가 역전이에서 느낀 그에 대한 좌절감은 그가 나와 만나는 것을 거부하는 그의 저항에 대한 첫 단서였다. 나는 정말로 그가 누군지 모르겠다고 말하는 잉그리드의 불평에 상당히 공감할 수 있었고, 그의 성격 안에서 수동적인 요소가 작용하고 있음을 느꼈다. 이런 경험으로 인해 나는 그녀의 짜증과 분노에 대해 동감하게 되었고, 이런 느낌 때문에 나 자신이 잉그리드 편으로 기우는 것을 느꼈다. 나는 겉보기에는 호스트가 협조를 잘하고 있고 잉그리드가 절박한 분노를 표출하고 있는 인상에도 불구하고, 호스트가 잉그리드에게 나쁜 대상을 투사하고 있다는 잠정적인 결론을 내리게 되었다. 나는 또한 그가 잉그리드에 대한 분노를 표현하지 못하고 꺼리는 것은 내가 곧 만나게 될 그들의 공유된 저항 때문이라는 생각이 들었고, 따라서 나는 그들이 환경 전이에서 힘을 합쳐 나에게 대항할 가능성에 대해 마음의 준비를 했다.

확인하기—수정하기—과제에 대해 합의하기

진단을 위한 초기 평가를 마친 후에 부부는 즉시 성치료를 받으라는 나의 추천을 받아들였다. 나는 이들 모두가 대체로 결혼생활에 헌신하고 있다고 보았다. 그들이 겪고 있는 정서적인 어려움으로부터 배제되고 있다는 나의 느낌을 토대로, 나는 호스트의 철수가 요구적으로 보이는 잉그리드에게 굴복하지 않으려는 완강한 거절의 표현이라고 짐작했다. 나는 10년 전에 그가 겪은 발기의 실패는 성행위의 수행 능력에 대한 불안 때문이었던 반면, 그의 성적 관심의 상실로 나타난 철수는 잉그리드를 통제하는 대상으로 본 그의 지각 때문이라고 생각했다. 그가 철수했을 때, 그녀의 불안은 깊어졌고, 그의 철수로 인해 박탈당했다고 느끼면서, 더욱 강한 공격성을 사용하여 반응을 얻어내려고 필사적으로 노력했다. 그러나 나의 설명은 평소보다 훨씬 더 추론적이었는데, 그것은 그들 모두 이러한 관계 유형을 만들어낸 사건이 어떤 것인지를 설명할 수 없었기 때문이다. 평가 과정에서는 어떤 극적인 사건이나 상처가 발견되지 않았다.

치료에 동의한 후에, 우리는 치료의 시작을 몇 주 후로 잡았다. 호스트는 곧 내게 좀더 융통성 있게 치료 시간을 잡아달라고 요청했다. 나는 보통 한 주에 두 번 만나는 것으로 하고, 부부에게 그 약속을 꼭 지키라고 요구한다. 부부가 약속 시간을 바꾸어 달라고 요구할 경우, 가능하다면 다시 시간을 잡기도 하지만, 내가 항상 그렇게 할 수 있을지는 보장할 수 없다. 그리고 빠진 치료 시간에 대해서는 부부에게 상담비를 부과한다. 호스트는 그의 컴퓨터 컨설팅 일은 다른 사람이 요청하는 시간에 맞추어 출장을 가야하기 때문에 정해진 치료 시간을 항상 지키기가 어렵다고 말했다. 그리고 불가피한 사업상의 책임 때문에 치료에 빠질 수밖에 없게 되었을 때에도 자신이 돈을 내는 것은 불합리하다고 말했다. 나는 그에게 내가 그들을 만날 수 있는 시간이 우리가 약속한 시간밖에 없다고 말했다. 나는 이러한 어려움이 실질적인 문제가 될 수 있다는 점을 인정하고 있었지만, 그것들은 또한 그의 약속에 대한 보루가 된다고 생각했다. 만일 그의 망설임 밑바닥에 놓여있는 근본적인 의미를 직면할 수 있다면, 그는 거의 모든 시간을 지킬 수 있을 것이라고 말했다. 물론 나는 지키지 못한 약속 시간에 대해 돈을 받는 것보다는 그 시간에 그를 볼 수 있기를 원하며, 이렇게 약속을 해야만 부부가 시간에 빠지는 일이 적다고 말했다.

부부가 치료에 동의하자마자 호스트의 저항이 증가했다. 나는 우리가 함께 동의한 과제가 공격을 받고 있다고 느꼈다. 나는 치료와 관련된 원칙, 상담료, 치료 계획 등을 고수해야 하는 나 자신을 발견하면서, 내가 잉그리드의 위치로 떠밀리고 있다고 느꼈다. 내가 그들의 치료를 맡지 않을 수도 있다는 사실을 아는 것이 도움이 되었다. 경험이 적은 치료자는 치료자 안에서 죄책감과 의심을 불러일으키는 이러한 공격에 쉽게 사로잡힐 수 있다. 치료자는 그것을 근본적으로 개인에 대한 공격이라기보다는 치료 과제에 대한 공격으로 이해해야 한다. 그럼에도 불구하고, 나는 나 자신이 공격받은 느낌이 들었다. 나는 의심과 죄책감(상담료, 아마도 나의 경직성, 나의 탐욕에 대한)으로 인해 일순간 취약한 상태에 처했다는 느낌이 들었다. 그의 온건한 공격에서, 나는 한동안 잉그리드가 그녀대신 나로 하여금 그녀의 분노를 경험하게 하고, 그녀의 싸움을 대신 싸우도록 떠넘긴 채, 호스트와의 직면을 회피하고 있다는 사실을 주목하지 못했다. 돌이켜 보건대, 그는 부분적으로 그녀를 대신해서 저항을 행동화했으며, 부분적으로 자신이 감당하기 어려운 일을 나에게 떠맡겼다. 그들 사이의 전쟁은 치료 과정과 역전이 안에서 이미 실연되고 있었다. 나는 묘하게도 성내고 저항하는 잉그리드의 위치로 더 가까이 옮겨갔다. 돌이켜 보건대, 나는 그들이 내게 집어 넣어준 투사적 동일시를 느끼고 있었다. 우리가 동의한 치료의 구조를 공격함으로써, 그들은 자신들의 환경적 안아주기가 그들의 두려움(서로에게 손상을 입힐 것이라는)을 담아낼 수 없을 것이라는 가정을 실연하고 있었다.

첫 번째 치료 회기

이 부부는 첫 번째 치료 회기를 취소했다. 잉그리드의 유방에 이상이 발견되어 조직검사를 해야 했는데, 담당 의사의 휴가 일정 때문에 우리가 약속한 날에 검사날짜를 잡아야 했기 때문이다. 나는 이 첫 번째 회기를 말없이 취소하고 또한 그들에게 비용을 부과하지 않은 채, 두 번째 약속 날짜를 정했다.

다음 치료 시간에, 그들은 차안에서 약속시간 보다 늦겠다고 전화를 했고, 약속 시간이 지나서 도착했다. 그들은 내 사무실을 찾느라고 치료 시간의 절반을 소비했다. 잉그리드는 어쨌든 거의 오지 못할 뻔했다고 말했다. 그녀는 호스트만 나와 치료를 하고 자신은 치료에서 빠지고 싶다는 말을 하기 위해서 왔다고 했다. 그녀는 성치료를 해야 한다는 생각에 질려 있었다.

억압된 나쁜 대상이 돌아오는 것을 허용하기

잉그리드가 말했다. "저는 이 치료에서 누군가를 위한 인형이 되고 싶지는 않아요. 저는 저를 좋아하지 않는 사람에게 제 몸을 허락하고 싶지 않습니다." 내가 부부에게 준 질문지에서 호스트는 그녀의 몸에 대해서 "중립적"인 느낌이라고 말했다. 즉 그는 그녀의 몸에 대해 매력을 느끼지도 않고 혐오스럽게 느끼지도 않았다. "그게 사실이라는 거 알아요." 그녀가 말했다. "그렇지만 그건 제게 견딜 수 없는 상처가 되었어요. 그건 새로운 게 아니에요. 이전에도 이렇게 상처받은 적이 있거든요. 그렇지만 극복했죠. 저는 다시 그런 고통을 겪고 싶지 않아요. 그래서 나는 호스트 혼자서 박사님을 만났으면 해요. 그러나 만일 박사님이 저도 치료 시간에 꼭 오라고 하시면, 오도록 노력해보죠."

그녀의 분노와 고통이 내게 강하게 느껴졌다. 그러나 그녀가 나에게 이래라 저래라 하고, 자신의 생각대로 나에게 호스트만 만나라고 일방적으로 말하는 것을 보면서, 나는 무엇보다도 그녀를 지배적인 성격이라고 느꼈다. 나는 그렇게 하고 싶지 않았고, 왜 그것이 좋은 생각이 아닌지를 어렴풋이 알고 있었다. 그러나 더 중요한 것은 내가 잉그리드에 의해 침해당하고 무시당하고 있다는 감정이었다.

다른 한편, 호스트는 그냥 조용히 앉아 있었다. 그가 말했다. "필요하다면 무엇이든 하겠습니다. 저는 잉그리드를 깊이 사랑하고 있습니다. 그러니 무엇이든지 하겠어요." 그는 더 이상 할 말이 없었다.

전이와 역전이에서 나타나는 투사적 동일시를 수용하기

나는 이제 잉그리드에게 조종당한다고 느끼는 상태로부터 호스트와 단둘이 방에 앉아 있는 신세가 되는 것이 죽는 것보다 더 나쁜 상황이라고 상상하는 상태로 옮겨갔다. 나는 종종 고집 센 청소년과의 치료에서 경험하듯이, 그가 말하도록 마음을 열어주지 못하는 나 자신이 무능력하게 느껴졌다. 나는 내 안에서 불러일으켜진 내키지 않는 반응을 단지 잉그리드가 원하는 것을 거절하고 싶다는 의미로 해석하지는 않았다. 그녀는 옳았을 수도, 그렇지 않았을 수도 있다. 그보다는 나의 반응을 무의식적 수준에서 일어나는 그들의 상호작용을 이해할 수 있는 실마리라고 이해했다. 나는 나의 역전이가 잉그리드가 지배적이 될 때 호스트가 후퇴하는 방법을 보여주고 있음을 곧바로 알 수 있었다. 나는 등골이 뻣뻣해지는 것을 느낄 수 있었다: 나는 내가 할 일에 대해 지시 받지 않을 것이다. 나는 그녀가 통제하기 때문에 그가 그녀와 사랑의 행위를 하고 싶어하지 않는다는 것을 곧바로 알 수 있었다. 다른 한편, 내가 내 자신의 느낌을 느끼면서 앉아 있는 동안, 서서히 잉그리드의 입장을 이해할 수 있게 되었다. 호스트는 반복해서 그녀에게 자신을 있는 그대로 받아줄 것을 요청했다. 그러나 그녀는 계속해서 굴욕을 당하고 이용당한다고 느꼈다. 그녀는 오랫동안 그에게 맞추어주면서 자신의 분노를 억압해왔지만, 결국 그것은 터지고 말았다. 그녀의 곤경 쪽으로 내 마음이 옮겨간 후, 나는 그녀가 모욕당했다고 느끼면 느낄수록 더욱 지배적이 되는 것을 알 수 있었다.

나는 그들이 함께 만들어낸 공유된 어려움을 안아주기 시작했다고 느꼈다. 일단 잉그리드가 담아낼 수 없을 정도로 그녀의 증오가 심각해지면, 호스트는 그녀의 증오가 폭발하기 직전에 철수하곤 했다. 이때 잉그리드는 그와 거리가 멀어지는 것을 느끼면서 분노를 억압하려고 애를 쓰지만, 그럴수록 그녀의 분노를 분출하려는 욕구는 더욱 강해졌다. 이 부부는 개인 치료가 그들의 유대를 재창조할 것이라는 공유된 가정을 갖고 있었기 때문에, 그녀는 부부치료 대신 호스트의 개인치료를 해결책으로 제안하였다.

환경적 안아주기에 대한 작업을 통해
치료 동맹을 형성하기

나는 얼마동안 내 역전이에 대해 작업한 후에, 이 부부와 치료 동맹을 다시 형성하기 위한 첫 걸음을 내딛었다. 내가 잉그리드에게 말했다. "당신 자신이 치료에서 물러나는 것은 당신의 결혼생활을 위한 최상의 선택이 아닙니다. 당신은 할 말이 많아요. 당신이 지금 표현하고 있는 분노는 내가 당신

들과 함께 당신들을 위해서 작업하는데 필요한 정보의 일부
분입니다. 나는 호스트가 말하는데 어려움이 있다는 생각에
동의합니다. 그리고 그가 여기에 온 그의 동기 또한 아직은
의심스럽습니다. 그는 자신이 여기에 오기를 원한다고 말하
지만, 그의 감정은 많은 부분 당신에게서 빌려온 거라고 여
겨집니다. 어쩌면 그에게는 개인치료가 좋을지도 모릅니다.
그러나 개인치료를 먼저 시작하는 것이 더 좋다고는 생각하
지 않습니다." 내가 계속해서 말했다. "우리는 성치료부터 시
작하지는 않을 겁니다. 당신의 '죽은 몸'에 성치료를 할 수
는 없기 때문입니다. 하지만 치료를 시작하려면, 당신이 치료
에 참여해야 합니다. 당신 없이는 좋은 치료 효과를 기대하
기가 어렵습니다."

그들은 어쨌든 다음에 함께 오겠다고 하고서 돌아갔다. 우리
는 이미 치료 계획을 크게 수정했고, 성치료에 앞서 다른 문제를
먼저 다루는 부부치료 형식으로 전환하기로 동의했다.

논의

많은 부부들이 주저하며 공유된 저항을 가지고 부부치료를
받으러 온다. 이 사례에서 이 부부가 함께 공유하고 있는 망설임
은 평가 과정에서 해결되지 않았다. 이것은 부분적으로는 잉그
리드가 자신의 망설이는 마음을 방어했기 때문, 즉 그것을 억압
하고 호스트에게 투사했기 때문이다. 그것은 방어적으로 처리된
우리의 모든 부분들이 그러하듯이, 다루기도 어렵고 변화되기도
어렵다. 호스트는 대상에게 조종당하는 것에 대한 방어로 부인

(否認)을 사용했다. 그는 다른 사람들을 통제하고자 하는 욕구를 부인했고, 그 욕구를 잉그리드에게 투사함으로써 잉그리드로 하여금 더욱 분노하고 통제하고 요구하도록 만들었다. 그 결과, 나는 여기에서 그녀의 통제적인 분노의 희생물이 되었으며, 그녀의 통제하에서 행동하도록 강요당하고 있다고 느끼게 되었다.

갑작스럽게 틀을 깨뜨리고자 하는 모든 요구에는 문제가 있다는 인식을 바탕으로, 여성에게 조종당하고 있다는 역전이 느낌이 통제당하고 착취당하는 것에 대한 두려움의 표현이라는 인식을 바탕으로, 나는 호스트와 잉그리드를 든든히 안아주고, 치료 구조에 대한 공격을 버티어내며, 그들이 공유하고 있는 상황에 접근할 수 있었다.

두 번째 회기

두 번째 회기에 그들은 제 시간에 왔다.

나는 그들이 어떤 식으로 반응할 것인지 궁금해하면서도 그들을 계속 만날 수 있을 것이라고는 크게 기대하지 않았다. 나는 자리에 앉으면서 내가 얻은 과거의 자료가 크게 믿을 것이 못 된다는 것을 깨달았다. 호스트의 문제인 발기의 어려움은 몇 번의 실패와 그로 인한 철수에서 시작된 것이 맞는 것일까? 그가 성적으로 철수하는 것은 어떤 촉발 요인이 있기 때문인가 아니면 단지 성과 그녀의 신체에 대한 흥미가 사라졌기 때문인가? 이 물음은 중요한 것이었다. 왜냐하면 그의 철수가 수치스런 실패로부터 비롯되었다면, 그것은 단지 배우자 앞에서 수치를 피하기 위한 것일 수 있지만, 그것이 성적 흥미의 상실에서 온 것이라면, 그것은 파트너에 대한 두려움을 나타내는 것으로서 예후가 더 좋지 않은 것이기 때문이었다.

실제로, 보통 두 사람이 서로 관계를 맺고 있고 어쩌면 서로 뗄 수 없이 연결되어 있을지 모르지만, 내가 과연 이 부부를 치료할 수 있을지 의문이 생겼다. 그리고 그 동안 나는 호스트와 동일시하면서 지난 시간에 분노를 터뜨린 잉그리드에게 적대감을 느끼고 있었다. 이러한 역전이 감정의 영향 아래에서, 나는 평가 과정에서 얻은 몇 가지 정보를 놓쳐버린 채, 혼란에 빠져 있었다. 잉그리드가 화를 낸 이후에 내가 그들로부터 철수한 데는, 내가 깨닫지 못한 문제가 원인으로 작용했다. 역전이에서 나는 호스트와 동일시했고, 혼동 속에서 그들에 대한 관심과 희망을 잃어버렸으며, 치료 "능력"에 대한 확신을 잃어버렸다. 나는 회기 중에 내가 내사적 동일시를 통해서 그들의 절망감을 흡수했다는 것을 깨달았다. 그리고 이러한 새로운 관점 덕택에 나는 치료에 대해 좀더 희망을 갖게 되었다. 즉 좀더 든든한 환경적 안아주기를 제공하고, 그들의 공유된 투사적 동일시를 수정된 형태로 되돌려줄 수 있었다.

치료적 안아주기 안에서 부부의 관찰 범위를 넓혀주기

잉그리드는 오늘 더 조용했다. 나는 그들에게 지난 번 치료 회기 이후에 그들의 상태가 어땠는지 물었다. 그들의 상태는 별로 좋지 않았다. 잉그리드는 자신이 화가 나 있다는 말밖에 할 말이 없다고 했다. 긴 금발 머리를 어깨 뒤로 넘긴 스웨덴 여인의 얼굴은 분노로 덮여 있었으며, 그녀의 미모를 망치고 있다. 그녀는 장황하게 이야기를 늘어놓기 시작했다.

"박사님은 제가 오랫동안 호스트를 아주 지겨워했다는 사실을 이해하셔야만 해요. 저는 그것을 견뎠어요. 만일 이 치료가 도움이 되지 않는다면, 저는 정말로 이 결혼생활을 끝내야 할지도 모른다고 생각해요. 만약 우리가 치료에 대해 생각하지 않았더라면, 저는 이런 고통을 억압한 채 그저 결혼생활을 계속했을 거예요.

"오랫동안, 저는 인내했고 좋은 아내가 되려고 노력했어요. 하지만 저의 노력은 아무런 소용이 없었어요. 그 또한 테니스나 축구를 하지 않았더라면, 저와 함께 이렇게 오래 살지 못했을 거예요! 왜 그는 그렇게 오랫동안 성교를 하지 않고 지내는 걸까요? 단지 일년에 한 번이나 두 번뿐이죠. 그리고 그것도 제가 모든 준비를 다 해놓았을 때뿐이었어요! 우리는 작년에 편안하게 휴가를 갔었지요. 그는 대담하게도 해변에서 성교를 하자고 제안했어요. 그렇지만 그것은 사실상 불가능했죠. 그래서 우리가 침실로 돌아왔을 때, 그는 벌써 흥미를 잃어버렸지요. 그리고는 아무 말도 하지 않았어요! 그는 말 한마디도 하지 않았다구요! 내 기분이 어땠는지 당신은 모를 거예요. 자신이 무엇을 잘못했는지도 모른 채 퇴짜를 맞는 기분 말이에요."

방어 유형과 균형을 시험하기

이번에 나는 잉그리드에게 보다 직접적인 동정심을 느꼈다. 그녀가 호스트와의 문제를 나더러 떠맡으라는 요구를 내려놓게 되자, 나는 좀더 편안하게 그리고 좀더 충분한 시간 동안 그녀가 하는 말을 동정심을 갖고 들을 수 있었다. 그래서 나는 호스트에게 관심을 돌려, 그들의 어려움에 대해 그가 어떻게 생각하는지를 물었다.

호스트가 말했다. "그건 모두 사실입니다. 저도 모르겠어요. 하지만 성교하고 싶은 마음이 전혀 생기지 않아요."

잉그리드가 끼어 들었다. "그래도 그는 아무렇지도 않아요. 그는 저를 무시하는 이런 일을 다른 누구에게도 하지 않을 거예요. 그는 그냥 무시해버리고 말아요."

호스트가 얼굴을 찡그리고 있었다. 나는 그의 반응을 기대하면서 그에게 자신의 생각을 말하라고 몸짓으로 말했다.

"그건 사실이 아니에요." 그가 말했다. "저도 관심이 있어요. 정말 깊은 관심을 갖고 있어요. 저는 잉그리드만큼 정서적으로 풍부하지 못하고 그렇게 되지도 못할 거예요. 하지만 저도 관심은 있어요. 이것이 제게 상처가 돼요. 저는 그녀에게 상처를 주지 않을 수만 있다면 무엇이든지 할 거예요."

순간적으로, 나는 호스트가 그를 가로막고 있는 어떤 것보다 깊은데서 그녀를 사랑하고 있다는 것을 느꼈다. 이것이 내가 원하던 것이었다. 그러나 몇 분이 채 지나지 않아서 잉그리드는 다시 그와 나를 파묻어 버렸다.

연결짓고 해석할 수 있는 부부의 능력을 시험하기

나는 이 부부의 방어 유형에 대한 첫 해석을 시도했다.

"내 생각에 호스트는 자기 자신을 방어하기 위해 철수하는 것 같습니다. 만일 그렇다면, 그가 무엇으로부터 자신을 방어하고 있는지 알아보아야겠지요. 나는 그가 깊고 어두운 물웅덩이 밑바닥으로 숨어들고 있다고 느낍니다. 당신이 그에게 던지는 조약돌은 모두 그로 하여금 저 밑바닥에 머물러 있게 만드는 충분한 이유가 되는 것 같아요. 문제는 그가 감정적으로 너무 멀리 있기 때문에, 당신이 던진 조약돌이 그에게 어떤 영향을 미치는지를 알 수 없다는 것입니다. 그가 너무 멀리 떨어져 있기 때문에, 우리는 그것을 알 수가 없어요."

"오, 맞아요!" 그가 말했다. "저는 방어하고 있습니다. 마치 입을 다문 조개처럼 굳게 입을 다물고 있지요. 저는 물러나서 숨어요. 하지만 잉그리드가 무얼 어떻게 하기 때문에 제가 물러나는 것은 아니에요."

"잉그리드가 뭔가를 하겠지요." 내가 말했다. "그것이 옳건 그르건 그녀가 한 일이 있을 겁니다."

"그런 것 같기도 하네요." 그가 말했다. "그녀는 저를 비난하고 제게 무엇을 하라고 말하는 것 같아요."

잉그리드가 그의 말을 끊었다. "저는 그러지 않아요!" 그녀가 단호하게 말했다.

"잉그리드," 내가 말했다. "당신은 지금 호스트가 이제서야 말을 하기 시작했는데, 그의 말을 끊고 있어요. 나는 당신이 그가 말하는 것을 좋아하지 않는다는 것을 이해할 수 있습니다. 하지만 우리가 그의 말을 들을 수만 있다면, 그가 무엇에 대해 반응하는지를 알 수 있을 겁니다."

"아니에요. 전 그의 말을 끊지 않았어요." 그녀가 항의했다. "제가 이 한 가지만은 확실히 말할 수 있어요. 저는 정말

로 그를 비난하지 않아요. 그가 그렇게 말하는 것을 참을 수
없어요. 그는 말을 하지 않는다구요!"

　호스트는 철수한 상태로 앉아서 미소짓고 있었다.

나는 만일 내가 여기에서 잉그리드를 좀더 밀어 부친다면, 완
강하게 자신을 정당화하고 있는 그녀를 잃을 것이라는 점을
알고 있었다. 나는 내 자신이 비판을 수용할 수 있는 그녀의
능력을 과대 평가했다는 사실과, 그녀가 감당할 수 없는 비판
에 노출된 것에 대해 그와 나에게 분노하고 있음을 알고 있었
다. 나는 그의 말을 들을 수 없는 그녀의 무능력에 대해 놀랐
고, 우리는 그녀의 인내가 한계에 이르렀고 느꼈다. 그리고 나
는 또한 그녀가 잘못한 것이 전혀 없다고 말한 그의 주장이
불일치를 참지 못하는 그녀에 대한 적응 행동이라는 인상을
받았다.

　"당신은 그가 이런 것들에 대해 말할 때, 그에 대해 분노
를 느끼는군요?" 내가 물었다.

　"물론이죠." 잉그리드가 말했다. "저는 화를 내고 심지어
이따금씩 폭발하죠. 하지만 이 모든 것은 여러 해 전에 시작
되었어요. 저는 처음에는 그에게 화를 내지 않았어요. 여러
해 동안 저는 그것을 무시할 수 있었지요."

나는 그녀의 퉁명스런 언동이 그의 모든 행동을 자신의 뜻에
복종시킬 수 있다는 그녀의 생각에서부터 나온다고 느끼기 시
작했다. 나는 그녀가 어떤 점에서든 내가 그의 증오에 대한 책
임이 그녀에게 있다는 말을 할까봐 두려워하고 있다고 느꼈다.
나는 이 지점에서 약간 뒤로 물러서는 것이 좋겠다고 생각했다.

"나는 당신이 그를 철수하게 만든다고 말하지도 않았고, 또 그것이 당신 잘못이라고 말하지도 않았습니다." 내가 말했다. "내가 물은 것은 지금 그가 물러서도록 당신이 무엇을 했는가 라는 것입니다."

나는 그녀가 내 말을 받아들이지 않는 것을 알 수 있었다. 그리고 내가 말한 것이 전적인 진실도 아니었다. 나는 잉그리드가 미워졌다. 그것은 내가 그녀의 투사적 동일시를 받아들였기 때문이었다. 왜냐하면 이 감정은 근본적으로 그녀로부터 철수해 있는 조용하고 말없는 남편과의 관계에 갇혀 있는 그녀에 대해 동정심을 느끼고 있는 상황에서 일어난 것이기 때문이다. 물론 이런 생각 역시 또 하나의 투사적 동일시일 것이다.

윤곽을 드러내는 저항

나는 이 면담에서 첫 번째 실제적인 장애물에 부딪치게 되었다. 나는 그것이 다가오는 것을 보았고, 그것은 전 시간에 잉그리드가 왜 치료를 계속하기를 원치 않았는지를 확인시켜주었다.

내가 말했다. "나는 호스트가 무엇에 대해 반응했는지를 듣고 싶습니다: 그는 당신이 한 어떤 행동을 힘들게 느끼거나 또는 심지어 불쾌하게 느끼는 게 분명합니다. 그것이 사실이라는 것을 우리는 알고 있어요. 하지만 그것을 이해하기 위해서는 상세한 이야기가 필요합니다."

"저도 그가 말을 했으면 좋겠어요." 그녀가 말했다. "그는 도무지 말을 하지 않아요. 저는 그의 말을 듣고 싶어요. 저는 그가 말하는 것을 바라기 때문에 그의 말을 끊지 않아요. 미안하지만, 저는 그를 철수하게 만든 적이 없어요." "그에게 잘못이 있다고 말한 적이 없나요?" 내가 물었다.

"아니오. 아마도 몇몇 작은 일에 대해서는 말했겠죠. 하지만 기본적으로 저는 많은 시간을 혀를 깨물고 지내죠."

호스트가 다시 얼굴을 찡그리고 있었다.

"그래요?" 내가 그에게 물었다. "그녀가 당신에게 무슨 말을 하던가요?"

"오, 그녀는 완강해요." 그가 말했다. "그녀는 자기가 무슨 생각을 하는지를 알아요. 그것은 좋아요. 내 말은 그건 중요하지 않다는 거죠. 나는 그것을 견딜 수 있어요. 그녀는 그만큼 좋은 사람이거든요."

호스트는 나를 설득하려고 미소를 짓고 있었으며, 내게 앞뒤가 맞지 않는 말을 하고 있었다. 그리고 그가 명령받고 있다는 느낌과 그의 철수를 정당화해주는 내 말에 저항하고 있었다. 그는 그를 철수 상태로부터 끌어내고자 하는 나의 시도에 전혀 반응하지 않고 있었다!

나는 내가 곤경에 처해 있으며 동시에 치료 작업 영역 안에 들어와 있음을 깨달았다. 그러나 나는 잉그리드를 너무 노골적으로 자극했다고 느꼈고, 그것은 곧 반격을 불러올 수 있는 것이었다. 나는 지난 치료 회기부터 그녀의 이미지를 분노하는 여성으로 그리고 있었다. 나는 그녀의 합리성이 한계점에 와 있다고 느꼈다.

잉그리드는 계속해서 자신을 방어했다. "예를 들자면." 그녀가 말했다. "제가 호스트에게 어떤 일을 해달라고 하면, 그는 '지금은 말고 20분 후에 할께'라고 말해요. 그래서 그 일이 미루기 어려운 중요한 일이면, 제가 하고 말아요."

"그건 그래요." 호스트가 인정했다. "아이들을 차로 데려다 주는 일이 아니라면요. 그런 일은 곧바로 하지요. 제가 꽤 자주 일을 미루기는 해요. 그렇지만 중요한 일은 미루지 않아요."

나는 그가 지금 이 순간에 매우 잘 적응하고 있다고 생각했다. 그는 매우 합리적으로 보였다.

잉그리드가 말했다. "예컨대, 제가 아이들에게 밥을 먹이는 일을 그에게 도와달라고 하면, 그는 '20분 있다가 할게'라고 말하지요. 하지만 세살 짜리 아이는 기다리려고 하지 않아요. 그래서 제가 하고 말아요."

각 배우자가 기여하는 부분을 조사하기

"사실을 말하면요." 호스트가 마침내 시인했다. "그녀가 제게 하라고 하는 것은 무엇이든지 하고 싶지 않아요. 그것은 눈에 띄지 않게 그녀를 괴롭히는 제 방식이죠. 그것은 제가 부모님에게 저항하던 방식이기도 하구요. 제가 부모에게 반대 입장을 취할 때 사용하던 방법을 그녀에게도 사용하고 있어요. 그러나 그건 그녀의 잘못 때문이 아니에요. 저는 누구에게라도 그렇게 했을 거예요."

나는 안심했다. 호스트가 시인함으로써 잉그리드는 책임을 벗을 수 있었다.

잉그리드가 고개를 끄덕였다. 그녀는 자신이 무죄임을 확인 받고 있었다. 그녀가 말했다 "그것은 저의 증오에서 시작된 것이 아니에요. 그건 그가 철수하고 난 후에 그리고 성교를 하지 않은지 10년이 지난 후에 시작된 것이었어요. 먼저 그가 제게 대해서 관심을 끊었어요. 저는 그냥 살아보려고 했죠. 저는 '아마도 이게 내 팔자인가 보다. 그는 좋은 사람이야. 나보다 더 불행하게 사는 여자들이 얼마든지 있어' 라고 생각했죠. 그래서 전 제 감정을 억눌렀어요. 하지만 나중에 저의 좌절감은 분노로 변했지요. 물론! 지금 저는 그가 제 분노로부터 철수했다는 것을 알겠어요. 그렇지만 그건 제가 시작한 게 아니에요. 그가 시작했다구요!"

나는 잉그리드가 필요로 하는 것은 바로 내가 이 모든 것을 이해하는 것이라고 분명하게 느꼈다. 만일 내가 그럴 수 없다면, 그녀는 자신이 비난당하고 있다고 느낄 것이다. 그녀의 간청은 오해를 바로 잡는 것 이상이었다. 그것은 그녀가 자신의 존엄성의 한 조각을 지킬 수 있기 위해 이해 받기를 바라는 것이었다. 나는 내가 그녀의 잘못에 초점을 맞춤으로써 길을 잘못 들었다가 천천히 제 길을 찾아 나오면서, 이제는 그녀가 들을 수 있도록 말하는 지점에 더 가까워지고 있다고 느꼈다.

내가 말했다. "당신이 무슨 말을 하는지 이해할 수 있어요. 잉그리드. 당신은 여러 해 동안 공격받고 무시당하면서 차츰 분노를 갖게 되었다고 느끼는군요. 우리는 이제 이 모든 것이 어떻게 시작되었는지 이해할 필요가 있습니다. 그렇지만 지금 우리는 현재의 문제로부터 시작해야겠지요. 다시 말해, 호스트가 당신으로부터 철수하는 문제와 주기적으로 반복되는 분노의 문제부터 다루어야 합니다."

"좋아요." 그녀가 동의했다. "그가 철수하는 것은 제가 화를 내려고 하기 때문이라는 것을 이제 알겠어요. 그렇지만 그건 어쩔 수가 없어요."

상처에 대한 이해와 설명으로 옮겨가기—
"이유를 설명하는 절"

이제 나는 내가 잉그리드로부터 물러서고 있다는 것을 마침내 깨달았다. 그리고 나는 그녀가 아무리 합리적인 남자라도 거부할 수밖에 없는 잘난 척하는 여자라는 것을 증명해 보이려고 했던 나의 시도를 멈추게 되었고, 따라서 좀더 편안한 기분이 되었다. 이런 변화로 인해 나는 좀더 공평하게 말할 수 있게 되었다.

내가 계속해서 말했다. "나는 지금 잉그리드 당신의 분노는 호스트와 접촉하기 위한 시도라고 생각합니다. 그것은 무시당하고 주목받지 못한데 대한 좌절감에서 오는 것이지요. 그러나 그때마다 그는 공격당했다고 느끼고 깊은 조개껍질 속으로 후퇴하고 말아요(여기서 나는 그의 언어를 사용했다). 그러므로 당신 두 사람은 결국 잉그리드는 좋고, 바르고, 합리적인 반면, 호스트는 수동적으로 저항하는 나쁘고, 반항적인 소년이라는 믿음을 만들어내고 있습니다."

호스트가 고개를 끄덕였다. "그래요. 저는 수동적이에요. 그 것은 저의 분노를 그녀에게 알리기 위한 거죠." 이제 그의 웃음에 장난 끼가 흐르면서 그의 닫힌 마음이 열리고 있었다.

내가 말했다. "당신 두 사람은 잉그리드는 좋고 희생자인 반면, 호스트는 나쁘고 해를 가져온다는 생각으로 되돌아가 는 것이 친숙하고 편하다고 느끼고 있습니다."

그들은 모두 고개를 끄덕였다.

치료자의 도움으로 좀더 완전한 연결을 맺기

"그렇지만, 저는 그에게 상처를 주는 일은 하지 않아요." 잉그리드가 말했다. "아니면 적어도 그가 저를 화나게 할 때 만 그에게 화를 내요."

잉그리드는 다시금 자신을 방어하고 있었고, 나는 다시 한번 공유된 투사적 동일시가 얼마나 강력한 것인지를 느꼈다.

내가 말했다. "그것은 당신이 좋은 사람이어야 한다는 생 각 때문이지요. 그렇지 않으면 당신 두 사람 모두가 선함에 대한 느낌을 상실할 테니까요. 만일 잉그리드마저 나쁜 사람 이 되면, 선함은 어느 곳에도 없게 되겠지요. 당신은 선함이 호스트 안에 없다는 생각에 동의하고 있거든요. 당신은 자신 의 결혼 안에 있는 좋은 것을 그런 식으로 지키고 있습니다.

그런데 그 방법은 호스트가 자신을 나쁘다고 느껴야만 하는 대가를 치러야 합니다. 그것은 그로 하여금 껍질 속에 들어가 숨게 만들지요.

나는 호스트에 대해서는 조개껍질 안의 진주라는 환상을 가졌는데, 그것은 비록 주변의 보호막으로 싸여져 있지만, 곧 강제로 추출될 것이라고 느껴졌다. 그리고 나는 그 진주가 사정을 하기 전에 떨어지는 정액과도 같다는 생각이 들었다. 물론 잉그리드는 호스트의 씨와 성을 원했지만, 진주를 얻고자 하는 그녀의 시도를 그는 공격적인 것으로 인식했고, 따라서 그는 진주를 만드는 조개에서 아무 것도 만들어내지 못하는 보통 조개로 변하고 말았다.

내가 계속해서 말했다. "잉그리드, 당신은 호스트의 껍질 속에서 진주를 보고 있습니다. 그래서 당신은 보석을 얻기 위해 그를 쳐부수려 하고 있습니다. 그것이 없이는 당신이 사랑하는 진짜 호스트를 잃어버릴 거라고 느끼기 때문입니다. 그리고 그 진주는 그가 자신의 빈약한 자존감을 모두 끌어 모아 가지고 있는 장소입니다. 왜냐하면 당신 두 사람이 그가 나쁘다는데 동의했기 때문이지요. 그래서 그가 좋은 것을 가지려면, 그는 그것을 성적 감정 안에 감추어둘 수밖에 없습니다. 그러면 당신은 그 진주를 얻으려고 노력하게 됩니다. 그가 그것을 당신과 나누지 않는다면, 당신 자신도 좋다는 느낌을 가질 수 없기 때문입니다. 그렇지만 당신이 그렇게 할 때, 그는 당신에 의해 공격받는다고 느끼고, 당신이 그에게서 그것을 빼앗으려 한다고 느낍니다. 그러면 그는 더욱 방어하게 되죠. 그러면 당신은 다시 한번 완전히 거절당한 것으로 느끼게 되고, 이렇게 해서 악순환이 계속되는 것입니다. 이 악순환에서 벗어나는 길을 찾아야겠는데, 아직은 이것이 계속되고 있습니다."

부부의 방어 유형에 대한 작업

잉그리드와 호스트가 고개를 끄덕였고, 잠시 동안 침묵이 흘렀다. 그리고 나서 잉그리드가 말했다. "우리가 싸우는 실제 문제에 대해 말하지요: 그의 운전 습관이에요! 그는 난폭 운전자예요. 그의 어머니는 항상 뒷좌석에 앉지요. 그녀는 그가 운전할 때면 절대로 앞자리에 앉지 않아요. 나는 그에게 소리를 지르고 바가지를 긁죠. 두 달 전에, 그는 다시는 앞차에 바짝 붙어 차를 몰거나, 과속하거나, 급하게 출발지 않고, 또 코너에서는 속력을 줄이기로 동의했어요. 그리고 완전히 달라졌죠."

호스트가 자신의 무죄를 입증하기라도 하듯이 손바닥을 위로 펼치는 몸짓을 했다.

내가 말했다. "당신은 동의하지 않는군요?"

호스트가 말했다. "저는 제 운전이 크게 달라졌다고는 생각하지 않아요. 그러나 그녀는 편해졌고, 그게 감사해요."

"오, 세상에!" 잉그리드가 말했다. "우리는 그 문제에 대해 이야기를 했고 당신이 동의했다구요. 그리고 그때부터 달라졌어요."

"그렇게 운전한 것이 언제부터죠?" 내가 물었다.

"그는 언제나 그렇게 운전했어요." 잉그리드가 말했다. "우리가 데이트 할 때에, 한번은 말다툼 끝에 제가 차에서 내려 집까지 걸어가겠다고 협박한 적도 있어요. 하지만 꼭 한번이에요."

호스트가 말했다. "저는 그때 제가 운전을 그렇게 나쁘게 했다고는 생각하지 않아요."

"그럴 수가 없었겠죠." 내가 말했다. "당신들은 각자 결혼하기 위해서 자신의 증오를 숨긴 채, 서로를 이상화하고 사랑했어야 했으니까요. 모든 사람들이 그렇게 하지요. 그렇지 않으면 아무도 결혼할 수 없을 거예요."

내가 하는 말마다 그들에게 전달되는 것을 보면서 나 자신이 마치 승리자가 된 듯한 기분을 느꼈다.

호스트는 고개를 끄덕였고, 나는 계속했다. "일단 당신들이 결혼한 후에, 당신들은 서로의 덫에 걸렸습니다. 잉그리드 당신은 그의 고약한 운전 습관에 사로잡혔고 호스트 당신은 그녀가 당신에게 어떻게 운전해야 한다고 말하는데 사로잡혔어요. 그때가 바로 숨겨진 증오가 표면으로 떠오르기 시작한 때였지요."

"그것은 크게 중요한 문제가 아니에요." 호스트가 말했다. "문제는 내가 그것을 견딜 수가 없다는 거예요. 여기에 더 큰 문제들이 있어요."

"아니오. 이것은 삶의 문제입니다. 당신 두 사람이 함께 사는 삶 말이에요." 내가 말했다. "누가 아이들에게 점심을 차려줄 것이냐와 차를 어떻게 모느냐라는 문제는 함께 가는 것이죠. 말하자면, 그것은 당신들의 관계를 나타내는 수단입니다." (이번에는 잉그리드가 고개를 끄덕였고, 호스트는 의심스럽다는 표정을 했다.) "그러므로 이 문제를 자세히 검토해볼 필요가 있습니다. 나는 자동차와 말다툼 그리고 사소한 집안 일에 대해서 더 듣고 싶습니다. 지금 내게는 당신들의 다툼이 이런 것이구나 하는 생각이 들기 시작하는데요. 당신들은 그 다툼을 아주 사소한 일로 생각하고 있음에도 불구하고, 그것 때문에 감정이 상처받고 자신들이 오해받고 있다고 느끼는 것 같습니다. 제 생각에 그것들은 대단히 중요한 문제이며 두 사람 모두에게 깊은 영향을 미치는 것 같습니다. 나는 그것들을 깊이 생각해 본다면 선함은 잉그리드가 떠맡고 그리고 악함은 호스트가 떠맡는다는 사실을 이해할 수 있을 거라고 생각합니다."

끝날 시간이 다 되어 다음 회기를 위한 약속 시간을 확인하자 호스트는 새로운 고객과의 약속 때문에 시간을 변경할 것을 요구했다. 내가 다른 시간을 잡으려고 했지만, 그는 그 시간에도 올 수 없다고 말했다. 그는 나에게 그 시간에 대한 치료비를 지불하지 않아도 되도록 그 시간을 다른 면담으로 대체해달라고 압력을 가했다.

나는 평가면담 기간에 느꼈던 것과 같은 종류의 압력을 느꼈고, 머리가 무거워졌다. 나는 그 시간에 다른 면담을 잡아보도록 노력하겠다고 말했는데, 이것은 내 방침이 아니었다. 사실, 호스트는 그가 내는 치료비가 그만한 가치가 있으며 그의 생애에서 가장 중요한 것이라고 말했고 이 치료에서 도움을 받지 못하면 이혼하게 될 거라고 말하기도 했다. 만일 이 치료에서 도움을 받지 못하면, 그들은 이혼하게 될 것이다. 그러나 그럼에도 불구하고, 그는 내가 싫어하는 것을 알면서도 그들에게 적응해주기를 요구하고 있었다.

나는 호스트의 요청을 들어주겠다고 말했다.

그 회기를 마치고 나서, 나는 내가 무의식적으로 조종당했음을 깨달았다. 그것은 그가 내게서 억지로 동의를 얻어냈다는 생각 때문이었는데, 나는 그것에 대해 일종의 증오 감정을 느꼈다. 나는 내가 그들에게 한 말을 무시한 채 그 시간을 다른 사람과의 면담으로 채우고 그들에게 치료비를 부과하지 않는 것이 부정직한 행동이라는 생각으로 인해 나 스스로가 구속당하고 있다고 느꼈다. 나는 서서히 그들이 치료의 틀과 나의 작업 방식을 교묘하고 우회적인 방식으로 비틀면서 다시 한번 내 안으로 침범해 들어온 것을 깨달았다. 물론, 나는 이런 상황이 증오스러웠다. 그러나 나는 이 경험이 그들 부부관계 안에서 일어난 것과 같은 것이라는 사실을 깨달았다. 잉그리드는 늘 그런 감정을 경험하고 있었고, 자신의 증오를 억압하도록 강요당해왔으며, 그것에 대한 반응으로 더욱 통제적이 되어왔다. 그리고 호스트는 자신을 통제하고자 하는 그녀의 욕구를 느끼면서, 그녀가 제공하는 틀에 대해서는 무엇이든지 저항했다. 나는 이런 관계 안에서 살아가는 삶이 결코 쉽지 않을 것이라고 추측할 수 있었다.

나는 우리가 아직도 고비를 넘기지 못했다는 것을 알 수 있었다. 나는 조종당하고 있다는 느낌 때문에 당혹스러웠다. 효과적인 공격이 언제나 그렇듯이, 이 공격은 치료의 구조 중 취약한 부분에 대해 이루어졌다. 그 공격은 지키지 못한 약속 시간에 대해 돈을 받는 것이 정당한 것인가라는 문제와 관련된 것이었다.

나는 이 문제에 대해서 "작업을 위한 양가감정"(working ambivalence)을 갖는데, 이것은 최선의 치료를 할 수 있게 하는 내적 개방성을 의미한다. 파트타임 치료자로 일하고 있는 나는 취소된 시간을 다른 사람과의 면담으로 채우려고 애쓰고 싶지 않았다. 그렇지만 나는 이 문제로 심한 압박감을 느끼는 부부의 심정을 충분히 공감할 수 있었다. 그래서 나는 각 환자나 부부의 특정한 전이를 고려해서 내 자신의 양가감정에 대해 재작업을 시도하곤 한다. 여기서 나는 그들이 시간을 바꿀 수 없는 빠진 회기에 대해 돈을 받는 나의 방침을 알면서 내게 치료받기를 원했다는 사실이 기억났다. 나는 마치 그들 각자가 결혼의 틀이 상대방에 의해서 공격받고 있다고 느끼는 것처럼, 그들이 나의 치료적틀—그리고 그 틀에 대한 나의 헌신—을 공격하고 있다고 느꼈다.

세 번째 회기: 새로운 안아주기와 이해를 필요로 하는 투사적 동일시

우리는 주 2회 면담을 하기로 계획을 잡았는데, 그것은 성치료를 염두에 둔 것이었다. 나는 이 치료계획이 이들 부부의 위기상황에 적절하고, 특히 장기 치료에 적합하다고 느꼈다. 나는 최근에 전이의 효과를 증가시키기 위해서 매주 두 번씩 부부치료를 하는 것이 좋다고 주장한 잭 그랠러(Jack Graller)와 토론한 일이 있는데, 그 일도 내게 영향을 미쳤다. 그러나 우리는 지난 회기가 끝날 무렵에 이야기한 대로, 지난 주에 한 번 빠졌기 때문에 이번 회기는 한 주 만이었다.

저항에 대해 다시 작업하기

잉그리드가 이야기를 시작했다. "제가 묻고 싶은 게 있는데요—아마도 대답할 수 없을지 모르지만요—하지만 저는 돈이 걱정 돼요. 이 치료가 얼마나 계속될 거라고 생각하세요? 어떤 지침을 좀 주실 수 있겠어요?"

내가 말했다. "당신은 시작부터 이 치료가 얼마나 계속될지 궁금해하는군요. 그것이 단지 돈 문제인지, 아니면 이 치료가 도움이 될 수 있을 지에 대한 문제인지 궁금하군요."

그녀가 대답했다. "우리는 저축한 돈을 치료비로 쓰고 있어요. 우리는 선생님에게 우리를 의뢰한 치료자를 포함해서 다른 치료자에게 여덟 달 동안 치료를 받고 있어요." 그녀는 눈물을 흘렸고 눈물을 닦고 나서 다시 말했다. "이 치료는 우리에게 아주 중요한 일이지만, 우리는 지금 저축한 돈으로 치료비를 내고 있어요. 그리고 집안의 도움이 없이 해야 해요. 또 우리는 보험도 없어요."

내가 말했다. "확실한 것은 아니지만 대략적으로 말해 드리죠. 공식적인 성치료라면 3개월에서 8개월 정도 걸릴 수도 있고, 또는 아마도 그보다 조금 더 길게 걸릴 수도 있어요. 나중에 다른 치료가 필요할 수도 있는데, 그 또한 성치료와 비슷한 기간이 걸리죠. 그렇지만 부부치료에 정해진 시간표란 없습니다. 어떤 의미에서, 치료가 잘 진행되면, 그렇지 않은 경우보다 훨씬 더 길어지는 경향이 있죠."

잉그리드가 말했다. "그러니까 제 잘못이군요. 만일 우리가 성치료를 했더라면, 빨리 끝낼 수 있었을 텐데요. 제가 치료 기간을 연장시킨 건가요?"

내가 말했다. "나는 그렇게 말하지 않았어요. 당신은 지금 당신이 서 있는 곳에서 시작해야 합니다. 당신 마음 내키는 대로 성치료를 받을 수 있는게 아니라 먼저 해야 할 치료가 있는 겁니다. 또 그것이 얼마나 걸릴지도 알 수 없습니다. 나중에 좀더 잘 알 수 있게 된다면, 그때 기꺼이 말해 드리지요. 호스트, 당신은 이 점에 대해 어떻게 생각하세요?"

호스트가 말했다. "우리에게 돈이 부족한 것 사실이지만, 이 치료가 더 중요합니다. 저는 우리가 치료를 꼭 받아야만 한다고 생각해요. 그래서 돈 걱정은 하지 않습니다. 다시 말하지만, 저는 결코 염려하지 않아요."

"사실이에요." 잉그리드가 말했다. "그는 염려하지 않아요. 그는 염려를 제게 맡기지요. 그는 돈에 대해 몰라요."

내가 말했다. "치료가 진행되면서 이 치료가 도움이 되는지를 알게될 겁니다. 치료의 진행에 대한 감각 없이 무한정 치료를 하자는 게 아닙니다. 그러나 나는 몇 개월 동안은 우리의 문제를 이해하려고 애를 쓰는 시간으로 삼고, 판단을 유보하는 것이 좋다는 말씀을 드리고 싶습니다. 그러면 우리는 좀더 적극적으로 치료가 어떻게 진행되어 가는지 그리고 어디로 가고 있는지 평가할 수 있을 겁니다."

부부가 치료 안으로 가져오는 전형적인 불일치

침묵이 흘렀다. 많은 부부들이 그렇듯이, 그들은 구조의 결핍으로 인해 치료 초기에 어디로 가야할지 몰라서 약간 허둥댔다. 나는 몇 분간 침묵이 흐르도록 허용했다. 그리고 나서 그들에게 약간의 방향 감각을 제공했다. 나는 그들에게 그들 사이에서 어떤 일이 일어나고 있는지, 지난 주 치료 후에 그들의 느낌이 어땠는지에 대해 물어보았다.

잉그리드가 말했다. "아무 것도 일어나지 않았어요. 전혀 달라진 게 없다는 말이죠. 우리는 여기를 떠났고, 마치 아무 일도 없었던 것 같아요. 우리는 한 주간 동안 그저 좋은 룸메이트처럼 지냈어요."

호스트가 말했다. "이번 주에 한 가지 다른 점은 제가 신체적으로 잉그리드와 더 가까워진 것입니다. 저는 그녀와 더 가까워지고 접촉하고자 노력했어요."

"언제요?!" 잉그리드가 물었다. "언제 그랬는지 말해 봐요. 당신은 이전과 전혀 다르지 않았어요."

"글쎄, 이번 주에는 노력을 했다구." 호스트가 말했다.

"예를 들어보세요. 당신은 이번 주에 사흘을 외박했어요. 당신이 아침에는 스포츠 면을 읽었고 다른 날 저녁에는 볼링을 한 것 외에 다른 게 있나요?"

"글쎄, 나는 노력을 했다구요." 호스트가 다시 말했다. "그렇지만 만일 당신이 그렇게 느끼지 않는다면, 내가 노력을 하지 않은 거겠지. 당신이 그렇게 생각한다면, 내가 잘못 생각한 게 분명해."

처음에, 나는 호스트와 동일시되는 느낌을 가졌다. 그리고 나서는 그를 사용할 수 없는 사람이라고 느끼면서 잉그리드와 동일시되는 느낌을 가졌다. 나는 내가 그곳에 없었기 때문에 호스트가 좀더 노력을 했는지 안 했는지에 대해 알 수 없었다. 그리고 내가 만일 그곳에 있었더라면, 그가 부재하다는 느낌을 갖고 있는 잉그리드와 동일시할 수 있었을지에 대해서도 말할 수 없었다. 나는 전혀 다른 두 이야기가 전개되고 있다고 느꼈다. 그러나 나는 호스트가 그의 증오를 억압하면서 뒤로 물러나는 모습에 충격을 받았다.

　내가 말했다. "이것은 문제를 해결하는 좋은 방법이 아닙니다. 당신이 그렇게 말하면, 나는 당신이 자신의 분노를 어떻게 다루는지 알 수가 없습니다. 지난 주에 호스트의 태도에 차이가 있었는지에 대한 문제를 좀더 탐색해 보도록 합시다."

　"당신이 나와 접촉한 적이 있다면, 그게 언제였는지 하나만 말해 보세요." 잉그리드가 말했다. "단 한 가지만요."

　"좋아요." 호스트가 말했다. "어제였어! 어제 나는 당신과 함께 소파에 앉았지."

　"우리는 어제 그저 텔레비전을 보았을 뿐이에요." 그녀가 말했다. "그건 아무 것도 아니었죠. 글쎄요. 우리가 함께 소파에 앉기는 했지만, 당신은 나와 접촉하지 않았어요. 안됐군요. 아마도 당신은 보통 때처럼 나를 혼자 두지 않고 함께 앉아준 것에 대해 내가 감지덕지할 거라고 생각했나보군요."

　"자, 아시겠어요?" 그가 내게 말했다. "그녀는 그것을 느끼지 못했어요. 그러니까 그뿐이에요. 그건 일어나지 않은 거죠. 저는 제가 그녀를 접촉했다고 생각했지만, 아마도 그렇게 하지 않았나 봐요."

　내가 말했다. "결국 친밀함의 문제가 당신들의 취약한 부분 같군요. 지금 내가 말할 수 있는 것은 두 사람 모두 친밀함을 경계하는 것으로 보인다는 것입니다."

　"아니에요." 잉그리드가 말했다. "나는 그와 좀더 가까워지기를 원해요. 나는 그것을 갈망해요! 나는 친밀함을 아주 좋아해요. 그렇지만 그는 친밀해지기 위해 아무 것도 하지 않아요. 그가 무언가를 한다면 얼마나 좋겠어요! 그렇지만 그건 자발적인 것이어야 해요. 저는 제가 요구하기 때문에 그가 하는 것은 원치 않아요. 나는 그것이 썩 훌륭하지 않아도 괜찮아요. 그는 그런 일에 별로 능숙하지 않으니까요."

나는 우리가 다시 잉그리드의 불합리한 요구를 다루고 있다고 느꼈다. 그녀는 그로부터 어떤 몸짓을 원하면서도, 그녀가 바라는 것이 아니면 무가치한 것으로 간주했다.

잉그리드가 계속 말했다. "제가 그에게 꽃을 보내달라고 했어요. 그는 제게 꽃을 보내곤 했죠. 제가 그를 처음 만났을 때, 그는 2년 동안 거의 날마다 제게 꽃을 선물했어요. 지금 그는 제게 꽃을 선물하는 것을 완전히 잊어버렸어요. 그래서 제가 힌트를 흘렸지요. '당신이 이따금씩 내게 꽃을 선물한다면 얼마나 좋을까.' 그가 집에 오면서 잡화점에 잠시 들리기만 하면 되거든요. 꽃집이 집에 오는 길에 있는데도 그는 꽃을 사지 않았어요. 여러 해 동안 나는 꽃을 받지 못했다구요."

호스트가 말했다. "지난 삼 개월 동안 내가 꽃을 두 번이나 보낸 건 어떻고."

"그것에 대해 말해 봐요!" 그녀가 말했다.

"내가 꽃 전문가에게 주문을 해서 당신 생일에 꽃을 보냈잖아." 그가 말했다.

"그렇지만 그게 문제예요. 당신은 꽃 전문가에게 주문해서 꽃을 보냈어요. 난 그것을 원치 않아요. 그건 비싸잖아요! 내가 무엇을 원하는지도 당신에게 말했어요. 내가 원하는 건 당신이 집에 오다가 상점에 들려서 몇 송이의 꽃을 사다주는 것이었다고요. 당신은 예전에 2년 동안 거의 날마다 그렇게 했어요. 그게 아주 좋았어요. 그런데 이제 당신은 시간을 내려고 하지 않아요."

"그건 아니지." 그가 반박했다. "당신이 원한다면, 나는 그렇게 할 수 있어. 그렇지만 우리가 처음 사귈 때, 우리는 가난했고 그래서 길가에서 당신에게 꽃을 사줄 수밖에 없었던 거라구. 그러나 꽃 전문가에게 주문한 꽃이 훨씬 더 예뻐요. 나는 지금 당신에게 더 좋은 것을 주고 싶은 거라구."

"어쨌든, 당신은 그저 당신 비서에게 줄 꽃을 사면서 내게도 꽃을 사준 거라구요." 나를 돌아보면서 그녀가 설명했다. "그녀가 우리를 위해 좋은 일을 했기 때문에 그녀에게 꽃을 사주라고 제가 호스트에게 말했거든요. 그녀의 꽃을 사다 보니까 제 생각도 난 거죠 뭐."

"그건 아니지." 그가 항의했다. "내가 잡화점에서 꽃을 사서 비서에게 주고 나서, 당신에게 좀더 좋은 꽃을 사주고 싶었기 때문에 별도로 꽃집에 들렀던 거야."

"나는 잡화점에서 산 꽃이 더 좋아요." 잉그리드가 대꾸했다. "그리고 나는 당신이 나 때문에 그렇게 많은 시간을 보내는 것을 원치 않아요. 샤르프 박사님, 선생님도 알다시피, 그게 문제예요. 그는 제가 원하는 것을 하지 않아요. 어쩌다 그가 하는 일은 제가 원하는 게 아니에요!"

나는 우리가 이전에 경험했던 것과 똑같은 문제에 걸려 있다고 느꼈다. 이 순간에, 나는 호스트에게 동정심을 느꼈고 잉그리드에게는 반감을 느꼈다. 그렇지만 나는 그가 지난 주 내내 잉그리드와 가까워지려는 마음 상태를 유지했었는지 확신할 수 없었다. 나는 사랑의 증거로 날마다 꽃을 보내라고 추천하지는 않았겠지만, 꽃은 그들 사이에서 동의된 언어인 것처럼 보였다. 여러 해 동안 그는 자신을 사랑한다는 증거를 보여달라는 그녀의 요구를 만족시켜주지 않았고, 심지어 그가 사랑하는 것처럼 행동하지도 않았다. 그러나 막상 그가 그런 행동을 했을 때, 그녀는 그것이 자신이 원하는 행동이 아니라고 했다. 나는 쉽게 호스트의 입장과 동일시되었다.

무엇보다도, 나는 잉그리드를 정말 어쩔 수 없는 여자라고 느꼈다. 나는 이러한 내 감정이 호스트와의 순간적인 동일시로 인해 발생했으며, 호스트의 철수와 밀접하게 관련되어 있다고 생각했다. 나는 그가 자신의 반응을 좀더 직접적으로 표현하도록 격려하고 싶었고, 아마도 그것은 일종의 분노일 거라고 생각했다. 나는 호스트에게 질문했다.

다시 시도하기: 관찰 범위의 확장과 방어 패턴에 대한 시험

"잉그리드가 당신이 잘못했다고 말했을 때, 당신의 느낌은 어떤 것이었죠? 당신은 그녀에게 몇 번 꽃을 사주었는데, 그녀는 '그게 자신이 원하는 방법이 아니다'라고 말하고 있습니다."

호스트가 나를 보며 말했다. "저는 꽃 전문가에게서 산 꽃이 더 예쁘다고 생각했어요. 하지만 그녀가 제가 야채가게에서 직접 골라서 산 꽃을 받기를 원한다면, 앞으론 그렇게 하죠, 뭐."

"화가 나거나 조금도 신경이 거슬리지 않으세요?" 내가 물었다.

"아니오. … 글쎄요. 아마 조금은. 그것은 말할 수 없어요. …

잉그리드는 비판받는 것을 싫어해요." 그는 어이가 없다는 듯이 나를 바라보았다. "제가 그것을 말하기를 원하세요?"

잉그리드가 끼어 들었다. "저는 그가 무엇을 생각하고 무엇을 느끼는지 전혀 알 수가 없어요. 그는 모든 것을 혼자서 간직해요. 그는 혼자 고고한 사람이에요! 전 그에게 말을 할 수가 없어요."

이 순간에, 나는 잉그리드에 대해 조금 다르게 느꼈다. 그녀가 거듭해서 호스트의 말을 중단시키고, 그가 말하는 것을 모두 부인하는 그녀에 대해 좌절감을 느끼면서, 나는 불편한 느낌을 가졌다. 지난 면담 시간을 통해서 나는 그녀를 계속해서 직면시킬 수 없다는 것을 알고 있었다. 그녀가 그의 말을 중단시켰다고 내가 말하면, 그녀는 그것을 부인했다. 나는 호스트가 자신의 분노에 대해 그녀에게 말할 수 없을 거라고 느꼈는데, 그것은 그가 분노를 느낄 수 없었기 때문이다. 이제 나는 그가 분노를 억압한 이유 중에는 그녀가 그것을 견디지 못한다는 부가적인 이유가 있었음을 알게 되었다. 부부의 투사적 동일시가 가져오는 왜곡을 제거해내면서 그리고 근저의 동기를 명료하고도 공감적으로 이해하기 시작하면서, 나는 갑자기 잉그리드가 가장 두려워하는 것이 무엇인지 궁금해졌다. 무엇 때문에 그녀는 호스트의 노력을 부인하고, 계속해서 그가 잘못했다고 말하는가? 이 질문을 나 자신에게 할 수 있었을 때, 나는 좀더 여유가 생겼고 마침내 지난 세 회기보다 훨씬 더 공감적으로 질문할 수 있게 되었다.

연결을 짓고 다시 동맹 관계를 확립하기

"잉그리드, 내 생각에 당신을 가장 힘들게 하는 것은 바로 호스트가 당신의 분노를 돋군다는 생각 같아요. 그가 느끼는 것을 당신에게 말하지 않을 때, 당신은 좌절하고 분노합니다. 그가 말을 덜할수록 당신은 더 많이 화가 치미는 것 같아요."

잉그리드는 눈물을 글썽이며 나를 바라보았고, 잠시 침묵했다. "맞아요. 그 말이 맞는 것 같아요. 저는 화내는 사람이 되고 싶지 않아요. 예전엔 그렇지 않았어요. 전 그런 제가 싫어요. 지금의 제 모습이 싫어요." 그녀가 울기 시작했다.

우리는 마침내 그녀가 "내 치료 계획"이 마음에 들지 않는다고 말한 후, 처음으로 같은 생각에 도달했다고 느꼈다. 나는 그녀가 편안해진 것을 알 수 있었고, 그녀는 마치 내가 마침내 맞는 생각을 했다는 듯이 긍정적인 시선으로 나를 바라보았다. 나는 호스트를 흘깃 쳐다보았는데, 그는 내가 말한 것을 언짢아하는 것 같지는 않았다. 나는 지지받는 느낌이 들었다.

내가 계속했다. "그때 당신은 그에게 모욕당했다고 느끼는군요. 그리고 그것이 당신을 화나게 하는데, 화가 난 당신은 스스로 생각하는 자신의 모습이 아니죠. 그는 당신이 되고 싶어하는 모습대신 그저 화를 내는 사람으로 당신을 만드는군요. 당신은 마치 그가 당신에게서 사랑만이 아니라 당신 자신까지도 빼앗는다고 느끼는 것 같아요."

"제가 그것 때문에 굴욕감을 느끼는지에 대해서는 잘 모르겠습니다. 하지만 저는 그가 아무 말도 하지 않으면 어느 새 화가 나 있는 제 자신을 발견하게 돼요. 당신이 말했듯이, '저는 항상 화만 내고 있는 것 같아요.'"

나는 그녀가 다시 한번 내가 이해한 것이 정확하지 않다는 것을 보여주려고 시도하고 있음을 깨달았다. 그럼에도 불구하고, 자신의 생각을 말하는 그녀의 태도는 전보다 덜 방어적으로 보였고, 내가 한 말에 대해 생각해보고 틀린 내용을 정정해주는 일반적인 모습으로 느껴졌다. 나는 이런 그녀의 태도를 함께 작업하는 과정에서 일시적으로 발생하는 것이라고 느꼈다. 시간이 거의 끝날 때가 되었으므로, 나는 호스트에 관한 이야기를 해야겠다고 생각했다.

내가 말했다. "잉그리드, 당신의 말이 맞는다고 생각해요. 그리고 그것이 내가 호스트에게 그의 분노에 대해 좀더 솔직하게 이야기하라고 격려한 이유라는 것을 당신이 알았으면 합니다. 내 생각에, 그는 당신에게 화가 나 있습니다. 우리는 그가 다른 사람이 자신에게 말하는 것을 견딜 수 없다는데 동의했고, 당신은 그 점을 매우 증오하고 있으며, 그래서 그에게 할 말이 아주 많다는 사실에도 동의했습니다. 그런데 그가 하는 일이라곤 입을 다물고 안으로 들어가 버리는 것뿐입니다. 그래서 당신은 그의 진주를 얻을 수 없습니다. 그게 바로 우리가 지난 주에 이야기한 것입니다.

"호스트, 당신이 말하지 않는 가장 중요한 이유는 당신이 너무나 심하게 화가 나 있기 때문입니다. 당신은 입을 다무는 것을 통해서 잉그리드에게 그 사실을 알리지만, 그때 당신은 그녀에게 분노를 집어 넣어주고 있어요. 그녀는 당신이 내지 못하는 화를 대신 내게 되는데, 그것은 그녀가 좋아하지 않는 것이죠. 그리고 바로 그 순간에 당신은 화가 났다는 말을 하는 것이 두려워집니다. 왜냐하면 그녀가 좋아하지 않기 때문이죠. 그런데 그것이 그녀를 더욱 화나게 만들거든요."

"글쎄요. 저는 그저 그것을 말할 필요가 없다고 생각했을 뿐인데요." 그가 말했다. "그녀는 좋은 사람이고, 더 나은 대접을 받을 자격이 충분히 있어요."

"보세요. 호스트. 당신은 늘 화가 나 있어요." 내가 주장했다. "나는 당신이 나를 화가 난 듯한 표정으로 바라본다는 것을 느꼈어요. 그렇지만 당신은 그 감정을 말하지 않지요! 감정을 말하지 않으니까 말할 것이 없어지는 겁니다."

"좋아요." 그가 말했다. "그러면 제가 무엇을 해야 하지요?"

"맞아요." 잉그리드가 물었다. "우리는 무엇을 해야 하나요?"

내가 말했다. "지금으로서는 일주일에 두 번씩 계속 면담에 참여하라는 것 외에는 달리 충고해줄 것이 없습니다. 여기서 거리낌없이 말하는 것은 문제를 해결하도록 추진하는 압력이 될 겁니다. 즉 당신들은 분노를 억압하지 않고 다툴 수 있는 장소가 필요합니다. 그러니까, 잉그리드, 내가 호스트에게 쓸데없이 당신에게 상처주지 말고 거리낌없이 말하라고 요청한 이유를 이해했으면 해요. 그가 자신의 말을 한다면, 당신이 모든 것을 말할 필요도 없어질 거예요."

내 말이 꽤 길어졌지만, 그들은 잘 듣고 있는 것 같았다. 나는 어떤 점에서 투사적 동일시의 상호성에 대해 말했고, 그것은 그들의 긴장을 조금은 풀어주었다. 나 역시 약간 안도감을 느꼈다. 나의 느낌이 맞는지는 다음 회기에 알게 될 것이다. 그러나 나는 그것을 작은 돌파구로 간주했으며, 따라서 이제는 그들을 이해함에 있어서 좀더 중립적인 위치에 서 있다고 느꼈다. 그것은 어려운 치료가 한결 좋아지는 순간으로 보였다.

잉그리드가 말했다. "무슨 말씀인지 알겠어요. 그가 무슨 말이든 한다면 안심이 될 거예요."

"호스트, 당신 생각은 어때요?" 내가 물었다.

"좋아요. 해볼 수 있을 것 같아요." 그가 말했다. "여기에서는 할 수 있어요. 그러나 집에서는 할 수 없을지도 모르죠. 하지만, 해보겠습니다. 그게 우리가 여기 온 이유니까요."

"금요일에 봅시다." 내가 말했다.

"금요일에 뵙겠습니다." 잉그리드가 말했다. "그때까지 우리가 살아있다면요!"

그들은 얼굴에 미소를 머금은 채 밖으로 나갔다. 나는 그것이 안도의 미소라고 생각했다.

논의

치료의 초기 과정을 보여주는 세 번의 치료 회기에서는 치료 후기 과정에서보다 더 자주 균형을 잃고 심한 역전이 반응과 씨름하는 모습이 두드러지게 나타났다. 여기에서 부부와 치료자가 안정된 치료적 틀을 형성하기까지 서로에게 맞추는 작업이 이루어지는 것을 볼 수 있다. 신생아와 엄마가 초기에 서로에게 잘 반응하기 위해서 신체 리듬과 기본적 욕구에 대한 신호를 배우듯이, 치료받으러 온 부부는 처음에 치료자가 그들의 욕구가 무엇인지 그들을 만날 수 있는 가장 효과적인 방법이 무엇인지 이해할 수 있도록 적절한 신호를 보내야 한다.

모든 부부가 초기에 이 사례에서 보는 것과 같은 어려움을 겪는 것은 아니다. 어떤 사람들은 치료받을 준비가 잘 되어 있어서 이 단계의 작업이 순조로울 수 있고, 따라서 치료자가 한쪽 배우자와 강하게 동일시되고 다른 쪽에 대해서는 반감을 느끼게 되는 역전이의 불균형이 일어나지 않을 수도 있다. 그러나 초기 치료 과정이 이처럼 외견상 매끄럽게 진행되는 것이 무엇인가를 숨기고 있기 때문일 수도 있다. 안아주기 패턴이 지나치게 순응적일 경우, 부부는 억압된 나쁜 대상을 치료자로부터 감출 수 있다. 이런 상황에서, 치료자는 치료 상황에 만족해하고 심지어 부부를 이상화하면서, 부부의 공유된 공격성을 억압하는 일에 무의식적으로 공모할 수도 있다.

이 회기들은 치료의 초기 단계에서 해결해야 할 과제를 보여준다. 이 사례에서, 치료자는 부부 중 한 사람이 치료자와 동의했던 치료 방식과 과제를 받아들일 수 없다고 말하는 저항의 문제를 다루는 것으로 치료를 시작했다. 그 다음 회기들은 부부의 저항과 방어 유형에 대한 검토가 이루어지면서 부부 사이에서 일어나는 상호적인 투사적 동일시에 대해 검토할 수 있는 보다 탄력성이 있는 상황으로 움직여갔다.

그 과정에서, 부부와 치료자의 공유된 상호적 안아주기 능력이 성장하였다. 관찰이 세밀해지고 이해의 폭이 넓어지면서, 그리고 이전에 억압했던 나쁜 대상을 치료 공간 안으로 받아들이게 되면서, 치료 동맹이 형성되었다. 각 배우자는 관찰 범위를 넓히는데 기여했으며, 비록 조금씩이기는 하지만, 상대방이 기여하는 부분을 더 잘 받아줄 수 있었다. 물론 상호 투사적 동일시의 패턴이 대충 확인되었음에도 불구하고, 우리는 이것에 대한 초기 이해가 계속 유지될 지에 대해 확신할 수는 없다. 우리는 이러한 초기 작업의 결과로 어떤 유형의 저항이 출현할지 아직 알수 없다. 저항은 반드시 거듭해서 떠오를 것이라고 생각하는 것이 안전할 것이다. 아직은 실질적인 극복과정이 이루어지지는 않았기 때문이다. 이 극복과정은 치료 중기의 과제로서 익숙해진 패턴을 반복해서 작업해나가는 것으로 이루어진다. 그렇지만이 세 번에 걸친 회기들에서조차 우리는 치료의 전형적인 패턴을 찾아볼 수 있다: 같은 주제가 반복해서 다루어지고 있다. 만일치료가 순조롭게 진행될 경우, 매번 새롭게 등장하는 동일한 주제는 우리에게 더 많은 것을 보여주고 재작업을 거치지만, 그것의 기본 패턴은 종종 초기에 확립된 것으로 드러난다.

이 예는 또한 치료 초기 단계에서 역전이를 사용하는 것, 즉 투사적 동일시의 절묘한 상호작용을 보여준다. 부부는 모두 치료 과정에 참여하는데 주저하고 있으며, 교대로 역할을 바꾸어가며 치료자에 대한 저항을 표현했다. 그때 우리는 치료자가 숨겨지고 억압된 감정과 대상관계의 미묘한 힌트를 따라가는 것을볼 수 있다. 호스트는 그가 알고 있는 증오를 억압하고 있다. 잉그리드는 자신의 분노에 대해서는 알고 있지만, 그녀 자신이 느끼는 굴욕감은 억압하고 있다. 호스트는 분노와 함께 성적 욕망을 억압한 반면에, 잉그리드는 치료 과정에서 불러일으켜지는 고통스런 갈망을 거의 의식적으로 억압했다. 이들 부부의 환경전이 안에는 투사적 동일시와 내사적 동일시 패턴들이 치료 초기부터 활발하게 작용하고 있다. 치료에 대한 헌신이 공고화되자, 이들은 비교적 협력적이고 적극적인 자세를 갖게 되었다. 구애 단계를 거쳐 치료자와 계약 관계를 형성하고 나자, 부부가 공유하고 있는 내적 대상들이 표면으로 떠올랐고, 치료 관계는 새로운 토대 위에서 시험을 받게 되었다.

역전이는 치료 작업이 진행되는 마당이요, 부부와 치료자가 진정으로 함께 참여하는 터전이다. 역전이에서, 치료가 가치 있는 것이 되기 위해 치료자가 마침내 부부들 내면으로 들어가듯이, 부부가 치료자 내면으로 들어가는 일이 발생한다.

치료 초기에 저항이라는 걸림돌을 제거하고자 하는 노력은 아슬아슬했지만, 난관을 무사히 통과한 것으로 보인다. 부부는 이 회기들 이후 몇 주 동안 치료를 계속했지만, 치료자가 한 달간 휴가를 갔다 돌아온 이후에 다시 치료받으러 오지 않았다. 그들은 아이들을 돌보던 가정부가 그만 두었기 때문에 올 수 없다고 했고, 새로운 사람을 구하면 다시 오겠다고 전화로 말했으나 다시 오지 않았다. 나는 잉그리드 자신이 가정부였던 사실이 생각났고, 치료비를 내기 위해 가정부를 그만두게 하겠다고 말한 것을 기억했지만, 그녀의 행동은 이해할 수 없었다.

우리는 이 부부가 왜 치료를 중단했는지 그 이유를 알 수 없다. 물론 치료자의 부재 이후에 치료를 중단하는 일은 종종 일어나는 현상이다. 그러나 이 부부의 경우 저항의 문제는 처음부터 중요한 문제였다. 우리는 그들의 협력 없이는 아무 것도 할 수 없다. 이처럼 초기에 드러나는 문제가 언제나 성공적으로 극복되는 것은 아니다. 초기에 드러나는 저항은 진지하게 다루어야 하며, 치료자는 치료를 위협하는 환경적 안아주기의 결핍을 이해하는 방향으로 나아가야 한다. 종종 이 과정이 잘 진행되어 부부 치료가 중간 단계로 진입하기도 하지만, 항상 그런 것은 아니다.

제 8 장

치료적 어려움에 대한 관리

조만간, 부부치료자는 결혼을 망치기 위해 모든 관심을 쏟는 것처럼 보이는 부부를 만나게 될 것이다. 이론적으로 우리는 이 부부를 하나로 묶어주는 것은 그러한 공격 근저에 있는 갈망이라는 것을 알고 있다. 치료 과정에서 그들은 종종 서로를 공격하는 위치에서 치료 상황을 제공하는 우리의 능력을 공격하는 위치로 옮겨간다. 이런 경우, 치료의 가능성을 제공하는 것은 그들의 공격에서 끝까지 살아남을 수 있는 치료자의 능력이다. 치료 작업은 종종 고통을 가져다주지만, 치료자에게 무한한 교훈을 제공하기도 한다. 이 장에서는 이런 부부들의 치료 작업에서 중심적인 특징을 이루는 역전이에서 치료자가 겪는 곤경과 난관을 다루는 방식을 제시하고자 한다.

하비와 앤 밴 듀런은 막다른 상황에서 도움을 구했다. 그는 영국에서 어린 시절을 보낸 58세된 작가였고, 그녀는 명성 있고 실력을 갖춘 42세된 과학자였다. 결혼한지 18개월된 그들은 결혼생활 시작부터 순탄치 못했다. 그들은 하비가 잡지에 실을 앤의 전기를 쓰게 되면서 만났고, 긴 연애 기간을 가졌다. 당시 두 사람은 모두 결혼했지만 이혼하기로 합의한 상태였는데, 그들은 이전 배우자들은 아랑곳하지 않고 여러 번의 외도를 했다. 하비는 그의 전 아내가 우울했으며, 지금은 다 자란 자녀들 외에는 아무런 반응을 보이지 않았다고 말했다. 앤은 성공한 건축가와 결혼했는데, 남편은 가정에 관심이 없었으며, 자녀들과 그녀를 방치했고, 자녀의 양육 문제를 전적으로 그녀에게 맡겼다고 했다. 하비와 앤 각자의 첫 번째 결혼은 특별히 문제될 것도 없고 심각한 싸움도 없는 것이었다. 하비는 이미 여러 해 전에 결혼생활에서 마음이 떠나 있었고, 오래 전부터 아내가 살고 있는 집 근처의 아파트에서 따로 살고 있었다. 앤은 정서적인 욕구를 다른 곳에서 채우면서 집안 운영에 관한 주도권을 갖는 것으로 애정 결핍을 대체하고 있었다.

그들의 애정 행각은 배우자들이 눈치채지는 못했지만, 처음부터 정열적인 것이었다. 그들 두 사람 모두 이전 결혼생활에서 경험해보지 못한 희열을 느꼈고, 서로를 만날 계획을 세우는데 엄청난 에너지를 사용했다. 로맨스의 초기 단계 동안, 그들의 만남이 비밀스럽고 짧았을 때, 성교는 매우 만족스러웠다. 그러나 그들이 사랑을 공표하고, 공개적으로 많은 시간을 함께 보내면서부터, 하비는 이따금씩 발기부전을 겪기 시작했다. 그들은 이것을 금지된 상황에서 오는 스트레스 때문이라고 생각했지만, 성적인 어려움은 그들이 이혼한 후에도 지속되었다. 그리고 그들이 결혼한 후에 하비의 발기부전은 더욱 심해졌다.

이것이 앤이 느끼는 분노의 주된 원인이었다. 그녀는 성생활이 없는 결혼생활을 계속할 수 없었다. 그녀에게는 매사가 힘들기만 했다. 게다가 그녀는 학교에서 계속 문제를 일으키는 자녀로 인해 골머리를 앓았다. 그녀는 이런 상황에서 하비로부터 전혀 도움을 받지 못하고 있다고 느꼈지만, 그것은 견딜 수 있었다. 결국, 그녀는 혼자서 자녀를 키웠다. 그녀가 견딜 수 없었던 것은 그로부터 성적으로 아무 것도 얻을 수 없다는 사실이었다. 그녀는 이것을 극단적인 거절로 느꼈다. 그뿐만 아니라, 그녀는 이것을 다섯 살 때 다리에 심한 화상을 입고 돌봄을 받지 못했던 경험과 똑같은 거절로 받아들였다. 그때 그녀는 자신이 추하고 거절당한 아이라고 느꼈다. 그녀는 화재 그 자체에 대해서는 전혀 기억이 없지만, 아주 어렸을 때 병원에서 오랫동안 외로운 시간을 보낸 기억이 있는데, 그때 자신이 거절당하고 돌봄을 받지 못하고 있다고 느꼈다. 화상으로 인해 손상된 피부 조직이 회복된 후에도 그녀는 열 살이 되기까지 물리치료를 계속해야 했다. 놀랍게도, 상처는 심각한 흉터를 남기지 않고 깨끗이 나았다. 이러한 기분 나쁜 기억이 하비에게서 성적인 거절을 받고 있다는 느낌과 함께 되살아났다. 그녀는 하비가 자신이 날마다 얼마나 힘들게 지내는지 전혀 관심이 없다고 느꼈다. 그녀가 자녀들을 돌보느라고 애쓰는 동안, 그는 정서적으로 거기에 있지 않았다. 그녀의 자녀 중 한 아이는 식욕 감퇴로, 또 다른 아이는 똑똑하지만 끊임없이 스스로를 망치려는 충동으로 인해 고통받고 있었다. 자녀들은 요구적이었고, 하비를 미워했는데, 그것은 놀랄 일이 아니었다. 그는 자기 중심적인 사람으로서 자녀들을 돌보는데 관심이 없었으며, 어쩌다가 그들에게 관심을 보인다는 것이 아이들을 자극하거나 놀려

주어, 끝내 그들을 울리곤 했다. 한번은 하비가 아들에게 야
단을 쳤는데, 그가 하비에게 덤벼든 적이 있었다.

앤의 둥근 얼굴이 분노로 붉게 물들어 있는 동안, 하비는
창백하게 질린 얼굴을 하고 미동도 하지 않고 있었다. 그는
그녀의 이야기가 끝날 때까지 조용히 그리고 힘없이 안락한
의자에 웅크리고 앉아 있었다. 얼마 후 자신을 추스리고 나
서, 그는 자신을 방어하기 시작했다. 그는 그녀가 그의 성교
불능에 대해 좌절하는 만큼 자신도 좌절감을 느끼고 있으며,
전에 이따금씩 그런 문제가 있긴 했으나 지금처럼 이렇게
심각하지는 않았고, 자신이 그녀의 고통에 대해 무감각하지
도 않으며, 비지지적이라고 생각하지도 않는다고 말했다.

그는 조용하고, 합리적인 사람으로서 억양이 명료했고 말
에 거침이 없었다. 그의 태도는 그녀가 쏟아놓은 이야기들과
는 어울리지 않는 것이었다. 그는 가능한 한 빨리 발기부전
문제를 해결할 수 있기를 바란다면서 그녀를 행복하게 해주
고 싶다고 했다.

치 료

하비와 앤의 사례는 내(D.E.S)가 맡았던 치료 사례 중 가
장 어렵고 낙심이 컸던 사례들 중 하나였다. 그녀는 회기 처
음부터 말하기를 거부하고 침묵을 지켰다. 그녀는 분노를 다
스리려고 노력했고, 하비에게 치료 과정에 참여하라고 강요
했다. 회기를 시작하면서 그녀가 말했다. "오늘 저는 말하지

않을 거에요. 하비, 당신이 말해요!" 이것은 곧 반복되는 패턴으로 굳어졌고, 하비는 나를 쳐다본 다음에 무슨 이야기든지 그가 할 수 있는 이야기를 시작했다. 그는 그 주에 있었던 일, 면담에 오기 전에 싸웠던 일, 또는 때때로 비교적 좋았던 일들에 관해 이야기했다.

곧이어, 앤이 끼어 들어 그의 견해와 다른 견해를 펼쳤다. 그녀는 그가 그녀의 편에 서 있지 않다고 말했다. 아니면 그의 이야기가 맞기는 하지만, 평소에 그렇듯이 그녀를 이해하지 못하고 있다고 말했다. 이런 가운데 그들 사이에서 반복되는 패턴이 서서히 모습을 드러냈다. 즉 그가 말을 하기는 하지만, 그녀가 끼어 들기 전에 그가 한 말 중에는 중요한 내용이 아무 것도 없다는 특징을 드러냈다. 그가 혼자서 하는 이야기는 대부분 아무런 감정도 들어있지 않은 객관적인 사실에 지나지 않았다.

그들에 대한 내 느낌이 한쪽으로 심하게 기울고 있다는 것을 느끼면서 치료 작업이 쉽지 않을 것이라는 예감이 들었다. 나는 그가 감정으로부터 차단되어 있음에도 불구하고 그의 세련된 재치와 상류층 억양과 귀족적인 말투를 좋아했다. 나는 그녀가 심리학적인 사고 능력이 있음에도 불구하고, 앙알거린다고 느꼈다. 전반적으로, 나는 이 부부가 끊임없이 그들 사이에서 중립적이 되고자 하는 나의 소망을 좌절시킨다고 느꼈다. 나는 내 안에서 그의 편을 들고, 그녀를 제거하고 싶은 반갑지 않은 소망을 느꼈다. 내 원칙에 충실하고, 그들 사이에서 중립적인 위치를 되찾으려고 애쓰면서, 나는 너무 자주 좌절을 겪었고, 그로 인해 그들 모두를 제거하고 싶은 소망까지 갖게 되었다.

치료의 첫 번째 과제는, 한편으로는 그들이 갈라서지 않도록 돕는 것이고, 다른 한편으로는 그들 결혼생활의 특징적 양상이 되어버린 격렬한 몸싸움을 담아주는 것이었다. 두 사람 모두 이전 배우자와는 싸워본 적이 없었다. 그러나 그들은 지난 한해 동안 여러 번 격렬한 싸움을 벌였다. 그들이 싸우는 모습은 회기 중에 앤이 감정을 폭발하는 것에서 그대로 드러났는데, 그녀는 내가 부부치료자로 일하면서 만난 사람들 가운데 가장 사나운 목소리로 하비에게 소리를 지르곤 했다. 그런 일이 몇 주에 한번씩 일어났음에도 불구하고, 그런 일이 언제라도 터질 수 있다는 위험 때문에 매 회기마다 아슬아슬했다. 나는 그들의 요구에 따라 한 주에 2회 내지 3회 만나고 있었는데, 그들의 분노가 점점 더 강렬해졌음에도 불구하고 그들은 차츰 치료 과정 안에 담겨지고 있었다.

처음에 나는 그들이 대체로 언어를 사용해서 서로를 학대한다는 인상을 받았다. 그들이 내게 털어놓고 이야기할 수 있을 만큼 충분한 신뢰가 쌓였을 때에야 비로소 그들이 실제로 몸싸움까지 하고 있다는 사실이 분명해졌다. 나는 하비가 과도하게 술을 마신다는 것을 알았다. 내가 그에게 그것이 그들의 통제력 결핍을 더욱 악화시킬 수 있다고 제안했을 때, 그는 마지못해 동의했다. 나는 그에게 술을 끊으라고 충고했는데, 이것은 또한 술이 그의 발기를 억제하는데 영향을 미치기 때문이기도 했다. 그리고 그들이 싸울 때 서로 몸싸움을 해서는 안 된다고 말했다. 나는 서로 몸을 때리는 것은 생존 자체를 위협하는 행동이며, 적절한 신체적 안전감이 없이는 치료가 불가능하기 때문에 신체적인 폭력을 즉시 중단해야 한다고 설명했다. 그들은 사실상 그후 몇 달 동안 몇 차례 몸싸움이 있었지만, 대체로 몸싸움을 자제했다. 그런데 이것은 치료 시간에 겪는 어려움을 더욱 가중시켰다. 앤이 분노를 표출하는 동안, 하비는 마치 금욕주의자처럼 인내하고 있었다. 그들은 평화로울 때, 놀라울 정도로 풍부한 재치와 박식한 말로 서로를 즐기는 모습을 보여주었다. 만약 버나드 쇼가 그들의 이런 모습을 보았다면, 그들의 상호적인 냉소주의와 서로의 불행을 만들어내는 그들의 모습에 대해 글을 썼을 것이라는 생각이 들었다. 세상에서 인간의 결혼의 가능성을 낙관적으로 보는 사람이라면, 누구나 그들의 관계 앞에서 겸허해지지 않을 수 없었을 것이다.

이제 치료 시간에 새로운 패턴이 발달하기 시작했다. 하비나 내가 말하는 동안, 앤은 느닷없이 자신은 이제 더 이상 참을 수 없다고 선언했다. 그녀는 울기 시작했고, 문을 쾅 닫고는 방에서 나가버렸다. 처음에 하비는 혼자 남아서 자신이 무언가 잘못을 했기 때문에 그녀가 철수하게 되었을 거라며 그것을 알아내려고 애를 썼다. 그러나 그 다음 시간에, 그녀는 그가 혼자 남아 있었다는 것 때문에 그녀 안에 더 큰 분노가 불타 올랐으며, 근본적으로 나를 신뢰할 수 없었다고 말했다. 그녀는 그와 내가 한패가 되어 그녀에게 대항한다고 생각했다. 만일 그런 일이 다시 일어난다면, 그녀는 실제로 다시는 돌아오지 않을 것이다.

나는 이러한 그녀의 단호한 말을 듣고서 역설적으로 그들에 대해 희망을 갖게 되었다. 왜냐하면 그때까지 나는 그녀가 방을 나간 것이 치료를 그만 두려는 의도라고 느꼈기 때문이었다. 그녀의 최후통첩은 그녀가 말로 표현할 수 없을 때 그 자리를 뜨지만, 치료를 끝낼 의도는 없다는 것을 말해 주고 있었다.

그후, 앤이 자리를 뜨면 하비도 힘없이 일어나 체념하듯 내게 고개를 숙여 인사를 하고는, 그녀를 따라 나갔다. 때로 그들은 몇 분 뒤에 다시 돌아오기도 했고, 때로는 그 다음 회기에 돌아오기도 했다. 어떤 때는 앤이 치료를 계속하는 것이 소용이 없다고 하면서 방을 나가버리기도 했다. 그때 하비는 앤이 우리가 한패가 되어 그녀와 맞선다고 느끼지 않도록 함께 돌아가야 했다. 그러면 나는 약간 혼란스런 상태로 혼자 남겨지곤 했다. 그렇지만 그 다음 약속 시간에 그들이 왔을 때, 그들은 마치 아무 일도 없었던 것처럼 행동했다.

그들이 다시 올지 잘 모르는 상태에서, 그들이 내 방을 걸어 나갈 때면, 나는 언제나 심한 마음의 동요를 느끼곤 했다. 나는 그때 위축되었고, 나 자신이 무능하고, 경멸스러운 사람이라고 느껴졌다. 나는 내가 그를 다룰 수 있을 만큼 똑똑하지 못하고, 그녀를 다룰 수 있을 만큼 끈기가 없다고 느꼈다. 나는 나를 그렇게 느끼게 만드는 그들을 증오하기 시작했고, 그래서 그들이 일어나 나갈 때마다 약간의 안도감을 느끼기도 했다. 나는 그들의 전이에 대해 논의하려던 내 시도가 좌절되었기 때문에, 나의 역전이 감정에 대해서 작업할 수밖에 없었다.

나는 그들이 마치 다시는 안볼 것처럼 자리를 뜨고 난 후에 아무 일도 없었던 것처럼, 또는 평소보다 나쁠 것이 없다는 듯이 돌아오는 것이 놀랍다고 말했다. 그러자 앤은 하비의 실패에 대해서 그리고 그가 얼마나 믿을 수 없는 사람인지에 대해 내게 조목조목 이야기하기 시작했다. 그녀는 하비가 그의 자녀와 첫 번째 아내를 포함해서 그에게 가까이 하고자 했던 모든 사람에게 못되게 굴었고, 공격성과 독으로 가득한 끔찍스러운 인간이라고 거듭해서 말했다. 또 그가 너무나 끔찍스럽기 때문에 그의 첫 번째 아내에 대해 동정심을 느낀다고 말했다.

나는 인간적인 실패라는 점에서, 내가 하비보다 별로 나을 게 없으며, 특히 그를 제대로 돕지 못하는 나 자신의 실패를 생각하면 더욱 그렇다는 내 느낌을 말로 표현하지 못하고 있음을 느꼈다. 나는 그녀의 느낌으로부터 그녀가 나에게 실망하고 있다는 것을 확실히 느낄 수 있었으며, 나 자신도 하비로 인해 부당하게 고통받고 있다는 앤의 감정의 깊이를 아는데 실패하고 있다는 느낌을 공유하고 있었다.

그렇지만 앤은 치료 시간에 하비에게 없는 능력을 발휘하였다. 그녀는 이전 정신분석에서 얻은 통찰을 사용하여, 결혼생활의 어려움과 그 어려움을 만들어내는데 기여한 자신의 역할을 자신의 어린 시절 경험과 두 명의 사춘기 자녀를 둔 부모로서의 관심, 두 가지 모두에 연결시킬 수 있었다. 그녀는 외로움 때문에 자녀들에게 매달린다고 생각했다. 그녀가 겪었던 과거의 공허한 결혼생활에서, 자신이 자녀들에게로 관심을 돌렸을 때, 전남편은 오히려 그녀로부터 벗어나게 된 것을 기뻐했었다고 회상했다.

이 치료의 처음과 나중 부분에, 나는 분노를 폭발한 후 뒤이어 태연한 태도를 보이는 앤에게 조종당하고 있다고 느꼈다. 나는 생각이 모자란 멍청이처럼 머리를 한 방 맞은 것처럼 느꼈다. 나는 두 사람이 고통스러운 관계를 만들어내는데 각각 어떤 역할을 하는지 찾아내려고 하는 나의 시도가 단지 내 믿음을 확인하기 위한 것이라고 느꼈다. 나는 하비가 그들의 어려움을 만들어내는데 어떤 역할을 하고 있다고 생각했으나, 그것이 무엇인지 알 수가 없었다. 그것은 앤의 분노와 요구가 너무 심하기 때문이었다. 나는 그녀를 대하는 하비의 근저의 문제에 관해 작업하고자 노력했지만, 그의 행동에서 드러나는 피상적인 순응성과 선량한 의도에 의해 항상 좌절을 겪곤 했다.

그는 그의 가족 내력에 대해 이야기했지만, 그 이야기 속에 감정은 담겨 있지 않았다. 그는 철저한 실패자였던 자신의 아버지에 대해 이야기했다. 그의 아버지는 초기에는 촉망받는 정치가였지만, 계속해서 실패를 반복하다가 마침내 널리 존경받는 원로 정치인이 되었다. 그러나 그는 언제나 자기 자신에 대한 패배감과 실망감에 사로잡혀 있었는데, 하비는 그러한 감정을 흡수했다. 하비의 엄마는 하비가 청소년이었을 때에 알코올 중독에 빠졌는데, 그 문제는 하비가 18세 되던 해 남편이 죽은 후로 더욱 악화되었다. 그에게는 형과 누이동생이 하나씩 있었는데, 하비는 누이동생과의 관계에서 문제가 많았다. 그녀는 세살 때 뇌염을 앓았으며, 그후 가족으로부터 많은 관심을 받았는데, 그로 인해 하비는 그녀에 대해 책임감을 느낀 동시에 시기심을 느꼈다.

하비는 뛰어난 지적 능력을 갖고 있었다. 그에게 앤은, 겉으로는 존경을 받지만 실제로는 실패한 아버지처럼 자기 자신을 느끼도록 만드는, 만족을 주지도 않고 사용할 수도 없는 어머니였다. 그는 자신이 어머니의 인정을 받기 위해 애쓰고 있다고 말했다. 그러나 나는 결코 그의 진심에 접촉했다는 느낌을 얻을 수가 없었다. 그는 자신이 감정적으로 차단되어 있다는 것을 시인했지만, 그것을 바꿀 수는 없었다.

그럼에도 불구하고, 상황은 천천히 향상되었다. 가끔씩, 부부는 함께 사는 것이 훨씬 좋아졌다고 보고하기 시작했다.

그러자 앤은 그들의 성생활이 변해야 한다며, 그 문제를 다시 끄집어냈다. 그녀는 성교 없는 결혼생활은 받아들일 수가 없다고 느꼈다. 철저한 검사를 통해서 하비의 발기부전이 신체적인 원인에서 오는 것이 아니라는 사실을 확인한 후에, 그리고 하비가 기꺼이 성치료를 받기로 동의했기 때문에 우리는 성치료로 전환했다. 그들은 제 9장에 기술된 방식을 따라 내가 내어준 숙제를 하기로 약속했다. 그들은 의심을 가득 품은 채, 내가 내준 숙제를 했고, 특유의 경멸을 섞어가며 재치 있게 숙제에 대해 보고했다. 이를 통해서 그들은 치료 효과를 보았고, 하비의 발기 능력은 보다 신뢰할 수 있게 되었다. 그는 이제 자신의 발기부전의 원인을 이해할 수 있게 되었다: 발기부전은 통제하는 엄마로서의 앤에 대한 분노를 억압한데 따른 결과였고, 침투하는 페니스 안에 자리잡은 격노로부터 그녀를 보호하기 위한 것이었다. 그러나 성치료를 시작한지 3개월이 되었을 때, 그들은 "규칙에 따라 행하는 것"을 거부하고 내가 바람직하다고 생각하는 시기보다 앞서서 본격적인 성관계로 진입했다. 그들은 "그 규칙"을 세운 사람이 나이기 때문에 그것을 깨뜨림으로써 나에 대한 승리감을 느꼈다고 말했다.

나는 그 두 사람이 습관적으로 서로를 대하던 방식대로 나를 대하고 있다는 사실을 이해하도록 돕는 것 이상으로 내가 할 수 있는 것이 무엇일지 궁금해졌다. 나는 그들에게 이런 나의 생각을 말했고, 그들은 나의 말을 받아들이긴 했으나 변하지는 않았다. 나에 대한 승리감을 즐기고 있는 얼마동안, 그들은 만족스런 성교를 계속했다. 그러나 그들의 경쟁적인 격노가 다시 표면으로 떠오르면서 성교는 다시 불가능해졌다.

이제 그들에게 새로운 위기가 닥쳤다. 앤은 하비가 자신도 잘 알고 있는 옛 여자 친구와 밖에서 술을 마셨을 때 배신감을 느꼈다고 말했다. 앤은 항상 그녀에게 무시당해왔다고 느꼈다. 하비는 6개월 이상 어려움 없이 술을 멀리해왔으며, 체중이 적당하게 늘었고, 마음이 더 편하고, 상당히 안정감을 갖게 되었다고 말했음에도 불구하고, 이번에는 친구의 술 권유를 뿌리치지 못하고 무너지고 말았다.

하비는 술을 마신 동기 중에 앤에 대한 불쾌감이 있었음을 인정했고, 술을 마시는 것을 통해서 그녀에게 보복하고자 했던 자신의 소망을 탐구했지만, 그것이 그녀의 마음을 풀어주지는 못했다. 그녀는 계속해서 그로부터 물러섰고, 거의 모든 회기마다 그를 맹렬하게 비난했다. 그에게 먼저 이야기를 시작하라는 그녀의 말없는 요구는 전보다 더 강력해졌다. 내 중재는 점점 더 효과가 없어지는 것처럼 보였는데, 말하는 사람이 하비이든 아니면 나이든 상관없이, 그녀에게 이야기의 초점을 맞출 경우 그녀는 마치 무기로 위협받는 것처럼 반응했다. 이런 그녀의 완강함 때문에, 하비에게 이야기의 초점을 맞출 수밖에 없었는데, 그것은 단지 그녀를 달래기 위한 거짓된 행동이라고 느껴졌다.

이 상황에서, 내가 할 수 있는 것이라고는 역전이에서 느끼는 내 감정을 솔직하게 이야기하는 것뿐이었다. 이들 부부는 치료가 불가능한 것처럼 보였다. 나는 아무런 변화가 없는 것에 대해 느끼는 나의 무기력감에 대해 이야기했고, 앤이 결혼을 끝내겠다고 공언했던 것에 대해 생각해보았다. 나는 그녀가 치료 상황 안에서 가차없이 망쳐버리는 행동을 하는데, 사실 그 두 사람 모두가 치료 장면 바깥에서 그런 행동을 하고 있는 것 같다고 말했다. 나는 많은 시간을 내가 해줄 수 있는 것이 아무 것도 없다고 느끼면서 보냈다. 이러한 순간마다 앤은 나를 돌아보며, "샤르프 박사님, 어째서 아무 말도 안 하시죠? 우리에 대해 어떻게 생각하세요?"라고 말하곤 했다.

나는 대답했다. "나는 당신들에 대해 새로운 생각이 전혀 떠오르지 않습니다. 내가 당신들에게 해줄 수 있는 것이 있을지 자신이 없군요." 그렇게 말하면서, 나는 내가 생각하고 있는 것을 직면할 수 있었는데, 그것은 앤이 생각이나 감정을 억제하도록 통제하고 있다는 생각이었다. 나는 그녀가 자신은 그런 말을 들어줄 수 없다고 말했음에도 불구하고, 특별히 그녀로 인해 무력해지는 것을 느꼈다고 그녀에게 말했다.

여러 번 반복해서, 앤은 나의 직면에 반발했다. 내가 처음에 그렇게 했을 때, 놀랄 것도 없이 그녀는 회기 도중에 나가버렸다. 나는 주로 이 부부의 고통스런 치료작업이 곧 끝날 것 같은 생각 때문에 기분이 나아지곤 했다. 그렇지만 앤은 다음 시간에 하비와 함께 왔고, 모든 것이 더 좋아진 것처럼 행동했다. 나는 그녀가 말했듯이, 성적인 문제는 전적으로 하비의 문제임이 확실한 것 같다고 말했다. 나는 그녀가 하비를 풀어주지 않으면, 그가 자유롭게 치료 작업을 수행할 수 없을 것이라는 내 생각을 그녀가 통제하고 있다는 것을 알고 있었다. 나는 그녀가 그는 어찌 해볼 수 없는 사람이고 그와 함께 사는 결혼생활은 구제불능이라고 말하면서도, 그 결혼생활을 계속 유지하고 있는 점을 주목했다. 그래서 나는 그녀가 만일 그 결혼생활을 유지하기를 원한다면, 치료를 망치고 방해하는 일을 중단해야 한다는 결론에 도달했다. 그렇지 않으면, 우리는 하비가 그들의 문제에서 어떤 역할을 하고 있는지 이해할 수 없을 것이다. 우리가 알고 있는 모든 이유와 함께 우리가 알지 못하는 많은 이유들이 있겠지만, 그녀는 그에게 말하라고 요구하면서도 그녀 자신이 갖고 있는 두려움 때문에 하비가 진정으로 말할 수 있도록 기회를 주지 않고 있다. 그녀는 그것이 안전하지 않다고 생각했는데, 그것이 가장 중요한 요인이었다. 그녀는 분명히 결혼을 끝낼 권리를 가지고 있다. 그러나 만일 그녀가 결혼을 끝내기를 원치 않는다면 그리고 돈을 지불해가며 치료하기를 원한다면, 그녀는 자신의 통제를 내려놓아야만 한다. 그녀는 결단을 내려야만 한다.

그들은 한동안 그 상태에 머물러 있었고, 4개월이 더 지난 후에, 차츰 우리의 노력이 결실을 맺기 시작했다. 앤은 몰라보게 부드러워졌고, 하비가 이따금씩 그녀를 지지해 준다는 것을 인정하기 시작했다. 나는 그들을 반복해서 직면시켰지만, 그녀는 회기 도중에 방을 나가버리지 않게 되었고, 그래서 그녀가 진정으로 전보다 더 좋아졌다고 말할 수 있었다. 여러 개월 동안, 우리는 그들을 벼랑 끝으로 내몰았던 요인에 대해 논의하였고, 따라서 우리는 거듭 실패를 반복하는 경험에서 차츰 벗어날 수 있었다.

마침내 앤이, 나의 감정과 동정심을 사로잡은 채, 아동기 외상으로부터 회복되는 긴 기간 동안에 겪었던, 부모에 의해 버림받았던 느낌에 대해 이야기했다. 그녀가 잠이 든 한밤중에 불이 났다. 그녀는 잠에서 깨어 불붙는 침대 위에서 소리를 쳤다. 다행스럽게도 그녀는 하체에만 심한 화상을 입었다. 그러나 그녀에게 주로 기억나는 것은 그후에 병원에서 겪은 일이었다. 그녀는 붕대를 감고 풀 때 몹시 아팠던 것을 기억했다. 그녀의 몸에는 수많은 외과 치료에도 불구하고 아직도 흉터가 남아 있다. 그녀는 남아 있는 흉터가 크지 않았지만, 자신의 벗은 몸이 보기 흉하다고 느꼈다. 그러나 그녀를 가장 고통스럽게 했던 것은 부모가 그녀를 병원에다 버렸다는 느낌이었다. 나중에 그녀가 회복기간을 보낼 때, 그녀의 아버지는 그녀가 완쾌될 수 없을 것이라고 말했다. 이 말은 그녀에게 그녀가 결코 그들의 애정을 회복하지 못할 것이라는 의미로 들렸다. 그녀는 부모 없이 의사와 간호사에게 치료를 받았다고 느꼈으며, 사실 그녀의 부모는 그들 자신들의 두려움과 혼란으로 인해 화상을 입은 딸과 정서적으로 거리를 유지했다. 그녀는 그 느낌 때문에 무엇보다도 치료 그 자체를 외상이라고 느꼈으며, 부부치료가 격렬해질수록 그녀는 화상을 치료받으면서 느꼈던 고통과 두려움을 되살려냈다.

그러나 이번에는 그녀의 회상이 새로운 의미를 가지게 되었다. 비록 이유는 뚜렷하지 않지만, 나는 내가 느끼는 무력감을 말함으로써 그녀가 어린 시절에 경험했던 무력감과 접촉했고, 또 내가 그녀가 치료 중에 문을 꽝 닫고 나가버리는 것에 직면함으로써 그녀를 홀로 남겨두고 떠나갔던 그녀의 부모에게 소리를 지르고 싶었던 그녀의 아동기 감정과 접촉할 수 있었다. 나는 이제 그녀가 치료 중에 나가버렸을 때, 내가 느꼈던 마음의 동요가 그녀의 부모가 그녀를 의사와 간호사의 끔찍스런 "공격"아래 남겨두고 떠났을 때 그녀가 느꼈던 감정을 나타낸다는 사실을 깨달았다.

하비 또한 아동기에 입원해서 고통을 겪었던 여동생의 오빠로서 앤을 돌보기를 원했다는 사실을 생각해냈다. 이제 그는 앤을 돌보면서 과거에 여동생에 대해 느꼈던 것과 똑같은 양가감정을 느끼면서 그 감정을 극복해내고 있었다: 그는 그녀를 돌봐주고 싶어하는 동시에 그녀가 받는 돌봄에 대해

(심지어 그 자신의 돌봄까지도) 시기심을 느꼈다.

치료 회기

치료를 시작한지 2년이 되었을 때, 마침내 그들의 방어 구조가 바뀌었다. 하루는 그들이 같은 소파에 나란히 앉아 있었는데, 그것은 적어도 지난 일년 동안 보지 못한 모습이었다. 아직 소파의 양쪽에 떨어져 앉기는 했지만, 하비는 이따금씩 앤의 옆구리를 찌르며 놀리듯이 말했다. 마침내 그녀가 옆구리를 찌르는 것이 신경에 거슬린다고 말했다. 하비는 미소를 지으면서 그녀가 실제로는 그것을 좋아하는 것을 알고 있다고 말했고, 그 말에 그녀는 얼굴을 찡그렸으나 기분은 나쁘지 않은 듯이 보였다. 하비는 여전히 의무적으로 먼저 이야기를 하면서 회기를 시작했다. 그들은 특별히 스트레스가 많았음에도 불구하고, 지난 몇 주간 동안 잘 지냈다. 앤의 아들이 경찰의 실수로 체포되었고, 딸은 교통사고가 나서 병원에 실려 가는 일이 있었다. 다행히 다치지는 않았지만, 처음에는 무척 놀랐다. 그리고 집에는 딸의 남자 친구를 포함해서 손님들이 많이 찾아왔다. 그럼에도 불구하고, 앤은 하비의 지지를 받으면서 이 상황에 잘 대처하였다. 앤은 무엇이 이런 변화를 가져왔는지 알 수가 없다고 말했다.

그들이 좋은 감정을 망쳐버리는 파괴적인 힘에 대해 이야기를 하려고 노력하면서, 나는 다시 살얼음 위를 걷는 것처럼 느꼈다. 그러나 나는 뒤늦게 드러난 성공적인 치료 효과에 기분이 고무되어 있었다. 그래서 나는 평소 내 방식과는 달리 적극적으로 밀어 부치기로 작정했다. 오늘은 새로운 치료 작업이 가능할 것 같아서 일종의 흥분을 느꼈다.

치료가 시작된 지 2년만에, 하비는 처음으로 반응하는 것이 가능해 보였다. 앤이 먼저 하비의 아들 빌이 최근에 심리 치료를 받는데 드는 치료비를 지원해달라고 요청했다는 말을 함으로써 이야기를 주도했다. 하비는 그에게 돈을 주고 싶기도 했지만, 한편으로 그는 자립해서 살아갈 나이인 30세 된 아들에게서 그런 요청을 받은 것이 약간 불편했다. 이 문제를 계기로 앤은 하비와 그의 아들 사이의 끔찍스런 관계에 대해 이야기했다. 하비는 그 관계가 끔찍스럽다는 생각에 동의했지만, 그는 모든 일에 감정을 차단한 채 객관적이고 지적으로 동의했다. 내 경험에 의하면, 그는 언제나 자신이 동의하는 문제로부터 정서적으로 멀리 떨어져 있었다. 그는 집에서 앤과 심하게 싸우다가 느닷없이 폭발하는 경향성이 있었는데, 이것은 치료 시간에는 전혀 표현되지 않았으며, 심지어는 그의 분노까지도 아주 합리적으로 보였다.

그러나 오늘 드디어 무슨 일이 일어났다. 하비는 자신이 아들에 대해 분노를 느끼는데, 그것은 대체로 자신이 그에게 너무 많이 주고 싶기 때문이라고 말했다. 빌의 전화를 받을 때마다, 하비는 자신이 고립되고 거절당하고 있다고 느꼈을 때 찾고 싶었던 아버지의 역할을 하고 있다고 느꼈다. 그래서 빌이 자신에게 요청하면, 그에게 주고 싶은 충동이 일어났다. 그러나 그때 근저의 거절감이 서서히 떠오르게 되고, 그는 빌의 요청이 터무니없다고 생각되기 때문에 그에게 주지 말아야겠다고 느끼게 되었다.

여기에는 또 다른 문제가 밀접하게 연결되어 있었다. 그것은 그의 엄마와 관련된 문제였다. 그는 자신의 엄마가 자신과 아버지 사이를 방해했다고 말했다. 어떻게 그녀가 그들 사이를 방해했을까? 여기서 앤이 끼어 들어서 혹시 그것이 엄마의 알코올 중독 문제가 아니었느냐고 물었다. 하비는 아마도 그가 십대였을 때까지는 알코올 때문이 아니었던 것 같다고 했다. 그렇지만 그의 아버지와의 관계를 방해했던 무엇인가가 있는데, 그것이 무엇인지는 확인할 수가 없다고 했다.

나는 그가 지금 그것이 무엇인지 기억해낼 수 없다 하더라도, 아마도 그가 반복해서 격렬한 싸움을 시작하는 앤과의 상호작용으로부터 그것을 추측할 수 있을 것이라고 말했다. 나는 내가 자주 주목했던 사실을 기억했다: 조용해질 때마다, 그들은 소란을 일으키고 싶은 충동을 공유하는 듯이 보였고, 평화에 대한 불안을 가라앉히는 가장 빠른 방법으로 싸움을 선택하는 것처럼 보였다. 그들이 친밀감을 표현하는 방법은 하비가 이 회기 처음에 앤의 옆구리를 찔렀던 것처럼 서로를 괴롭히는 것이었다.

하비는 생각에 잠긴 표정을 지으며 내 말을 이해하는 것처럼 보였다. 나는 그가 자신의 부모 사이의 관계와 그가 아버지에게 가까이 갈 수 없었던 어려움 사이를 연결시킬 수 있는 무엇인가를 찾을 수 있을지도 모른다고 생각했다. 나는 하비가 자주 앤을 말로 괴롭히고 있다고 말했다. 앤은 자신도 그것이 싫다고 했다. 그녀가 지독한 말을 주고받는 상대였음에도 불구하고, 나는 그러한 그녀의 말을 받아들였다. 그러나 앤은 갑자기 싸움을 중단하고 달아나곤 했다. 그녀는

이것이 문제의 얼마나 많은 부분을 차지하고 있는지는 모르
지만, 그녀는 다른 사람들과는 이런 방식으로 관계하지 않는
다고 말했다. 그녀는 그것이 자신의 분노를 표현하는 방식이
었음을 깨달았다. 분노는 우리가 오랫동안 자주 토론해온 주
제로서, 그녀의 아동기 경험에서 유래된 것이었다. 그때 그녀
는 고통이 너무 증오스러웠고, 또 아무도 자신을 사랑해 주
지 않을 것이라는 생각으로 인해 극도로 화가 나 있었다. 특
히, 아버지가 그녀에게 '너는 몸의 흉터 때문에 미모에서 불
리하니까 세상을 잘 살아가려면 두뇌를 개발시키는 것이 좋
겠다'고 말했을 때, 그녀는 상처로 인한 고통에 모욕까지 당
함으로써 엄청난 분노를 느꼈다. 앤은 아버지를 미워하면서
도, 그에게 다가가고자 했다. 앤이 고통스러워하면서도 떠나
지 못하는 사람은 바로 아버지처럼 그녀를 괴롭히는 하비였
다. 그러나 그녀는 우리가 여기서 다시 그녀에게 관심의 초
점을 맞추고 있다는 사실을 지적하면서 그것에 대해 분개했
다. 그녀는 하비가 책임을 피해 빠져나가고 있다고 분개했는
데, 그것은 부분적으로 사실이었다. 그녀는 치료 과정에서 자
기 자신에게 관심의 초점을 맞출 준비가 되어 있었다. 그러
나 지금 그녀는 너무 지쳐 있었다.

나는 그녀의 생각에 동의했다. 나는 이것이 하비가 관심의 초
점이 되는 순간 자신의 감정적인 초점에서 벗어나는 이유라고
생각했다. 그리고 앤이 이러한 하비의 시도를 돕고 있다고 느
꼈다. 나는 앤이 간섭하거나 뛰쳐나가지 않고 하비와 함께 만
들어내는 가느다란 실에 내가 사로잡혀 있다고 느꼈다. 나는
그것에 대해 전혀 영향력을 미치지 못하고 있다고 느꼈다. 그
것은 그들의 손에 달려 있었다. 마치 그 실이 내가 꼼짝할 수

없도록 내 몸을 칭칭 감고 있는 것처럼 느껴졌다. 오늘 그들이 다시 움직이기 시작하는 것을 느끼면서, 나는 다시 한번 무력감을 느꼈고 그들이 익숙하게 만들어내는 소용돌이에 말려 들어가고 있었다. 다른 한편, 나는 그녀가 그들의 문제를 그들이 어린 시절에 부모와 접촉하려고 했던 문제와 연결시킨 것은 정확한 통찰이었음을 깨달았는데, 그녀가 접촉하고자 했던 부모는 아버지였으며, 전이 안에서 그것은 바로 나였다.

이제 나는 어떻게 하비와 앤이 연합해서, 하비가 어린 시절에 부모와의 관계에서 겪었던 경험을 탐구하지 못하도록 방해했는지 궁금해졌다. 아마도 그것은 그들 모두에게 고통스러운 것이었기 때문에 그것이 기억으로 떠오르려는 순간에 관심을 다른 데로 전환해야 했을 것이다. 과연 그는 그 기억으로 다시 돌아갈 수 있을까?

하비는 과도할 정도로 객관적이고 합리적인 태도로 노력해 보겠다고 말했다. 막연한 느낌이지만, 그의 엄마는 그가 부담스럽게 느낄 정도로 그에게 요구적이었다고 그는 회상했다. 그의 아버지는 거듭해서 어머니를 회유하려고 했는데, 그 때문에 그는 아버지의 주목을 받을 수 없었다.

나는 어쩌면 그의 엄마와의 초기 관계가 그가 생각하는 것보다 괜찮은 것이었을 수도 있다고 생각했다. 앤과의 관계에서 그는 지나치게 그녀를 걱정해주면서도, 동시에 그녀를 괴롭히는 모습을 보여주었다. 지속적으로 반복되는 그의 이러한 행동 패턴은 그가 그녀에게 해주고 싶어하는 것을 심각하게 파괴하곤 했다. 앤은 의자에 앉아서 열심히 고개를 끄덕였고, 그의 말에 도전하려고 하는 듯했다. 그 순간 나는 그녀가 몹시 공격적으로 반응할 것이라는 생각이 들었고, 따라서 하비가 그녀를 괴롭히지 않도록 하기 위해 하비의 문제에 대한 작업을 계속해 나갔다.

나는 역전이에서 서로를 괴롭히는 관계를 경험하고 있었다. 그것은 불안한 안아주기의 경험에서 오는 부재와 거절에 수반되는 고요함 또는 평온함으로서, 그 두 사람이 경험하는 주된 감정이었다. 서로를 괴롭히는 것은 순응적으로 굴복하거나 서로를 위협하는 것이 아닌 새로운 삶의 신호를 얻으려고 하는 그들의 시도였다. 나는 그녀의 침범적인 관계에 대해 공감적으로 질문하는 대신 과민한 반응 행동을 보였는데, 그것은 그들의 행동에 대한 이해 없이 발생했다.

이러한 느낌으로 인해 나는 하비에게 그가 4, 5세 때에 어머니가 우울증에 빠져 있었기 때문에 그를 돌보는 일이 힘들었을 것이라고 말했다. 그는 어머니에게 활기를 가져다주려고 애쓰면서 그리고 그녀의 관심을 끌기 위해 그녀를 괴롭혔어야만 했고, 설령 그녀가 화를 낸다하더라도 그렇게 했을 것이라고 설명했다.

"그건 사실이에요." 그가 말했다. "저는 어머니가 우울했던 것이 기억나요. 아마도 그때 어머니는 무언가를 마셨던 것 같아요. 아마도 어머니는 제가 기억하는 것 이상으로 많이 마셨을 거에요. 마치 제가 스스로 생각하는 것보다 항상 많이 마시곤 하는 것처럼 말이죠. 우리가 이것에 대해 이야기하는 동안 나는 멀리 있다는 감정 또는 답도 없이 내 앞과 주위에 펼쳐져 있는 조용한 외로움 같은 것을 느껴요. 그것은 끔찍스러워요. 그리고 그것은 어쨌든 아버지와 관련되어 있어요. 제가 만약 아버지에게 다가갈 수만 있다면, 위로를 받을 수 있을 거라는 느낌 말이죠. 그래서 지금까지도 저는 그를 무척 그리워하고 있는 것 같아요. 하지만 그는 어디에 있는 걸까요? 그때 저는 그가 실패자라는 느낌을 갖게 되지요. 그와 함께 있을 수 있는 한 가지 방법은 제 자신이 실패자가 되는 것이었죠. 그러나 여기서 말하는 실패는 그가 나중에 여러 번 실패한 것을 말하는 것만은 아니에요. 그래요!" 그가 말하는 동안 그의 눈에는 뜻밖에 눈물이 고여 있었다. "여기서, 저는 주로 제가 어머니를 돕지 못한 실패 그리고 어머니에게 생명을 불어넣어 줄 수 없다는 슬픈 감정을 생각하고 있어요."

방안은 조용했고, 여느 때와 다르게 슬픔으로 가득 채워져 있었다. 나는 우리가 무엇인가를 탄생시키고 있다고 느꼈다. 끝날 시간이 다 되었기 때문에, 나는 앤의 반응을 듣기 위해 그녀에게로 향했다.

앤은 감동했다고 말했다. 그녀의 인정 안에는 마지못해 하는 무언가가 있었지만, 그녀는 방해하지 않았고, 하비를 걱정하는 듯이 보였다. 그녀는 말하기를, 마치 그녀가 우울하고 거절하는 어머니인양 자신을 괴롭혔던 하비의 행동이 이해가 간다고 했다. 그는 어머니에게 삶의 기쁨을 가져다주고 싶었지만, 그녀와 접촉하기 위해서는 그녀와 싸우는 것이 더 나은 방법이었다는 사실을 그녀는 이해할 수 있었다. 그녀는 그러한 행동 배후에 있는 외로움을 볼 수 있었다. 오늘날까지, 그녀는 자신과 하비를 분리시키고 있는 것으로 보이는 안개를 걷어낼 수 없다고 느껴왔고, 그 안개 속에서 그녀는 그에게 모든 비난을 퍼부어 왔다. 그렇지만 이번 회기의 경험이 그 안개를 걷어내는데 도움이 되었다. 그리고 그녀는 마지막에 더 많은 진전이 있기를 희망한다고 덧붙였다.

논의

우리가 이 사례를 선택한 것은 그것이 치료자의 능력을 파괴하고자 하는 부부의 공격(심하게 손상된 부부의 안아주기 능력에서 유래한)에 직면해서 치료자가 어떻게 난관을 헤쳐 나가는지를 보여주기 때문이다. 이들 부부는 자기 자신들과 서로에 대한 두려움을 보상하기 위한 시도로 서로를 괴롭히고 있었다. 앤은 자신에게 화상을 입혔던, 그리고 그녀를 고통 속에 방치했던 어린 시절의 화염 속에 삼켜지는 것을 두려워했다. 이 두려움 때문에 그녀는 하비와 치료자를 심하게 통제해야 했다. 하비는 우울한 상태에 있다가 나중에는 쉽게 폭발하는 엄마와 부재한 아버지에 대한 경험으로 인해 자신의 감정적인 삶을 경직되게 차단시켰다. 앤은 이러한 그의 통제된 성격을 지속적으로 자신의 화를 북돋우는 거절로 느꼈으며, 그래서 그들은 거의 대부분 공격적인 폭발에 가담했고 그럴 때 서로를 가장 가깝게 느낄 수 있었다.

우리는 환경 전이에서 표현된 부부의 안아주기 능력의 결함이 역전이에서 어떻게 반영되는지에 대한 개요를 제시했다. 그들 두 사람 모두는 부럽지만 거절하는 부모의 경험을 내재화했다. 하비와 앤은 서로 다른 형태의 흥분시키고 거절하는 내적 부모 상을 가지고 있었다. 두 사람은 모두 그들의 아버지를 흥분시키는 인물로 삼고 있었다. 앤에게 있어서, 아버지는 또한 거절하는 인물이기도 했다. 그녀는 엄마에 대해서는 거의 아무 것도 기억해내지 못했다: 기능적인 면에서, 엄마는 존재하지 않았던 것처럼 보였으며, 그녀에게 수용하는 엄마의 모델이 되어주지 못했다. 하비에게 있어서, 엄마는 나쁜 엄마이고 아버지는 좋은 아

버지라는 식으로 분열되어 있었지만, 그는 실패한 아버지를 내
재화하는 대가를 치르게 되었다. 그리고 그가 실패한 아버지를
내재화하게 된 것에는 아마도 아버지에 대한 그의 엄마의 비난
이 한몫 했을 것이다. 하지만, 두 사람 모두에게 있어서 부모는
실망스럽지만 시기심의 대상이었다.

역전이에서, 치료자는 자주 치료자로서의 능력에 대한 의심과
실패감에 빠지게 된다. 치료자는 날마다 자신은 기술이 부족하
고 쓸모 없는 사람이며 원칙과 자존감과는 동떨어진 유행을 따
르고 있다는 느낌을 경험하게 되는데, 이때 치료자는 상당한 자
기 혐오감을 느끼게 된다.

이 사례에서 치료자는 부부의 파괴성, 서로를 망치고 싶은 욕
구와 시기심, 오만과 경멸을 기꺼이 흡수하는 것을 통해서, 그리
고 그가 전혀 좋아하지 않는 어떤 사람이 되는 것을 통해서 끝
없이 좌절시키는 방법으로 서로에게 다가가고자 하는 부부의 내
적 경험을 이해할 수 있었다. 치료자는 자기 자신이 어린아이가
부러워하는 대상인 동시에 어린아이를 들어오지 못하게 하는 거
절하는 부모의 면전에 있다고 느낀다. 치료자 안에서 공명되는
것은 그 자신의 거절하는 내적 부부이며, 그 이유는 부부가 그토
록 서로를 학대하는 이유가 그들이 거절하는 내적 부부에 대한
투사적 동일시를 공유하기 때문인 것처럼 치료자가 부부의 투사
적 동일시를 공유하기 때문이다.

이 사례는 무엇보다도 치료자의 살아남기가 갖고 있는 치료
적 힘을 보여준다. 여기서 안아주기를 제공하고자 애쓰는 경험
은 엄마와 유아 사이에 존재하는 부드러움과 상호성을 포함하고
있지 않다. 그것은 닥치는 대로 발사하는 자동화기의 반복적인
공격에 즉각적으로 대처하는 것과 같은 성질의 것이었다. 부모
가 그렇듯이, 이 공격에서 살아남는 것이 치료자의 의무이다. 치

료자가 살아남음이 치료를 가져오는데, 그것이 바로 부부가 우리와 함께 그것을 경험하기 전까지는 할 수 없었던 것이다.

그러한 경험은 결코 즐거운 것이 아니다. 부부 사이의 안아주기를 망치는 파괴적인 충동은 감정적으로 충분히 치료자에게로 향해져야 하고, 마침내 치료자 안에서 충분히 소화된 후에 부부의 내면 세계로 되돌려져야 한다. 이러한 작업 없이는, 사례에서 제시된 유형의 부부는 계속되는 상호 폭력에 사로잡힌 삶을 살게 된다. 그들 중에는 헤어지기로 결정할 사람들도 있을 것이고, 함께 살기로 결정할 사람들도 있을 것이다. 치료의 중간 단계에서는 그들이 헤어지는 것이 낫다고 보일 수도 있을 것이다. 치료자는 부부가 폭풍을 겪고 있는 동안에 그들에게 헤어지라고 충고하고 싶은 유혹을 받지만, 그것은 그들의 선택을 방해하게 될 것이다. 치료자가 이러한 유혹에 빠질 때, 많은 경우 여기서 설명한 전환점에 이르기 전에 치료에 실패하고 말지만, 그렇지 않은 치료자들은 그 고비를 넘어 새로운 관계로 들어서게 된다.

이 과정에서, 우리는 결혼생활이 더 이상 유지되기 어렵다고 판단을 내릴 수는 있으나, 우리는 이들 부부가 함께 살아서는 안 된다는 결정을 내릴 수는 없다. 지속되는 신체적 학대나 죽음의 위협이 있는 경우를 제외하고는, 결혼생활을 계속하기로 결정을 하든 끝내기로 결정을 하든, 그것을 결정하는 것은 우리의 몫이 아니다. 이러한 결정은 치료자가 결정하기에는 너무나 중요한 것이다. 왜냐하면 결국 결정한 대로 삶을 살아야 할 사람은 치료자가 아니기 때문이다.

여기에서 제시된 유형의 부부 문제의 치료는 다른 많은 일반적인 부부치료보다 더 오래 걸린다. 치료자는 자주 절망에 빠지게 되고 자신이 하고자 하는 일이 능력의 한계 바깥에 있다고 느끼기 쉽다! 그러나 만일 치료자가 기꺼이 이 부부의 내적 대상과 투사적 동일시를 흡수하고, 서서히 거기서 벗어나는 힘든 작업을 해나간다면, 이런 부부의 어려움은 치료될 수 있다. 사랑 받기를 스스로 포기한 공격적이고 증오로 가득한 부부들에게 있어서 그것은 가장 불편한 과정이며, 따라서 치료자의 도움을 꼭 필요로 하는 과정이다.

치료적 어려움에 대한 역전이

이 사례에서 전환점은 치료자가 부부가 갖고 있는 불가능하 다는 느낌(the sense of impossibility)을 흡수한데서 발생했다. 치료 가 행해지는 수개월 동안에 걸쳐 철저한 내사적 동일시가 발생 했던 것이다. 치료자가 역전이 감정을 부부와 함께 나눈 것은 어 떤 의식적인 결단이 아니라 어떻게 해야할지 모르겠다는 감정으 로부터 왔다. 그때에야 그들의 파괴성이 이해되었고, 그러한 파 괴성이 그들이 접촉할 수 없었던 부모들, 안아주기의 결핍, 사랑 과 지지 대신에 분노 등에 대한 초기 경험에서 유래한 것임을 깨닫게 되었다.

우리에게 있어서, 역전이에서 절망을 경험하는 일은 결코 드 문 일이 아니다. 우리는 자주 분열과 억압을 사용하고 자신들의 상호 파괴성을 직면하기를 두려워하는 부부의 치료에서 이러한 역전이 감정을 경험하곤 한다. 이러한 역전이에 대한 작업은 "위 조될" 수 없다. 치료자는 그것을 직접 경험하기 전까지는 해석할 수 없다. 그러한 해석이 치료에 도움이 되는 정직한 것이 되기 위해서는 치료자가 그것을 현재의 임상 경험에서 흡수해야만 하기 때문이다. 치료자는 어려운 부부를 만날 때 역전이를 주의 깊게 살펴봄으로써 마음의 준비를 해야 한다. 그리고 많은 부부들은 좀더 경미한 형태의 유사한 역전이를 치료자에게 제공할 것이다.

제 3 부
성 장애 치료

제 9 장

성치료 기법

　부부치료를 필요로 하는 많은 문제들이 성적인 문제와 관련
되어 있기 때문에 부부치료자는 부부관계에서 성이 어떤 역할을
하는지를 정확히 이해할 필요가 있다. 이 주제는 「성적 관계」(D.
E. Scharff, 1982)라는 책에 상세하게 취급되고 있다. 부부치료자
는 성치료가 필요한 환자를 성치료자에게 의뢰할 수 있기 때문
에 꼭 성치료 전문가가 될 필요는 없다. 여기서 우리는 성적 관
계에 직접적으로 접근할 필요가 있는 부부를 위한 성치료의 모
델을 제시하고자 한다. 이것은 단순히 치료 기법을 가르치기 위
해서라기보다는 우리의 임상 자료를 이해하는데 필요한 배경을
제시하기 위해서이다. (좀더 간략한 개요를 위해서는 제10장에
요약되어 있는 내용을 참조할 것.)

　성치료의 기본 모델은 매스터스와 죤슨 연구소의 연구 결과
(1970)에 기초를 두고 있다. 그들은 부부들에게 가정 환경으로

인해 주의가 산만해지는 것을 막기 위해 집을 떠나 별도의 장소에 머물면서 2주간의 집중적인 치료를 받을 것을 권했다. 치료 초기에 의학적, 심리적, 성적인 평가가 이루어지고, 이어서 부부에게 피드백을 주고 치료를 추천하기 위한 회기가 뒤따른다. 그리고 나서 부부에게 그들만의 사적 공간에서 미리 정해진 방식을 따라 성적 상호작용을 연습하도록 처방을 내린다. 이런 연습은 순서에 따라 성기와 젖가슴에 대한 접촉이 배제되고 언어적 의사소통이 제한된 상황에서 시작된다. 초기의 연습은 신체적인 측면에 초점을 두기보다는 정서적인 측면을 강조하기 위해서 마사지라기보다는 즐겁게 해주기라고 부르는 활동으로 이루어져 있다. 2주에 걸쳐, 성적인 요소가 조심스레 증가된다. 그리고 나서 치료 회기 안에서 은밀하게 행해진 신체적인 연습에 대해 언어를 사용하여 검토하는 작업이 이루어진다.

이런 성적 상호작용에 대한 사실적인 분석을 통해서, 부부와 치료자는 성적인 어려움이 어디에서 발생하는지 조사하고, 성에 대한 뿌리 깊은 태도와 방어를 직면하게 된다. 그것은 또한 가르치고 교육할 수 있는 기회를 제공하는데, 이것은 대부분의 정신분석적 심리치료자들에게는 낯선 것이다. 치료 초기에 매스터스와 존슨은 대부분 남성 치료자와 여성 치료자가 함께 성적인 치료 프로그램을 진행시키는 협동치료를 시도했다. 이것은 부부 각자가 자신과 같은 성을 가진 사람이 자신을 더 잘 이해해 준다는 생각 때문이었다. 1970년대에 워싱턴 D. C.의 데이빗 샤르프도 남녀 치료자가 함께 하는 협동치료를 했지만, 나중에는 부부치료와 마찬가지로 그것이 꼭 필요한 것이 아니라는 결론에 도달했다. 이 시점에서, 우리는 협동치료가 가르치고 배우는데 특별히 유용할 수 있지만, 그것은 일반적으로 비용이 많이 드는 일종의 사치라고 생각한다.

데이빗 샤르프가 도입한 변형된 성치료는 헬렌 싱거 카플란의 모델에 기초하고 있다(Helen Singer Kaplan, 1974, 1977, 1979, 1983, 1987a, 1987b). 그녀의 모델은 매스터스와 죤슨(1970)의 원래 모델에서 온 행동주의적 상호작용의 틀에 기초해 있지만, 정신역동적으로 추론한 해석을 자주 사용하는 것이다. 각 치료자들은 1주에 몇 회기를 만날 것인지를 정하고, 다양하게 변형된 치료 기법을 사용하며, 치료자들 또한 어떤 이는 좀더 정신역동적인 방법으로 접근하고 또 어떤 이는 좀더 행동주의적인 방법으로 접근하는 등 좀더 탄력적이다(Lieblum and Pervin, 1980, LoPiccolo and LoPiccolo, 1978). 카플란과 그녀의 동료들은 우리보다 더 직접적으로 성적인 증상에 초점을 맞추는 경향이 있다. 즉, 그들은 우리보다 환자를 자주 만나지 않는 경향이 있으며, 부부가 먼저 좀더 일반적인 결혼생활의 문제에 대해 언급하지 않을 경우, 그 문제를 다루지 않는다. 리프(Lief, 1989)는 이러한 다양한 접근들을 훌륭하게 통합했다. 그는 교육과 지지로부터 시작하여, 성적 역기능에 특정한 행동주의적 접근, 대인관계적 갈등에 대한 부부치료, 내적 대상관계에서 유래된 문제들에 대한 역동적 심리치료와 정신분석 등, 모든 치료적 접근 방법이 갖고 있는 요소들을 종합해냈다.

우리는 대부분의 성 장애가 더 커다란 부부 문제의 일부분에 지나지 않는다고 생각한다. 치료받으러 오는 부부들 가운데 어떤 부부들은 이러한 사실을 인정하는가 하면, 다른 이들은 성적 불만이 그들의 유대 관계와는 상관없는 신체적인 측면의 문제라고 생각한다. 우리는 부부 문제에 대한 철저한 평가를 통해서 신체적인 성 장애가 전반적인 부부관계 안에서 어떤 역할을 담당하는 알 수 있다고 본다. 그리고 나서 부부와 함께 해석하는 회기를 가지면서, 성치료, 부부치료, 개인치료, 또는 부부치료와 개인치료를 함께 하는 병행치료 중 하나를 추천한다.

현재 우리가 따르는 과정은 다음과 같다. 해당 부부의 문제에서 성적인 어려움이 두드러지게 나타날 때, 일반적인 부부 진단 평가와 함께 성적 문제에 대한 평가가 이루어진다. 우리는 특히 각 파트너가 갖는 상대방의 성적 소망과 경험을 이해하고 평가하기 위해서, 부부의 성적 태도, 행동, 욕구에 대한 질문지 (LoPicollo and Steger, 1974)를 작성하도록 요구한다. 우리는 평가 과정에서 한번 이상의 부부 면담과 개별 면담을 갖는다. 부부는 개별 면담에서 보다 더 자유롭게 토론할 수 있으며, 특히 외도 문제에 대해서 그럴 수 있다. 마지막 평가 과정에서, 치료자는 평가면담의 결론을 내리고 치료를 추천하기 위해서, 그리고 평가 면담 과정에서 부부가 경험한 것을 이해하기 위해서 부부를 함께 만난다.

의학적인 문제나 신체적인 문제가 없다고 생각되면, 치료자는 부부에게 다양한 심리치료를 추천할 수 있다. 즉 공식적인 성치료, 특별히 성 문제에 초점을 두지 않는 부부치료, 개인 심리치료 또는 정신분석에 이르기까지 광범위한 종류의 치료 중에 어느 하나를 추천한다. 여성의 오르가즘 장애의 경우, 자위의 문제를 주로 다루는 개인 또는 집단 프로그램을 추천할 수도 있다 (LoPicollo and Lobitz, 1972, Herman and LoPicollo, 1988, Barbach, 1974, 1975, 1980).

진단과 추천되는 치료의 종류 사이에는 밀접한 관련성이 있지만, 일 대 일의 상관관계가 있는 것은 아니다. 예를 들어, 리프 (1977)는 치료를 받으러 오는 부부의 40%가 성적인 문제를 호소하는데, 이 문제는 개인 심리치료나 정신분석이 바람직하다고 보는데 반해, 카플란(1979)은 이러한 장애들이 종종 협동치료를 통해서 치료될 수 있다는 사실을 밝혔으며, 이것은 이 책의 여러 사례에서처럼 우리의 경험과도 일치하는 것이다. 최근에 출간된 책, 「성욕의 장애」(Lieblum and Rosen, 1988)는 이러한 뿌리깊은 증상에 성치료를 적용하는 문제를 깊이 있게 다루고 있다.

우리는 카플란(1974, 1979)이 도입한 성 장애의 분류 기준을 따른다. 그녀는 성적인 상황에서 직접적이거나 표면적인 요인으로 인해 발생하는 "근거리 불안"(proximal anxiety)과 대상관계적인 주제와 연관되어 있는 근저의 요인으로 인해 발생하는 "원거리 불안"(distal anxiety)으로 분류했다. 이 장애는 또한 성적 반응의 삼 단계 모델에 따라 범주화된다: (1) 욕망, (2) 흥분, (3) 절정 (표 9-1을 보라).

먼저 성치료를 시작하기 전에, 문제에 대한 철저한 평가가 이루어져야 한다. 이 평가 분야는 고도로 전문화되어 있기 때문에, 필요하다면 성치료자에게 의뢰하여 추후 평가를 받아보는 것이 바람직하다. 때로는 예외적으로 의학적, 비뇨기과적, 부인과적 검사를 함께 해야만 하는 경우도 있다. 발기장애 문제는 밤에 잠을 자는 동안 페니스가 어느 정도 발기되는지를 검사해봄으로써, 그 문제가 어느 정도 신체적인 원인을 갖고 있는지를 결정하는 데 참고한다. 때로는 혈관 검사나 호르몬 검사가 필요할 수도 있는데, 특히 나이가 든 환자의 경우에 더욱 그러하다. 어떤 상황에서는 의학적인 평가가 필요치 않을 수도 있는데, 예를 들어 신체적인 원인이 발견되지 않는 조루이거나, 상황에 따라 다르게 나타나는 장애 등이 그 경우이다. 약물치료로 가장 잘 치료될 수 있는 신경혈관 계통의 병리로 인한 발기장애가 있을 수 있다는 사실이 간과되어서는 안 된다(Kaplan, 1983). 카플란은 성에 대한 혐오, 공황, 공포증적 장애에 대한 약물치료와 수정된 심리적 치료에 대해 광범위하게 연구했다(1987b). 임상가는 발기장애의 원인으로서 약물, 성적 흥미를 감소시키는 우울증 그리고 성적 흥미

를 상실하게 하거나 성교 동통을 가져오는 폐경기 여성의 호르몬
감소 등의 요인들을 고려해야만 한다. 종종 약물치료는 여기에서
기술된 치료 방법과 병행해서 유용하게 사용될 수 있을 것이다.

표 9-1 성 장애의 분류
(카플란의 분류를 수정한 것 1979, 1983, 1987b)

단계	남자/여자	장애
I. 욕구	1. 남녀	억제된 성적 욕망(ISD): 낮은 또는 절대적으로 결핍된 흥미
	2. 남녀	공황 장애를 포함한 발기나 성교에 대한 공포증적 회피.
	3. 남녀	절정에 도달하지 못하는 성교
	4. 남녀	과도한 성욕: 강박 충동장애와 같은 고조된 불안으로 인한 경우 외에는 드문 현상임.
II. 흥분	5. 남자	전적인 혹은 부분적인 발기장애; 절대적 또는 상황적인 발기장애; 평생 동안 혹은 후기에 시작되는 발기장애
	6. 여자	일반적인 성기능 장애; 욕망의 유무와 관계없이 쾌감을 느끼지 못하는 장애
	7. 여자	질경련 조루
III. 절정	8. 남	사정의 지연 또는 부재: 절대적 또는 상황적 문제, 예컨대, 단지 성교 시에만 또는 파트너가 있을 때에만
	9. 남	
	10. 남녀	전적인 오르가즘 불능(남자보다는 여자에게 훨씬 더 많다)
	11. 여자	파트너와 또는 성교시 상황에 따라 오르가즘에 도달하지 못하는 문제
	12. 남녀	신체적 조건이나 생식기 근육 수축과 관련된 성교동통

치료자가 성치료를 추천하고, 부부가 성치료를 받아들일 경우, 만일 평가를 담당한 치료자가 훈련받은 성치료가라면, 행동주의적 성치료를 시작할 수 있다. 그렇지 않을 경우, 치료자는 나중에 부부치료가 필요할 수도 있다는 말과 함께 부부를 전문 성치료자에게 의뢰한다. 우리 중에 데이빗 샤르프는 직접 성치료를 하는 반면, 질 샤르프는 성치료를 동료에게 의뢰한다. 이제부터는 데이빗 샤르프가 개발하여 사용하고 있는 성치료 기법을 설명해 보겠다.

데이빗 샤르프는 부부의 성적인 혐오감을 감소시키기 위해서, 부부에게 위협적이지 않고 비성기적인 수준의 신체적 실습을 하도록 숙제를 내준다. 한 단계의 과제를 마치고 다음 단계로 넘어갈 때마다 새로운 요소가 더해진다. 치료 과제의 진행 상황에 대해 상세하게 보고 받고 작업하기 위해서 매주 2회씩 만나는 것이 적절하다. 부부는 각 회기 사이에 최소한 2번의 실습을 해야 하기 때문에, 상당한 시간을 투자해야 한다. 대상관계적 관점에서 접근하는 성치료는 행동주의적 성치료와는 달리 속성 프로그램을 선호하지 않는다. 그것은 대상관계적 접근이 성생활 문제를 다룰 때 신체적인 부분뿐만 아니라 부부의 상호작용 전체에 초점을 맞추기 때문이다.

어떤 실습 단계에서든 실습이 잘 진전되지 않으면, 그 단계의 실습은 반복된다. 그 단계의 과제가 숙달될 때까지는 어떤 새로운 요소도 추가시키지 않는다. 치료자들은 이러한 실패 경험을 통하여 가장 많이 배우며, 부부 또한 좌절 경험으로부터 배우도록 격려 받는다. 우리가 환자에게 제공하는 격려, 지지, 직접적인 충고는 우리의 해석과 결합되며, 그것은 심층적인 문제와 피상적인 문제 모두에 초점을 맞춘다. 즉 우리는 전통적으로 집중적 심리치료에서 다루는 "원거리 불안" 뿐만 아니라 비교적 표면

가까운 데서 드러나는 "근거리 불안"에도 초점을 맞춘다. 표면적인 근거리 불안의 예는 소위 발기 실패를 가져오는 "관찰자 불안"이라고 부르는 것에서 찾을 수 있다. 이런 불안을 느끼는 남자는 본질적으로 자기 자신 바깥에 있으며, 자기 자신의 어깨 너머로 자신을 바라본다(Masters & Johnson, 1970, p. 11).

해석 작업에서 다루는 투사적 동일시와 대상관계의 주제는 물론 좀더 무의식적인 자료에 속한다. 표면적인 불안의 원천은 보통 좀더 심층적인 불안의 원천보다 상층부에 자리잡고 있으며, 둘은 서로 연관될 수 있다. 해석 작업에서는 실습에 대한 보고뿐만 아니라, 심리치료를 하는데 필요한 일반 자료, 즉 언어적 의사 교환, 자유 연상, 꿈꾼 사람과 배우자에 의해 이해된 꿈 내용, 전이와 역전이 경험도 다룬다.

전이와 역전이

성치료에 대한 문헌들은 대부분 전이에 대해 언급하지 않거나 그것을 별로 유용하지 않은 것으로 간주한다. 아마도 이것은 매스터스와 존슨(1970)의 영향에서 유래된 경향일 것이다. 그는 다음과 같이 썼다.

… 임상 프로그램을 시작하면서부터, 우리는 성적 역기능을 해소하고 남편과 아내 사이에 의사소통의 통로를 확립하거나 향상시키기 위한 두 주간의 집중적인 임상 프로그램에 전이와 관련된 치료 기법이 끼어들 자리가 없다는 입장을

취해왔다. 치료팀은 치료 기간 중에 남편과 아내 사이에 긍정적인 교환을 방해하는 요소를 찾아내어, 즉시 무효화시키거나 취소시켜야 한다. 성적인 요소와 관련된 긍정적인 전이는 부부간의 효과적인 대인관계적 의사소통의 통로를 재구성하는 과정을 심각하게 방해할 수 있으며, 그들이 성적 역기능의 문제로 서로 다툴 때 특히 그러하다.

또한 매스터스와 존슨은 그들의 프로그램에서는 치료의 방해물로 간주되는 역전이의 발달이 최소화될 수 있다고 본다. "그들은 자신들의 프로그램이 협동치료 팀의 상호작용을 통해서 임상적으로 부부관계에 해롭거나 치료의 예후에 부정적인 영향을 미치는 특정한 역전이의 요소를 최소화시키거나 제거하도록 고안된 것"이라고 주장한다.

그들은 성치료를 시작하면서 처음부터 역전이를 유용한 분석 도구로 보지 않고 치료의 방해물로 생각했으며, 이것은 전이를 치료의 방해물로 묘사한 프로이트의 생각을 반영한 것이었다(1895, 1905a, 1912a, 1912b). 전이를 사용하는 것에 대해 반대하는 문헌은 많이 있지만, 전이를 사용하는데 따르는 문제에 대해 명확하게 설명하는 사람은 많지 않다(Kaplan, 1974, Lieblum and Pervin, 1980, Schmidt and Lucas, 1976). 몇몇 저자들이 그 문제에 대해 이야기하고 있을 뿐이다. 리비와 그의 동료들(Levay et. al., 1978, 1979)은 행동주의적 임상 프로그램을 보호하기 위해 그리고 성치료를 정신분석적 심리치료와 통합하기 위해서 부정적이고 긍정적인(또는 흥분된) 전이 모두를 이해하는 것이 중요하다고 본다. 딕스와 그의 동료들(Dickes and Strauss, 1979, Dunn and Dickes, 1977)은 치료적 판단을 그르치는 역전이 문제—특히 흥분되고 성화된 역전이—에 대해 언급했다. 그들은 모두 전이와 역전이를 치료에 유용한 중요한 도구라고 생각하지 않았다. 그러나 우리는 치료가 진행되면서 부부들이 점점 더 복잡하고 어려운 문제를 가지고 오기 때문에 전이와 역전이를 포함한 모든 심리치료의 도구를 치료 기술로 사용하는 것이 바람직하다고 본다. 우리는 만족스런 치료를 결과를 얻기 위해서 전이와 역전이를 필수적인 치료적 도구로 받아들인다(Scharff and Scharff, 1987). 이 책에 제시된 많은 사례들은 바로 이러한 기법을 예시해준다.

실습의 순서와 실습의 다양한 단계 동안 출현할 수 있는 문제들은 표 9-2에서 제시되고 있다. 부부치료의 초기 과제는 모든 부부문제에 적용하도록 표준화되어 있는 반면에, 후기 과제는 특정 부부가 지닌 특정한 성적인 어려움과 그에 따른 문제 해결에 초점을 맞추고 있다. 많은 치료자들은 종종 특정한 문제에서 초기 단계의 실습을 생략하기도 한다. 그러나 초기 단계의 실습부터 시작하는 것이 더 바람직한데, 그 이유는 그것들이 초기에 아이와 부모 관계에서 경험되는 안전한 느낌과 상호관계의 경험을 불러일으키기 때문이다. 종종 부부들이 그것을 몹시 힘들어하지만, 그것은 가장 많은 결실을 가져다주며, 치료 동맹을 확립할 수 있는 기회와 함께 많은 정보를 제공해준다.

마지막 실습 단계에서는 부부간의 성적 표현과 상호작용의 범위를 확장시키고, 그들이 좋아할 수 있는 새로운 자세를 시도해보도록 격려한다. 그리하여 성적 경험에서 그리고 특히 성교 중에 오르가즘을 담아내는 능력을 개발하고자 한다.

성치료의 최종 단계에서도 다른 모든 치료에서와 마찬가지로 종결의 문제가 중요해진다. 부부는 오르가즘을 담아내는 능력을 갖게 되면서, 치료가 끝나는 것에 대한 불안을 느끼게 된다. 그들은 새로운 방식으로 완전한 성교를 할 수 있는 능력을 갖게 되

표 9-2. 성치료 실습의 순서

제목	방법	의사소통
1. 감각에 초점 맞추기 1: 비성기적 활동	교대로 성기와 젖가슴을 제외한 전신을 오일이나 로션으로으로 마사지 해주기	통증이 느껴지는 경우를 제외하고는 언어적 또는 비언어적 의사소통을 하지 않는다. 쾌락을 경험하는 자기 자신에 초점을 맞춘다.
대상관계적 측면; 환경 어머니가 "안아주는" 환경 안에서 발달해 나오는 자기를 즐거워하고 그 자기의 발달을 허용하고 "존재"할 수 있게 해주어야 한다.		
2. 감각에 초점 맞추기 2: 성기적 활동 포함.	성기와 젖가슴에 대한 가벼운 자극을 주기. 지나친 흥분은 금물	어느 것에서 더 쾌락을 느끼는지 말로 혹은 손짓으로 알려주기. 초점은 쾌락을 주고받기에 맞춘다.
대상관계적 측면; 안전한 환경 안에서 일차 대상과 즐겁게 상호작용하는 자기를 경험하게 한다. 부부는 이제 자기와 타자에 대한 이미지를 형성하는 과정에서 안아주는 환경을 유지하기 위해 협력한다. 그러나 아직은 한번에 단지 한 방향으로만 움직일 수 있는 상호작용의 단위에 머물러 있다. 즉 한 배우자가 쾌락을 주고 있는 동안 다른 배우자는 그것을 받는다. 이것은 또한 쾌락을 주는 사람에게 주는 즐거움을 경험하게 한다.		
3. 성기와 젖가슴에 대한 "임상적 검토"	자기와 타자에 대한 상세한 검토. 자궁경, 성 지침서, 해부학과 성적인 반응주기에 관한 자료가 제공된다.	완전한 정보를 주고 받을 수 있도록 격려받는다. 여기에 성적으로 자극하지 않는다
대상관계적 측면; 이것은 중심 자아 지향적인 실습으로서, 부부로 하여금 서로의 성적인 반응과 신체에 관한 올바른 지식을 제공하기 위한 것이다. 그것은 성교에 대한 잘못된 신화를 버리게 하고, 중심 자아의 성장을 촉진시키며 중심적 자아들 사이의 의사소통을 촉진시킨다.		

표 9-2. 성치료 실습의 순서

제목	방법	의사소통
4. 다른 실습과 동시에 자위하기.	각 배우자는 은밀하게 자위 행위를 즐긴다. 여성은 진동기를, 남성은 윤활유를 사용할 수 있다.	자신의 몸에 대한 이해는 타자 와의 의사소통 능력을 고양시킨다.

대상관계적 측면; 서로에 대한 관계의 향상을 위해서 부부 각자는 중심적 자기와 흥분하고 갈망하는 자기의 측면에 대한 지식을 필요로 한다. 자기에 대한 좀더 현실적인 지식을 갖게 되면, 갈망하는 대상에 대한 요구가 감소되며, 동시에 공감 능력과 타자에게 주는 능력이 향상된다. 발달적으로, 이것은 자기로부터 타자에게로 나아가기 위한 준비 과정으로서 자신의 신체와 자위에 대한 지식을 획득하는 유아기와 청소년기 단계에 속한다.

제목	방법	의사소통
5. 성기 부위의 감각에 초점 맞추기 3.	몸 전체를 포함하면서도 성기와 젖가슴의 쾌감에 초점을 맞추는 자극을 주는 행위는 요구되지 않지만, 절정에 도달하지는 않을 가벼운 정도로 격려된다.	온건한 정도로 흥분된 상태에서 언어적 및 비언어적 방법을 사용하여 광범위하게 의사소통을 한다.

대상관계적 측면; 이 실습은 아직 삽입에 대한 두려움 없이 친밀한 관계와 협력적인 대상관계 경험을 충분히 허용해주고자 한다. 불안이 거의 없는 안전한 상태를 유지할 필요가 있다.

이 지점에서 실습은 부부가 가지고 있는 성 장애와 치료 진전의 정도에 따라 둘로 갈린다. 일반적으로 몸 전체와 부부의 전인적인 관계에 계속 초점을 두면서, 완전한 성교를 향해 서서히 나아간다. 치료자는 부부가 처한 상황에 따라 아래에 제시된 것 가운데 일부 또는 전부를 처방한다.

제목	방법	의사소통
6a. 질경련인 경우	여성의 자위에서 손가락이나 질 확장기를 삽입한다. 그리고 나서 합의하에 페니스를 삽입한다.	자신의 불안을 점점더 견디어냄으로써 차츰 삽입을 두려워하지 않을 수 있게 해준다.

표 9-2. 성치료 실습의 순서

제목	방법	의사소통
대상관계적 문제: 삽입에 대한 두려움은 성기 안에 담겨진 억압된 나쁜 대상에 대한 방어체계 때문에 발생하는 것이며, 이때 개인은 정신신체적 근육 수축에 의해 자기와 대상을 보호하고자 한다. 바로 이것이 삽입을 방해한다. 안전감이 확립되면, 성적 흥분과 함께 나쁜 대상이 억압으로부터 풀려날 수 있다.		
6b. 조루인 경우	씨맨즈(Semans, 1956)의 일시적 중지기법: 여성이 남성을 거의 사정에 이를 때까지 자극한다. 남성의 신호에 따라 그녀는 흥분이 감소될 때까지 자극을 멈춘다. 이것을 두 세 번 반복하고 나서 절정에 도달한다. 그리고/또는 압박 기법(Masters와 Johnson, 1970): 여자가 남자가 흥분하도록 자극한 후에 엄지와 검지를 사용, 귀두 아랫부분을 꽉 쥔다. 이를 반복한다.	남성이 사정의 전조에 대한 지식과 이를 통제하는 법에 대한 지식을 갖고 있으며 이것을 의사소통한다.
대상관계적 측면: 대상에 의해 삼켜지는 것에 대한 두려움과 페니스가 대상에 손상을 입힐 것이라는 두려움 때문에 불안과 흥분이 혼란스럽게 연결되는 결과를 가져오게 된다. 이 실습은 흥분과 공격성 사이의 차이를 구별하고, 흥분시키는 자기 및 대상과 박해하는 자기 및 대상을 분리하도록 돕고자 한다.		

표 9-2. 성치료 실습의 순서

제목	방법	의사소통
6c. 발기장애와 남성의 성적 흥미의 결핍 또는 흥미 저하(ISD).	발기와 상관없이 여성이 남성의 성기를 자극하고 나서 다른 신체 영역을 자극하되 주기적으로 성기에 대한 자극으로 되아간다.	동의된 상황에서 행해지는 요구적이지 않은 자극은 남성의 불안 수준을 낮춘다.

대상관계적 측면: 성욕감퇴(ISD)과 발기장애에서, 대상관계는 박해하는 대상에 대한 불안과 자신이 여성에게 해를 끼칠 것이라는 불안에 의해 지배받는다. 요구하지 않는 상황에서 나쁜 자기와 대상을 길들일 수 있는 친숙함이 허용됨으로써, 중심적 대상관계의 수준이 향상될 수 있다.

제목	방법	의사소통
6d. 여성의 흥분 결핍 또는 저하(ISD); 심리적 원인의 성교동통; 동의한 상황에서 여성의 절정 결여.	요구적이지 않은 방식으로 남성이 여성의 성기와 다른 신체 영역을 교대로 자극한다. 혼자 있을 때 배운 것을 함께 있을 때 적용한다.	요구적이지 않은 쾌락은 여성의 불안을 감소시킨다. 혼자 있을 때 배운 것을 함께 있을 때 적용한다.

대상관계적 측면: 거절하고 박해하는 대상의 문제는 성욕의 감퇴(ISD)와 심인성 성교 동통이라는 문제로 드러난다. 이것들은 흥분을 감당하도록 허용하고, 흥분과 공격성을 구별하도록 해주는 요구적이지 않은 자극에 의해 완화된다. 여성의 오르가즘 결핍은 보통 자기에 대한 학습과 관련된 문제로 드러나며, 이것은 교육과 자위의 도움을 받을 때 가장 잘 치료될 수 있다. 교육, 지지, 치료를 포함하는 몇 가지 프로그램이 개발되었다(Barbach, 1974; Herman and LoPiccolo, 1988). 고립된 상황에서 자위를 통해 도달하는 오르가즘에서 부부가 함께 나누는 환경에서 도달하는 오르가즘으로 옮겨가기 위해서는 나쁜 대상에 대한 두려움을 감소시키고, 대상과 자기의 흥분시키는 측면과 공격적인 측면 사이의 혼란을 감소시키는 작업이 필요하다.

다음에 제시되는 실습은 대부분의 형식과 장애들에서 공유된다:

표 9-2. 성치료 실습의 순서

제목	방법	의사소통
7. 담아주기1: 움직이지 않고.	여자가 남자 위에 앉아 페니스를 삽입한 채, 움직이지 않는다. 남자는 수동적인 상태에 머문다.	삽입에 대해 불안에 대해 상호 안심시켜주기
8. 담아주기 2: 더 많이 움직인다.	여성만 천천히 움직이고 나중에는 남녀 모두가 함께 움직인다. 오르가즘을 느낄 때까지 흥분을 증가시킨다.	통제와 요구하지 않음에 대한 상호성을 확인하기.

대상관계적 측면; 신체적 및 심리적인 상호 침투는 차츰 흥분을 받아들일 수 있는 능력을 길러준다. 이를 통해 차츰 협력 관계와 친밀감을 충분히 누릴 수 있는 능력이 형성된다.

| 9. 사정 장애와 오르가즘 장애 에서의 선택사항: 남녀가 서로를 또는 자신을 손으로 자극하기 교량 기법(Kaplan, 1987a). | 삽입하기 전과 후에 자신 또는 서로를 자극하기. 삽입하고 있는 동안 손을 사용한 자극을 돕기 위해 자세를 바꾸기. | 요구하는 대신에 인내와 협조에 대해 서로 의사소통하기 |

대상관계 측면: 서로의 욕구를 견디어주는 온전한 대상관계는 서로에 대해 관심을 가질 수 있는 능력을 신장시키고, 자신에 대한 대상의 관심을 믿을 수 있게 해준다. 자신의 신체와 다른 사람의 신체를 편안하게 느낄 수 있게 되면서, 동시에 친밀감과 흥분이 성기적 쾌락을 충분히 즐길 수 있는 능력과 통합된다.

었다는 것과, 그것은 곧 치료의 종결을 의미하는 것임을 깨닫는다. 치료의 종결에 대한 불안은 다시 증상을 불러올 수 있다. 다른 치료에서와 마찬가지로, 성치료에서도 이것은 문제를 재검토하고 재작업할 수 있는 기회를 제공한다. 이것은 또한 안아주는 환경으로서의 치료의 상실에 대해 작업할 수 있는 기회이며, 지원 없이는 안전한 성적 환경을 만들어낼 수 없을지도 모른다는 부부의 두려움을 검토할 수 있는 기회이다.

종결 단계 동안에는, 치료의 횟수를 차츰 줄이는데, 이는 부부가 배운 것을 치료자의 지원 없이 그들의 일상생활에 통합하는 과정을 돕기 위해서이다. 성치료는 보통 3개월에서 8개월 정도 걸리지만, 치료 기간은 상황에 따라 얼마든지 달라질 수 있다.

캐플란의 치료 방법론이 성치료에 덧붙여서 환자 자신의 환상과 에로물에 의해 자극되는 환상에 크게 의존하고 있는 것은 주목할만한 가치가 있다(Kaplan, 1974). 대상관계 이론에 토대를 둔 성치료에서는 많은 경우 환상과 에로물을 아주 제한적으로 소개하고 있으며, 그것은 정상적인 환상 생활을 방해하는 주제를 둘러싼 정신역동적인 문제를 작업하는데 치료의 초점을 맞추고 있다.

성치료 이전이나 성치료를 하는 동안, 성적 기능과 성과 관련된 정서적인 문제에 대해 정보가 없는 순진한 부부들에게 성적 해부학, 성적 반응주기, 성적 장애에 관한 독서를 하도록 충고하게 된다. 레빈의 책, 「성은 단순하지 않아요」(Levine, 1988)와 랠리의 책, 「성교하기」(Raley, 1976), 그리고 컴포트의 책, 「섹스의 즐거움」(Comfort, 1972) 등은 다양한 치료의 단계에서 보조물로 사용된다.

처음부터 성치료를 원했던 부부의 1/3에서 1/2이 성치료 도중에 만나게 된 치료적 난관을 다루기 위해서, 또는 성치료를 통해 드러나게 된 새로운 영역의 문제를 작업하기 위해서 부부치료나 개인치료를 요청하는 것으로 드러나고 있다. 부부관계의 어려움에서 발생하는 가족 문제로 인해 가족치료를 요청하는 사례는 많지 않은 것으로 드러나고 있다(D. E. Scharff, 1982). 성치료 이

후에 부부는 부부치료를 계속하거나 가족치료로 전환하거나 또는 수 회기의 개인치료나 정신분석을 받기로 선택할 수 있다.

성치료의 결과는 부분적으로는 장애의 유형에 따라 다른 결과가 나타나며, 부분적으로는 치료에 참여하는 사람의 열의에 따라 다른 결과가 나타난다. 매스터스와 죤슨(1970)이 처음에 보고한 자료에 의하면, 치료의 성공률이 80%이며, 5년 이후 재발율이 5%이었다. 하지만 이것은 현재 이 분야에서 지지 받지 못하고 있다(Zilbergeld and Evans, 1980). 초기에 보고된 성공 사례들에 대한 추후 검사는 치료자가 생각했던 것보다 훨씬 더 높은 재발율을 보여주고 있다(Levine and Agle, 1978, Althof et. al., 1988).

캐플란(1974, 1979)은 오르가즘 단계의 장애—조루와 일차적 불감증—는 치료 결과가 좋지만, 발기장애는 치료 결과를 예측하기가 더 어렵다는 점을 주목했다. 비교적 피상적인 불안으로 인한 발기장애는 치료의 성공률이 높은 반면, 깊은 불안으로 인한 발기장애는 치료의 성공률이 높지 않다. 캐플란(1987b)은 성욕 감퇴 장애인 경우, 성치료로 잘 회복되는 사례는 극히 드물며, 따라서 대부분은 치료하기가 몹시 어렵고 집중적인 심리치료 또는 정신분석을 필요로 한다고 결론 내렸다. 성에 대한 혐오감을 지닌 공포증 또는 공황 장애의 치료 예후는 중간 정도에 해당되며, 약물치료와 병행하는 심리치료가 가장 효과적인 것으로 인정되고 있다.

행동주의적 성치료의 기법에 대해 좀더 상세히 알기를 원한다면, 캐플란의 초기 저서인 「새로운 성치료」(1974)나 그녀의 「그림을 통해 보는 성치료」(1987a)를 참조하는 것이 좋을 것이다. 이 장에서 우리는 성 실습의 과제를 주고, 그 다음 회기에서 그 과제에 대해 검토하는 작업 방식을 설명하고자 한다. 성치료의 행동주의적인 접근과 대상관계적 접근을 결합시킴으로써 성적인 문제와 부부 문제 중 그 어느 것도 치료 과정에서 배제되지 않는 통합적인 성치료가 가능해졌다.

아래의 두 성치료 사례는 행동주의적 치료와 분석적 심리치료의 상호작용을 보여줄 것이다.

성치료의 초기 단계에서 만나는 대상관계적 측면

네이트와 신시아 온스타인은 각각 다른 파트너를 찾으려고 애를 쓰다가 서로에게 다시 돌아오기를 반복하면서 수년을 보내고 난 이십대 후반에 결혼을 한 매력적인 부부였다. 신시아는 태어나면서부터 한쪽 다리가 조금 짧았기 때문에 약간 발을 절기는 했지만, 운동을 잘했고 활기가 넘치는 성격의 소유자였다. 네이트는 신시아와 성관계를 갖는데 흥미를 상실한 채, 환상 속으로 철수하여 자위를 하곤 했다. 그들은 나에게 훈련을 받고 있던 치료자에게 성치료를 받고 있는 중이었는데, 그 치료자는 그들의 저항을 잘 극복하고 난 후에, 치료 과정이 침체의 늪에 빠졌다고 느끼고 있었다.

성기 이외의 신체 부분을 마사지 해주는 첫 실습에서, 신시아는 매우 따분해 했다. 그녀는 자신이 마사지를 해주면서 느낀 점에 관해 다음과 같이 말했다. "저는 그가 제게도 그대로 해줄 것을 기대했습니다." 그녀가 한 말은 내게 마치 그녀가 네이트에게 메시지를 보내려고 했다는 것처럼 들렸다.

치료자가 말했다. "당신은 당신 자신의 경험 대신에 네이트의 경험에 초점을 맞추고 있군요. 그리고 당신은 단지 그가 어떤 특정한 방식으로 당신에게 해줄 때에만 즐거움을 얻을 수 있군요. 당신은 이 점을 알려주려고 그에게 신호를 보낸 것 같아요. 이것이 어렸을 때 당신이 경험했던 것을 반향하고 있지는 않나요?"

신시아는 잠시 생각한 후에 말했다. "저는 부모님이 무엇을 생각하는지를 알아내려고 애쓰면서 많은 시간을 보냈어요. 그 때문에 항상 걱정이 많았어요. 저는 그들이 인정해주지 않으면 아무 것도 즐길 수 없었죠. 그래서 저는 그들에게 인정을 받기 위해 노력했어요. 아마 그것이 제가 네이트를 대하는 방식일 거에요. 저는 그가 저를 인정하는지를 항상 살펴요."

그후의 회기에서, 신시아는 서서히 적극적으로 변화되었으며, 자신 안에서 쾌락적인 감각이 자라날 수 있도록 허용하였다. 그녀가 이렇게 하자, 네이트는 그녀의 긴장이 풀린 것을 느낄 수 있었으며, 그녀를 안심시켜주어야 한다는 의무감에서 벗어날 수 있었고, 그녀의 경험에 대해 책임질 필요 없이 부담 없이 즐길 수 있게 되었다.

"그것은 저로 하여금 올무에서 벗어나게 해주었어요." 그가 말했다. "엄마는 제가 잘하는지 늘 살피곤 했죠. 저는 엄마의 기분에 대해 책임감을 느꼈습니다. 신시아가 뒤로 물러났을 때 저는 안도감을 느꼈어요."

이 실습에서 서로를 강화시켜주는 하나의 유형이 드러났다. 즉 네이트의 욕구를 공감적으로 수용해주려고 하는 신시아의 노력이 그녀 자신의 욕구를 전달하려고 애쓰는 노력을 방해하고 있는 반면, 신시아의 욕구를 알아차릴 수 있는 네이트의 능력은 어머니의 요구에 대한 그의 방어 때문에 차단되고 있다.

치료적 진전에도 불구하고, 이들 부부는 실습을 모면할 구실을 찾았다. 한 주 후, 신시아는 실습을 여전히 지루해했고 마음 내키지 않아 했다. 치료자는 역전이 자료에 대해 보고했다: 그는 신시아의 권태를 자신이 거절당하는 것으로 느꼈고, 치료 과정이 계속 천대받고 있다고 느꼈다. 그들 부부에게서는 아무런 동기도 찾아볼 수 없었다. 그는 그녀가 자신의 삶을 즐기지 못하게 된 역사에 관해 좀더 물어보았다. 신시아는 어렸을 때 엄마가 어떻게 자신의 주도성을 좌절시켰는지에 관해 말했다. 그녀는 음악 레슨, 스포츠, 연극 등을 시작하곤 했지만, 그때마다 격려 받지 못하고 그것들을 중도에 그만 두었다.

"하지만 저는 신시아를 격려하고, 사랑한다고 말하고, 그녀의 모습 그대로를 좋아한다고 말해주려고 노력해요." 네이트가 말했다.

"네이트는 저를 귀찮게 하고 쳐다봐요." 그녀가 갑자기 힘주어 말했다.

"사람들은 제가 장애자이기 때문에 저를 쳐다보곤 했어요. 이제는 저도 제가 다리를 저는지 잘 모르겠어요." 신시아가 말했다. "그렇지만 다리 교정이 끝날 때까지, 저는 다른 아이들에게 노출되는 것이 두려워서 늘 혼자 있곤 했어요. 최근에 어떤 파티에서, 정형외과 레지던트가 제게 다가와서 제 다리 한 쪽이 짧으냐고 물었어요. 그때 제가 어려서 느꼈던 모든 감정이 떠올랐고, 저는 여러 날 동안 당황스러웠어요. 사람들은 저를 쳐다보곤 했지요. 낯선 사람들, 길에서 만나는 사람들, 친구의 부모들, 누구나 다 마찬가지였어요. 부모님은 저를 보호하기 위해 애 쓰셨지만, 완벽하게 보호할 수는 없었죠."

그녀가 네이트에게 자신을 완전히 노출하고, 치료 회기에 와서 치료자가 내준 과제의 실습 내용을 보고하는 것은, 마치 그녀가 도망쳤던 동료들, 낯선 사람들, 의사들의 시선에 노출되는 것과 같은 것이었다. 그녀에게 성치료는 응시 당하고 노출되는 것을 의미했다. 이 사례에 대한 슈퍼비전에서, 우리는 훈련 중인 치료자에게 부부치료에 적극적으로 참여하는 것에 대한 부부의 저항에 초점을 맞추면서 이러한 해석을 시도해보라고 권했다.

초기 단계와 마지막 단계에서의 대상관계

두 번째 부부치료의 사례는 성치료의 초기 단계와 마지막 단계 모두에서 억압된 대상관계가 출현하는 것을 보여준다.

이 책의 첫 장에서 언급된 바 있는 레베카와 켄틴 부부는 레베카의 질경련과 성적 혐오감의 문제로 데이빗 샤르프에게 성치료를 받으러 왔다. 나중에는 켄틴이 레베카의 질 안에서 사정하지 못하는 문제가 생겼다. 본격적인 성치료를 시작하기도 전에, 켄틴은 자신의 성적 환상에 대해 이야기하기 위해 개인 면담을 갖기를 요청했다. 그는 자기 때문에 레베카가 돌이킬 수 없는 상처를 입을까봐 두려워하고 있었다. 그들은 성교를 하는 일이 매우 드물었는데, 그는 성교 시에,

장모의 친구와 성교를 하는 환상과 함께 사정을 하곤 했다. 그런데 최근에는 환상 속의 대상이 장모로 바뀌었다. 나 (D.E.S)는 모든 비밀은 계속해서 파괴적인 영향력을 발휘한다고 믿고 있기 때문에 그 환상에 대해 아내에게 털어놓는 것이 좋겠다고 촉구했다. 나는 실습을 시작하기 전에 말하는 것이 좋겠다고 제안하였다. 켄틴은 주저하면서 떨리는 목소리로 레베카에게 말했다. 레베카는 상처를 받기는 했지만, 그것을 마음에 담아두지는 않았다고 말했다. 그녀는 켄틴이 그 문제를 다루는 것을 힘들어한다는 것을 깨달았으며, 그가 개인치료를 필요로 한다고 생각하게 되었다.

이것은 성치료의 첫 번째 실습과정에 드리워져 있던 안개를 제거해 주었고, 켄틴이 그의 신체적 자기와 환상을 드러내기를 두려워하듯이 레베카가 켄틴에게 온 몸을 드러내는 것을 두려워하고 있음을 분명히 보여주었다. 그는 그녀를 사랑한다고 말하면서도, 그녀가 하는 모든 일에 대해 비판적이었다. 그는 날카로운 비판을 끝없이 퍼붓는 어머니의 비판을 들으면서 어린 시절을 보냈다. 그는 지금 그의 어머니와 똑같이 레베카에게 하고 있다. 그는 레베카에게 제대로 할 줄 아는 게 아무 것도 없다고 말하곤 했다. 그러한 논쟁 과정에서 억압되었던 나쁜 어머니 상이 활성화되었고 거의 날마다 그들을 괴롭혔다. 레베카는 이러한 비판적인 공격에 대한 반응으로 철수한 상태에서 살아가는 패턴을 보여주었다. 그것은 침범하고 명령하는 그녀의 엄마에 대한 경험에서부터 온 것이었다. 레베카의 엄마는 그녀의 몸을 소유하려는 욕구를 갖고 있었으며, 그것은 레베카가먹는 음식에 지나친 관심을 갖는 형태로 나타났다. 우리는 곧 레베카의 질경련이 페니스를 지닌 그녀의 엄마로 느껴지는 켄틴의 침범으로부터 자신을 지키기 위한 것이었음을 이해할 수 있었다.

켄틴이 가지고 있던 레베카의 엄마에 대한 환상은 곧 사라졌고, 그가 실습 과정에서 자신이 레베카를 금지하고 흥분시키는 엄마처럼 대하고 있다는 것을 깨닫게 되면서, 성치료는 서서히 진전되어 갔다. 그는 꿈에서 나와 레베카와 함께 만나는 회기를 가졌는데, 그의 엄마도 거기에 있었다. 그리고 나서 그녀는 좋아하는 아줌마로 바뀌었는데, 이는 그가 소망하던 엄마의 모습이었다. 그는 아버지가 자신과 엄마 사이에서 중재해주지 않은 것에 대해 분노하고 있었다. 그와 레베카는 성치료 실습이 내면 안에 새로운 침범의 위협을 불러일으키고 있으며, 내가 지금 그들의 내적 어머니가 출현하지 못하도록 막아주고 있다는 생각에 동의했다. 그리고 켄틴은 이제 그의 환상 속에서 엄마가 자신과 레베카 사이에 개입하지 않는다고 말하면서 마침내 눈물을 흘렸다. 그가 이것을 느꼈을 때, 그는 처음으로 분열성 상태와 자기애적 몰두 상태로 철수하지 않은 채, 그녀가 자신을 위해 그리고 자신이 그녀를 위해 마사지해준 것을 느낄 수 있었다.

불안해하거나 두려워하는 부부인 경우, 실습의 진도는 느리게 진행된다. 3개월 후에, 그들은 여전히 은근한 정도의 흥분을 허용하면서 성기와 젖가슴을 포함해서 서로를 마사지해주는, 감각 단계 II의 수준에 머물러 있었다. 그들은 또한 서로 자신이 무엇을 좋아하고 무엇을 좋아하지 않는지를 상대방에게 정확하게 말하는 의사소통 능력을 위해 실습하고 있었다. 그들이 자신과 상대방의 신체를 받아들이게 되면서 서로를 견디고 서로를 즐기는 능력은 차츰 성장하기 시작했다. 레베카가 꿈을 꾸었다: "우리는 낡은 건물에서 선생님을 만나려고 기다리고 있었어요. 뚱뚱한 남자가 어린아이들을

많이 데리고 왔어요. 켄틴이 말했어요. '저 사람은 치료자야.'
제가 그에게 어떻게 아느냐고 물었죠. 그가 말했어요. '치료
자들은 다 뚱뚱하거든.' 어떤 어머니가 자기 아이에게 말했
어요. '가서 손을 씻어라.' 저는 제가 손을 씻지 않은 채 켄
틴의 페니스를 만졌기 때문에 더럽다고 느꼈어요."

레베카가 계속 말했다. "두려운 건 이 꿈을 적으면서 제가
치료자(therapist)를 '강간범'(rapist)이라고 썼다는 거에요. 나
는 '강간범'이 선생님인지 켄틴인지 모르겠어요."
"당신은 누구라고 생각하세요?" 치료자가 물었다.
"아마도 둘 다겠지요." 그녀가 말했다.

켄틴이 덧붙였다. "제게 떠오른 연상은 '소아성애'입니다.
저는 지난번 회기에 레베카가 선생님에게 마치 교사가 교장
에게 아이를 데리고 가서 말하듯이, 나를 바르게 세워달라고
말했을 때 분노를 느꼈습니다. 그것은 마치 당신이 우리를
지켜보다가 야단을 치면서 흥분하는 소아성애자인 것 같았
고, 우리는 마치 어린이 부부가 된 느낌이었습니다."

전이의 내용이 꿈에 대한 연상에서 분명히 드러났고, 따라
서 그들은 그들 자신의 관음증적 호기심과 억압된 성적 공
격성으로부터 온, 노출에 대한 그들 자신의 경계심을 볼 수
있었다. 지금까지 그들은 공격의 책임을 모두 켄틴에게 돌렸
지만, 이제는 치료자에 대한 전이에서 반향되었듯이, 그들의
상호 침범에 대해 알게 되었다. 치료자가 치료를 위해 그들
을 밀어 부칠 때 그는 전이에서 레베카를 해칠 수 있는 존
재로 여겨졌다.

3주 후에는 실습이 더 많이 진전되었다. 켄틴은 자신의 무
릎 위에 걸터앉아 있던 레베카의 질 안에 페니스의 귀두 부
분을 부드럽게 삽입하였다. 그녀는 여전히 약간 통증을 느꼈

지만, 가만히 앉아 있는 동안 통증이 가라앉았고, 그녀는 불안을 견디어내었다. 이 실습을 하면서, 그녀는 켄틴의 페니스가 칼이며, 그것은 해병대 군인이었던 그녀의 아버지를 연상시킨다는 것을 알게 되었다. 그녀가 말했다. "아버지는 혐오스런 사람이었지만, 자신이 군인인 것에 대해 자랑스러워했어요. 어떤 때는 짧은 바지와 내의만 입고서 칼집을 차고 맥주를 마시기도 했죠. 나는 그를 생각하고 싶지 않아요."

그녀는 또한 치료자에 관한 꿈을 기억해냈다. "우리는 워싱턴에서 버스를 타고 있었는데, 도착해보니 제 고향인 잭슨빌이었어요. 여름이었는데, 선생님은 옆줄무늬 쟈켓을 입고 있었죠. 선생님은 잘생겨 보였고, 그래서 저는 선생님과 말하는 것을 좋아했어요. 우리는 언덕을 걸어 내려갔고 선생님은 저를 제 부모님 집에 남겨 두고 선생님 집으로 걸어갔죠."

켄틴은 쟈켓에 대한 연상에서 그런 쟈켓을 가지고 있는 치료자를 연상했다. 그녀는 그 치료자가 잘 생겼다고 생각했다. 그 전날, 잘 생기고 호감이 가는 이웃이 부담을 느낄 정도로 가까이 와서 그녀의 목에 키스를 했었다. 켄틴은 그녀의 꿈을 듣고 당황했다. 그는 자신이 안전감을 충분히 제공하지 못하고 있다고 아내가 느낀다고 생각했다. 그는 그 꿈은 데이트에 관한 것이었고, 그에게 "버스"라는 단어는 "키스"를 의미한다고 기억했다. 레베카는 그것을 몰랐다고 말했다. 치료자는 그 꿈이 그를 향한 레베카의 성애적인 갈망을 나타내지만, 옆줄 무늬 쟈켓은 그와 켄틴을 안전하게 묶어주는 것을 나타낸다고 말했다. 치료자는 안전하지 못한 이전의 방식 대신에 새로운 방식으로 로맨틱해질 수 있는 안전함을 제공하고 있었다.

"그건 옳아요." 레베카가 말했다. "저는 방금 워싱턴과 잭

스빌이 제 두 고향이라고 생각했어요. 잭스빌은 어린 시절 제가 성장한 곳인데, 거기서 전 성적으로 불편했죠. 너무 더웠던 것 같아요. 자켓은 너무나 덥고 불편했던 그때의 감정을 나타내는 것 같은데, 지금은 낡고 편안하게 느껴지는군요.

치료자가 덧붙였다. "그리고 당신이 켄틴과 나에 대해 편안하게 느끼는 것은 당신의 질이 켄틴의 페니스를 편안하게 받아들이는 것과 같은 것이군요. 너무나 더워서 그것을 즐길 수가 없었는데, 이제 그것은 편안하게 식은 것 같아요."

이 회기들은 실습을 통해서 꾸준히 성적 불안을 직면해 나갈 때 출현하는 복잡한 문제에 대한 감각을 제공하고 있다. 그리고 분석적 심리치료에서 일반적으로 사용되는 치료 도구들—연상, 꿈, 대인관계적 상황에 대한 이해, 전이와 역전이—모두가 성적인 상호작용이라는 화면 위에 투사되어 나타나는 내적 대상관계를 이해하는데 유용하게 사용되고 있다. 이런 방식으로, 대상관계적 관점을 지닌 성치료는 부부의 정신신체적인 어려움을 다루고, 그 문제에 대한 새로운 이해와 해결의 길을 모색하고자 한다.

제 10 장

개인치료 또는 가족치료와
병행하는 부부치료

 이 장과 다음 장에서 소개되는 사례는 포괄적이고 통합적인
치료 과정을 보여주는 예이다. 이 사례들은 우리에게 개인치료,
부부치료, 가족치료가 어떻게 서로 연결되어 있으며, 이 세 치료
적 접근이 어떻게 상호적으로 영향을 미치는지에 대해 배울 수
있는 기회를 준다. 이 장에서 우리는 먼저 부부와 가족에 대한
평가를 상술하고, 그 다음에는 부부의 치료에 대해 서술하려고
한다. 그리고 다음 장에서는 가족치료 사례의 한 단계를 제시해
서 부부의 성적인 문제가 어떻게 자녀들에게 영향을 미치는지
보여줄 것이다.

 이 사례는 제 2장에서 간단히 설명한 바 있는 라스와 벨
리아 심슨의 사례로서, 그들은 여러 해 전에 성생활과 관련
된 문제로 내게(D.E.S) 치료를 받았다. 상담은 벨리아의 극적

인 말로 시작되었다: "저는 성교라는 것이 싫어요. 그게 다예요. 무엇을 더 알기를 원하세요?"

라스가 덧붙였다. "제게는 조루 문제가 있습니다."

"보통 얼마 동안이나 지속되죠?" 내가 물었다.

"2분 내지 3분 동안이에요." 그가 대답했다.

내가 벨리아를 돌아보며 물었다. "그래서 성교가 싫은 건 아닌가요? 라스가 너무 빨리 끝내는 문제 말입니다."

그녀가 대답하기 전에 라스가 끼어 들었다. "아니에요! 그녀에게 4분은 너무 길어요!"

벨리아가 동의했다. "저는 그저 성교하는 것을 좋아하지 않아요. 좋아해 본 적이 한번도 없어요."

그녀는 나중에 그것을 좋아한 적이 한번도 없었다는 말은 정직한 말이 아니라고 정정했다. 5년 전에 두 번째 아이를 출산하고 나서 우울증 치료를 받고 있었을 때, 그녀는 잠시 동안 즐거운 시간을 가진 적이 있었다. 그 치료 기간 중 마지막 몇 달 동안에, 그녀는 생전 처음 성적인 갈망을 느꼈다. 성행위는 흥분을 가져다주었지만, 그 흥분은 오르가즘으로 해소되지 못했기 때문에 그녀의 즐거움은 마음 아픈 갈망이 되고 결국 증오로 변했다. 가족이 다른 곳으로 이사하는 바람에 그녀의 심리치료는 중단되었고, 그러자 그녀의 성에 대한 흥미도 사라졌다. 이것에 대해 그녀는 한편으로는 실망하면서도 다른 한편으로는 안도했다.

이제 그녀는 단지 라스의 요구를 견뎌줄 뿐이었다. "저는 그의 떨림을 느낄 수 있어요." 그녀가 말했다. "그리고 제가 할 일은 그것이 끝날 때까지 기다리는 것이에요. 그렇지만 저는 화가 나요. 그래서 때로는 아래층으로 내려가서 아무에게나 소리를 질러대지요."

"그때 무엇이 그렇게 화나게 만드는 걸까요?" 내가 물었다.

"바로 성교에요." 그녀가 말했다. "성교 그 자체가 문제에요. 라스가 무엇을 잘못하고 있다는 게 아니에요. 제가 그것을 싫어하기 때문이죠. 저는 숨을 죽이고 그것이 끝나기만을 기다려요. 그렇지만 저는 그것을 참고 있기가 정말 힘들어요!"

벨리아는 성장 과정에서 겪은 경험에 대해 이야기하였다. 그녀의 아버지는 자녀들에게 언어 폭력을 행사했으며, 가끔씩 그녀의 엄마를 때렸다. 그는 아마도 알코올 중독자였던 것 같다. 그녀는 자녀들을 보호해주지 못하는 엄마에 대해 분노했다. 사랑과 친절한 권위에 목마른 그녀는 오빠들과 의사 놀이를 했다. 이러한 놀이를 하던 중에 형제간의 근친상간이 추측되는 사건에 대한 희미한 기억을 그녀는 갖고 있었다. 그녀는 사춘기 이전에 오빠들과 있었던 몇 가지 확실한 에피소드를 회상해냈다. 그녀는 그것들 중에 일부는 외상적인 것이지만, 대체로는 그녀가 가장 많은 사랑을 받았던 경험이었다고 회상했다. 그녀에게 성관계는 위협적인 것이면서 동시에 매력적인 것이었다.

벨리아는 청소년기에 성에 대해 호기심을 가졌던 일을 기억해냈다: 그녀가 소설에서 읽은 것과 같은 놀랍고 낭만적인 감정은 어디에 있는 것일까? 서서히, 성에 대한 그녀의 희망과 감정은 사라져갔다. 그리고 19세 때, 그녀는 대학의 여름 특별 프로그램에서 라스를 만났다. 그들은 짧은 구애 기간 동안에 서로를 많이 안아주고 비벼댔다. 그녀는 분출하는 신체적인 갈망을 느꼈지만, 결혼할 때까지 성교를 미루었고, 만난 지 3개월만에 결혼했다.

성교는 처음부터 어려웠다. 벨리아는 처녀막 절제 수술을 하고 나서야 비로소 삽입이 가능했다. 그후에 삽입은 가능해졌지만, 라스가 조루였고, 성교가 시작된 지 수 초에서 3분 이내 사정을 했다. 벨리아는 라스가 원하는 것을 주고 싶었지만, 성교를 꺼리게 되었다.

라스는 벨리아에게 자신이 원하는 것을 강요했던 것을 후회하기 시작했고, 침범 당한다는 감정으로부터 그녀를 보호하는 것을 더 선호하게 되었다. 그는 자신의 성적 욕구를 벨리아에 대한 공격이라고 간주했다. 그가 나와 개인적으로 만났을 때 처음으로 한 말은 자신의 성적 욕구를 억제하는데 유용한 약물에 관한 것이었다. 그는 치료에서 답을 찾아보자는 나의 제안을 받아들였다.

라스는 많은 것을 기억할 수 없었고, 따라서 그의 생활사는 간략했다. 그는 아동기에 대한 기억이 거의 없었고, 단지 아버지가 동성애를 간청하다가 체포된 것과, 나중에 라스가 17세 되었을 때 가정이 해체되어 버린 기억이 전부였다. 그후 그는 아버지와는 별로 관계가 없었다. 그러나 어머니와는 계속 만났으며 따라서 그녀는 비교적 가깝게 느끼고 있었다. 고등학교 시절에 그는 거의 데이트를 하지 않았고, 벨리아가 그의 첫 번째 진지한 연인이자 유일한 성적 파트너였다. 나는 그에게 성적인 영역이 아닌 다른 어려움이 없느냐고 물었고, 라스는 잘 기억하지 못하는 어려움을 갖고 있다고 대답했다. 그는 그것이 "기질적인" 문제라고 생각하고 있었다.

라스와 벨리아는 이혼을 생각하고 있지는 않았다. 그들이 성적인 문제에 대해 도움을 얻을 수 없다고 하더라도, 그들은 결혼 관계를 계속하고 싶어했다.

아이들의 놀이에서 표현되는
부모의 성적 관계

평가를 위한 첫 번째 면담에서, 라스와 벨리아는 세 자녀 중 둘째인 알렉스에게 문제가 있다고 말했다. 그는 아기 때 많이 울고 밤낮으로 오줌과 똥을 쌌다. 그가 태어나고 나서 벨리아는 산후 우울증이 심해서 심리치료를 받았다. 그녀는 두 가지 이유로 우울해졌다고 말했다. 알렉스가 태어난 지 얼마 되지 않았을 때 그녀는 라스가 자위를 하고 있다는 것을 알았는데, 그때 그녀는 죄책감과 비난받는다는 느낌에 빠졌다. 그녀를 우울하게 만든 또 다른 이유는 그녀가 딸 대신 또 아들을 낳은 데 대한 실망감 때문이었다. 7세 반 된 맏아들 에릭은 즐거움을 주었지만, 벨리아는 딸을 원했고, 따라서 알렉스가 태어났을 때 크게 실망했다. 이제 5세 반 된 그는 처음부터 문제가 있었고, 과도하게 활동적이고 쉽게 달래지지 않는 아기였다. 그의 문제는 발달 과정 동안 내내 지속되었다. 최근에, 그들은 그의 유치원 교사에게서 그가 과잉행동을 보이며, 몹시 산만하다는 이야기를 들었다.

2년 후에, 그들의 셋째 아이가 태어났다. 그 아이는 그들이 기다리던 딸이었고, 따라서 처음부터 모두의 삶에 빛을 가져다주었다. 지넷은 자유롭게 껴안고 입맞추는 것을 좋아하는 유쾌한 개구쟁이였고, 알렉스와는 대조적으로 키우기가 쉬웠다.

부부는 평가면담에 쾌히 응했고, 몇 주 후로 날짜를 잡았다. 이 면담은 자녀들이 그들의 놀이에서 부모의 성적인 문제를 표현했다는 점에서 특별히 흥미로웠다. 이 놀이에서 우

리는, 그 놀이에 대한 부모의 열린 반응과 함께 부부 문제와
그들의 성적 장애에 대한 풍부한 이해를 얻을 수 있었다.

가족에 대한 평가 회기

　가족에 대한 평가에서, 알렉스는 과잉행동과 주의력 결핍
장애가 혼합된 문제를 지닌 것으로 드러났고, 7세 반 된 에
릭은 정상적인 잠재기 아동으로 보였으며, 막내인 3세 반 된
지넷은 나이에 비해 말이 늦었으며 성화된 행동 방식을 보
였다. 나는 지넷이 알렉스처럼 놀이에서 자주 파괴적인 모습
을 보이면서도, 자신의 매력을 이용해서 벌을 받지 않고 빠
져나간다고 생각했다. 알렉스가 충동적이고 부딪치는 아이인
반면, 그녀는 교활하고 매력적인 아이였다. 그러나 지넷과 알
렉스의 파괴성은 같은 수준이었다. 이 가족들과 함께 앉아
있으면서, 나는 지넷의 성격 안에 흥분시키고 성화시키는 요
소가 있다는 것을 곧 감지했고, 이 매력적인 세 살 짜리 아
이가 부모들이 두려워하고 거부하고 있는 흥분과 성을 대
신 맡아 가지고 있다고 생각했다. 이처럼 성적인 요소가 아
이 안에 자리를 잡게된 것은 부모와 아마도 가족 전체가 그
렇게 하는 것이 더 안전하다고 느꼈기 때문인 것으로 보였
다.
　면담 초기에, 라스와 벨리아는 자녀들이 있는 곳에서 조심
스럽고도 완곡하게 그들의 성적인 관계에 대해 말했다. 벨리
아가 말했다. "우리는 라스가 부부관계를 원하는데 제가 원
치 않을 때 부부싸움을 해요." 라스가 불안하게 웃으면서 동
의했다. 그들이 이야기할 때, 아이들은 그들이 이야기하고 있

는 주제들을 놀이로 나타냈는데, 그것은 어떤 대화보다 더 분명하게 표현된 것이었다.

다섯 살 짜리 아들 알렉스는 나무 블록을 가지고 긴 터널을 만들었고, 그것을 소방서라고 했다. 지넷은 늘였다 줄였다 할 수 있는 사다리를 가진 소방차로 소방서 건물을 밀어서 무너뜨렸다. 나는 이러한 아이들의 놀이와 부모들이 지금 나누고 있는 이야기 사이에 공통적인 요소가 있다고 지적했다. 벨리아가 대답했다. "소방차가 터널을 산산조각 내었어요. 저는 그것이 제가 성교를 바라보는 방식이라는 생각이 들어요." 내게는 라스의 웃음소리가 마치 "그것이 바로 아이들의 엄마가 무서워하는 것이고, 아이들이 그것을 알고 있는 것 같군요"라고 말하는 것처럼 들렸다. 내가 아이들에게 가족 중 어떤 운전수가 사고를 치느냐고 물었을 때, 에릭은 여동생이 이런 사고를 치는 편이고, 알렉스는 좀더 운전 기술이 좋다고 말했다.

이 놀이는 남근적 성적 활동이 근본적으로 파괴적이며 따라서 무슨 일이 있어도 그것을 피해야 한다고 느끼는, 벨리아의 공포에 대한 아이들의 이해를 나타내고 있는 것 같았다. 그러나 에릭의 말속에는 다른 생각이 담겨 있었는데, 그것은 여자아이들이 남자아이들보다 더 파괴적이라는 생각이었다. 이러한 생각은 벨리아와 라스의 의식적인 생각과 일치하지는 않았지만, 지넷의 충동성과 벨리아의 분노, 그리고 벨리아를 침범하는 것에 대한 라스의 두려움과 성교를 일찍 끝내 버리는 그의 습관과 일치하고 있었다.

회기 후반에, 아이들은 아버지 인형이 누운 채로 "배를 운전"하는 놀이를 했다. 그들은 그것이 배를 통제하는 가장 좋은 방법이라고 말했다. 그리고 나서는 즉시 아버지 인형을 나무 상자 속에 집어넣어 버렸다. 라스는 그 놀이의 의미를 깨닫고는 얼굴을 찌푸렸다. 그는 종종 가정에서 일어나는 사건들 속에 파묻혀 버리는 것 같은 느낌이 들 때가 있었는데, 심지어 그가 "배를 운전하려고" 애쓰고 있는 동안에도 그런 느낌이 든다고 말했다. 때로는 그는 모든 것을 포기한 채 "드러누워 버렸는데," 그때 그는 사건들 속에 매장 당하는 느낌을 가졌다. 잠시 후에, 알렉스는 아버지 인형을 시멘트 혼합기 안에 집어넣고, 그것을 갈아서 가루로 만들어 아무렇게나 쏟아 버렸다.

이런 알렉스의 행동이 방 한복판에서 진행되는 동안, 에릭은 조용히 놀이 책상에 앉아서 스타워즈에 관한 그림을 그리고 있었다. 그것은 좋은 사람들이 그들을 공격하는 나쁜 적들과 맞서 싸워서 물리치는 내용이었다. 에릭은 내가 그 그림에 대해 설명해 달라고 말할 때까지 지넷과 알렉스의 놀이에 대한 이야기를 계속했다. 그는 좋은 사람들의 "거대한 모함"이 적으로부터 습격을 받았다고 말했다. 그는 갑작스러운 공격에 대한 그들의 방어전략을 설명했다. 그는 외계에서 온 적의 우주선을 공격하기 위한 발사대를 가리켰다. 그리고 그는 좋은 편이 이길 거라고 나를 안심시켜주었다. 에릭은 "착하고" "적응을 잘하는" 아이로 보였다. 그는 우주선과 선과 악을 중재하는데 관심이 있는 이 가정의 장남이었다. (나는 특히 이 첫 인상에 관심을 가졌다. 그러나 1년 후 그를 재평가했을 때, 나는 에릭의 다른 부분을 발견했다. 그때 그는 무고한 희생자들을 사정없이 파괴하는 슈퍼맨 놀이를 했다. 이러한 놀이 주제를 통해서, 그는 그의 자기의 한 부분을 박해하는 대상과 동일시하고 있음을 보여 주었는데, 그것은 처음에는 볼 수 없었던 모습이다.)

지넷이 주된 관심을 보이는 장난감은 그녀가 엄마라고 말하는 커다란 아기 인형이었다. 그녀는 그 인형을 위해 색깔이 있는 블록을 사용해서 침대처럼 보이는 안락한 "우주선"을 만들어주었다. 그리고 그 인형 곁에 조그마한 아버지 인형을 놓았다. 엄마 인형은 작아 보이는 그녀의 파트너와 함께 우주선 침대 안에서 안전해 보였지만, 얼마 지나지 않아 알렉스가 와서 그것들을 망가뜨리고 인형들을 흩어버렸다. 지넷은 항의하다가, 곧 인형을 가지고 방안의 다른 곳으로 가서 놀았다.

부부의 문제를 이해하기 위해 가족의 정보를 사용하기

부부 면담과 부부 각자의 개인 면담을 통해서, 나는 부모의 성적인 장애가 부부의 개인 생활에 밀접한 영향을 미친다는 사실을 이해하게 되었다. 벨리아의 생활사만큼 분명한 것은 아니지만, 라스도 벨리아처럼 사랑에 대한 소망이 좌절되고, 공격적이고 성화된 부모 관계가 지배하는 가정에서 자란 것으로 추측되었다. 결과적으로 그들은 정서적인 친밀감, 상호지지, 일정 수준의 성생활에 대한 소망을 가지고 있었음에도 불구하고, 성교에 대한 두려움을 공유하게 되었다. 성교에 대한 벨리아의 공포와 증오는 라스의 성교에 대한 무의식적 두려움과 짝을 이루고 있었다. 그는 그녀를 보호하기 위해서 자신의 성적인 소망을 제거함으로써 자신을 "나쁜 아버지"로부터 보호하고자 했다. 이 부부는 성교에 대한 두려움과, 엄마가 나쁜 아버지의 페니스에 의해서 해를 입을지도 모른다는 생각을 공유하고 있음이 분명히 드러났다. 나는 라스의 나쁜 내적 아버지에 대한 개요를 나중에 성치료 과정에서 직접적으로 듣게 될 것이라고 생각했다.

지금은, 나쁜 아버지에 관한 이미지와 부부관계 안에 있는 위험이 아이들의 놀이에서 분명하게 표현되고 있었다: 남근 모양의 소방차가 질 모양의 차고를 파괴하는 것, 알렉스의 시멘트 혼합기가 아버지를 빨아서 내뿜어 버리는 것, 그후 몇 해 동안 에릭이 사악한 슈퍼맨을 그림을 그린 것.

유사하게, 엄마를 보호하고자 하는 가족의 관심은 지넷의 놀이에서 대변되었는데, 그녀는 안전한 우주선 안에 커다란 엄마 인형을 작고 위협적이지 않은 아버지 인형과 나란히 놓았다. 그렇지만 알렉스가 그 놀이를 망쳐 버렸는데, 이것은 지넷이 그녀의 내적인 부모를 위해 마련해 놓은 성적인 관계를 파괴하는 상징적인 행동으로 보였다.

가족들에게 내재화되는 부부의 성

이 부부의 성적인 긴장은 가족 모두에게 영향을 주었다. 자녀들은 가족의 불안을 공유함으로써, 부모 각자가 지닌 어려움을 흡수했다. 자녀들은 종종 부모들 사이에서 일어날 수 있는 싸움을 자신들의 말싸움에서 대신하곤 했다. 장남인 에릭은 착한 아이가 되려고 애를 썼으며, 그의 발달 단계에 알

맞은 합리적인 방어들을 사용하여 가족과 우주 안에 있는 악의 세력과 싸우려고 했다. 그 악의 세력은 그가 남성적인 특성을 부여한 대상이며 또한 그가 무의식적으로 동일시한 대상이기도 하다.

둘째인 알렉스는 파괴적인 사람으로 성장하지 않기 위해서 그의 발달 단계에 머물러 있고자 했다. 그는 양쪽 부모로부터 흡수한 공격성을 감당할 수 없어서 화를 내야 하는 상황에 처할 때마다 팬츠를 더럽혔다. 나는 그에게 기질상의 문제도 있다고 생각했는데, 이것은 나중에 정신과적 검사에 의해서 확인되었다. 그의 진단 명은 "과잉 행동과 주의력 결핍"이었다. 뿐만 아니라 그는 성숙을 가로막고 있는 특정한 문제를 가지고 있었다. 그는 발달 과정 내내 남근기 단계 혹은 오이디푸스 단계로 발달하지 않고 항문기 발달 단계의 관계 기술, 즉 어떤 것을 움켜쥐거나 공격적으로 던져 버리는 방법을 사용하는 발달 단계에 머물러 있었다. 이런 식으로 그는 엄마를 얻으려는 자신의 노력과 아버지에 대한 경쟁심을 위장했다. 엄마의 관심과 애정을 얻기 위해 아버지나 형과 직접 경쟁하지 않고, 그는 순진한 유아적 충동성과, 부모 사이의 관계와 가족 구조 전체를 닥치는 대로 공격하는 상태에 머물러 있었다.

마지막으로, 지넷은 처음부터 모든 사람에게 기쁨을 줄 수 있는 아이로 보였다. 그러나 그녀는 조숙하고 유혹적인 특성을 가지고 있었고, 그것은 자주 파괴를 가져왔음에도 불구하고 알렉스의 남성적인 무분별함과는 달리 그 누구의 비난도 받지 않으면서 교묘하게 이루어졌다. 에릭은 가족 안에서 여성의 역할에 위험이 있음을 주목하고 지넷의 놀이 안에 부모 사이의 관계를 공격하는 요소가 있음을 경고하였다. 그리고 이러한 위험은 가족들에 의해 거의 간과되고 있었다.

이와 같은 개별적인 방식으로 그리고 그들 각자의 발달 단계에 따라서, 자녀들은 부모가 가진 문제의 측면들을 흡수했고, 그것이 다시금 가족에게 영향을 미치고 있었다. 알렉스의 오이디푸스적 성적 경쟁심은 원래부터 엄마에게 있었던 우울증을 촉발시켰고, 그녀의 성적인 철수를 불러왔다. 지넷의 오이디푸스적인 발달은 가족들이 공유하고 있던 성교에 대한 두려움에도 불구하고 가족을 성화시킴으로써 은연중에 위험을 불러왔다. 그리고 이들 부모는 가족의 문제를 바로 잡기 위해 에릭의 잠재기 방어에 과중하게 의존하고 있었는데, 이것은 그들 자신들이 할 수 없다는 절망감을 보상하기 위한 것이었다.

부모의 성적인 어려움은 그들의 개인적 및 연합된 내적 대상관계들로부터 온 것이었다. 그 내적 대상관계의 질에 따라 가족을 위한 안아주는 환경이 형성되는데, 그것은 자녀들의 발달적 운명과 어려움을 결정하는 기본적 자료를 구성한다. 그들 관계의 결함과 취약성은 자녀들에게 느껴지고 각기 다른 방식으로 그들의 발달에 반영된다. 이러한 요소들간의 역동적인 연결은 이 가족의 평가와 치료 과정에서 제시되고 해석되었다. 가족들과 함께 만나는 상황에서 부부의 성생활에 문제가 있다는 사실이 주목되었지만, 자녀들이 함께 있는 상황에서 그들의 성적인 어려움에 대한 구체적인 문제를 논의하기란 쉽지 않았다.

치료 과정

　나는 먼저 심슨 가족에게 종합적인 접근 방법을 추천하였다. 벨리아와 알렉스를 위한 개인치료, 가족의 어려움을 내재화한 자녀들의 문제를 다루기 위한 가족치료, 그리고 부부를 위한 성치료를 추천하는 것이 가장 이상적이었다. 라스는 그의 기억력과 관련된 문제를 진단하기 위해 검사를 받았는데, 심리검사 결과, 그에게 신경학적인 학습 장애가 있으며, 이것이 알렉스가 가진 문제와 동일하다는 사실이 확인되었다. 그러나 그들이 이 모든 치료를 다 할 수는 없었기 때문에, 치료가 가장 급하다고 여겨지는 벨리아가 먼저 집중적인 개인치료를 시작하기로 했다. 치료가 진행되는 동안, 소아정신과 의사인 그녀의 치료자는 알렉스를 진단했는데, 그 역시 알렉스의 문제를 과잉 행동과 주의력 결핍이라고 보았다.

　그 의사는 흥분을 조절해주는 약을 처방했고, 이것은 즉각적으로 알렉스의 학교 생활이 향상되는 결과를 가져왔다. 그러나 대소변을 지리는 증상에는 차도가 없었고, 그의 미성숙하고 시기심에 찬 파괴적인 행동도 변하지 않았다. 놀이치료를 시도해 본 후에, 그는 알렉스에게는 개인 놀이치료를 할 수 있는 동기도 없고 그럴 수 있는 역량이 없다고 결론을 내렸다. 이처럼 계속되는 알렉스의 문제 때문에 1년 후에 다시금 이 가족에게 가족치료를 권하게 되었다.

　우리는 여기서 벨리아의 개인치료 과정을 일부만 소개해 보겠다. 그녀의 치료자는 그녀의 치료 과정을 격렬하고, 보람이 있고, 헌신적인 것으로 묘사했다. 그는 벨리아가 강한 치료 동기를 가지고 경계선적인 특징을 보이는 깊은 우울증과 싸우고 있으며, 치료에 열심히 참여할 뿐 아니라 치료를 생명을 구할 수 있는 잠재적 기회로 보고 있다고 말했다. 그녀의 우울한 기분은 항우울제로 인해 좋아졌고, 따라서 치료에 임할 수 있는 그녀의 능력이 향상되었다. 그녀는 강렬하고 끈끈한 전이를 형성했고, 따라서 치료자는 그녀의 삶의 중심이 되었다. 그와 함께, 그녀는 자신을 두 부모에게 종속되게 하는 집요한 의존과 그들에 대한 분노에 대해 작업했고, 특히 그녀의 아버지에 대한 분노를 다루었다. 그녀는 다른 어떤 곳에서도 받을 수 없었던 사랑과 이해를 얻기 위해 오빠에게 기댔으며, 이때 성화된 태도로 그렇게 했음이 드러났다. 치료자는 자신이 얻어맞고 있고 거칠게 다루어지고 있다는 느낌을 버티어냈고, 격노와 사랑의 전이를 담아주는 데 성공했다.

개인치료를 시작한지 3개월이 채 못되어서, 벨리아는 라스와의 성교에 흥미를 갖게 되었고, 다시 성교를 시도하게 되었다. 그러나 그녀의 욕망의 회복은 곧 그녀에게 좌절을 가져다주었다. 왜냐하면 라스의 심각한 조루로 인해 그녀는 흥분이 해소되지 못한 상태에 남겨졌기 때문이었다. 따라서 그녀는 다시 철수했다. 이런 충족되지 못한 갈망 때문에 벨리아는 자주 우울해졌다. 라스 또한 벨리아가 더 이상 성교를 근본적으로 싫어하지 않는다는 사실이 감격스러웠음에도 불구하고, 성교가 좀더 만족스러운 것이 되어야 한다고 느꼈다.
일년간의 개인치료를 끝내고 나서, 그녀는 다시 성적인 문제와 알렉스의 문제로 도움을 요청했다. 그녀의 치료자의 요구에 따라 나는 그들을 부부로서 그리고 가족으로서 재평가하는 시간을 가졌다. 나는 벨리아의 치료가 진전되었기 때문에, 성치료의 성공 가능성이 훨씬 높아졌다고 생각했다. 가족치료는 여전히 필요했고, 에릭을 재평가한 더욱 절실하다는 생각이 들었다. 이제 6세 반인 알렉스는 흥분을 조절하는 약물을 복용하면서 주의 집중이 좋아지기는 했지만, 여전히 파괴적이고, 미성숙했으며, 대소변을 잘 가리지 못했다. 그의 행동 때문에 가족은 자주 혼동 상태에 빠지곤 했다. 이제 4세 반인 지넷은 교태가 넘치는 행동을 보였고, 그녀의 발달이 더욱 더 성화되어 있음을 드러냈다. 이제 8세인 에릭은 똑똑하고 반듯했지만, 다른 사람들을 무자비하게 공격하는 모습을 드러내고 있었다. 벨리아와 라스는 어느 정도 부모로서 더 잘 대처할 수 있게 되었지만, 여전히 부모 역할과 가족의 다른 문제에 관해 도움 받기를 원했다.

나는 일주에 한번씩 성치료와 부부치료를 하자고 제안했다. 그것은 일종의 절충안이었다. 나는 가족치료를 할 때 보통 주 1회씩 가족을 만나고, 부부치료를 할 때에는 부부를 주 2회씩 만나기로 했는데, 그 이유는 실습으로 인해 발생하는 심한 불안을 견딜 수 있게 하기 위해서는 좀더 자주 만나는 것이 필요하기 때문이었다. 나는 라스와 벨리아에게 이 치료계획은 성치료에서 야기되는 불안을 견뎌주어야 하기 때문에 그들에게 좀더 부담이 될 것이라고 설명했다. 사실 이것이 내가 낼 수 있는 유일한 시간이었다. 나는 치료를 추천하면서 벨리아가 주 3-4회의 집중적인 개인치료를 받고 있다는 사실을 고려했다. 나는 그 개인치료가 그녀의 불안을 다루고, 부부치료와 가족치료에서 제기된 문제를 좀더 철저하게 작업할 수 있는 시간이 되기를 희망했다. 라스 역시 기억력과 학습 문제 때문에 행동주의적 치료를 하는 정신과 의사를 만나고 있었고, 그 시간을 통해 그의 불안을 다루고 있었다.

　가족치료는 1월에 별 어려움이 없이 시작되었다. 그러나 라스와 벨리아는 그들이 당장 성치료를 시작할 수 없는 이유를 장황하게 늘어놓았다. 라스는 일 주일에 한번 이상 시간을 내기가 어렵다고 했다. 그는 두려워하고 있었다. 한 회기를 하고 난 후에, 부부는 성치료를 중단하고 가족치료만 계속하기로 했다.

　그 해 6월에, 벨리아는 의사가 없는 동안 심한 우울증 때문에 잠시 병원에 입원했다고 보고했다. 병원에 가기 전에, 그녀는 다음과 같이 결정했다. "나는 성교에 대한 욕망을 느끼지는 않지만, 라스와 성교를 하겠다." 그것은 그에게 작별 선물이었다. 그녀는 "그는 순식간에 일을 치를 것이고, 나는 아무렇지도 않을 거야"라고 생각했다. 이런 생각을 한 후에, 그녀는 더 깊은 우울에 빠졌다.

　입원 기간은 짧았지만, 그것은 그녀의 개인치료에 박차를 가하는 계기가 되었다. 이 부부는 벨리아가 우울증의 상태에 그대로 주저앉는 것이 해답이 아니라는 것을 깨닫게 되면서 힘을 얻는 것처럼 보였다. 그들은 확고한 태도로 다시 성치료를 시작하겠다고 말했다. 그들은 이제 "최소한 그것을 견딜 수는 있다"고 느꼈고, 드디어 처음 진료를 신청한지 1년 반만에 성치료를 시작했다.

성치료 기법: 간단한 개요

라스와 벨리아의 성치료는 D. E. 샤르프(1982)가 수정한 캐플란(1974)의 모델에 따라 이루어졌는데, 그 기법은 이미 제9장에서 설명한 바 있다. 부부는 일련의 행동주의 심리학적인 과제를 부여받았으며, 그 과제들은 각각 성적 반응 주기의 특정 단계에 적용되는 것이었다. 부부의 성적인 관계는 전적으로 신체적이면서 동시에 전적으로 심리적인 엄마와 아기 사이의 초기 관계(Winnicott, 1971)를 의미하는, "정신신체적인 동반자 관계"로 개념화되었다.

부부는 먼저 성교를 자제하고, 주어진 과제의 수준보다 더 앞서가지 말 것을 요청 받는다. 첫 번째 과제를 시작하면서—성기와 여자의 젖가슴을 제외하고 서로 교대로 부드럽게 마사지를 해주는—부부는 서서히 더 넓은 영역의 성적 상호작용을 주고받는다: 먼저 젖가슴과 성기를 흥분되지 않을 정도로 가볍게 접촉한 다음에 좀더 집중적으로 젖가슴과 성기를 자극하고 나서 자극과 이완을 번갈아 경험하게 하고, 움직임 없이 질 안에 페니스를 "담아둔다"; 절제된 느린 움직임을 더한다; 특히 여성에게 주의를 기울이면서, 성기를 손으로 자극한다; 그리고 마지막으로 완전한 성교를 한다.

여기에는 보조적인 실습과정이 포함된다: 각자가 자위 또는 신체 감각을 즐기기; 성에 대한 정보를 얻고, 성에 대한 편견을 바로잡기 위해 자신의 성기와 상대방의 성기를 자세히 보기; 실습이 진행되는 동안 함께 나누는 의사소통에 대해 작업하기. 이러한 표준적인 기법 외에도 특정한 문제들을 다루기 위해 다음과 같은 기법들을 사용할 수 있다; 질경련을 치료하기 위해 질 확장기를 사용하기; 오르가즘 능력의 회복을 위해 자위와 함께 진동기를 사용하기; 성적 환상을 자극하기 위해 춘화를 보거나 에로 소설을 읽기; "압박 기법"과 "중단 기법" 등 사정을 지연시키는 기술과, 오르가즘과 사정을 촉진시키기 위한 "교량 기법" (bridge technique, Kaplan, 1987a)을 사용하기; 그리고 이러한 과정들을 수행하는데 필요한 체위에 관한 정보 및 충고들을 제공하기 등.

모든 실습은 집에서 은밀하게 행해지며, 다음 치료 회기에 치료자와 함께 경험한 내용을 검토하고, 어려웠던 부분에 특별한 관심을 기울인다. 치료의 각 단계는 각 발달 수준에 초점을 맞추는 경향이 있다. 실습 초기 단계에서 서로에게 비성적인 즐거움을 주는 것은 기본적인 신뢰, 엄마-아기의 상황에서의 안아주기, 신체적인 통합과 관련된 문제들을 다루기 위한 것이다. 상호 피드백을 포함하는 나중 단계의 실습은 엄마-아기 상황에서의 상호성뿐만 아니라 분리 개별화의 문제와도 관련된 것이다. 우리는 두 사람의 관계가 유아기적인 의존으로부터 온전한 전체 인간으로서 성기적 상호작용을 통해 관계 맺는 성숙한 상호의존으로 옮겨가는 과정에 관심을 기울이며, 이 과정에서 내적 대상관계가 맡는 역할에 주의를 기울인다. 성치료의 중간 단계에 도달할 때, 우리는 주어진 구조 안에서 행해지는 성적 상호작용 안에서 좋은 대상관계와 나쁜 대상관계가 서로 중재되는 모습을 보게 된다.

부부가 실습 과정에서 겪는 경험과 특별히 그들의 실패를 이해하는 치료자의 경험은 다른 어떤 경험 못지 않게 강렬한 것일 수 있다. 성치료를 하는 동안 치료 회기에서 받는 충격은 특별히 감동적인 정신분석 회기에서 겪는 것과 비슷하다는 것이 내가 늘 경험하는 것이다. 깊이 묻혀 있던 문제들이 신체적인 상호작용의 압력에 의해서, 그것의 성공과 실패에 의해서 표면으로 강력하게 떠오른다. 치료자는 부부에게 이 사건들에 대한 연상을 말하게 하고, 꿈을 가져오고, 그것들을 다루도록 요청한다. 그리고 그 자료를 역동적으로 이해하기 위해 부부와 함께 해석 작업을 해나간다.

성치료 중에 발생하는 대상관계의 변화

라스와 벨리아 부부의 성치료는 여러 가지 면에서 예사롭지 않았다. 첫째, 이미 언급했듯이, 당시에 나(D.E.S)는 부부치료에서 주 2회씩 만나는 것을 원칙으로 삼고 있었지만, 그들을 주 1회씩 만났다. 둘째, 이 사례는 내가 가족치료와 집중적인 분석적 심리치료 그리고 성치료를 동시에 진행시킨 유일한 사례였다. 셋째, 가족치료의 어떤 회기들은 재검토를 위해 비디오로 녹화했다는 점이다. 이러한 이유들 때문에 그리고 아마도 벨리아가 정서적으로 매우 불안정한 상태에서 전이 자료를 드러내고 있었기 때문에, 사용할 수 있는 정보가 보통 때보다 훨씬 더 풍부했다.

일단 성치료가 시작되자, 라스와 벨리아는 치료 계획에 적극 협조했다. 그렇지만 그들은 과제에 포함된 금지사항들 때문에 몹시 힘들어했다. 라스는 '규칙들'을 깨고 성기 접촉을 금하라는 명령을 무시하곤 했다. 심지어 처방된 금지사항을 지킬 때조차도 아주 힘들어했다.

놀랍게도, 벨리아 역시 그랬다! 시작부터 두 사람 상호간에 서로를 향한 흥분이 고조되었다. 나는 성교에 대한 벨리아의 증오 뒤에는 간신히 억제된, 분노 섞인 갈망이, 즉 부인된 흥분이 있다는 것을 알게 되었다. 이것은 거절하는 대상이 흥분하는 대상과 자아를 억압한다는 페어베언의 이론을 뒷받침해주었다. 벨리아의 초기 심리치료는 그녀의 내적인 마음 상태를 바꾸어 놓았고, 따라서 그녀와 라스는 여러 해 동안 억압되어 있던 흥분시키는 내적 대상들의 회귀로 인해 힘들어했다.

이때 라스는 실습 과제에서 성기와 젖가슴을 접촉하는 것이 금지되어 있음에도 불구하고, 벨리아에게 프렌치 키스를 했다. 그것이 그녀에게는 침범으로 느껴졌지만, 동시에 그녀 자신도 반응하고 싶은 갈망을 느꼈다. 그녀에게는 이 실습을 통해서 풀려난 이 갈망이 더 큰 위험으로 느껴졌다. 라스와 벨리아는 이 고민스럽고 마음에 거슬리는 과잉 흥분을 견딜 수가 없었고, 따라서 그것은 방출될 수 없었다.

이 시점에서, 나는 그들에게 각자 혼자서 하는 과제를 주었다. 그들은 자위를 해야 했는데, 이것은 함께 하는 실습에서는 금지되어 있는 개인적인 성적인 갈망을 방출하도록 허용하는 것이었다. 두 사람은 모두 이 개인적인 쾌락을 위한 실습을 서로 다른 이유로 힘들게 느꼈다. 벨리아는 자위를 해본 적도 오르가즘을 경험한 적도 없었다. 그녀는 배워야 할 것이 너무 많았다. 지금 그녀는 자신이 가장 두려워하는 고통스러운 좌절감에 빠져있었다. 라스는 전에는 자위에 중독되어 있었지만, 지금은 그것을 억제하고 있다고 느꼈다. 그는 다시 자위를 하는 것을 견딜 수가 없었는데, 그것은 자위에 대한 생각이 그의 자기 통제를 위협한다고 느꼈기 때문이었다.

생산적인 퇴행

성치료를 시작한지 3개월 후에, 벨리아는 3일간 두 번째로 입원을 했다. 그녀가 입원하게 된 데는 세 가지 이유가 있었다: (1) 성치료에서 그녀가 청소년기에 오빠와 가졌던 성적인 행동에 대해 다룬 후에 혼란스러워졌고, (2) 개인치료에서 그녀의 아버지가 신체적으로 자신을 학대했던 사실을 기억해 냈고, 그에 대해 분노를 느꼈으며, (3) 그 주에 내가 가족치료를 하지 않은 것에 대해 나에게 분노를 느끼고 있었다.

나의 부재에 대한 그녀의 분노와 병원 의사의 돌봄을 필요로 하는 그녀의 욕구에 대해 검토한 후에, 벨리아는 그녀의 불안을 자극하는 사건, 즉 사랑을 얻기 위해 오빠에게로 향했던 사건에 대한 이야기로 돌아왔다. 성치료를 하는 동안, 그녀는 사춘기에 한 오빠와 성 놀이를 하면서 흥분했던 일을 기억해냈다. 그녀는 그때 여러 차례 그의 페니스를 애무했고 그것을 갈망했다. 그녀는 이제 페니스에 대한 그녀의 절박한 갈망과 그후 여러 해 동안 그것에 대한 갈망과 혐오스런 감정을 억압했음을 기억해내었다. 그녀는 라스가 이런 이야기를 듣고 역겨워 할까봐 두려워했지만, 그는 인내심과 동정심을 가지고 그녀를 대했다. 그때 그녀는 13세 때에 한 오빠와 성교했던 것을 기억해냈다. 그것을 기억해내는 순간 그녀는 성적인 흥분을 느꼈지만, 그녀가 13세 때에 성적으로 흥분했었는지는 기억할 수 없었다. 이 이야기를 하면서 그녀는 심하게 수치심을 느꼈다.

전환점

약 한달 후에, 벨리아는 주름 장식이 달린 블라우스를 입고 나타났는데, 전혀 우울해 보이지 않았다. 라스는 통제하기 어려운 장난꾸러기처럼 보였다. 실습은 흥분시키려는 의도 없이 젖가슴과 성기를 포함해서 온 몸을 마사지해주는 것이었다.

벨리아는 실습을 하면서 좀더 만지고 만져주기를 바랐다고 말했다. 그녀가 말했다. "그가 내 질입구를 만지다가 손을 다른 곳으로 옮겼을 때, 그것은 마치 안에서 무언가가 죽는 것 같았어요." 그녀는 눈물을 참았고 두려움을 느끼는 것 같았다. 그녀가 말했다. "실습이 끝났을 때, 저는 라스에게 안아달라고 했죠. 그래야 안전할 것 같았어요." 그녀는 계속해서 "젖가슴과 성기가 무언가를 갈망하고 있다"고 느꼈다. 그녀는 이러한 강렬한 느낌을 견디는 작업을 계속했고, 그래서 그 뒤에 이어진 세 번의 실습 회기에서는 좀더 쉽게 통제할 수 있었다.

그러나 그 다음 실습 회기에서 라스가 그녀의 손을 페니스로 가져갔는데, 이때 그녀는 갑자기 "모든 것이 산산조각 났다고 느꼈다."

내가 물었다. " '산산조각 나는 것' 은 무엇을 생각나게 하지요?"

그녀가 대답했다. "제가 13세였을 때 오빠와 함께 보낸 시간들이 기억이 나요. 우리는 그때 오빠 방에 있었는데, 그는 바지의 지퍼를 열고 페니스를 꺼내 제게 만지게 했어요. 그건 느낌이 좋지 않았어요. 그건 딱딱했고 끝은 갈라진 고무 같았어요. 전 그것을 만지고 싶지 않았어요."

내가 물었다. "그것에 끌리지는 않았나요?"

그녀가 말했다. "아니에요!" 그리고 나서 잠시 후 그녀가 말했다. "그때 제가 실제로는 끌렸으면서도 그걸 인정하고 싶지 않은 건지는 잘 모르겠어요. 저는 이것이 다른 것과도 연결되어 있다고 생각해요. 여러 해 동안 그 기억과는 상관 없이, 저는 모든 것에서 발기된 페니스를 보아왔어요. 그것은 어떤 것과도 연결되지 않은 채, 마치 오빠의 페니스처럼 공중에 떠있는 것 같았어요. 바지 바깥으로 뻗어 나온 고환 없는 페니스 말이죠."

내가 라스에게 물었다. "벨리아가 말하는 것을 들으면서 어떤 느낌이 들죠?"

라스가 눈썹을 찡그리면서 말했다. "저는 그녀가 그런 일을 경험했다는 것이 슬퍼요. 그러나 그녀가 이번 주에 그 사실을 말했을 때, 제가 잊고 있던 것이 기억났어요. 그건 아버지가 저를 괴롭혔던 일이었어요!"

이것은 아주 새로운 정보였다. 내가 그들을 9개월 째 치료해왔고, 그들을 안지가 2년이나 되었지만, 그것은 이번에 처음 듣는 이야기였다.

"그것에 대해 이야기해 보세요." 내가 말했다.

"저는 이번 주에 벨리아에게 그 이야기를 했어요." 그가 계속했다. "그건 제가 열두 살이나 열세 살쯤 되었을 때 일이에요. 그 당시 아버지는 탈장 때문에 일을 그만 두고 쉬고 있었죠. 그는 아무 것도 들어올릴 수가 없었어요. 그래서 엄마가 우리를 부양하기 위해 일을 하셨어요. 어떻게 우리가 그 이야기를 하게 되었는지는 모르겠어요. 어쨌든 하루는 집에서 제가 아버지에게 성교를 어떻게 하느냐고 물은 기억이

나요. 그가 말하기를, '내가 보여주마.' 그리고 그는 제게 항문 성교를 했어요. 꼭 한 번 있었던 일이지요. 그렇지만 나중에 저는 형과 함께 그것에 대해 이야기한 적이 있어요. 그러다가 저는 그의 페니스를 애무했고, 그리고 나서 그가 자는 동안, 아니 어쩌면 자는 척 하고 있는 동안 그에게 그것을 두 번이나 했어요."

"그게 전부인가요?" 내가 물었다.

"글쎄요. 나중에, 다른 아이들 세 명과 함께 아빠 차를 타고 보이스카웃에서 돌아오고 있었죠. 두 명의 아이가 상점에 갔을 때, 저는 아버지에게 제가 형에게 한 짓에 대해 이야기했어요. 아버지는 '그건 옳지 않은 일이란다!' 라고 말하지 않았어요. 그는 단지 '그런 것을 이야기할 때에는 조심해야만 한다'고 말했을 뿐이죠. 그때 차 뒷좌석에는 다른 아이가 있었는데, 그래서 저는 아버지가 그 아이와 성교를 했음이 분명하다는 생각을 했어요.

"저는 너무 순진했고, 이 모든 것을 저 자신과 연결시키지 못했죠. 그래서 저는 18세 때에 제 자신이 동성애를 할 수 있다는 생각에 무척 놀랐죠. 그리고 그때 아버지가 동성애자라는 것을 알게 되었습니다. 이전에는 그것에 대해 한번도 생각해보지 않았어요. 제가 그것을 대략 알고 있었음에도 불구하고, 그것에 대해 전혀 생각하지 않은 거죠."

라스는 그것에 대해 말하면서 눈에 보이게 불편해했다. 그는 계속해서 말했다. "아버지와 성적 관계를 가졌다는 것을 누군가에게 말한다는 것은 힘든 일입니다. 한번은 국무성에서 비밀 정보 취급을 위한 시험을 치렀습니다. 그런 질문은 하지 않도록 되어 있었지만, 한 남자가 저에게 남자들과 성적 관계를 갖는지를 물었어요. 제가 말했죠. '아니오. 하지만 아버지가 나를 괴롭힌 적이 있었습니다.' 저는 더 이상 말하기가 너무나 힘들었죠."

내가 말했다. "그건 당신이 처음에 내게 말했던 것과는 다르군요. 그 때 당신은 당신의 아버지가 체포되었을 때 아버지의 동성애에 대해서 처음 알게 되었다고 했어요. 아버지에게 무슨 일이 있었는지를 항상 뚜렷이 기억하고 있었나요?"

"네, 그런 것 같아요." 그가 말했다. "그렇지만 벨리아가 그녀의 오빠와 있었던 일을 이야기하기 전에는 형과의 일을 기억하지 못했어요."

나는 그 사건들이 성교에 대한 라스의 어려움과 어떤 관련이 있는지 그리고 오랫동안 그의 직무 능력을 방해해온 기억 상실의 문제와 어떤 관련이 있는지에 대해 짧게 논의했다.

나는 말했다. "어린 시절에 대한 당신의 기억 상실은 이러한 고통스러운 일을 기억하지 못하게 차단했기 때문인 것으로 보입니다. 그 결과 당신은 많은 것들을 기억하지 못하는 대가를 치렀습니다. 당신이 말한 것처럼, 당신은 당신의 아버지와의 성교가 부모의 이혼과 관련되어 있다고 생각한 적이 없습니다. 그것이 당신이 생각과 기억을 연결시키지 못하는 문제를 보여주는 모델이지요."

그의 기억력은 빠르게 향상되었는데, 이때 그는 그 사건을 그의 자위와 연결시켰다.

"저는 자위를 할 때 변기 청소기의 끝 부분을 항문으로 집어넣곤 했어요. 그땐 얼굴이 온통 빨개지곤 하지요." 그가 말했다. "내가 그런 일을 했다는 것을 생각하면 당황스러워요! 그게 아버지와 그리고 형과 있었던 일에서 온 것 같습니다."

"내 생각에는 그것이 당신의 자위 실습을 그렇게 어렵게 만들었던 이유였던 것 같아요." 내가 말했다. "그 실습은 당신에게 그러한 기억들과 아버지와 그의 페니스에 대한 갈망이 되돌아오는 것에 대한 두려움을 불러일으켰던 것 같습니다."

저는 라스의 그런 과거 경험에 대한 벨리아의 반응을 물어보았다. 그녀가 말했다. "그가 말했듯이, 저는 그가 그런 일을 겪었다는 게 슬퍼요. 그것은 그의 성교에 대한 어려움을 설명해 주지요. 이제는 조금 더 그의 어려움을 이해할 수 있게 되었어요. 이제 저는 왜 우리의 기억들이 그렇게 곤혹스러운지를 이해하겠어요. 우리 자신의 행동에 대해 도덕적 책임을 느끼는 우리의 일부분이 우리가 한 일을 혐오스럽게 느끼는 것 같아요. 그리고 다른 사람들이 우리가 한 일을 정죄하지 않는다는 것은 상상하기가 어려워요. 우리 자신이 먼저 스스로를 비난하기 때문이죠! 어떻게 그런 일을 다른 사람에게 말하고 나서, 그들이 당신을 점잖은 사람으로 대할 거라고 기대할 수 있겠어요?"

벨리아는 얼굴을 붉힌 채 긴 의자에 무겁게 기대앉아 있었다. 그녀가 계속해서 말했다. "저는 방금 제가 오빠의 페니스에 대해 어떤 욕망을 느꼈느냐는 선생님의 질문에 대해 다시 생각해 보았어요. 저는 그 대답이 '그렇다!' 라는 것을 알고 있었어요. 그렇지만 그것을 기억하고 싶지 않았어요. 왜냐하면 … 그 이유는 잘 모르겠어요!"

내가 말했다. "아마도 당신은 그 이유에 대해 무엇인가 알고 있을 것 같은데요."

"몰라요." 그녀가 내뱉듯이 말했다. "제가 그것을 기억하도록 허용하면, 지금도 그 욕망을 느끼게 돼요. 그러면 저는 그것이 누구의 페니스인지를 기억하게 되는데, 저는 그것을 원치 않아요. 그래서 기억할 수 없게 되는 거죠."

내가 말했다. "당신은 지금껏 파묻혀 있는 기억과 싸워왔군요. 그러나 이 모든 일이 일어났을 때 당신은 아이에 지나지 않았습니다."

그녀가 말했다. "저는 제 치료자에게 제가 친밀한 관계를 갖기 위해 창녀가 된 적이 한번 있었다고 말했어요."

내가 말했다. "당신과 당신의 오빠는 둘 다 아이였습니다. 그리고 당신의 부모님은 안전을 제공해주지 못했구요. 부모님이 안전을 제공하고 돌보는 일에 무언가 부족한 것이 있었고, 그것이 이러한 문제가 생길 수 있는 조건을 만들었던 겁니다. 당신과 라스는 둘 다 아직도 안전한 환경을 필요로 합니다. 환경이 안전하지 않다고 여겨질 때, 당신들 두 사람은 서로를 나쁘고 무섭다고 느끼게 되고, 그리고 나면 당신들의 불안한 갈망이 강렬한 성적인 형태를 취하게 되는 겁니다. 그러나 그러한 성적 갈망의 충족은 즉각적으로 폭행을 당할 것이라는 느낌을 불러오지요."

그들이 고개를 끄덕였다. 라스는 믿지 못하겠다는 듯이 그리고 반쯤은 놀리듯이 덧붙였다. "선생님은 제 기억력의 문제도 여기에서 왔다고 생각하세요?"

"그럼요!" 내가 조용히 말했다. "당신 두 사람이 어린 시절에 겪은 사건들은 사랑에 대한 갈망을 흥분시키고 고통스러운 방식으로 추구하도록 만드는, 페니스에 의한 침범이라는 주제를 공유하고 있습니다. 그것은 어린 시절에 성추행을 당한데서 온 고통입니다. 당신들은 방법을 모른 채 서로를 도우려고 애써왔습니다."

벨리아가 말했다. "그 말이 맞는 것 같군요."

우리가 다음 약속 시간을 정하려고 했을 때, 라스가 매우 혼란스러워했다. 그는 머리를 저으면서 말했다. "이 혼란! 어디서든지 이게 내 문제야!"

다음 번 회기에, 라스와 벨리아는 그 갈망에 대해 좀더 자세히 이야기하였다. 벨리아는 이제 실습을 통해서 그녀가 그렇게 두려워하는 것이 무엇인지를 명료화할 수 있게 되었다.

그녀가 말했다. "선생님은 제가 고통스럽다고 느끼는 것들을 기억하는 것이 중요하다고 하면서, 그것은 그것들이 아직도 문제를 일으키고 있기 때문이라고 하셨어요. 과거에 저는 흥분과 갈망을 느낄 수가 있었는데, 그것은 두려운 것이라고 생각했어요. 지금도 그것을 기억하는 건 너무나 두려워요."

한번은 실습을 하는 동안, 라스가 시계를 보고 그가 능동적으로 할 수 있는 시간이 일분밖에 남지 않은 것을 확인했다. 그때 그는 중얼거렸다. "이제 열을 좀 내볼까." 그리고 그는 그녀에게 열정적으로 키스하기 시작했다.

그때 그녀는 울기 시작했다. 나중에 그 일에 대해 보고하면서 그녀는 다음과 같이 말했다. "제가 울었던 것은 제가 흥분되는 것을 막을 수 없었기 때문이에요. 그에게 키스를 해주고 싶은 충동이 너무 강해서 멈출 수가 없었어요."

내가 말했다. "당신은 '당신이 원했기 때문에' 그에게 키스했다고 말했어요. 그렇지만 사실은 그렇게 해야만 하도록 내몰린 것이죠. 그것이 당신이 오빠를 향해 느꼈던 갈망입니다. 당신을 사랑하는 사람이 아무도 없다고 느꼈을 때, 당신은 흥분과 통제할 수 없는 갈망을 오빠에게로 돌린 것입니다."

벨리아가 머리를 흔들었다. "그런 내용은 제 기억 속에 없어요."

라스가 말했다. "지난 회기 후에 당신이 내게 말했던 것이 생각나지 않아요? 당신은 당신이 오빠의 페니스를 만지는 것을 갈망하지는 않았지만, 누군가가 당신을 만져주기를 절박하게 원했다고 말했어요. 그 말 기억해요?"

벨리아는 이제 오빠들이 그녀의 젖가슴을 만지려고 했던 것과 그때 그녀는 두려운 갈망을 느꼈던 일을 기억해냈다. 그녀는 자신이 허락하지 않았음에도 불구하고, 한 오빠와 모든 접촉을 했다고 말했다. 그런데 다른 오빠가 그녀를 만졌다. 그녀는 이 이야기를 하면서 얼굴이 홍당무처럼 빨개졌다. 그녀가 말했다. "옛날 그 시절에는 만져주기를 갈망하는 친숙한 느낌을 가졌던 게 생각나요." 이처럼 벨리아는 만지고 싶은 갈망을 만져주기를 원하는 갈망으로부터 분열시켜놓고 있었다.

이 지점에 이르기까지의 치료 과정은 흥분시키는 공유된 대상을 불러내기 위한 힘든 투쟁이었으며, 그것은 또한 근본적인 심적 상처와 성적 학대에 대한 두려움을 자극하는 것이었다. 천천히 안전한 속도로 진행된 행동주의적인 성치료는 성적인 흥분 속에 담겨 있는 두려움을 거듭 드러내 주었다. 이 치료의 절정은 어린 시절에 겪었던 침범적인 성교에 대한 기억을 회상해내는 순간이었으며, 그것은 또한 상호 이해를 위한 새로운 기초를 제공해주었다. 예를 들어, 우리는 그때 벨리아가 두 오빠 사이에서 감정을 둘로 나누는 것을 통해서 한 오빠와의 성적 결합에 대한 충동을 통제하였고, 그와 동시에 그녀가 만지고 싶은 갈망과 만져주기를 바라는 갈망을 분열시켰다는 사실을 알 수 있었다. 라스는 만져주기를 원하는 그의 갈망을 강하게 억압했기 때문에 생각하는 능력과 연결짓는 능력에 커다란 손상을 입게 되었다.

성치료의 후속 과정

그 다음 몇 주 동안 라스와 벨리아는 서로의 갈망으로부터 안전을 나타내는 규칙과 금지들의 문제를 가지고 씨름했다. 벨리아는 그녀의 갈망이 원치 않는 고통스러운 사건을 기억하게 만들까봐 두렵다고 말했다. 벨리아가 "그건 실제로 신체적인 고통은 아니었어요"라고 말했음에도 불구하고, 그녀의 고통은 거의 신체적인 것이었다.

그녀가 말했다. "저는 선생님이 어린 시절의 기억을 이야기하라고 하는 것에 대해 화가 나요. 저는 그것에 대해 말하고 싶지 않아요. 저를 좀 내버려두세요."

나는 그녀가 지금 느끼는 분노는 접촉을 바라는 그녀의 갈망에 가까운 것이라고 말했고, 이어서 그녀가 나에 대한 분노에 관해 좀더 이야기할 수 있느냐고 물었다. 그녀는 그 순간에 내게 평소에 쓰지 않는 무례한 말을 하는 환상이 떠올랐다고 했고, 라스는 그것이 아마도 "엿이나 먹어라"라는 욕일 거라고 추측했다. 벨리아는 그것이 그 정도로 나쁜 욕은 아니었으며, 단지 "이 자식아, 나 좀 내버려둬라"라는 것이었다고 말했다.

나는 그녀에게 그녀가 "나 좀 내버려둬요"라고 말하곤 했던 대상이 누구였느냐고 물었다,

"그건 아버지였어요!" 그녀는 흐느껴 울면서, "그게 언제였는지는 모르겠어요"라고 말했다.

"그것이 당신의 아버지를 향한 갈망, 즉 그와의 접촉을 바라는 환상이었나요?" 내가 물었다.

그녀가 천천히 고개를 끄덕였다. 그녀가 말했다. "방금 기

억이 났는데, 그것은 라스와 제가 처음 결혼했을 때였지요. 그가 저를 안을 때 저는 기분이 좋았어요. 그는 포옹을 풀기 전에 제 등을 세 번 가볍게 두드리는 버릇이 있었어요. 저는 마음속으로 '내 등을 두드리지 말아요'라고 생각하곤 했지요. 저는 그가 포옹을 푸는 것을 원치 않았어요. 그가 포옹을 풀고 나면, 저는 다시 완전히 혼자가 되는 것처럼 느꼈어요. 더 이상 그를 느낄 수 없었기 때문에 그가 아직도 저를 사랑하는지 확인할 수가 없었어요."

나는 그때 그녀의 갈망과 외로웠던 시절 사이의 관계에 대해 말했다. 이것은 그녀에게 신체적인 관심을 필요로 하는 것에 대한 두려움을 불러왔다. 그녀는 그 관심이 영원히 사라지는 것을 두려워했다. 나는 그녀가 전이에서 그녀의 갈망에 대해 무엇인가를 말하고 있다고 생각했지만, 이번에는 그것을 전치 현상으로만 이해했다.

회기를 거의 마쳤을 때, 라스가 불쑥 말했다. "그런데 제가 승진 시험공부를 하는데, 새로운 자료를 공부하고 기억할 수 있게 되었다는 것을 말씀드려야 할 것 같군요. 제가 그렇게 느낀 것은 이번이 처음입니다."

다음 몇 주 동안, 라스는 자위의 자극에 대한 갈망과 억제, 그를 추행했던 아버지에 대한 억압된 환상, 그리고 엄마로부터 도움을 받기 원하는 갈망이 혼합된 감정에 대해 작업했다. 부부 사이에서는 주로 통제와 관련된 싸움이 계속되었다. 라스는 공격적이고, 침범하는 대상의 역할을 맡는 경향이 있었고, 벨리아는 확고한 경계선과 지침을 세워야만 안전하다고 느끼는 경향이 있었다. 그가 조절할 수 있게 되면서, 그리고 그것이 그들에게 더 안전한 상호적인 흥분을 가져다주는 것을 알게 되면서, 벨리아는 흥분이 점차 쌓여 가는 것을 허용할 수 있게 되었다. 그러나 이러한 일이 발생하자, 라스는 벨리아가 얌전빼면서 통제하는 엄마와 같다고 느끼게 되었다. 그는 이런 이미지를 자신의 엄마 이미지 안에 둘 수 없었지만, 벨리아는 그 이미지가 그가 늘 차가운 여자라고 말해오던 그의 엄마의 이미지와 딱 들어맞는다고 느꼈다. 이러한 통찰들이 축적되면서, 그들은 서서히 충동적이거나, 불안하거나, 일방적인 것이 아니라 차츰 상호 흥분과 상호 통제가 가능한 안전함 가운데서 흥분을 경험하는 수준으로 옮겨 갔다.

분리의 위협

성치료가 8개월 그리고 가족치료가 14개월 가량 진행되었을 때, 나는 내가 그들을 무보수로 상담해주고 있던 대학을 떠나려 한다는 계획을 말해주었다. 그 소식을 듣고 벨리아가 망연자실했다. 내가 그들이 얼마를 내든지 간에 그들을 계속해서 상담해주겠다고 약속했음에도 불구하고, 그녀는 그 말을 믿지 못했다.

성치료가 더 이상 진전되지 않고 제자리를 맴돌고 있었다. 이 시점에서, 그들은 "담아주기" 단계에 와 있었다. 이 단계는 벨리아가 모든 움직임을 통제하면서 라스의 페니스를 질속에 삽입하는 단계였다. 라스는 조루를 경험했고, 그녀는 고조되는 흥분을 유지하는데 어려움을 경험했다. 그들이 실습과정에서 성기를 움직이는 실습 단계로 들어서자마자, 라스

는 전처럼 곧바로 사정했다. 그들은 나를 계속해서 사용할
수 있을 지에 대한 문제와 그 점이 그들의 성적 퇴행과 갖
는 관련성에 대한 문제를 가지고 씨름했다. 이 단계 동안 우
리는 그들이 망연자실한 상태에 빠짐으로 해서 부부의 문제
가 다시 한번 친숙한 방식으로 아이들에게서 나타나고 있음
을 알 수 있었다. 그것은 최근에는 거의 볼 수 없었던 것이
었다. 이 부부가 나와의 관계에 대한 신뢰를 회복하면서 그
리고 내가 그들을 위해 그곳에 있을 것이라고 느끼기 시작
하면서, 라스는 흥분을 견디는 능력을 획득할 수 있었고, 따
라서 점점 더 조루에서 벗어날 수 있었다.

마지막 단계 : 전이의 극복 작업

마지막 문제에 대한 작업이 여름 내내 계속되었다. 벨리아
는 여전히 혼자서 혹은 파트너와 함께 있는 상황에서 오르
가즘을 경험할 수 없었다. 그녀는 이제 성교가 너무 힘들다
고 느꼈다. 그녀는 또다시 성이 증오스러워졌고, 자신은 결코
오르가즘을 경험할 수 없을 것이며 그들의 성치료와 부부치
료는 결코 끝나지 않을 것이라는 두려움에 사로잡혔다. 나는
치료가 끝나지 않을 것이라는 그녀의 두려움 안에 성적인
흥분을 허용하는데 대한 그녀의 두려움이 감추어져 있으며,
그것은 치료를 끝내는 것에 대한 어려움과 연결되어 있다고
해석했다. 치료를 끝내는 것에 대한 그녀의 두려움은 심각했
는데, 이것은 그녀의 가족치료가 잘 진행되어 곧 종결을 고

려하고 있는 상황과도 연결되어 있었다. 치료를 종결하는 것에 대한 그들의 양가감정과 치료의 상실에 따르는 슬픔에 대해 작업한 후에, 그들은 성치료에 박차를 가했고, 심지어는 처음으로 오랄 섹스를 시도해 보고 그것을 만족스러운 것으로 경험하기도 했다.

마침내 벨리아는 차츰 오르가즘을 경험하기 시작했다. 처음에는 혼자 자위하면서, 골반의 혈관이 서서히 열리면서 흥분이 새나가는 것을 경험했다. 그러나 자위를 하는 동안 손으로 자극을 계속하면서, 그녀는 서서히 좀더 만족스러운 오르가즘에 도달하기 시작했는데, 그것은 강렬한 느낌은 아니었지만 좀더 즐거운 느낌이었다. 그것은 좀더 따뜻한 느낌이 그녀의 골반 안으로 서서히 퍼져나가는 기분이었다. 그리고 그녀는 자위를 하면서 오르가즘에 도달하는데 걸리는 시간을 줄일 수 있었는데, 40분 이상에서 15분 정도로 줄어들었다. 벨리아는 성교에서 계속해서 손으로 자극을 주어도 오르가즘에 도달하지 못하는데 대해 좌절을 느꼈지만, 라스가 자신의 성적 환상들, 예를 들어 엘리베이터에서 만난 여자와 성교하는 환상을 이야기해줄 때에는 흥분을 느낄 수 있었다. 그리고 라스는 그녀에게 자신의 환상에 대해 말하는 것을 덜 당혹스럽게 느꼈다. 그녀는 그들의 여자 친구들에 대한 그의 환상을 들을 수 있었다.

이러한 환상을 나누도록 격려하는 것은 그것들의 행동화를 지지해주는 것을 의미하지는 않는다. 다른 성적 파트너에 대해서 갖는 환상은 공통적으로 고립되고 억압된 대상들을 나타낸다. 만일 그것들이 억압되거나 의식적으로 억제될 경우, 그것들은 억압된 다른 대상들처럼 무의식적으로 부정적인 영향력을 발휘하게 될 것이다. 그러나 그런 환상에 대한 이야기를 함께 나눌 경우, 그들은 자신들의 소망과 두려움을 중심적 관계 안으로 좀더 잘 통합시킬 수 있다.

　나는 이 두 사람 모두가 가지고 있는 환상들은 부분적으로 결혼관계 바깥에 두고 있는 이상화된 관계를 나타낸다고 말해주었다. 최고로 흥분시키는 이미지들에 근거해 있는 이 환상들에 대해 함께 이야기함으로써, 그들은 이 분열된 대상들을 그들의 성적 관계 안으로 가져올 수 있게 되었다. 그 성적 관계 안에서, 그들은 그 대상들을 변형시키고 황폐해진 관계를 생명이 넘치는 관계로 회복시킬 수 있을 것이다.

　벨리아는 그런 환상들을 남편과 나눌 수 있게 되면서부터 그녀가 개인치료자와 나에 대한 환상에 대해 말하는 것을 라스가 견딜 수 있을 것이라고 생각하게 되었다고 말했다. 우리는 종종 전이의 주제들을 언급한 적이 있었지만, 벨리아는 이제 좀더 솔직하게 자신의 감정을 말할 수 있게 되었다.

　그녀가 말했다. "그렇습니다. 환상은 제가 우리 관계 속에서 느낄 수 없는 것을 담아 가지고 있어요. 그것은 연인이나 남편보다 샤르프 박사님에 관한 것이죠. 그것은 현실에서는 빠져 있는 요소예요. 제게 없다고 느껴지는 게 거기에 있죠. 제가 가진 이상적인 환상은 제가 유혹적인 사람이 되는 것이고, 어떤 반발이나 나쁜 일을 일으키지 아니한 채 움직이고, 만지고, 섹시한 행동을 하는 거예요. 저는 제 개인치료자에게 '제가 제 환상에 대해 더럽다고 느끼는 것을 아무도 이해하지 못할 거라는' 감정에 대해 이야기했어요. 저는 저의 핵심적인 어떤 것이 드러날 것이라는 생각 때문에 공포에 사로잡혔어요. 즉 제가 얼마나 더러운지를 모든 사람이 알게 될까봐 두려웠어요. 그는 제게 그 환상 안에 더러운 것은 아무 것도 없다는 것을 알게 하려고 애를 썼지요. 저는

마치 구체적인 증거를 가지고 있는 검찰관처럼 제 스스로를
정죄하겠다고 협박하고 있습니다. 그렇지만 그것을 증명해줄
증인은 아무도 없습니다. 제 개인 치료자는 제가 제 안에 섹
시한 사람에 대한 환상을 가지고 있다는 사실을 이해하도록
도와주었습니다. 그러나 저는 제가 섹시한 사람이 될 수 있
다는 것을 받아들이지 못하고 있어요. 그것은 내 환상 속의
여자가 위험하고 더럽다고 느껴지기 때문이에요."

"다른 환상이 또 있나요?" 내가 물었다.

"그건 정말 말하고 싶지 않아요." 그녀가 말했다. "하지만,
그것은 당신에 대한 거예요. 나는 당신과 성교를 하는 상상
을 했어요." 얼굴을 붉힌 채, 머뭇거리면서, 그녀는 계속해서
말했다. "제 환상 속에서, 선생님은 제가 원하는 모든 것을
할 수 있고, 제가 원하는 대로 제 몸을 움직일 수 있게 해줘
요."

나는 이것을 라스가 어떻게 받아들일지 궁금해하면서, 라스를
바라보았다. 나는 벨리아가 흥분이 고조된 자신의 환상을 내가
받아들일 수 있는지에 대해 주의를 기울이고 있음을 느꼈다.
그녀는 라스의 존재를 잊고 있는 듯이 보였고, 당혹스런 욕망
을 내게 집중시키고 있었다. 나는 공격받고 있다고 느꼈는데,
그것은 그녀의 환상 때문이 아니라 그 이야기 속에 담겨진 요
구적 성질 때문이었다. 사실 성치료에서 성적으로 자극된 그러
한 환상은 흔히 있는 있을 수 있는 일이다. 나는 우리가 그녀
의 흥분시키는 대상의 영향 아래, 즉 근친상간적인 요구 안에
있다고 느꼈다. 나는 급히 철수하기를 원했다. 다시 말해, 그녀는
거절하는 대상을 내게 집어넣었는데, 그 거절하는 대상은 그녀
의 환상이 표현하고 있는 성적 흥분을 두려워하고 있었다. 그

녀의 흥분 안에 또한 그녀의 두려움의 씨앗이 있다는 것을 깨
닫게 되면서 나는 그 전이에 대해 언급할 수 있었다.

"당신은 그런 환상들에 대해 염려하고 있군요. 벨리아, 당
신은 그것들을 절박하게 느끼고 있군요. 당신은 내가 당신의
환상에 따라 행동할까봐 그리고 그것이 라스를 소외시킬까
봐 두려워하고 있습니다."

그녀가 왈칵 울음을 터뜨렸다. 마음이 진정되자, 그녀가 말
했다. "그것은 제가 오빠들에 대해 가졌던 감정과 똑같은 것,
즉 성적인 갈망과 두려움과 혐오감이에요."

끝날 시간이 되었기 때문에, 내가 라스에게 물었다. "벨리
아의 이야기를 들으면서 어떻게 느끼셨어요?"

"저는 괜찮습니다." 그가 말했다. "저는 그녀가 그런 환상
을 가지고 있다는 것을 알고 있습니다. 저는 그 환상 속에
제가 있기를 원하지만, 선생님에 대한 그녀의 감정도 잘 알
고 있습니다."

"벨리아의 절박한 성적 감정이 나에 대한 감정으로 보일
수도 있겠지요." 내가 말했다.

"그렇지만 중요한 것은 그것이 그렇게 개인적인 것이 아
니라는 겁니다. 그것은 본래 지지해주고 사랑하는 부모를 발
견하고자 하는 절박함에서 비롯된 것인데, 다른 방법이 통하
지 않으니까 성적인 방식으로 그것을 얻으려는 시도였지요.
그리고 라스, 그녀는 어느 정도 당신 두 사람 모두에게 해당
되는 이야기를 하고 있는 겁니다. 그것은 또한 당신들이 서
로에게 원하는 것이기도 하지요. 그러나 당신은 성교가 그것
을 취소시킬까봐 두려워하고 있습니다."

이 회기에서, 벨리아와 라스는 벨리아의 초점 전이를 통해서 그들이 공유하고 있는 갈망을 드러냈다. 이것은 그들의 서로에 대한 안아주기에 스며들어 있는 절박한 갈망과 두려움을 느끼도록 도와주었고, 나로 하여금 그들의 경험에 정서적으로 참여할 수 있게 해주었다.

이제 9월이 되었다. 종결 과정이 시작되었고, 가족은 12월에 다시 시애틀로 이사하기로 했다. 그곳에서 벨리아는 좋은 직업을 가질 수 있는 기회가 생겼고, 그것은 라스에게도 좋은 기회였기 때문이다. 이때 나는 가족치료가 종결이 가까웠다는 생각에 동의한 상태였고, 그때까지는 치료가 종결될 수 있을 것으로 보였다. 그러나 그때부터 벨리아는 성교에서 오르가즘을 경험할 수 없을 것이라는 생각에 빠지면서 점점 더 우울해졌다.

9월 중순에, 라스는 "우리에게 가장 큰 문제는 성교예요"라고 말하면서 회기를 시작했다.

그러자 벨리아가 말했다. "문제는 라스가 제 귀에 환상을 속삭여주지 않으면, 제가 오르가즘에 도달하지 못한다는 거에요. 오르가즘을 경험하기 위해 그렇게 해야 한다는 게 당혹스러워요. 우리가 함께 있을 때에는 괜찮지만, 저 혼자서 하는 실습에서는 오르가즘에 도달하는 게 더 힘들어요."

나는 그녀가 이런 방식으로 오르가즘에 도달한다는 사실에 깜짝 놀랐다. 이번 주에 벨리아가 성교 중에 보조적인 자극과 환상의 도움을 받아 처음으로 아주 만족스러운 오르가즘에 도달을 했음이 드러났다. 나는 그들이 그 일을 마치 불평하듯이 말했음에도 불구하고, 그것은 그들에게 커다란 위안이 되었을 거라고 말했고, 그들을 축하해주었다.

벨리아가 웃었다. "아직 혼자서는 할 수 없어요. 저는 라스와 그의 환상을 필요로 해요." 그러나 그녀는 약간의 아쉬움과 함께 인정했다. "저는 마침내 제가 늘 원하던 바로 그것을 얻게 된 것 같아요."

그들의 성적 관계가 세련되게 발달하려면, 아직도 배워야 할 것들이 많이 남아 있지만, 이제 나머지는 그들 스스로 할 수 있게 된 것 같다고 나는 말했다. 이 마지막 진전은 종결의 위협을 느끼는 상황에서 일어났으며, 이것은 그들의 마지막 성장과 해방에 박차를 가했다.

치료의 마지막 단계인 그 다음에 이어지는 두 달 동안에 그들이 떠나기 전에 필요한 모든 것을 정말로 해낼 수 있을 지에 대한 불안이 상당히 컸음에도 불구하고, 그들은 마침내 자유롭고 신뢰할만한 오르가즘을 경험할 수 있는 능력을 형성해냈다. 라스의 조루 문제도 현저하게 향상되었다. 11월 초, 그들은 그들의 성적 관계를 대부분 만족스럽게 느꼈고, 그들이 살아가면서 때때로 만나는 일상적인 어려움만을 겪고 있었다.

논의

이 사례는 성치료 과정에서 펼쳐지는 부부의 대상관계 역사를 보여준 사례이다. 그것은 행동주의적 틀을 가진 성치료가 부부의 대상관계 역사를 탐구하는데 사용될 수 있는 방식을 보여준다.

치료가 진행되면서, 우리는 또한 이 부부 사이에 서로에 대한 투사적 동일시가 결합되어 하나의 패턴을 이루고 있음을 볼 수 있었다. 벨리아는 그들의 신체적인 취약성의 요소를 맡았고, 라스는 힘과 보호의 요소를 맡았다. 성적인 관심은 라스에게 맡겨졌다. 이것은 또한 라스가 성적인 절박함을 담아내는데 실패할 때, 두 사람 모두에게 박해하는 나쁜 대상이 된다는 것을 의미했다. 그러면 벨리아는 철수하여 자신을 보호하지만, 많은 경우 그녀는 격노하는 아버지가 된다. 그녀는 라스 안에 좀 더 자비로운 아버지를 둠으로써 그러한 격노하는 아버지를 치료하고자 시도했지만, 그것이 실패할 때 그녀 자신이 격노하는 아버지가 되곤 했다.

그들의 성이 되살아나면서, 그들이 공유하는 갈망의 대상인 나쁘고 침범하는 아버지가 되살아나는 결과를 가져왔다. 그들은 실제 성교를 억압하는데 동참함으로써 이 문제를 해결해왔다. 그러나 이때 억압되었던 거절감이 되살아났고, 그들은 이것을 각각 다른 방식으로 느꼈다: 라스는 이 거절감을 성적 거절에서 느꼈고, 벨리아는 그것을 라스의 억압된 분노와 계속되는 간헐적인 성적 압력에서 느꼈다. 벨리아는 절박한 방식으로 신체적인 성과 친밀감 그리고 그녀가 결코 소유할 수 없었던 이상적인 아버지의 이미지를 되찾고 싶어했다.

다른 한편, 그들은 어린 시절에 그들을 보호해주지 못했던 엄마의 역할을 함께 떠맡았다. 그들은 각자 장애자의 역할을 떠맡는 한편, 서로를 과장되게 보호하고자 했다—벨리아는 우울증과 함께 불합리한 격노와 성적 장애를, 라스는 그의 직업에서의 수동성을 떠맡았다. 이 역할들은 그들이 어렸을 때 그들을 잘 돌보지 못한 엄마의 무능을 나타내는 것으로 보였다. 하지만, 그들은 그들의 엄마에 대한 동일시보다 아버지에 대한 동일시를 더 많이 이야기했다.

부부는 근친상간적인 부모가 아니라 자녀의 성적인 관심에 반응할 수 있는 좋은 부모에게서 사랑과 돌봄을 받고자 하는 소망을 공유하고 있었다. 이 소망은 치료자에 대한 벨리아의 성적 환상에서 표현되었다. 치료자가 역전이에서 근친상간적인 감정을 몸소 경험했을 때, 그는 그들의 안아주기 안에 결핍이 존재한다는 사실을 깨닫고 있었다. 그는 역전이를 담을 수 있는 공간을 자신 안에서 발견함으로써 새로운 심리적인 공간을 만들어냈으며(Winer, 1989), 그 공간 안에서 벨리아와 라스는 치료자의 흥분시키고 거절하고 방어적이거나 착취적인 반응에 의해 침범 당하지 않은 채, 자신들을 성적 존재로 경험할 수 있었다. 그리고 이 작업은 부부의 성적 억제를 해소하는데 결정적으로 중요한 역할을 하였다.

이들 부부는 성치료에서 성적 기능을 회복했고 성생활을 즐길 수 있게 되었으며 그들 자신과 자녀를 안아주는 능력을 향상시키는데 성공했다. 그러나 치료를 종결하면서, 벨리아는 치료를 계속해야할 필요가 있다는 것을 알았고, 시애틀로 이사한 후에도 그곳에서 치료를 계속하기로 작정했다.

심슨 가족은 부부의 성치료와 벨리아의 개인치료 그리고 온 가족이 함께 참여하는 가족치료를 동시에 받았다. 다음 장에서 우리는 부모의 성적인 관계가 자녀의 발달에 미치는 영향을 보여주기 위해 이 가족치료의 마지막 단계에 속한 회기의 내용을 제시할 것이다.

제 11 장

부부의 성적인 어려움이
가족에게 미치는 영향

앞장에서 우리는 라스와 벨리아 심슨 부부의 개인 문제와 성적 문제의 상호 관련성을 추적했다. 여기에서 우리는 이러한 부부문제가 자녀들에게 어떻게 영향을 미치는 살펴볼 것이다. 부부치료자에게 가족치료는 이차적인 관심의 대상일 수 있지만, 부부치료자는 성적 장애와 부부의 장애가 세대를 이어가면서 영향을 미친다는 사실을 이해할 필요가 있는 것도 사실이다.

심슨 가족은 치료 상황에서 그들의 가정 생활을 그대로 재현했다. 그들은 자녀들에게 깊은 관심을 갖고 있었고, 자신들의 문제와 자녀들의 문제 사이에 공통점이 있음을 볼 수 있었다.

가족치료 초기 단계의 회기

가족치료 초기 단계의 어느 회기에서, 8세 반 된 에릭이 동생들과 함께 "무시무시한 거인"(Incredible Hulk) 놀이를 하고 있었다. 라스와 벨리아 사이에는 긴장이 감돌았고, 갑자기 에릭의 헐크가 눈에 보이는 것이 없이 미쳐 날뛰었다. 벨리아는 곧 인내심을 잃어버리고 에릭에게 그를 증오한다고 폭언을 퍼부었다. 그는 엄마의 분노 앞에서 기가 죽었다. 나는 그런 그녀의 행동에 대해 질문했는데, 그녀는 에릭의 행동에서 아무 생각 없이 화를 내며 다른 사람들을 못살게 굴었던 아버지가 연상되었다고 말했다. 그러나 그녀가 그렇게 폭언을 퍼붓고 나면, 그녀는 자신이 아버지처럼 되었다는 생각 때문에 자신이 미워진다고 했다. 이 사건 때문에 에릭이 울기는 했지만, 라스는 그를 위로해주었고, 벨리아는 그녀의 내면에 자리잡고 있는 나쁜 아버지의 폭력을 탐구할 수 있었다.

이 반복되는 투사적 동일시가 에릭을 나쁘고 힘센 남자와 동일시하도록 밀어 부치는 요소 중 하나였다. 그것은 또한 라스의 수동성 때문에 더욱 강화되었는데, 그 수동성은 힘센 남자에 대한 내적 공포에서 유래한 것이었다. 라스의 수동성은 자기 주장적인 남자는 파괴적일 뿐이라는 그의 가정 때문이었다. 에릭은 부모가 그에게 투사시킨 자기 주장적인 남성적 요소를 받아들였으며, 동시에 화내는 남성이 되지 않고서는 자기 주장적인 남자가 될 수 없다는 그들의 확신을 내재화했다.

우리는 에릭의 잠재적인 악함에 대해 벨리아가 느낀 두려움은 투사적 동일시의 결과라는 것과, 그것은 그녀가 자신의 내적 아버지의 악함을 제거하는 방법이라는 것을 확인할 수 있었다. 그리고 그녀가 제거한 내적 아버지의 악함이 에릭의 행동을 통해 그녀에게 돌아오고 있다는 것을 알 수 있었다. 이러한 에릭의 행동은 일반적인 아동기 공격성, 형제간의 다툼, 혹은 탐욕적인 행동으로 나타났다. 그러나 벨리아는 습관적으로 그것을 그녀 아버지의 자기 중심적인 폭력성이 아들 안에서 재현된 것으로 해석했다. 그녀는 이 재현으로 인해 그에게 분노했고, 그리고 나면 그녀 자신이 그녀의 아버지가 된 것처럼 느꼈다. 이러한 순환이 그녀를 사로잡았고, 에릭이 그녀의 갈등을 계속 자극했기 때문에 그녀는 에릭을 감당하기가 어려웠다.

라스에게 있어서, 벨리아의 우울증과 분노는 억압된 것이 되돌아오는 것을 나타냈다. 그는 공격적인 남자 아기를 거부함으로써 희생자인 자신을 돌보기를 희망했으나, 그 결과는 벨리아의 공격성을 또다시 불러올 뿐이었다. 더 나아가, 가족이 조화를 이루고 아들이 아버지보다 좀더 잘하기를 바라는 라스의 무의식적인 소망 역시 무산되고 말았다. 그 또한 에릭과 벨리아가 싸우는 것을 보면서 억압되었던 내적 대상의 회귀로 인해 고통을 겪었으며, 누구를 위로해 주어야 할지 모르는 상태로 무력감에 빠졌다.

이 회기에서, 벨리아는 에릭과 그녀 자신 안에서 그녀의 아버지를 발견하는 고통을 표현할 수 있었다. 이를 통해 그녀는 에릭에 대한 사랑과 관심을 다시 표현할 수 있었으며, 라스는 도움을 주는 아버지의 역할을 할 수 있는 기회를 가질 수 있었다. 그는 별로 말이 없고 통찰력도 없었지만, 그럼에도 불구하고 에릭에게 다가갔고 벨리아를 위로해주었다.

그는 그녀의 슬픔을 견디어주었고, 극도로 고통스러운 순간을 완화시키는데 크게 기여했다. 라스는 이전에는 할 수 없었던 안아주기를 제공할 수 있었고, 그래서 아들과 엄마 사이의 관계를 회복시킬 수 있었다. 안아주기의 결핍이 바로 이 가족의 주된 증상이었다. 그 결과, 가족은 회복과 용서를 그리고 미움을 극복할 수 있는 사랑을 경험할 수 있었다.

이 회기 직후에, 라스와 벨리아는 앞장에서 제시된 성치료를 시작했다. 다음 몇 개월 동안, 가족은 투사적 동일시를 인식하고, 공감 능력을 발달시키고, 서로의 성장을 지지해주면서 치료 작업을 수행하는 법을 배웠다. 게다가 가족의 응집력이 크게 증진되었다. 치료 초기에는 형제간에 다툼이 많았고 놀이에서 파괴적 행동이 자주 나타났지만, 치료는 차츰 잘 구성된 놀이와 협력을 바탕으로 순조롭게 진행되었다. 이제 가족의 어려운 문제는 아이들의 놀이 안에서, 벨리아와 라스의 대화 안에서, 그리고 그들과 자녀들 사이에서 드러나고 들을 수 있게 되었다.

가족치료 후기 단계의 회기

1년 후, 성치료에서 라스는 그의 근친상간적 항문 성교를 기억해냈고, 벨리아는 처음으로 아버지가 자신과 언니에게 신체적인 학대를 가했던 일을 기억해냈다. 성치료와 마찬가지로 가족치료도 잘 진행되고 있었다. 그때 나(D.E.S)는 2주간 동안 휴가를 떠났다. 내가 휴가에서 돌아온 후에 다음 회기를 가졌는데, 그때는 가족치료를 시작한지 14주되던 때였다. 이 회기에서 성인의 성적인 문제와 아동의 문제 사이에 연관성이 있다는 것이 구체적으로 드러났지만, 그것은 치료 초기 과정에서처럼 근본적인 혼란에 빠지는 것이 아니라 치료 과정에서 일어나는 퇴행을 보여주는 것이었다. 이때 아이들은 처음 평가했을 때보다 나이를 두 살 더 먹은 상태였다: 지넷이 5세 반, 알렉스가 7세, 에릭이 9세 반이었다.

벨리아가 손으로 머리를 감싸안으면서 말을 꺼냈다. "머리가 아파요. 라스와의 성치료가 잘 진행되는 것 같지 않아요. 무엇을 변화시킨다는 게 정말 자신이 없네요. 정말 머리가 아파요."

작은 종이 비행기를 넣어둘 수 있는 장소를 만들고 있던 지넷이 엄마에게 몸짓을 하면서 소리를 질렀다. "엄마, 보세요. 내가 비행기가 숨을 장소를 만들고 있어요."

나는 그 놀이의 의미를 곧바로 알 수는 없었지만, 차츰 그것은 지넷이 잡아다가 숨겨놓아야 하는 파괴적이지만 소중한 남자의 주제를 말하고 있다는 생각이 들었다. 그때 나는 파괴적인 존재인 동시에 갈망하는 대상으로 간주되고 있었다.

내가 라스에게 물었다. "당신은 어떠세요?"

지넷이 계속해서 엄마에게 좀더 큰 소리로 말했다. "이곳이 그가 숨는 장소라는 건 아무도 모를 거예요."

라스가 대답했다. "저도 성교와 관련된 문제로 힘들어하고 있습니다. 아마 벨리아보다 더 심각할 겁니다."

알렉스가 무어라고 말하고 있었다. 나는 그를 보고 말했다. "지넷이 네 배에서 블록을 모두 가져 갈까봐 걱정되니, 알렉스?"

지넷이 말했다. "나는 블록을 다 가져가지는 않을 거예요."

나는 다시 부부에게 물었다. "우리가 보지 못한 두 주간 동안 더 나빠졌습니까?"

벨리아가 말했다. "네. 그랬어요."

나는 벨리아가 우울이 심하고 혼이 나간 상태에 빠져있는 동안, 지넷이 그녀의 비행기가 숨을 장소를 만들고 있는 모습을 보면서 충격을 받았다. 내가 라스에게 물었다. "당신도 지난 두 주간 동안 상태가 나빠졌나요?"

"네, 그랬어요." 그가 말했다.

벨리아가 계속했다. "우리는 어젯밤에 그 문제에 대해 45분간 이야기했어요. 우리는 다음 주에 성치료에서 만날 때까지는 성적인 문제에 대해 이야기하는 것이 별 의미가 없을 거라고 느끼고 있어요. 전혀 나아진 게 없고, 그래서 증오스럽기만 해요. 지난 며칠 동안, 저는 무언가가 통제할 수 없이 눈덩이처럼 커지고 있다는 느낌이 들었어요. 그런데 그게 무엇인지 모르겠어요." 그녀는 소리내어 울었다. "저는 브레이크를 밟아야 한다고 생각하는데, 그게 두려워요."

"그것은 성생활에 한정된 건가요? 아니면 다른 것들도 그런가요?" 내가 물었다.

"다른 것들도 그래요." 그녀가 말했다. "저는 개인치료를 한 주에 두 번으로 줄였어요. 저는 제때 그렇게 했다고 느끼고 있지만, 그후에 기분이 너무 나빠졌어요."

잠시 후에, 부부는 그들의 성실습과 관련해서 두 가지 사건을 털어놓았다. 그들은 약간 모호하게 그들의 성실습의 실패에 대해 이야기했는데, 그것은 가족치료 상황에 적절한 내용이었다.

내가 물었다. "당신들은 그런 실패를 경험하고 난 후에 문제가 악화되었다고 생각하세요?"

벨리아가 말했다. "저는 선생님이 그것을 정말로 실패라고 부를지 모르겠어요. 저는 선생님이 떠나 있는 동안 침체 상태에 빠졌고 그후에 악화되었던 것 같아요."

알렉스와 지넷이 공룡 두 마리를 가지고 서로의 머리위로 올라가는 놀이를 하고 있었다. 그 놀이는 성적인 주제를 포함하고 있었고, 그들은 놀이를 통해서 그 나름의 주제를 발달시키고 있었다. 이 세 아이는 모두 조용히 놀이에 빠져 있었다. 에릭이 우주선에서 지넷의 공룡에게 포탄을 투하했다.

"안 돼!" 지넷이 소리쳤다. 알렉스가 "그 다음에는 뭐야, 지넷?" 하고 물었다.

지넷이 말했다. "내 것이 오빠 것에게 포로가 되는 거야."

그들의 놀이는 마치 성인의 성적인 결합을 나타내는 것 같았다.

벨리아가 계속했다. "저는 무엇인가 배우려고 열심히 노력한다고 생각하는데, 그는 자기 몫을 다하지 못하고 있고 그래서 아무 것도 일어나지 않는다는 생각 때문에 화가 나요."

내가 말했다. "그래서 당신은 흥분된 상태로 남겨졌다고 느끼는군요?" 이번에는 라스에게 말했다. "그리고 당신은 절망적으로 느끼는군요?"

라스가 고개를 끄덕였다. "맞아요!"

내가 계속해서 말했다. "그런데 당신은 그 어려움을 나와 떨어져 있던 시간과 연관시키기를 원치 않는군요. 3주전에 당신은 잘 해내고 있었는데 말입니다."

라스가 말했다. "그렇다고 할 수 있죠."

내가 계속 말했다. "무엇인가 퇴보했군요."

라스가 대답했다. "그런 것 같아요."

나는 그를 내가 생각하는 방향으로 이끌려고 했다. "당신은 이것들을 연결짓기를 원하세요?"

라스가 웃었다. 에릭은 그의 모형 전투기를 내 쪽으로 날렸다. 그리고 나서 아이들은 요란한 소음을 내면서 한 비행기가 다른 비행기를 추격하는 놀이를 시작했다. 부부의 관계에 대한 아이들의 놀이가 계속되고 있었는데, 그것은 에릭의 영향 때문에 점점 더 공격적이 되어갔다. 라스는 내 말에 다음과 같이 반응했다. "제게 자존감의 문제가 있다고 말씀드린 것 기억하세요? 그 문제가 다시 반복되는 것 같습니다."

내가 물었다. "그것은 단지 성교에만 영향을 미치나요? 아니면 모든 것에 영향을 미치나요?"

라스가 말했다. "모든 것에 영향을 미쳐요!"

몇 분 후에, 지넷과 알렉스는 다음과 같은 놀이를 하고 있었다: 알렉스의 헬리콥터는 멀리 날아가 버렸고, 지넷의 인형은 "안녕 …"하고 소리쳤다. 그리고 지넷이 설명했다. "그녀가 헬리콥터한테 손을 흔들어주고 있어요."

"네 두 인형들은 욕조에서 무엇을 하고 있니?" 내가 물었다.

지넷이 내 말을 정정했다. "이건 욕조가 아니에요. 이건 배에요! 그 인형은 지금 헬리콥터에게 손을 흔들면서 배를 운전하고 있는 거예요."

라스는 지넷의 드레스가 거의 허리까지 올라와 있는 것을 보고 말했다. "드레스 좀 내려야지. 지넷!" 지넷이 미소지었다. 나는 이 지적이 이들 부부가 분리와 성에 대한 불안을 다루는 순간에 발생했다는 사실을 주목했다.

에릭은 두 대의 비행기를 가지고 놀고 있었는데, 한 비행기가 다른 비행기를 추격하면서 치열한 전투를 벌이고 있었다. 그는 알렉스와 지넷의 놀이를 방해했다.

알렉스가 투덜댔다. "에릭! 우리는 너랑 놀고 있는 게 아니야."

지넷이 소리쳤다. "안녕! 내일 만나. 집에 가서 보자!"

이 순간, 나는 그 놀이에 마음이 끌렸다. 내가 물었다. "에릭, 무슨 일이야? 네 부하들이 많은 사람들을 쏘아 쓰러뜨리는 것 같은데!"

에릭이 고개를 끄덕였다. "맞아요!"

"그가 화났니?" 내가 물었다.

대답이 없었다.

"그에게 무슨 일이 생긴 거야?" 대답이 없었다.

비행기가 충돌했다.

"그가 충돌했구나." 그는 이때 총 맞은 비행기를 부숴 버렸다. 나는 아마도 그가 자신의 놀이가 주목받는 것을 좋아하지 않는다는 인상을 받았는데, 이것은 그의 아버지가 내가 그에게 주의를 기울이는 것을 좋아하지 않는 것과 같은 것이었다. 나는 이 놀이가 어른들의 대화와 평행을 이루고 있다고 느꼈고, 그래서 다시 라스에게 말했다. "그래서 당신의 자존심이 상했군요. 그런데도 당신은 그것을 내가 부재했던 사실과 연관짓기를 원치 않는군요."

라스가 말했다. "저는 그렇게 생각하지도 않고 또 그렇게 느껴지지도 않아요."

에릭이 다시 두 개의 인형을 가지고 와서 하나가 다른 하나를 쫓아가는 놀이를 했는데, 그것은 내가 그의 아버지를 추적하는 것에 대한 적절한 은유였다.

내가 라스에게 말했다. "그래서 당신은 그저 공허감을 느끼는군요? 그렇지만 나는 이것들을 연관짓고 싶은데요. 연관짓지 못하는 것이 당신의 문제들 중 하나인 것 같아요."

라스가 말했다. "맞습니다!"

나는 계속해서 라스를 추적했다. "연관짓는 것이 너무 어렵다고 하니까, 나와 함께 추측해 봅시다. 당신과 벨리아는 모두 내가 없는 동안 힘들어했고, 당신은 그것을 자신의 가치감과 성적 능력을 상실한 것으로 느꼈습니다. 그것은 당신의 아버지에 대한 상실감과 연결되어 있는 것 같아요." 라스가 고개를 끄덕이는 것을 보면서, 나는 계속해서 말했다. "당신의 아버지는 당신에게 도움을 주기는커녕 고통만을 안겨 주었어요." 나는 그의 아버지가 그에게 저지른 성추행을 생각하고 있었다.

라스가 고개를 끄덕였다. 그는 나와 함께 있는 것으로 보였다. 벨리아는 힘든 듯이 바닥을 내려다보고 있었다.

갑자기 방 건너편 놀이 책상에서 요란한 콧소리가 들렸다. 에릭이 책상 뒤에 숨어서 분홍색 돼지 인형을 품에 안고 쭈그리고 앉아 있었다.

"꿀꿀." 그가 계속했다.

"무슨 일이에요, 돼지씨?" 내가 물었다.

지넷이 곧 참여했다. "우리는 인형 쇼를 할 거에요."

"좋아." 내가 말했다. "그런데 돼지에게 무엇 때문에 그렇게 꿀꿀거리는지 물어봐 주겠니?"

에릭이 내 말을 정정해 주었다. "그는 돼지에요. 그러니까 그렇지요."

지넷과 알렉스도 탁자로 갔다. 그때 에릭의 돼지는 탁자 위에 있는 매직펜들을 게걸스럽게 먹고 있었다.

내가 말했다. "그 돼지가 이 매직펜들을 다 먹어치우겠구나. 그 돼지는 배가 고픈가봐."

에릭이 돼지 목소리를 흉내내며 말했다. "그건 내가 돼지이기 때문이에요!"

벨리아가 에릭의 인형 놀이를 보고 웃었다. 나는 계속해서 돼지와 이야기를 나누었다.

"너는 왜 그렇게 배가 고프니? 아무 것도 먹을 것이 없었니?"

"맞아요." 돼지가 말했다. "먹을 것이 아무 것도 없었어요." 에릭은 배고픈 돼지 역할에 푹 빠져 있었다.

"그래서 화가 났니?" 내가 물었다.

"네!" 그가 외쳤다.

알렉스가 에릭의 놀이에 끼어 들었다. "여기 돼지가 한 마리 더 있어요."

벨리아는 이때 우울해 보이지 않았다. 그녀가 말했다. "에릭이 지금 무척 배고플 거예요. 여기에 오는 도중에 먹은 것을 다 토했거든요."

나는 라스도 미소를 짓고 있는 것을 보았다. 방의 전체적인 분위기가 변했다.

"그가 또 차멀미를 했어요. 오늘 아침 순환 도로의 교통 상황이 좋지 않은 게 원인이었죠." 그녀가 계속했다.

이제는 알렉스와 지넷이 놀이에 푹 빠져 있었다.

지넷이 손에 분홍색 토끼를 들고 에릭의 돼지에게 말했다. "너는 왜 내 밥을 먹고 있니?"

"꿀꿀!" 돼지가 말했다.

"그가 내 음식을 먹고 있어!" 토끼가 말했다. "좋아! 그럼 나도 그의 밥을 먹을 거야."

큰 코를 가진 자주색 괴물 인형을 가지고 알렉스가 물었다. "어디 햄버거 없나?"

돼지가 매직펜을 실컷 먹은 것 같았다. "낮잠을 자야겠다. 먹느라고 피곤해."

"너는 무엇을 먹고 있었니?" 내가 물었다.

알렉스의 괴물이 대답했다, "당근이요! 그런데 당근이 어디 있지?"

지넷의 토끼가 말했다, "내가 집에 가서 당근이 있나 찾아 볼게."

"자, 무슨 생각이 드세요, 라스 그리고 벨리아?" 내가 그들에게 물었다.

"당신들은 지난 2주 동안 나를 만나지 못해서 힘들었나요?"

벨리아가 말했다. "그렇다고 할 수 있어요."

"그리고 라스, 당신은 왜 대답이 없나요?" 내가 물었다.

알렉스의 인형이 지넷의 토끼 코를 눌러 소리가 나고 있었다. 나는 그것이 내가 라스를 "괴롭히는" 것에 대한 반응이라고 생각했다.

"내 코 좀 그만 눌러!" 토끼가 말했다.

알렉스의 괴물이 에릭에게 말했다. "토끼의 당근을 먹지 마!"

라스가 다음과 같이 내 질문에 대답했다. "제 첫 인상은 선생님이 그 문제에 대해 별로 관심이 없는 것 같다는 것이었습니다."

나는 그의 말이 그 자신에 대해서라기보다는 나에 대해서라는 것을 주목하면서 다음과 같이 말했다. "내가 그것에 대해 별로 생각하지 않는다는 말씀이군요?"

라스가 눈썹을 치켜올렸다.

벨리아가 내 말을 정정했다. "아니에요. 그의 말은 그가 그것에 대해 생각하지 않는다는 거예요."

"그가 그렇게 말하지 않았는데요." 내가 유머스럽게 그녀의 말에 반대를 표했다. 나는 그들이 빈번히 서로를 놀려주고 나를 놀리면서 위안을 얻는다는 것을 알고 있었고, 바로 그 점을 이용했다. 그리고 그것은 먹혀드는 것 같았다.

라스가 벨리아에게 미소를 지으면서 말했다. "그렇지만, 그게 내가 의미한 거야."

내가 그의 말을 반복했다: "당신이 한 말은, 내가 그 문제에 대해 별로 관심이 없다는 거예요."

"나나, 나나!" 벨리아가 콧노래를 했다. "당신은 프로이트가 말한 말의 실수에 걸려든 거예요!"

라스는 씩 웃으면서 친근함의 표시로 그녀의 다리를 살짝 때렸다. "나는 그것에 대해 별로 생각해보지 않았어!" 그가 주장했다.

"그것도 사실입니다!" 내가 그의 말을 받았다.

치료 상황에서 라스와 접촉하는 방법을 알고 있던 벨리아가 덧붙였다. "하지만 당신은 선생님이 그것에 대해 생각한다는 걸 생각하지 않아요."

라스가 말했다. "저는 그 문제에 대해 잘 알지 못해요. 하지만 제가 생각하지 않는다는 것은 알아요."

내가 말했다. "그건 당신이 정서적으로 가라앉아 있었고, 당신의 능력을 제대로 발휘하지 못했기 때문이죠."

"그건 맞아요." 라스가 인정했다. "저는 제 역할을 다하지 못했어요."

"그리고 기분이 몹시 안 좋았지만, 그것이 당신의 생각과 느낌 때문이라고는 생각하지 않았지요."

"맞아요." 그가 말했다.

　바로 그때 에릭이 놀이 영역을 벗어나 TV 카메라가 있는 곳으로 갔다.

　알렉스가 불렀다. "에릭, 어디 가는 거야?"

　벨리아가 그를 불렀다. "에릭, 거기서 무엇을 하고 있니!"

　에릭이 말했다. "나는 그저 어떤 것이 화면에 투사되고 있는지 보고 싶어요."

　나는 순간적으로 투사적 동일시에 대한 생각에 마음을 빼앗겼지만, 아무 말도 하지 않았다.

　벨리아가 단호하게 말했다. "이리로 돌아오렴!"

　그리고 라스가 "너는 우리가 이제 그 이야기를 그만 했으면 하는구나. 그렇지?"라고 말했다. 이 말은 상당히 통찰력 있는 것이었고, 나는 마음이 흐뭇해졌다.

　이제 지넷이 주의를 다른 곳으로 돌리기 위한 행동에 동참하기 시작했다. "밤바-밤밤." 그녀는 별들의 전쟁 주제곡에 맞추어서 노래를 불렀다. 그리고 에릭이 가지고 놀던 돼지 인형을 가지고 방안을 돌아다녔다. 그녀는 이때 발뒤꿈치로 리드미컬한 소리를 내며 단단한 바닥 위를 걸어다녔다.

　"당신은 에릭이 우리의 주의를 다른 곳으로 돌리고 싶어 한다고 생각하는군요?" 내가 라스에게 말했다.

　라스가 대답했다. "그는 아침 내내 그랬어요."

　에릭이 불평했다. "나는 단지 화면에 무엇이 투사되는지 보고 싶었을 뿐이었는데."

　지넷이 개입했다. "헤이! 제가 무엇 좀 드릴까요?"

　지넷과 알렉스가 인형 몇 개를 가져오는 동안, 나는 에릭에게 계속 관심을 갖고 물었다. "우리가 만나지 못한 동안 너는 어떻게 지냈니?"

　에릭은 아무 생각이 없다는 듯이, 금발에 잘 어울리는 크고 푸른 눈을 굴렸다.

"아빠 흉내 좀 그만 내." 벨리아가 말했다. "너도 알고 있 잖아?"

자주색 괴물 인형을 한쪽 손위에 놓으면서, 내가 계속해서 말했다. "에릭, 네가 여기까지 오는 길에 차멀미를 하면서도, 여기에 오고 싶어했다는 말을 들었단다." (여기서 에릭은 힘 차게 고개를 끄덕였다.)

"어-어!" 에릭이 그의 고개를 더 많이 끄덕이면서 말했다.

지넷은 이제 돼지 인형을 가지고 내 주의를 끌기 위해 갑 자기 크게 낄낄대는 소리를 냈다.

"그 돼지가 무엇 때문에 웃는 거지?" 내가 물었다.

지넷이 말했다. "그의 코에서 소리가 나요." 그리고 그녀는 내 손에 있는 괴물 인형의 코를 그녀의 돼지 인형의 입에 넣고 누르면서, "빠앙! 빠앙!" 하고 소리를 냈다.

에릭이 다른 인형을 가져다가 내 인형의 코를 눌러 소리 를 내게 하는데 합류했다.

나는 라스와 벨리아를 보고 말했다. "아마도 나를 때려주 고 싶어하는 사람이 이 두 친구만이 아닌 것 같은데요?"

벨리아는 웃었고, 그리고 나서 자기 눈을 문질렀다. 지넷은 이제 두 손으로 내 인형의 코를 꼬집고 있었다. 그것은 일종 의 꼬집기 난장판이었다.

벨리아가 말했다. "만일 아이들이 선생님의 코를 꼬집으면 어떨까 라고 생각하면 웃음이 나요!"

라스가 말했다. "당신이 그렇게 하고 싶은가 보군요!"

내가 말했다. "맞아요. 아이들만 그렇게 하기를 원하는 게 아니에요. 그렇죠?"

벨리아가 그녀의 머리를 잡고 웃었는데, 그 모습을 보면서 그녀의 두통이 생각났다.

라스가 부드럽게 벨리아를 놀려주었다. "당신도 저리로 가서 선생님의 코를 꼬집어보지 그래? 마음에 담아놓지 말고 다 털어놓으라구."

"그러지 말아요!" 순간적으로 그녀가 실제로 그렇게 할지도 모른다고 느끼면서 나는 말했다. "그냥 말로 하시죠." 나는 곧 그녀가 마치 공격적인 놀이에 가담할 것이라고 생각한 내가 바보 같다고 느꼈다. 그러나 그렇게 하도록 만든 것은 나를 사로잡는 투사적 동일시의 세력이었다. 그 상태에서 벗어나면서, 내가 말했다. "만일 당신이 그렇게 할 수 있다면, 아마도 심한 두통을 앓지 않아도 될 겁니다."

벨리아가 천천히 고개를 끄덕인 후에 말했다. "가능해요."

지넷이 끼어 들었다. "위, 하, 하, 하!" 그녀와 에릭은 마치 고문을 하듯이, 내 인형의 코를 더 심하게 잡아 비틀었다. 그리고 나서 그녀는 내 인형을 들고 노래를 부르며 의기양양하게 방안을 돌아다녔다. "따각, 따각, 따각!" 치료 영역 바깥의 타일 바닥 위를 걷는 구두 소리가 들렸다. 개선 행진을 마친 후에, 그녀는 내게로 돌아오더니 노란 강아지 인형을 건네주었다.

"안녕!" 그녀가 말했다.

"무슨 일이야?" 내가 인형을 대신해서 말했다.

그녀가 말했다. "내가 누군가의 코를 눌러서 소리를 냈거든!"

"나도 들었어." 내가 말했다. "왜 그랬는데?"

지넷이 대답했다. "왜냐하면 그가 우리에게 못되게 굴었거든. 그래서 우리도 그에게 못되게 했지!"

그러는 동안, 에릭은 다시 TV 카메라를 가지고 놀아도 괜찮으냐고 벨리아에게 물었다. 나는 잠시 그를 바라보고 나서 말했다. "에릭, 너는 우리가 여기서 투사하는 것을 이해하기 위해 애를 쓰고 있구나. 여기서 일어나고 있는 일에 대해 어떻게 생각하니? 내 생각에 오늘은 네가 화가 난 것 같아. 그것은 아마 네 안에 있는 '나쁜 놈들'이 이기기 시작했기 때문일 거야."

이 순간, 라스가 지넷의 옷깃을 잡았는데, 이것은 부분적으로는 그녀가 개입하는 것을 막기 위해서였고, 부분적으로는 그녀를 놀려주기 위해서였다.

"헤이! 내 옷 좀 잡지 말아요!" 그녀가 말했다.

잠시 후에, 내가 계속했다. "넌 무언가 좀 알고 있니, 에릭? 내 생각에는 네가 화났을 때와 너의 엄마 아빠가 화났을 때 나쁜 놈들이 이기는 것 같은데."

"아니에요!" 에릭이 말했다. "그들은 이기지 못했어요. 착한 놈들이 이겼어요."

"내가 처음에 보았을 때는 그랬어." 내가 말했다. "그렇지만 나중에 녹색 비행기 두 대가 알렉스와 지넷의 비행기를 추격했고, 그것들을 혼내주는 것처럼 보였어. 내 생각에 그런 일은 집안에서 사람들이 화가 났을 때 일어나지. 그리고 이번에는 너의 아버지가 역할을 다할 수 없다고 말하고, 또 엄마가 말할 수 없다고 느꼈을 때 화가 나기 시작했지." 나는 벨리아를 돌아보면서 말했다. "그리고 당신은 라스에 대해, 개인 치료자와의 치료 횟수가 줄어든 것에 대해 그리고 나를 만나지 못한 것에 대해 나쁘게 느꼈습니다."

벨리아가 말했다. "정확한 것 같네요."

내가 계속해서 벨리아에게 말했다. "그리고 당신은 침울해지지 않았더라면, 분명히 화를 냈을 거예요! 그래서 아이들이

내 인형의 코를 꼬집었을 때 마음이 가벼워졌고 웃기 시작
했죠."

"맞아요. 그건 사실이에요." 그녀가 웃었다.

"그리고 라스." 내가 계속했다. "당신도 마찬가지입니다. 그
렇지만 당신은 그것의 의미를 연관짓거나 생각할 수가 없었
죠. 당신은 나를 못 만나는 동안에 뚜렷한 이유 없이 무너져
버렸고, 왜 그런지 이유도 모르면서 화가 났다고 말했죠."

벨리아가 말했다. "저는 처음에는 깨닫지 못했어요. 그렇지
만 라스보다는 쉽게 알 수 있었죠."

"라스, 사실이에요?" 내가 물었다.

"물론이죠!" 그가 확인했다.

내가 말했다. "그리고 가정에서 당신 두 사람이 철수하자
아이들이 반응을 보이기 시작했어요. 오늘 우리는 아이들의
놀이에 어떤 패턴이 있는 것을 보았는데, 그것은 화가 난 나
쁜 인물이 지배하는 것이었습니다. 그것은 당신들 각자의 내
면에서 일어나고 있는 것이지요. 당신들은 나쁜 것에 의해
지배되고 있어요. 그것은 아이들이 무질서해지고 서로 싸우
는 것으로 나타나지요. 지금은 많이 좋아졌기 때문에 그것이
대부분 놀이에서 표현되고 있어요."

알렉스가 블록으로 건물을 만들었는데, 그 안에는 헬리콥
터가 들어있었다. 나는 2년 전 첫 번째 가족치료 회기에서
그가 보여주었던 불자동차와 소방서 놀이가 기억났다. 그는
내가 가족들에게 이야기하는 동안 그 건물을 폭파시키기 시
작했다. 그러자 헬리콥터가 다른 곳으로 날아가 버렸다. 한편,
에릭은 장난감 비행기를 바닥에 내동댕이치고 있었다.

내가 에릭에게 말했다. "저런, 내 비행기들이 얻어맞고 있
구나. 여기저기에서 추락하고 있어. 에릭, 네가 지금 비행기를

바닥에 던진 것은 내 비행기 같은데, 내 말이 맞지!"

에릭이 미소를 짓고 말했다. "맞아요!"

"그 비행기들이 땅바닥에 추락하는 게 당연하다고 생각하니?" 내가 대답을 알면서 물었다.

"네!"

"나도 그렇게 생각해! 그러니까 너도 나한테 화가 났다는 말이지?"

"모르겠어요. … 이건 그냥 놀이일 뿐이에요." 그가 반박했다.

"네가 놀이하고 있다는 건 나도 알아. 하지만 그것은 우리에게 무언가를 말해주고 있어. 저런, 구급차도 매맞고 있잖아."

"아니에요." 그가 말했다. "그건 이미 망가져 있었어요." 이때 에릭은 만지작거리던 장난감 구급차를 알렉스와 지넷이 만든 블록 건물과 충돌시켰다.

알렉스가 항의했다. "에릭! 하지 마!"

"미안해! 일부러 그런 게 아니었어." 에릭이 마지못해 사과했다.

"에릭, 너 또 그랬구나." 라스가 말했다.

"내가 안 그랬어요!" 에릭이 말했다.

"그게 무슨 뜻인지 궁금한데." 내가 말했다. "구급차가 의사들과 무슨 관계가 있니?"

지넷이 알렉스에게 인형들에 대해 말하고 있었다. "그 인형들은 엄마나 아빠가 없단다."

나는 계속해서 생각에 빠져 있었다. "라스와 벨리아, 생각나는 게 있어요?"

라스가 말했다. "모르겠어요."

벨리아가 말했다. "그건 아주 분명해요. 구급차, 다시 말해서 의사가 이 집을 부수고 있다는 거예요."

"그렇게 생각하세요?" 내가 물었다.

"네, 당신이 구급차와 의사를 연관시켰을 때, 그건 아주 분명해졌어요." 그녀가 말했다.

"나는 구급차/의사 부분이 마음에 드는데요." 내가 웃으면서 말했다.

벨리아가 얼굴을 붉히며 자신의 얼굴을 손으로 감싼 채 즐겁게 웃었다. "나는 사선을 보고 있었어요." 그녀는 손으로 공중에 사선을 내려그으면서 설명했다. "그런데, 지금 당신이 그것을 지적하니까, 거기에도 의미가 있네요. 그러니까 '의사를 도살하라!'(Slash the doctor)는 말이 되네요." 그녀가 웃었다.

에릭이 끼어 들었다. "샤르프 박사님! 보세요!" 그는 자신의 놀이를 보여주었다.

내가 말했다. "저 친구가 호랑이와 춤을 추고 있군." 그리고 온 가족에게 말했다. "글쎄요. 당신들이 정말 화가 나면, 바로 저 호랑이 같은 기분이 되겠지요. 그러나 당신들이 화가 난 것을 알지 못한다면, 그것은 가족을 해체시키게 되지요. 그리고 모든 가족이 그 대가를 치르게 돼요. 오늘 이 회기에서 아이들이 보여준 놀이는 억압된 분노가 끼치는 간접적인 영향에 대해 깨닫게 했습니다. 그리고 당신들이 그것을 통제할 수 없기 때문에, 그것이 더 나쁘게 느껴지는 것입니다. 이것이 순환을 형성하고 있었어요."

그들이 고개를 끄덕였다. 나는 시계를 보았고 끝날 시간이 다 되었다는 것을 알았다. "오늘은 이만 끝내야겠군요."

지넷이 소리쳤다. "안 돼! 안 돼!"

그러나 에릭은 처음으로 즐겁게 "예이!"라고 말했다.

"예이라구?" 내가 말했다.

"그건 첨 듣는 말인데!" 벨리아가 말했다.

"넌 정말 내 말을 다 듣고 있었구나. 그렇지, 에릭?" 내가 말했다.

에릭이 낄낄대고 웃었다.

"난 더 놀고 싶어요." 지넷은 더 놀겠다고 말하면서도, 장난감을 치우고 있었다. 그들은 즐거워하며 집으로 돌아갔다.

논의

우리가 이 회기의 면담 내용을 제시한 목적은 치료자, 부부, 자녀 사이 그리고 전체 가족 안에서 발달하는 상호 영향력의 사슬을 보여주기 위해서였다. 우리는 치료자의 부재가 가족에게 영향을 미치고 파문을 불러일으킨 것에 대해 설명했을 뿐만 아니라, 그 부재가 가족의 퇴행을 가져온 것과 그 퇴행으로부터 회복되는 과정을 이해할 수 있는 기회를 제공했음을 보여주었다.

이 부부의 문제는 빈번히 성적인 문제를 둘러싸고 일어났기 때문에, 그들이 치료자의 상실에 대해 가장 예민한 반응을 보인 영역은 성적 영역이었다. 물론 거기에는 분명히 더 일반화된 영향이 있었고, 이 점은 그들도 인식하고 있었다. 벨리아는 심각한 우울에 빠졌다. 이 사건은 그녀의 우울을 다시 한번 대상 상실(전이에서 경험된)과 연결시킬 수 있는 기회를 제공해 주었다. 라스의 어려움은 보통 당황스러운 혼돈과 함께 시작되었다. 그는 생각할 수 있는 능력이 상실되는 경험을 하곤 했다. 그의 학습 장애는 어떤 기질적인 원인 외에도, 과거에 아버지에게 당한 성추행 경험이 원인으로 작용하고 있었다. 그는 그 경험 때문에 지식을 추구하거나 사람들, 특히 남자들로부터 도움을 얻는 것을 위험한 일이라고 생각하게 되었다. 그래서 남자 가족치료자와 벨리아의 남자 개인치료자의 부재는 그를 과거의 상태(연관짓지 못하는)로 몰아 넣었다. 그는 지적으로나 성적으로 무능해졌다.

일단 부부가 이런 어려움을 갖게 되자, 자녀들이 영향을 받지 않을 수 없었다. 아이들은 각자 가족치료자의 부재에 대해 나름 대로의 감정을 가지고 있었다. 그들 셋 모두는 치료에 열심히 참여했다. 그러므로 이 치료의 단계에서 그들은 더 이상의 깊은 혼란에 빠지지 않았고, 따라서 가족을 더 큰 어려움으로 몰아넣지는 않았다. 치료를 시작하기 이전에, 벨리아는 라스가 성교를 요구할 때마다 아이들에게 화풀이를 했고, 이것을 통해서 이 부부의 성적인 불만이 가족 모두에게 스며들어 있었다. 지금은 그런 일은 일어나지 않았다. 그러나 아이들은 회기 중에 엄마의 우울증과 성적 어려움에 대한 이야기가 등장하자 그 문제를 놀이에서 행동화했다. 그들은 부분적으로는 퇴행적인 말다툼과 놀이를 방해하는 것을 통해서, 부분적으로는 놀이에서 성적인 주제를 표현하는 것을 통해서 그들의 불안을 나타냈다. 1년 전 치료를 시작했을 때, 기질적인 주의력 결핍의 문제를 가지고 있던 알렉스가 놀이를 방해했다. 그런데 이제는 알렉스보다는 에릭이 놀이를 방해하는 방해꾼 노릇을 하고 있다. 그러나 치료 과정에서 꾸준히 노력한 결과로 아이들의 놀이는 잘 조직되었고, 부모의 우울증, 혼동, 성적 어려움 등의 문제를 야기한, 탐욕과 대상에 대한 갈망이라는 주제를 표현할 수 있었다. 이런 문제가 지금은 전이 안에서 수정되고 있지만, 전에 그런 문제는 주기적으로 아이들의 불안을 자극하는 요소였다. 그때 아이들은 이 불안을 확대시키고 부모와 가족 모두에게 되돌려주곤 했었다.

이 사례에서, 세 아이 모두 전이적 놀이(transferential play)에 참여해서 치료자가 추적하고 있는 주제를 표현해내고 정교화했다. 그들은 분노, 탐욕, 치료자를 필요로 하는 문제 등에 초점을 두었다. 치료자의 인형의 코를 꼬집은 것은 많은 것을 나타냈으나, 그 중 일부만 말로 표현되었다. 그 핵심에는 치료자가 멀리 떠나갔던 것에 대한 분노가 있고, 그 다음에는 멜라니 클라인이 말하는 성적으로 결합된 부모에 대한 환상적 이미지인, 엄마-아빠 괴물에 대한 분노가 있다. 그들은 또한 치료자 인형의 코-젖가슴-페니스 조각들을 물어뜯으면서 그를 게걸스럽게 먹어치우느라고 바빴다. 이처럼 분노를 표현함으로써 그들은 다른 감정들도 표현할 수 있었다.

아이들이 이처럼 놀이를 이끌어가자, 라스와 벨리아는 유머 감각과 안도감을 갖고 분노와 욕구를 표현할 수 있었다. 벨리아는 직접 그렇게 한 반면, 라스는 늘 그랬던 것처럼, 그녀에게 촉구하는 대리적인 방법으로 그렇게 했다.

치료 시간은 대체로 부부의 문제를 정교화하면서 시작되었다. 아이들이 부부의 문제 안에 담긴 요소들을 무의식적으로 받아들여 공유하고 있었지만, 처음에 치료자는 그것을 이해하지 못했다. 부부가 그들의 어려움에 대해 탐구해 가면서, 아이들의 놀이와 무의식적인 이해는 좀더 조직화되었다. 마침내 치료 시간은 아이들이 안아주기와 자원을 공급해주지 않는 부모에 대한 분노라는 중심적인 주제를 표현할 수 있는 공간을 제공해줄 수 있었다.

이런 일이 일어났을 때, 전이에서 명백하게 드러났듯이, 아이

들은 놀이를 통해서 부부의 문제를 표현하고 극적으로 공유하는
일에 동참했다. 가족은 치료자의 부재로 인해 박탈감을 느꼈으
며, 그들의 대상관계의 경험과 성적인 장애 안에 자리잡고 있던
부모의 부적절한 돌봄이라는 주제가 되살아나는 것을 경험했다.
그때 그들은 서로가 공유하고 있는 주제를 치료 과정 안에서 다
루었으며, 놀이와 서로간의 대화를 통해서 그리고 무엇보다도
치료자에 초점을 두는 전이 관계를 통해서 다룰 수 있었다. 치료
자 역시 이 가족의 투사적 동일시를 흡수하는 것을 통해서 주제
에 몰입되고 있음을 느꼈다. 그는 죄책감, 혼동, 우울을 느끼면서
자신의 부재에 대해 가족들에게 보상을 해야 할 필요성을 느꼈
다. 비록 순간적이긴 하지만, 그는 그들이 그에게 분노를 행동으
로 나타낼 수 있다고 느꼈다. 그러나 그것은 결코 실제적인 위험
이 아니었다. 그는 전이가 구체적으로 표현된 것에 흥분과 감사
를 느꼈다. 그것은 이것이 그가 오랫동안 애써온 이 가족치료의
의미와 성과를 잘 설명해주기 때문이다.

　이 치료 시간에 얻은 결실은 가족의 탄력성을 신장시킨 것과,
가족들 서로가 초점적인 관계를 맺는 능력과 서로에게 환경적인
안아주기와 중심적인 안아주기를 제공할 수 있는 능력을 강화시
켰다는 데서 찾을 수 있다. 무엇보다도 중요한 것은, 이 가족에게
는 이러한 시간들이 수없이 많았다는 사실이다. 퇴행과 진보가
반복되는 패턴과 함께, 이 시간은 또한 곧 치료의 종결 단계를
앞두고 있는 이 가족이 2년간의 치료 과정에 헌신함으로써 무엇
을 얻었는지를 보여준다.

　이 회기의 작업은 성인들 사이의 대화를 통해서 이루어졌다.
부부는 그들의 성생활과 치료자에 대한 환경 전이에서 발생하는
퇴행의 문제를 다루었고, 치료자와 가족들로 하여금 부부의 성
적인 어려움 근저에 있는 문제를 언어화하고 이해하는데 도움을

준 아이들의 놀이를 다루었으며, 아이들이 고통스런 대상관계를 어떻게 내재화하는지를 다루었다.

　치료 전에, 아이들은 무의식적으로 부모의 스트레스를 덜어주기 위해 내사적 동일시를 사용해서 부모의 문제를 흡수할 수밖에 없었다. 그러나 이 회기에, 아이들은 놀이를 통해서 향상된 가족 단위의 안아주기 능력을 보여주었고, 부부의 성적 퇴행 근저에 있는 대상에 대한 갈망을 정교화하고 탐색하였으며, 전이 안에서 그 갈망을 표현하는데 동참하라고 부모를 초대했고, 수정되고 성숙한 형태의 내사적 동일시를 통해서 그 갈망을 부모에게 되돌려주었다. 이 회기는 부부의 성치료에도 좋은 영향을 끼쳤고, 그 결과 곧 성치료를 성공적으로 종결할 수 있었다. 이 과정에서 아이들은 부모가 가족을 좀더 잘 안아줄 수 있는 능력을 성취하는데 기여했다.

제 4 부

특수 주제들

제 12 장

외도와 부부치료

　외도는 부부치료에서 흔히 만나는 증상이다. 종종 배우자의 외도가 밝혀지면서, 여러 해 동안 계속되어온 부부간의 불만족이 구체화된다. 철저한 평가 과정에서 한쪽 혹은 양쪽 배우자가 외도를 인정하는 것은 흔히 있는 일이다.

　평가 과정에서, 치료자는 배우자 중 하나 혹은 모두가 현재 또는 과거에 외도한 적이 있는지를 묻는 것이 중요하다. 물론, 치료자가 언제 그리고 어떻게 질문을 하느냐에 따라 내담자의 대답이 달라질 것이다. 예를 들어, 배우자가 같이 있을 때 질문을 하는 것과 각 배우자를 따로 만나 질문을 하는 것은 그 결과가 다를 수 있다. 외도는 아마도 결혼 인구의 절반 이상이 경험을 가지고 있을 정도로 흔한 일이지만, 부부 평가면담에서 배우자가 처음부터 그 사실을 고백을 하는 것은 흔한 일이 아니다. 그럼에도 불구하고 질문을 하는 것이 중요한데, 그것은 나중에라도 그 질문에 대한 답을 얻을 수 있기 때문이다. 만일 배우자가 이미 불륜에 대해 알고 있다면, 부부는 보통 그것을 공동 면담에서 이야기하겠지만, 때로는 우리가 질문할 때까지 기다릴 수도 있다.

그러므로 면담 초기에 부부에게 그들 각자가 외도를 했는지에 대해 질문하는 것은 가치 있는 일이다. 가장 귀중한 가치가 있는 것은 이 질문에 대한 비언어적인 반응이다. 예를 들어, 남편이 쉽게 "절대로! 그런 일은 없었어요. 저는 제 아내도 그렇다고 생각합니다"라고 대답할 수 있다. 그때 아내는 "저도 그런 적이 없어요"라고 응답하기에 앞서 불안하게 남편을 바라보거나 자신의 발로 바닥을 가볍게 두드릴 것이다. 우리는 이러한 말과 비언어적인 암시로부터 아내가 외도를 했다거나 또는 남편이 외도하지 않았다는 식으로 가정하지 않는다. 그러나 우리는 순간적으로 어렴풋이 부부가 그 주제에 대해 갖고 있는 불안의 양이 어느 정도인지를 측정한다. 과거에 아내가 외도한 사실이 드러날 수도 있고, 아니면 현재 진행 중일 수도 있고, 아니면 그런 적은 없지만 마음에 상처를 입고 종종 외도를 생각하고 있는 상황일 수도 있다. 아니면 아내가 남편이 말하기를 기다리면서 발로 바닥을 토닥거리는 것이 자신의 진실을 숨기기 위한 방어로 드러날 수도 있다.

부부 평가에서 부부를 따로 만나야만 하는가 아니면 같이 만나야 하는가라는 문제는 중요한 문제이다. 일차적으로, 이것은 외도에 대한 임상적 관리의 문제이다. 그러나 외도가 부부를 함께 만났을 때와 따로 만났을 때 말이 달라지는 유일한 주제는 아니다. 따라서 평가 과정에서 부부 각자에게 위협으로 느껴지는 개인적인 환상이라든지, 결혼생활에 대한 의심이라든지, 상대방이 부모로서 자질이 있는가와 같은 힘든 문제들을 자세히 말할 수 있는 사적인 공간이 제공되어야 한다. 그러나 부부치료에서, 외도의 비밀은 개인 면담에서 드러날 수 있는 가장 중요한 내용이다. 부부를 항상 함께 만나는 것은 혼자 있을 때에만 편안하게 말할 수 있는 기회를 박탈하는 것이 된다.

공동 면담의 장점과 단점

항상 부부를 함께 만날 경우, 개인적으로 간직하고 있는 이야기를 들을 수 없다는 단점이 있다. 이런 상황에서 치료자는 정보를 얻는데 제한을 받는다. 그러나 이 상황은 치료자가 그들이 말할 수 없는 비밀을 아는데 따르는 부담을 느낄 필요가 없다는 장점이 있다. 이것은 치료자에게 해방감을 주는 것일 수 있다. 예를 들어, 부부를 개인적으로 만나본 적이 없는 치료자는 부부의 상호작용에서 무언가 의심스러운 점이 나타날 때, 그 점에 대해 자유롭게 말할 수 있고, 외도와 같은 비밀이 있지 않을까 궁금하게 만드는 감정에 대해 비밀보장을 위반하지 않고 추측해 볼 수 있다.

개별 면담의 장점과 단점

부부를 따로 만날 때 얻을 수 있는 가장 큰 장점은 치료자가 필요한 정보를 더 많이 얻는다는 것이다. 치료자는 개별 면담에서 외도에 대한 비밀뿐만 아니라, 비밀스러운 환상, 숨겨진 감정, 고통스러운 생각에 대한 솔직한 대답을 얻을 수 있다. 이 상황에

서 치료자는 부부에 대해 좀더 열린 지식을 얻게 되고, 해당 배
우자와 함께 외도의 의미와 그것이 결혼에 미치는 영향에 대해
작업할 수 있게 된다.

한쪽 배우자가 모르는 부부의 비밀을 치료자가 알고 있을 때
생기는 단점은 그가 더 이상 자유롭게 추측할 수 없으며, 그들의
환상에 자유롭게 반응할 수 없다는 것이다. 치료자가 한쪽 배우
자의 비밀을 알고 있음으로 인해서 침묵해야 하는 위치에 있게
된다면, 그는 역전이에서 어려움을 겪게 된다. 이때 치료자는 역
전이적 위치에서, 즉 비밀을 간직하고 있는 배우자가 된 것 같은
친밀한 느낌을 갖고 치료에 임할 수 있지만, 한편에서는 치료자
가 자유롭게 말하기가 어려워진다. 치료자가 이러한 상황에 대
처하는 하나의 방법은 얼마 동안 한쪽 배우자와 만나면서, 그 비
밀이 결혼 자체에 미치는 영향과 배우자와의 대상관계에 미치는
영향에 대해 이해시키는 것이다. 이 작업이 잘 진행될 때, 비밀을
가지고 있는 배우자가 부부관계를 치료적으로 재건하기 위해서
외도의 사실을 털어놓을 수 있으며, 따라서 종종 비밀로 인해 생
긴 결혼생활의 부조화를 해결할 수 있다. 이것은 위기를 가져올
수도 있지만, 그것은 치료 과정 안에서 "계획된 위기"이며, 치료
를 위해 의도적으로 겪는 과정이다.

치료자가 한쪽 배우자의 비밀을 알고 있음으로 인해 치료 작
업이 제한 받을 경우, 치료자는 부부에게 비밀을 털어놓으라고
말할 수도 있다—배우자가 폭력을 쓰거나 곧 결혼생활을 떠나
버릴 것이라는 위험이 있을 때에는 이것을 보류할 수도 있다. 치
료자는 비밀을 누설하지 않고서도 그렇게 할 수 있다. 치료자의
입장이 너무 곤란해질 경우, 치료자는 개인치료를 추천하거나
현재의 치료 계약을 파기할 수도 있다. 치료자는 자신이 누설할
수 없는 정보를 드러내야 하는 딜레마가 발생하든 않든, 치료가

진전되지 않고 치료 작업이 더 이상 의미가 없다고 느낄 때 그렇게 할 수 있다.

이런 경우, 치료자는 부부치료가 난관에 부딪쳤다는 사실을 말해주고 그 난관이 부부가 나누고 싶지 않은 개인적인 문제에서 유래한다고 말할 수도 있다. 이 후자의 입장은 서로 나누기를 거부하는 부부에게 비밀을 나누도록 밀어 부치는 직접적인 압력이 될 수 있다. 물론 이런 입장은 치료자가 처음부터 그러한 비밀이 있다는 것을 알고 있을 때에만 취할 수 있다. 예를 들어, 각자 그러한 비밀을 가지고 있는 배우자 모두가 그것을 서로 나누지 않기로 동의한 경우를 생각할 수 있다. 그 외에도, 치료자는 부부가 솔직하게 말한다는 느낌이 들지 않는다고 말하고, 그것이 사실상 치료에 어려움을 가져온다고 말할 수도 있다. 이처럼 치료자는 자신의 입장을 밝힘으로써 책임을 회피하지 않으면서도 환자의 비밀을 폭로하는 비윤리적인 상황을 피할 수 있다.

부부를 함께 만나는 공동 면담만을 하거나 아니면 공동 면담을 개인 평가면담과 병행할 수도 있을 것이다. 우리는 이 두 가지 방법을 사용하고 있다. 성치료를 위한 평가면담에서, 부부 각자와 만나서 성과 관련된 과거의 경험을 철저하게 평가하는 것이 매우 중요하다. 우리는 그것을 표준적인 진단 기준으로 사용하고 있다. 우리가 그렇게 하는 이유는 성치료 자체가 위기를 만들어내는 경향이 있으며, 치료에 대한 헌신의 요소가 결여되어 있을 경우에 수행하기가 쉽지 않기 때문이다. 일단 부부치료나 성치료가 시작되면, 부부가 특별한 이유로 개인적인 만남을 계획하는 경우를 제외하고는, 부부를 따로 만나지 말아야 한다. 한쪽 배우자가 멀리 갔거나 몸이 불편한 경우에, 우리는 다른 쪽 배우자만 만나지 않는다. 요약해서 말하자면, 어느 쪽을 선택하든지 간에, 그에 따른 장점과 단점을 이해하고 고려하는 것이 중요하다.

외도의 원인과 영향

어떤 문화권에서는 외도를 수용하지는 않지만, 결혼관계에서 있을 수 있는 일로 묵인한다. 그런가 하면 다른 문화권에서는 외도를 또래 문화권에서 수용하며 심지어는 찬양하기도 한다. 부부치료자로서, 우리는 외도 관계가 있는 부부가 행복한 결혼생활을 하는 예를 찾아보지 못했다. 따라서 외도가 부부관계를 위해 어떤 가치를 갖는다고 말하기는 어렵다.

우리가 만난 모든 사례에서, 외도는 결함 있는 결혼관계에서 드러나는 증상이었다. 그것은 안아주기와 중심적 관계의 결핍에서 발생한다. 외도를 이러한 관점에서 이해할 때 우리는 외도가 문화적으로 정상적인 것인지에 관한 무익한 논쟁에 휘말리지 않을 수 있다. 부부들은 자신들이 곤경에 빠져있기 때문에 우리를 만나러 온다. 이러한 상황에서, 그들과 우리는 그 곤경을 이해하는데 유용한 모든 도구들을 사용해야 한다. 우리는 부부가 따로 떼 내어 부부관계 바깥에 둔 정서적 문제들이 외도로 나타난다고 본다. 외도의 원인을 이해하는 것이 부부의 결혼을 재통합하기 위한 첫걸음이다.

외도가 근본적으로 안정되고 사랑이 있는 결혼 구조 안에서 발생한 것인지, 아니면 만성적인 갈등과 불신의 결과로 터져 나온 것인지를 구별하는 것이 매우 중요하다. 결혼의 근저에 놓여 있는 이러한 질적 요소는 외도가 결혼관계 안에서 사랑을 얻고자 하는 시도인지 아니면 결혼관계를 파괴시키려는 것인지를 진단하는데 있어서 주요한 요소이다. 이 차이는 이미 한 세대 전에 딕스(Dicks, 1967)가 주목한 바 있다.

외도의 원인

삼각 관계를 추구하는 인간 심리의 복잡성을 고려할 때, 외도의 범주를 구분하기란 거의 불가능하다. 외도에는 외도를 하는 사람들의 수만큼이나 많은 원인이 있다. 그렇지만 우리는 관계적 상황으로부터 개인적인 성격에 이르기까지의 다양한 원인에 관해 다음과 같이 일반화할 수 있다(표 12-1을 보시오).

표 12-1. 외도의 발생 요인들

---

1. 외도를 묵인하는 부부의 계약 조건.
2. 결혼계약에서 외도를 필수적이고 용납할 만한 것으로 보는 사회적인 인식
3. 서로의 친밀함을 안아주는 부부의 능력을 잠식하고, 부부 중 한 사람 또는 두 사람 모두가 다른 데서 친밀함을 적극적으로 찾게 만드는 부부간의 긴장.
4. 개인의 성격 구조와 병리적 부부관계로 인한 결혼에 대한 헌신의 감소.

결혼 계약의 조건

부부 중 한 사람 혹은 두 사람 모두가 결혼관계 바깥에서만 성적 및 정서적 관계가 가능한 결혼이 있을 수 있다. 예컨대, 아내가 뇌에 심한 손상을 입어 여러 해 동안 입원 중일 때 이러한 조건을 선택한 남편의 경우가 그것이다. 그는 외도를 하는 것이

그로 하여금 성적 및 정서적 삶을 단념하지 않고 아내를 돌볼 수 있게 해준다고 믿고 있었다. 그의 가치관에 따르면, 그의 행동은 이해할만한 것이었고 심지어 고상하기조차 했지만, 그의 연인들의 욕구에 대해서는 사려 깊지 못했던 것으로 보인다.

또 다른 상황은 부부가 종교적인 이유로 이혼할 수 없을 때, 또는 자녀들을 위해서 가정을 유지하기로 동의할 때, 그들의 성적 및 관계적 욕구를 외도에서 충족시키기로 선택하는 경우이다. 이러한 조치가 만족스러울 때, 부부는 그런 대로 삶을 꾸려가지만, 자녀들은 종종 사랑이 없는 결혼생활에서 오는 긴장으로 인해 고통받게 된다. 이때 우리는 부부가 상당한 양가감정에도 불구하고 이러한 상황을 끌어안으려고 노력하는 모습을 보게 된다. 그러나 상황은 악화되어 다른 두 그룹 중 하나에 속하게 된다.

외도에 대한 문화적 또는 철학적 개방성

에이즈(면역 결핍증, HIV 바이러스에 의해 성적으로 전염되는 치명적인 질병)가 확산되면서 그 정도가 덜해졌음에도 불구하고, 어떤 하위 문화권에서는 기혼자들의 자유로운 사랑이 묵인되고 있다. 외도를 옹호하는 사람들에 의하면, 자유로운 사랑은 재미있고, 성장을 촉진시키며, 아무런 문제를 야기하지 않는다. 그들이 외도에 대해 얼마나 긍정적으로 동의하는가에 따라 또는 눈을 감아주는 정도에 따라, 그들은 갈등을 느끼지 않을 것이고, 따라서 치료자가 할 일도 없다. 그러나 우리 문화 안에서, 이러한 생활 양식은 "위험한" 상황을 초래하며, 우리는 이러한 결혼이 실패할 확률이 높다고 생각한다. "개방적인 결혼"은 종종 배우자 중 한 사람이 다른 사람과 좀더 헌신적인 관계를 형성할 때 끝나게 된다. 그러므로 우리는 우리 자신들의 실패 경험을 토대로, 소위 개방적 결혼을 찬성하는 철학이 결혼의 유대 관계를 지속하지 못하는 어려움에 대한 합리화일 수 있으며, "개방적 결혼"의 단계는 종종 결혼생활에 대한 불만이 더욱 공개적으로 표출되는 길로 가는 정류장이라는 생각을 갖고 있다.

　　마이크와 리타 미넬리는 전통적인 삶을 살아온 50대 부부로서 서로에게 헌신적이었고, 자녀들을 키우며 남부럽지 않게 행복하게 살았다고 자부하고 있었다. 그러나 자녀들이 다 자라서 집을 떠나고 난 후에, 그들은 성생활이 따분하게 느껴졌다. 리타가 주도적으로 개방적인 결혼생활을 해보자고 제안했다. 그녀는 그것을 즐겼고 결혼생활을 덜 따분하게 느꼈다. 마이크는 이러한 상황이 부적절하다고 느꼈다. "나는 별로 좋은 연인이 아니에요"라고 그가 말했다. "나는 이것을 잘 할 수 없을 것 같아요." 그럼에도 불구하고, 마이크는 누군가를 만나서 사랑에 빠졌다. 리타가 30년간의 결혼생활이 끝장날 것 같은 위협을 느끼며 공황 상태가 되자 이들 부부는 도움을 받으러 왔다.

　　부부치료 과정에서 그녀는 오르가즘을 느끼지 못했고, 성교에서 흥분의 좌절 경험을 대체하기 위해서 외도를 이용했음이 드러났다. 또한 그녀는 마이크에 대한 만성적인 분노를 처리하기 위해서 외도를 이용하였다. 그는 그녀가 자유로운 성생활을 하자고 제안했을 때, 그것에 반대하지는 않았지만 마음에 상처를 받았다. 그러나 그가 만난 젊은 여자가 그 자신에 대해 좀더 자신감을 갖게 해주었을 때, 그는 커다란 안도감을 느꼈다.

그들의 결혼생활에 감돌고 있던 만성적인 긴장의 원인을 비로소 검토할 수 있게 되었다. 리타는 어린 시절에 아버지에게 사랑과 인정을 받고자 갈망했던 반면에, 의존적인 엄마에게 조종당하고 있다고 느꼈다. 그녀의 아버지는 외도가 심했고, 그것에 대해 그녀의 엄마 앞에서 보란 듯이 행동했다. 어느 날 저녁에, 리타는 엄마가 시키는 대로 아버지에게 나가지 말라고 간청했지만, 그는 두 사람을 남겨두고 당당하게 나가버렸다. 그녀는 그 일로 인해 모욕감과 거절감을 느꼈다. 그녀는 마이크를 신뢰할만하고 자신을 배신하지 않을 사람 같아서 선택했지만, 아버지에 대한 경험 때문에 그와의 관계에서 안전감을 느끼지 못했다. 그녀가 개방적인 결혼생활을 하자고 제안했던 것은 그녀 아버지의 방탕한 요소와 마이크가 가진 안전성이라는 요소 사이에서 타협에 도달하고자 한 시도였다.

마이크는 형을 편애하던 아버지에 의해 깎아 내려지고 무시당하면서 어린 시절을 보냈다. 그는 허약한 자존감을 지지받기 위해 엄마에게 의지했다. 리타가 개방적인 결혼생활을 제안했을 때 그는 불안했는데, 그것은 부분적으로는 그가 그것을 좋아하지 않았기 때문이고, 부분적으로는 그것이 그가 그녀에게로 옮겨놓았던 의존을 위협했기 때문이었다. 그러나 마침내 그가 자신을 흠모하는 여자를 만나게 되었을 때, 그는 좀더 편안하게 느낄 수 있는 의존적인 관계를 발견했다.

그들이 도움을 받으러 오기 전까지, 마이크는 새로운 관계를 깨뜨리고 리타에게 돌아오는 것을 선택해야 할지 확신이 없었다. 그는 일정 기간동안 그들의 관계와 성적인 문제에 대해 치료받기로 동의했고, 결국 원래의 결혼생활로 돌아왔다. 이번에 그들은 두 사람만의 관계를 갖기로 동의했다.

결혼생활의 긴장

외도의 세 번째 종류는 우리가 부부치료에서 가장 많이 만나는 사례이다. 부부 문제가 개인적인 정신병리에서 오는 것이 아니라 긴장에서 오는 경우가 그것인데, 그 원인은 상당히 다양하다. 예컨대, 가족의 발달 주기에 따른 갈등, 성적인 문제에서 오는 좌절감, 만성적으로 쌓인 분노, 그리고 상실 경험 등을 들 수 있다. 결혼생활은 발달주기에 따른 문제, 경제적인 문제, 서로 다른 가치관과 그것을 조절하는 과정에서 생기는 긴장, 오랜 별거, 자녀가 너무 많은 것, 시집 식구가 너무 많은 것과 같이 무수히 많은 원인으로 인해 긴장 상태에 직면하게 된다. 이 긴장의 원인들의 일부는 범주화된 바 있다(Strean, 1976, 1979; Moultrup, 1990). 부부의 무의식적 대상관계 수준이 서로 잘 맞지 않을 때, 거기에는 심각한 어려움이 야기된다. 부부의 무의식적 대상관계 수준이 어느 정도 잘 맞는가에 따라 장기적인 결혼관계의 질이 결정된다(Dicks, 1967). 한 가지 예를 들어보겠다.

렌과 크리스탈 포월스키는 두 자녀를 기르면서 20년간 결혼생활을 해왔다. 결혼 초기에 관계가 틀어진 적이 있었지만, 그들은 좋은 관계를 회복했다. 그들은 렌의 군대 생활로 인해 이사가 잦았고 여러 달씩 떨어져 있기도 했지만, 이를 잘 극복했다. 크리스탈은 그가 외도를 할 수밖에 없다고 생각했고, 어쩔 수 없이 외도를 견디기로 했다. 그가 집에 있는 동안 그들은 잘 지냈고, 그녀는 그의 성실성과 결혼에 대한 헌신에 대해 의심하지 않았다. 그러나 그녀가 유방암이라는 진단을 받았을 때, 그는 그녀로부터 정서적으로 달아났다. 그녀가 응급 수술을 받던 날, 그는 이틀 전 술집에서 만난 여자와 침대 위에 있었다.

그들이 서로 떨어져 있는 동안 융통성 있게 외도를 잘 견디어 내던 결혼이 이제 위기로부터 오는 엄청난 스트레스를 받게 되었다. 렌은 그가 의존하고 있는 젖가슴에 대한 공격을 견딜 수 없었음이 분명했다. 그는 크리스탈에게 의존적으로 동일시되어 있었기 때문에 자신에 대해서도 심각한 불안을 느꼈고, 이에 대한 반응으로 남근적인 표현과 역공포증적인 독립성을 추구했는데, 이것은 그로 하여금 위험한 군 임무를 잘 수행하는데 도움을 주었던 요소이기도 했다. 크리스탈이 배신감을 느꼈음에도 불구하고, 이 부부는 치료를 통해서 외도가 감당하기 어려운 분리의 고통에 대한 반응으로 나타난 것이라는 점을 이해하게 됨으로써, 상당한 정도로 성숙해지고 다시 화해할 수 있었다.

아래에서 제시되는 사례는 남편의 발달주기에 따른 긴장이 부부문제의 중요한 원인으로 작용한 경우이다.

윌과 새디 보완 부부는 새디가 더 이상 자신을 성적으로 만족시켜주지 못한다는 윌의 불평 때문에 나를(D.E.S) 만나러 왔다. 37세인 윌과 35세인 새디는 대학을 다닐 때 만났다. 그들은 분명히 행복한 결혼생활을 했으며, 서로를 사랑했고, 사춘기 직전의 두 아들과 함께 가정 생활을 즐겼다. 새디는 집안 일을 즐겼으며 윌은 직장생활을 잘 해나가고 있었다. 그의 성적 불만족 외에는 아무 것도 잘못된 것이 없어 보였다. 성생활은 정기적으로 유지되었고 그녀는 그것을 편하고 만족스러운 것으로 경험했다. 그녀는 성생활을 즐기기는 했지만, 윌처럼 색다른 성교를 추구하지는 않았다. 반면에, 그는 오랄 섹스, 새로운 체위 등 이색적인 성교를 시도해 보고 좀 더 폭넓은 신체적인 접촉을 원했다. 그녀는 그런 것들이 자신에게 맞지 않는다고 느꼈다. 이 부부가 자신들의 문제를 분명하게 설명했음에도 불구하고, 나는 이 부부의 상황에 대해 제대로 이해하지 못하고 있다고 느꼈는데, 이것은 그들의 어려움이 외도 문제와 관련되어 있음을 말해주는 것이었다.

내가 윌과 단둘이서 만났을 때, 그는 외도를 인정하지 않았다. 그는 직장생활의 문제를 가장 심각한 문제로 제시했다. 그는 고위 관료로 일하고 있었는데, 자신이 법을 전공하지 않았기 때문에 더 이상 승진이 되지 않고 있다고 느끼고 있었다. 그는 아들들이 자라서 사춘기에 접어들면서 이제는 자신의 인생이 거의 끝나간다고 느꼈다. 이러한 그의 말을 들으면서, 나는 그가 다양한 성생활을 추구하는 것은 중년기 위기를 해결하기 위한 시도라고 생각하게 되었다.

그러나 그것이 이야기의 전부는 아니었다. 오래지 않아 새디는 윌과 그의 사무실에 있는 여자가 통화하는 것을 엿들었다고 내게 전화했다. 그들은 불륜 관계를 맺고 있었다. 그녀가 그에게 따지자, 그는 자신이 그 여자에게 아주 깊이 빠져 있으며, 그 여자와의 관계에서 더 강한 흥분을 느낀다고 말했다. 그는 그 관계에서 아이들, 재정적인 문제, 그리고 장래성 없는 직업의 덫으로부터 벗어나는 해방감을 맛보았다. 새디는 그에게 그 여자를 택하든지 아니면 이혼을 택하든지,

둘 중의 하나를 선택할 것을 요구했다: 그는 다른 여자를 포기하기로 했고, 이후에 새디는 좀더 다양한 성생활을 추구할 수 있게 되었다.

윌은 그가 경험한 위기를 자신의 과거사와 연결시킬 수 있었다. 그의 부모는 불행한 결혼생활을 했고, 이로 인해 그는 가족의 요구에 얽매이는 것에 대한 두려움을 갖게 되었다. 그는 엄마를 증오했고, 그녀가 아버지의 직장생활을 방해한다고 비난했다. 새디는 서로 잘 적응하는 부모 밑에서 행복하게 자랐다고 느꼈지만, 현실을 부인하는 부모의 태도를 동일시했고, 따라서 그녀는 문제가 커질 때까지 그것을 직시하지 못하는 어려움을 갖게 되었다. 그녀는 유사하게 윌과 다른 여자 사이의 문제에 대해 알려고 하지 않았다는 것을 시인했다. 여섯 회기의 면담을 통해서, 이 부부는 중년기 위기를 넘기고 부부관계를 강화시켰을 뿐만 아니라 상당한 정도로 성장하였다. 이처럼 발달적 위기 상황을 다루는 치료일 경우, 대체로 이러한 단기치료로도 충분하다.

개인 병리가 외도에 미치는 영향

외도의 네 번째 범주는 개인적인 문제에서 발생한다. 어떤 결혼에서는 처음부터 외도가 나타나는데, 그것은 배우자 중 한 사람이 헌신이라는 생각을 받아들이지 못하기 때문이다. 그는 결혼의 일차적인 유대(primary bond)를 여러 사람들과 나누어 가짐으로써 그들 중 누구라도 그 유대를 독점하지 못하도록 해야 한다고 생각한다. 이들 중의 일부는 성격적인 병리로 인해 장기간의 배우자와는 성적인 흥미를 유지할 수가 없는 사람들이다. 그들은 무의식적으로 대상을 분열시킴으로써, 자유롭게 만나기 어려운 상대에 의해서만 흥분을 느낀다. 이러한 상황이 확인이 되면, 통상적으로 부부치료 외에도 개인치료가 필요하다. 그러나 그러한 상황이 헌신에 대한 두려움으로부터 온다는 사실은 치료에 헌신할 수 있는 환자의 능력이 마찬가지로 크게 제한되어 있음을 말해준다.

외도가 동성애와 관련될 수도 있다. 이러한 외도들 중의 일부는 자신이 동성애자라고 공개적으로 밝히기 이전에 발생하며, 많은 경우 성적 정체성의 전환에 따른 결혼의 위기상황에서 발생한다. 배우자의 동성애적 외도 사실이 밝혀질 경우, 배우자들 중 많은 비율이 배우자의 이성애적 외도 사실을 알게 되었을 때보다 충격을 더 크게 받지는 않는 것으로 알려져 있다. 남성 동성애는 에이즈에 걸릴 확률 때문에 더 많은 스트레스를 받게 되는데, 이것은 외도가 결혼관계의 상실뿐만 아니라 만성적인 질병과 죽음 그리고 아내에게 병이 전염될 수 있는 위험을 수반하기 때문이다. 이와는 대조적으로, 배우자가 동성애적 관계와 관련된 내적 대상관계를 받아주고 심지어는 내적 일치를 보여주는 경우도 있는데, 그와 같은 사례는 13장에서 제시되고 있다. 그곳에서 우리는 동성애가 이성애자들의 결혼생활에 미치는 영향이라는 좀더 폭넓은 주제에 관해 논의할 것이다.

외도의 영향

원인이 무엇이든 간에, 외도 문제는 결혼생활에 다양한 영향을 미친다. 즉, 아무도 모르는 사이에 결혼생활을 붕괴시키기도 하고, 좀더 나은 결혼생활을 위한 새로운 노력을 촉진시키기도 한다(물론 이러한 더 나은 결혼생활을 위한 노력은 드물지 않게 성공을 거두기도 한다). 외도는 결혼생활의 문제가 드러나는 증상 중에 하나이며, 그것이 드러나는 순간에 보통 결혼의 위기가 닥친다. 그러나 이 위기는 위험할 수도 기회가 될 수도 있다. 이때 부부가 부딪치게 되는 하나의 위험은 매사를 좋은 것과 나쁜 것으로 분열시키는 것, 즉 외도한 배우자는 나쁜 사람이고 배신당한 배우자는 좋은 사람이라고 생각하는 것에서 온다. 또 다른 위험은 비밀스런 생활을 유지하는데서 오는 것으로서, 이때 종종 배우자는 혼란스런 상태에 빠지게 된다. 다음의 사례가 그런 경우이다.

매트와 릴라 밋첼은 결혼한지 10년 된 세 자녀를 둔 부부이다. 릴라는 대학을 포기하고 아이들을 돌보며 집안 살림을 했고, 매트는 사업에서 성공했다. 그러자 그는 법률학교에 가기로 결심했다. 매트는 공부하다가 밤늦게 집에 들어왔고, 릴라는 우울증에 빠졌다. 그들은 자주 싸우게 되었고 이로 인해 나(J.S.S)에게 도움을 받으러 왔다.

부부치료 회기에서, 매트는 릴라가 자신에게 매달리고 시간을 너무 많이 요구한다고 불평했다. 그는 그녀가 살림을 잘못한다고 타박이 심했다. 그의 비난으로 인해 절박해진 릴라는 그의 비위를 맞추고 그의 마음을 풀어주려고 노력했지만, 그는 완강하게 화를 내면서 요구적인 그녀의 태도를 버려야 한다고 주장했다. 나는 그가 마음을 닫고 있으며 화가 나 있다고 느꼈다. 그는 릴라를 경멸하듯이 치료를 경멸하고 있었다. 나는 릴라에 대한 매트의 증오가 이유 없는 것임을 느꼈고, 그에게 누군가가 있는 게 아닌가 의심이 갔지만, 그는 단호하게 부인하였다.

모든 책임을 거부하며 부인하는 그의 모습을 보면서, 나는 치료를 계속하는 것이 무슨 소용이 있을지 의심이 가기 시작했다. 내가 이렇게 생각하고 있을 때, 릴라가 내 사무실에 찾아왔다. 릴라는 매트가 같은 학급의 친구와 불륜 관계를 갖고 있다는 말을 친구로부터 들었다고 이야기했다. 그녀는 마음이 참담했지만, 다른 한편으로는 그가 자신을 왜 그렇게 무시했는지를 알게 되어 오히려 안도감을 느낀다고도 했다. 그는 비밀스러운 외도를 하면서 다른 여자를 이상화시키고, 그녀를 비하했다. 이런 그의 행동이 그녀를 미치게 만들고 있었다. 그녀는 그가 거짓말을 하고 있다는 사실을 알게 되면서 자기 존중감을 되찾는 과정을 시작할 수 있었다. 그녀는 이혼했고, 애도 과정을 거쳐 지금은 인생을 새롭게 시작하기 위해 개인치료를 받고 있다.

쟈크와 욜란드 드그레이는 60대 초반의 부부이다. 이 사례는 나이든 부부의 타성에 젖은 배반과 타락을 보여준다. 그녀는 성에 대해 무관심했고 오르가즘에 도달하지 못하는 문제를 갖고 있었는데, 치료가 성공적으로 끝난 지 6년 후에, 그에게 발기부전이 왔다. 그들은 유식했지만 몹시 비판적인 부부였고, 자신들이 세계적으로 유명한 여러 명의 치료자에게 치료를 받은 적이 있다고 자랑했다. 이제 그들은 쟈크의

발기 문제—유기체적인 요인과 노년기 우울증이 혼합되어
있는 것으로 보이는—로 인한 그들의 새로운 어려움에 대해
도움 받기를 원했다. 쟈크는 국제적인 건축가로서 크게 성공
한 사람이었지만, 여러 차례 젊은 동료에게 배신당하는 경험
을 했다. 그는 그때마다 자신이 갈망하는 아들이 자신을 거
절하는 것으로 느꼈다. 이러한 사건들은 그가 아버지로부터
느꼈던 거리감을 다시 불러일으켰다. 최근에, 그는 자신의 회
사에 젊은 동료가 없다는 이유로 회사를 팔기로 결정했다.
그후에 그는 점점 더 우울해졌다.

　내(D.E.S)가 그를 따로 만났을 때, 그는 여러 번 외도한 사
실에 대해 털어놓았다. 그는 아내에 대해 매우 비판적이었으
며, 아내를 화가 나 있고 우울한 여자라고 느끼고 있었으며,
반복되는 외도를 통해 그러한 상황을 견디고 있었다. 한번은
처제와 관계를 맺은 일도 있었다. 그가 인생의 후반기에 자
신의 외도에 대해 나와 이야기한 후에, 그는 만일 아내에게
외도 사실을 털어놓고 좀더 정직한 관계를 구한다면, 훨씬
더 그녀와 가까워질 수 있을 것이라고 생각했다. 내가 요구
하지 않았는데도, 그는 그렇게 했다. 그러나 처제와 있었던
일은 말하지 않았다.

　그것은 믿기 어려운 결과를 낳았고, 치료에 특별히 도움이
되지 않았다. 그가 치료 시간에 외도한 사실을 그녀에게 털
어놓았을 때, 그녀는 어이가 없다는 표정을 했다. "하지만 나
는 전부 다 알고 있었어요! 그것 때문에 걱정했어요?" 그녀
가 외쳤다. 그녀는 많은 여자들의 이름을 댔고, 그것은 모두
정확했다. 그러나 그녀는 그가 외도 사실을 인정한 것을 그
가 이기적인 인간이라는 또 다른 증거로 받아들였고, 그것을
이유로 치료에 참여하지 않기로 결정했다. 그녀는 이미 자신

이 받은 고통만으로도 충분하다고 말했다. 그녀는 이런 해묵은 고통을 들추어내는 것을 원치 않았다. 이 부부는 치료를 그만 두었고, 이전과 같은 수준의 적응을 회복하였다. 물론, 이 부부는 남편이 처제와의 가장 비밀스러운 외도 사실을 밝힘으로써 얻을 수 있는 유익을 얻지는 못했다. 만약 그렇게 할 수 있었다면, 이 부부는 욜란드가 어째서 습관적으로 고통으로부터 거리를 두는지 그 이유를 깨달을 수 있었을 것이다.

외도는 끊임없는 갈등에서 비롯되는 긴장을 해소시켜주는 효과를 가지고 있지만, 보통은 대상관계에서 분열을 유지시키고 결혼관계를 약화시키는 결과를 가져온다. 쟈크와 욜란드의 사례는 오랫동안 좋은 것과 나쁜 것으로 나누어온 분열이 갖는 일반적인 유해성을 보여준다.

비밀스러운 생활

외도가 미치는 영향력의 일부는 비밀 그 자체가 지닌 무의식적인 의미로부터 온다. 그로스(Gross, 1951)는 다양한 심리사회적 발달 수준으로부터 오는 비밀의 무의식적 측면에 대해 서술했다. 그는 비밀이 항문기 단계에서 유래하는 것일 때 그것은 비밀을 보유하려는 충동과 털어놓으려는 충동 사이에서 갈등하면서 비밀을 통제하고 대상에게 넘겨주지 않으려는 욕구로 표현된다고 주장했다. 비밀이 남근기적인 자기애의 단계에서 오는 것일 때, 그것은 자기 과시를 위해 사용된다. 그리고 마지막으로 오이디푸스 단계에 속하는 것일 경우, 비밀은 우정을 쌓기 시작하고, 신뢰를 유지하며, 친밀감을 확장하는 수단으로 사용된다. 그로스는 오이디푸스 시기에, 유아 신경증이 비밀스러운 특질을 띨 수 있다고 보았다. 그는 "아동은 비밀을 성인의 성기와 동일시하며, 이렇게 함으로써 비밀을 그의 오이디푸스적인 소망에 대한 대체물로 내재화하고, 그것을 그의 자아 안으로 들인다"(p. 44)고 생각했다.

그로스의 통찰은 비밀스러운 관계의 측면에 대한 무의식적인 표현으로 확장될 수 있다. 친밀감과 분리의 문제와 씨름하고 있는 어린아이들은 종종 분리를 유지하기 위해서 말하는 것을 거부하기도 하고, 친밀감을 증진시키기 위해 어떤 것이든 비밀을 털어놓기도 한다.

외도의 비밀은 성교 그 자체보다 더 중요할 수 있으며, 배우자로부터 거리를 두고 분리를 유지하는데 사용될 수 있다. 비밀은 항문기적 통제, 자신이 의로운 사람이라는 자기애적인 주장, 대상과 융합되는 것에 대한 방어, 또는 배우자에 대한 오이디푸스적인 승리를 나타내는 것일 수 있다. 아동기 언어에서, 비밀은 각 발달 단계에 따라 그 의미가 조금씩 다르겠지만, "날 잡아봐라," "넌 날 마음대로 할 수 없어," 아니면 "넌 나를 이길 수 없어" 등으로 표현된다. 그것은 "내가 보여줄 게" "나는 이길 수 있어," 또는 "네가 거절한 것을 나는 가질 수 있어" 등으로 표현될 수도 있다. 이것은, 외도가 삼각 관계 상황을 가져온다고 해서 그것이 곧 오이디푸스 단계의 현상을 의미하는 것은 아니라는 것을 말해준다. "만일 당신이 알게 된다면 나를 거절하겠지만, 나는 다른 부모를 가질 수 있다"라는 생각은 비밀스러운 외도가 가질 수 있는 여러 가지 의미 중 하나일 뿐이다.

대상관계적인 관점에서 볼 때, 외도에 대한 비밀이나 혹은 다른 것(예를 들어 돈이나 환상들)에 대한 비밀은 대상과 관계하는 방식을 나타내며, 각 발달 단계의 기술에 기초한 것이다. 비밀은 대상과 거리를 두는 방법으로서 유지될 수 있으며, 대상을 통제하기 위해 교환될 수 있고, 친밀감을 얻기 위해 공유될 수 있다. 비밀은 결혼관계 안에서 대상의 분열을 조장하며, 특히 외도의 비밀일 경우 그러하다. 외도의 비밀은 정부를 이상화시키고 그 결과 아내를 비하시켜 멀리 두게 만든다. 여기에는 그녀가 배신당한다는 것뿐만 아니라, "모르고 있다"는 것도 중요한 요소로 작용한다.

나누기도 하고 합치기도 하는 비밀의 힘 때문에, 가능하다면 부부에게 외도의 가장 깊은 비밀을 구성하고 있는 요소에 대해 털어놓도록 하는 것이 중요하다. 때로는 그 요소가 제 3자의 정체성일 수 있다. 다른 남자나 여자를 보호하기 위해서라고 항변하는 것은 합리화이며, 배우자에 대한 계속적인 비하이다. 이것은 결혼관계를 새롭게 다시 세우고자 하는 의도와는 반대되는 것이다. 심지어 외도에 대한 비밀스러운 환상도 실제 외도만큼의 정서적 무게를 지닐 수 있다.

외도보다 중요한 비밀

프랜시스 시몬은 42세 된 여성으로서, 미술 수업에서 만난 남자와 최근에 외도한 것에 대해 남편 돌프에게 이야기해도 괜찮다고 말했다. 그러나 그녀는 고등학교 시절부터 흠모해 온 남자 선생님에 대해서는 말하고 싶지 않다고 했는데, 그는 지금 60대였다. 그들 사이에 섹스는 없었지만, 그녀는 아직도 그가 자신의 답답한 남편보다 훨씬 더 그녀를 행복하게 해줄 수 있는 남자라고 믿고 있었다.

치료에서 그녀와 치료자는 대상관계의 분열 현상에 대해 조사하는 것을 통해서, 그녀가 현재 결혼생활에서 겪은 좌절이 실제 외도로 나타나고 있다는 사실과, 그녀에게 있는 더 깊은 분열과 투사적 동일시가 그녀의 남편에 대한 비하된 견해와 고등학교 선생님에 대한 이상화된 견해를 만들어내고 있음을 깨닫게 되었다. 그녀에게는 그 비밀이 외도보다 더 큰 영향력을 미치고 있었으며, 그녀의 흥분시키는 대상에 대한 환상을 키우는데 사용되고 있었고, 그 결과 그녀의 결혼관계는 부정되고 있었다. 다른 많은 경우에서처럼, 이 경우에 비밀을 드러내는 것은 투사적 동일시를 철회하고 모든 흥분과 이상화를 결혼의 경계 바깥으로 내보내는 것을 끝낼 수 있는 기회를 제공해주었다. 그때서야 그녀는 그 결혼이 얼마나 많은 것을 제공할 수 있는지 그리고 그 결혼으로부터 현실적으로 무엇을 기대할 수 있는지를 평가할 수 있게 되었다.

비밀의 다른 쪽에는 어둠 속에 처박은 "알기를 원치 않는" 배우자의 측면이 있다. 어떤 사람들은 비밀이 밝혀질 경우, 견딜 수 없는 타격을 받게 될 것이라는 무의식적인 가정 때문에 끔찍한 비밀을 모르는 것이 더 안전하다는 느낌을 갖고서 살아간다. 배반당한 배우자는 외도의 진실을 방어하는 무의식적인 기제의 작용 때문에 외도의 단서를 포착할 수 없게 된다. 그러나 그렇다고 해서 그것이 무의식적으로 "외도가 발생하기를 원했다"는 것을 의미하지는 않는다. 우리는 배신을 당한 배우자에게 외도의 책

임을 전가해서는 안 된다. 배신당한 배우자나 외도한 배우자에
게 비난을 돌리지 않으면서 외도 안에 숨어있는 무의식적인 공
모의 문제를 확인하는 것이 중요하다.

비밀을 드러내도록 촉구하는 것이
필요 없는 경우

비밀이 더 이상 부부 사이의 중요한 문제가 아닐 경우, 비밀
을 드러내는 것이 필요 없을 수도 있다. 외도의 관리에 대한 초
기의 임상적 연구에서, 데이빗 샤르프는 비밀을 드러내도록 설
득하는 보편적인 전략에 대해 논의했다(D. E. Scharff, 1978). 임상
경험을 통해서 이 주장의 보편성이 약화되기는 했지만, 그럼에
도 불구하고 비밀을 드러내는 것이 긍정적인 측면을 지닌다는
사실은 여전히 인정된다. 다음의 나이든 부부의 사례는 비밀을
드러내지 않고서 좋은 결과를 얻은 예이며, 특별한 환경 아래에
서는 비밀을 드러내지 않고도 결혼관계를 새롭게 세우는 일이
가능하다는 사실을 보여준다.

60대인 로즈와 진 홀트는 진이 발기부전이 심해지면서 깊
어진 성생활문제를 해결하기 위해 치료받으러 왔다. 로즈는
오르가즘을 경험한 적이 한번도 없었다. 그녀는 45년 동안
결혼생활을 하면서 성생활을 즐긴 적이 거의 없었고, 그것을
기대하지도 않았다. 그녀는 20년 전에 외도로 어떤 남자와
신체적인 친밀감을 즐긴 적이 한번 있었다. 그녀는 자신에게

그런 경험을 준 그에게 고마운 마음이 있었지만, 그런 경험을 다시 갖고 싶어하지는 않았다. 그녀는 진이 기계적이고 자기 자신의 일에만 몰두한다고 느낀 반면에 그 남자는 세심하고 부드러운 사람이라고 느꼈다.

이 사례에서 외도는 오래 전에 일어났다. 그렇다 하더라도 그것은 부부로 하여금 부드러움의 가능성과, 신체적인 부드러움과 정서적인 부드러움이 통합될 수 있는 가능성을 결혼관계 바깥으로 투사하게 했다. 로즈는 그것을 외도에로 투사했고, 이제 그것은 미이라의 상태로 보존되어 있었다. 치료자는 비밀을 드러내지 않고서도 그녀의 결혼생활에서 좀더 부드러울 수 있는 가능성이 있다는 희망을 되살려내기 위한 작업을 수행하였다. 성치료를 통해서 그녀는 오르가즘을 경험할 수 있었고, 그와 같은 새로운 신체적 반응을 진과의 관계 안에 통합시킬 수 있었다. 그는 그녀의 욕구에 대해 새롭게 이해하고 배려할 수 있게 되었는데, 그것은 전에는 불가능한 일이었다. 오래 전에 일어난 외도에서 표현된 문제들이 분열되어 현재의 외도로 나타나기보다는 부부관계 안으로 되돌아올 수 있었다. 그러므로 이 경우에는 결혼관계를 새롭게 하기 위해 비밀을 드러낼 필요가 없었다.

치료와 분열된 대상의 역할

우리의 치료 목적은 외도와 관련해서 부부 사이에서 이루어지는 무의식적 공모의 패턴을 인식하고, 외도는 부부가 다룰 수 없다고 느끼는 고통스럽고 억압된 대상관계적 문제들을 다루기 위한 것임을 이해하고, 외도에서 사용되는 분열과 투사적 동일시 기제를 확인하는 것이다.

이 과정에서 중심적인 역할을 하는 기제는 분열이다. 외도는 대상을 좋은 것과 나쁜 것으로 분열시킬 뿐만 아니라 부부의 일차적 유대를 분열시킨다. 거절하는 억압된 내적 대상의 측면이 배우자에게 투사되고, 흥분시키고 유혹하는 대상의 측면이 다른 사람에게 투사된다. 예를 들어, 남편이 아내를 신뢰할 만하고 좋은 아내라고 느끼면서, 위험하지만 유혹하고 흥분시키는 대상인 더럽혀진 여자, 또는 창녀하고만 성교를 하고 싶어질 수도 있다. 또는 아내가 남편과의 관계에서 흥분을 희생시키는 대가로 남편을 착하고 든든한 후원자로 삼고, 신뢰할만한 좋은 대상으로서의 그의 이미지를 보존하기 위해서 흥분을 부부의 경계 바깥으로 투사할 수도 있다. 그러면 그녀는 남편을 사랑하고 소중히 여길지는 모르나, 그와 더불어 흥분을 경험하는 것을 두려워할 수 있다. 또는 거절하고 박해하는 대상을 그녀 자신의 성기 부위에 투사함으로써, 그녀는 흥분된 성적 만남으로부터 남편과 자신을 보호하려고 무의식적으로 노력할 수 있다.

이처럼 외도의 역동은 다른 성적 문제의 역동과 다르지 않다. 특히 주목할만한 특징은 외도로 이끄는 이 분열이라는 요소가 부부나 개인 안에서 어떤 요소를 제거하는데 그치지 않고, 그것이 다른 사람 안에서 살아서 작용한다는 점이다. 외도 관계로 만난 커플은 결혼한 부부에게 어떤 빛을 던져준다는 점에서 중요성을 갖는다: 이 새로운 관계는 지속적인 헌신의 요소를 가지고 있는가? 아니면 상대가 자주 바뀌는 단기간의 관계인가? 그것은 성적인 흥분에만 몰두하는 관계인가? 아니면 성적인 관계는 거의 없이 관심사들을 함께 나누는 관계인가? 외도가 드러내는 분열의 의미는 무한히 다양하다.

외도에서는 투사적 동일시가 작용한다는 사실을 이해할 필요가 있다. 외도가 시작되기 전에 부부의 상호 투사적 동일시는 어떻게 관리되고 있었는가? 외도로 만난 대상에게 투사한 분열된 요소는 무엇이며, 비하되거나 배신당한 배우자에게 투사한 분열된 요소는 무엇인가? 이러한 주제는 부부치료의 다른 문제들과 다르지 않지만, 외도는 부부의 문제를 곧 위기 상황으로 몰고 가기 쉽다는 점에서 차이가 있다. 부부가 이러한 문제들을 이해하게 될 때, 억압된 나쁜 대상의 성질이 더욱 분명해지고, 부부는 그것을 되찾고 재통합할 수 있다.

외도 문제를 다룬 부부치료 사례

치료 전에 외도 사실이 발각되었던지 아니면 털어놓았던지, 혹은 치료자가 촉구했기 때문에 털어놓았던지 간에 일단 외도 사실이 밝혀지면, 부부는, 만일 그들이 결혼관계를 회복시키기를 원한다면, 자신들이 분열시킨 요소들을 그들의 관계 안으로 재통합하는 과제를 갖게 된다. 다음의 사례는 성적인 문제, 비밀을 드러내는 필요한 이유, 부모의 성적인 문제가 자녀에게 미치는 영향 등을 설명해 준다(D. E. Scharff, 1982, Scharff and Scharff, 1987).

맥스와 진저 휠러는 각각 37세와 32세 된 부부로서, 외도로 만났다. 그들은 같은 사무실에서 근무했으며, 그들의 불륜 관계는 맥스의 아내를 제외한 모든 사람이 알고 있는 비밀이었다. 진저는 맥스와 외도 관계로 만나는 동안에는 신체적인 친밀감과 성교를 즐겼지만, 그들이 결혼한 후에는 성교를 혐오하게 되었다. 그들 사이에서 딸이 태어난 후에, 진저는 성교를 즐기는 척하던 것마저도 그만 두었고, 그래서 맥스가 그녀를 성치료에 데리고 왔다. 평가면담 과정에서, 그녀의 임신 기간 중에 맥스가 태어날 아이에 대한 경쟁심에 의해 자극되어 다시 외도를 시작했다는 사실이 드러났다. 치료자들(D. E. Scharff와 여자 동료 치료자)은 그에게 바깥에서 일어난 일을 아내에게 말하고 외도를 그만 두지 않으면 성치료를 할 수 없다고 말했다. 공포에 질린 그는 남자 치료자(D.E.S)에게 아내의 가장 친한 친구와 외도한 사실만 제외하고 모든 것을 아내에게 털어놓겠다고 말했다. 그 하나의 비밀은 그녀의 가장 친한 친구와 외도한 것이었다. 치료자는 자신이 함정에 빠졌다고 느끼면서, 갑자기 아내의 심정을 알 수 있을 것 같은 느낌이 들었다. 맥스는 그 비밀을 드러내기 위해 필요한 작업을 하지는 않은 채, 그 비밀을 아내에게 몽땅 다 털어놓았다. 이러한 행동은 치료자의 역전이 감정에 대한 환자의 반응으로 보인다.

진저는 맥스가 털어놓은 비밀의 무게로 인해 비틀거렸다. 그 충격에서 벗어나자, 그녀는 치료에서 외도의 의미와 그것이 성교에 대한 그녀의 회피와 어떤 연관이 있는지를 탐구하는 동안, 자신이 어떤 선택을 할지를 고려했다. 비밀의 노출되면서 거둔 첫 번째 효과는 두 사람을 같은 토대 위에 서게 한 것이었다. 진저는 이제 과거에 어떤 일이 일어났었는지를 이해했다. 그녀는 곧 그녀가 자신이 분명히 의식하지는 못했지만, 무언가를 알고 있었다는 것을 깨달았다고 말했다. 그녀는 그의 외도 사실을 사무실 사람들이 다 알고 있다는 것을 알면서, 오랫동안 맥스의 사무실에 가는 것을 피해 왔었음을 인정했다. 그녀는 어떤 면에서 자신이 성적 거절을 통해서 그를 외도로 내몰았다는 사실을 깨달았다. 그 성적 거절은 그녀 자신이 그에게 강하게 의존되어 있다는 사실을 부인하기 위한 것이었다. 그녀는 더 이상의 외도를 참아주지 않겠다고 분명히 입장을 밝히는 동시에, 치료를 통해 결혼관계를 새롭게 세울 것을 제안했다.

치료자는 그들이 과거에 타락한 공모 관계를 형성하고 있었다고 느꼈다. 이 일이 있기 전에 진저는 치료자들을 의심의 눈으로 보았고, 맥스는 그들이 자신의 목적을 이루는데 도움이 될 것이라고 기대했다. 다른 한편, 치료자들은 자신들이 치료적 동맹을 형성하지 못한 상태에서 부부에게 말려들 위험에 처해 있다고 느꼈다. 비밀이 노출된 후에, 치료자들은 자신들이 좀더 견고한 기반 위에 서 있다고 느꼈다. 그들은 이 부부가 성치료를 통해서 유익을 얻을 수 없다는 것을 분명히 알게 되었고, 따라서 그들에게 치료자들 중 한 사람 (D.E.S)과 부부치료를 받도록 추천했다.

부부치료에서, 진저는 어린 시절 집안에서 오이디푸스적 승리자였음이 드러났다. 그녀는 자신의 아버지가 실제로 그녀의 엄마를 사랑한 적이 없다고 생각했다. 그녀의 아버지는 진저를 좋아하고 칭찬한 반면, 아내를 경멸했다. 그녀에게 있어서 자신의 딸을 갖는 것은 그녀 자신의 엄마와의 동일시를 의미했으며, 따라서 그녀는 무의식적으로 자신이 맥스와 어린 딸에게 버림받을 것이라고 생각했다. 그녀는 이러한 두려움을 성교에 대한 혐오감으로 표현했고, 그럼으로 해서 실제로 그렇게 될 수 있는 가능성을 촉발시켰다.

맥스는 1남 4녀 중 막내였기 때문에 이상화된 존재로 자랐다. 그의 아버지는 여러 차례 계속되는 외도로 어머니의 분노를 강하게 자극했다. 맥스의 엄마는 또한 딸들을 혹독하게 비판했는데, 이것이 맥스로 하여금 자신을 특별한 존재로 생각하게 만들었다. 그러나 그는 다른 사람들을 향한 그녀의 분노가 언제 자신에게 향할지 늘 두려워했다. 성인이 된 그는 이러한 내적 대상관계의 문제를, 대상을 여러 외도 대상으로 분열시킴으로써 진저와 전처 모두와 거리를 유지하는 방식으로 해결했다. 그 역시 조루의 문제를 가진 것으로 드러났는데, 그것은 여성의 질이라는 함정에 빠지지 않겠다는 무의식적인 결정으로부터 오는 정신신체적 증상임이 분명했다.

외도의 사실이 드러난 후에, 곧 이러한 무의식적인 결정 요인들이 확인되었지만, 실제 치료가 이루어지는 데는 훨씬 더 많은 시간이 걸렸다. 맥스와 진저는 개인치료를 거친 후에, 부부치료를 좀더 받았다. 맥스는 외도를 포기했지만, 진저가 2년간의 개인치료를 받고도 성적으로 별 진전이 없자, 또다시 외도를 생각하고 있음이 드러났다. 그는 진저에게 그것이 사실이라고 말했고, 만일 그녀가 성교를 받아들이지 않는다면, 외도를 하거나 아니면 그녀가 원한다면 이혼할 준비가 되어 있다고 말했다. 이러한 충격적이 상황에서, 그녀는 오르가즘을 느끼지 못하는 여성들을 위한 집단치료를 통해서 가까스로 성적 흥분과 오르가즘을 느낄 수 있게 되었다. 그리고 나서 맥스와 진저는 성치료에서 맥스의 조루를 치료할 수 있었다. 그러나 진저는 맥스가 개인치료를 다시 받아야 한다고 주장했는데, 그는 상당히 편안한 마음으로 그 주장을 받아들였다.

부부의 생활은 평정을 찾았고 그 상태는 다음 몇 해 동안 계속되었다. 그러던 어느 날 치료자(D.E.S.)는 휠러 부인의 전화를 받았다. 그녀는 치료자에게 이번에는 그녀가 외도를 하고 있다고 말했다. 그녀는 치료자가 부부를 각각 개인적으로 치료하지 않는다는 것을 알고 있었고, 그래서 그것을 요청하지는 않았다. 그녀는 얼마 전에, 만일 그녀가 인생을 다시 계획한다면, 맥스와 결혼하지 않을 것이라고 생각한 적이 있었다. 이 외도를 통해서 그녀와 맥스가 서로 어울리지 않는다는 사실이 확인되었다. 그녀는 별거 기간 동안에 두 아이를 어떻게 다루어야 할 지에 대해 도움을 받고 싶어했다.

그 과정에서 휠러도 치료자를 만나러 왔다. 그는 결혼에 실패한 것이 슬프지만, 그것 때문에 치료자가 실망할 필요는 없다고 말했다. 그가 느끼기에 치료 과정에서 온 가족이 엄청나게 성장했으며, 이제 질적으로 전혀 다른 삶을 살 수 있게 되었다. 그는 치료자에게 깊이 감사했고, 별거 기간 동안 그들의 자녀를 어떻게 대할 것인지에 대해 이야기를 나눈 후에 돌아갔다.

이 사례에서, 외도의 의미는 부부가 인생을 살아가는 동안 근본적인 변화를 거쳤다. 처음에 외도는 개인적 병리 및 부부가 공유하고 있는 병리의 미숙한 표현으로 시작되어, 나중에는 상호적인 의사결정의 표현으로 또는 적어도 어느 정도의 성장을 보여주는 것으로 나타났다.

외도로 만난 결혼

우리가 이 책 8장에서 상세히 다룬 바 있는 하비와 앤은 외도로 만난 부부이다. 이런 경우 대개는 두 번째 결혼이 뒤따른다. 그 두 사람 모두는 나름대로 자신들의 결혼생활이 완전히 죽은 것이었다고 느꼈다. 앤은 성공한 건축가와 첫 결혼을 했는데, 그것은 곧 물질적 이익을 위한 편의적이 결혼이 되어버렸다. 그녀의 남편은 가정에 무관심했다. 그녀가 그것을 견딜 수 있었던 것은 그녀가 원하는 대로 집안을 좌지우지할 수 있고 자녀를 키울 수 있었기 때문이었다. 그녀는 남편의 눈을 속이고 은밀하게 외도를 함으로써 정서적인 친밀감에 대한 갈망을 처리할 수 있었다. 그녀가 하비를 만났을 때, 그녀는 이전의 어떤 관계에서도 경험해보지 못한 열정과 흥미를 느꼈지만, 그로 인해 그녀는 또 다른 혼란에 빠져들게 되었다. 그녀는 외도 중에도 그의 잦은 발기부전으로 인해 좌절을 겪었다. 그럼에도 불구하고 그녀는 전남편과 이혼하고 하비와 결혼하기로 결정했다.

하비의 전처는 요구적이지는 않았지만, 우울했다. 그는 그런 아내와의 결혼생활이 늘 실망스러웠고, 이러한 불만을 줄곧 점심시간의 정사로 해결하고자 했다. 그러나 그나마도 그에게는 별 의미가 없었고, 그는 결혼생활에서 그랬던 것처럼 늘 정서적으로 고립된 상태에서 정사를 치르곤 했다. 그러던 그가 앤을 만나면서 다시 젊어지는 느낌을 가졌는데, 성적 능력이 감소되고 있다고 느끼던 53세 된 그에게는 반가운 일이 아닐 수 없었다. 그러나 그가 이 외도에 몰두하게 되자 그의 발기부전의 문제가 점점 더 심해졌다. 이전에도 외도

중에 발기부전을 경험한 적이 있었지만, 이제 그 문제가 더욱 심각해진 것이다. 그들은 짧은 시간 동안 비밀스런 밀회를 갖는 상대로는 좋았지만, 함께 보내는 시간이 길어질 때면 좀더 심각한 어려움을 겪곤 했다. 이 문제는 그들이 결혼한 후에 뚜렷이 굳어졌으며, 결국 그들은 결혼한지 18개월만에 도움을 구하게 되었다.

이 사례에서, 두 사람은 모두 첫 번째 결혼은 안전하고 변함없었지만 열정없는 생활을 하면서 정열과 헌신을 분열시켜 유지했던 것으로 드러났다. 이처럼 그들의 외도는 안정적이지만 감정이 없고 본질적으로 성생활이 없는 결혼을 유지하는데 중요한 역할을 해왔다. 하비와 앤은 각기 다른 이유에서 이러한 결혼을 할 수밖에 없었다. 하비는 여성과 친밀해지는 것을 두려워했는데, 그 두려움은 그에게 요구가 많았던 알코올 중독자인 그의 어머니에 대한 그의 느낌에서 온 것이었다. 그의 어머니는 아들인 그가 자신의 욕구를 채워주기를 소망했는데, 그는 아직도 기대를 떨쳐버리지 못하고 고통을 겪고 있었다. 앤은 어린 시절 화상을 입어서 여러 해 동안 치료를 받은 적이 있었다. 그때 부모의 돌봄을 받지 못하고 방치되는 고통을 겪었다. 그 화상으로 인한 흉터가 거의 남아 있지 않았음에도 불구하고, 그녀는 자신이 사랑스럽지 못하다고 느꼈고, 남편의 무관심한 태도를 당연한 것으로 받아들였다. 비록 분열된 것이기는 했지만, 그녀는 외도에서 그녀가 화상을 입은 후에 부모로부터 경험했던 것과 같은 거절에 대한 두려움 없이 자신이 갈망했던 흥분시키는 대상과 관계를 경험할 수 있었다.

외도로 만나 결혼에 성공한 경우조차도, 거기에는 고통스러운 여파가 뒤따르게 된다. 즉 재혼이 성공하더라도, 원 가정이 깨어질 때 상처받은 자녀들의 분노가 큰 걸림돌이 되기도 한다. 원래의 가정을 상실한 자녀들은 재혼가정에 끊임없이 문제를 일으킬 수 있다(Wallerstein and Blakeslee, 1989). 또한 재혼한 부부는 재정적인 부담 때문에 스트레스를 받을 수밖에 없으며, 양가감정을 느낄 수밖에 없는 전 배우자와 계속적으로 타협해야 하는 부담을 안게 된다.

그러나 더 큰 문제는 첫 결혼에서 결혼 바깥에 두었던 내적 대상의 측면을 새로운 결혼 관계 안에 통합하는 과제와 관련되어 있다. 예를 들어, 부부는 외도가 가능하도록 억압시켜 놓았던 죄책감을 결혼관계 안으로 흡수해야 한다. 일반적인 의미에서, 이전에는 나쁜 대상을 분열시켜 배우자에게 투사해놓고 그 배우자를 비하함으로써 다루었던, 거절하는 억압된 나쁜 대상과의 관계를 이제는 새로운 결혼관계 안에서 다루어야 한다. 재혼이 치유와 성장을 위한 좋은 기회를 제공할 때, 외도가 없어지는 경향이 있다. 그렇게 될 때, 재혼은 다시 외도에 의해 방해받을 가능성이 줄어든다. 그러나 항상 그런 것은 아니다.

하비와 앤의 사례에서, 그들은 무감정하던 첫 결혼과는 대조적으로 격렬한 싸움을 벌이는가 하면, 서로에 대해 열정적인 관심과 다정다감한 모습을 보였다. 외도나 애정관계에서 새로운 사람을 찾는 것은 또한 새로운 자기를 찾는 것을 의미한다. 새로운 애정관계 안에서 전적으로 다른 사람을 찾으려고 희망하던 앤과 하비는 나중에 결혼생활에서 전적으로 다른 자기를 발견했다. 이제 각자가 이전 배우자에게 부과했던 경멸이 강력한 힘을 지닌 채 되돌아오게 되었다. 앤과 하비 각자가 발견한 자기는 매혹적이면서도 두려운 것, 즉 엄청나게 확대된 흥분시키면서 동시에 거절하는 대상과 연결된 자기의 측면들이었다. 특히, 앤은 이 새로운 관계 안에서 나타난 자신의 이미지를 낯설게 느꼈고, 하비를 절대로 신뢰할 수가 없다고 느꼈다. 현재 결혼생활의 혼란스러움은, 비록 실망스럽기는 했지만, 그들이 과거에 선택한 결혼을 이해할 수 있게 했다. 즉 첫 결혼에서는 흥분되고 갈망하는 부분들을 분열시켜서 위협적이지 않은 대상에게 부여함으로써 안정된 결혼생활을 유지할 수 있었던 사실을 이해할 수 있게 되었다.

개인치료에서 본 외도

개인치료에서는 외도 문제를 다룰 때 결혼관계에 강조점을 두지 않는다. 관련이 전혀 없는 것은 아니지만, 개인치료에서 치료자의 책임은 환자 개인에 대한 것이지 결혼이나 배우자에 대한 것이 아니다. 물론, 만일 환자가 결혼생활의 문제에 관해 작업하기를 원한다면, 우리는 그 문제를 다룰 수 있을 것이다. 환자는 그것을 개인치료에서 다룰 수도 있고, 부부치료에 의뢰할 수도 있으며, 또는 결혼 문제에 대해 다루는 것을 원치 않을 수도 있다.

그러나 환자 개인은 종종 양가감정을 갖는다. 다음 사례는 결혼생활에 대해 깊은 관심을 보이면서도 흥분시키는 대상을 점점 더 심하게 분열시키는 한 여성의 모습을 보여준다.

라헬 가디스는 정신분석에서 착실하고 믿을 수 있지만 정서적으로 무뚝뚝한 남편 니겔과의 관계에 대한 고민을 이야기하는데 많은 시간을 사용했다. 그녀는 정서적으로 좀더 친밀한 관계를 원했다. 하지만 그는 일, 음악, 정치에 더 흥미가 있었다. 그녀는 일련의 외도를 시작했다. 그녀는 만일 그가 그녀의 외도 사실을 알게 되면, 자신이 원하는 대로 그가 바뀔 것이라는 생각을 가지고 있었다. 그녀가 만나는 남자들은 모두 남편보다 재미있고 열정이 있었지만, 신뢰할 수가 없었다. 분석가는 그녀가 자신의 불만에 대해 니겔에게 솔직하게 이야기하지 못하는데서 그녀의 문제가 온다고 느꼈다. 그러나 나중에 분석가는 그녀가 남편에게 불만을 털어놓았을 때 그가 아무런 반응을 보이지 않았다는 사실을 알고는 그녀를 어느 정도 이해할 수 있었다.

그녀의 여행이 잦아지고, 불만을 솔직하게 털어놓아도 니겔이 전혀 움직임을 보이지 않자, 라헬은 마침내 그에게 자신의 외도 사실에 대해 털어놓았고, 그에게 외도라도 해서 성적 욕망과 정열을 찾아보라고 촉구했다. 그녀는 외도가 니겔을 좀더 결혼생활에 정열을 쏟게 만들 수 있을 거라고 생각하지만, 어쩌면 이러한 자신의 시도가 결혼생활을 끝내게 할 수도 있다는 것을 알고 있다고 말했다. 그녀는 스스로 위험을 무릅쓰고자 했다. 그녀는 그가 음악을 통해서 첫 여자와 만나고 집에 돌아와서 그 여자와 성관계를 갖지 않았으며, 그 일에 관해 조언을 구한다는 말을 들었을 때 실망했다. 라헬은 그가 자신을 아내로서보다는 엄마처럼 대해 왔다고 느꼈다. 나중에 그는 다른 여자와 성적인 관계를 시작했다. 이 시점에서 분석가는 그들을 다른 동료에게 의뢰했다. 니겔과 라헬은 부부치료를 시작했지만, 아무 소용이 없었다. 그들 사이의 거리감은 전혀 좁혀지지 않았고, 무감정(unemotionality)의 요소는 여전히 니겔에게 투사되고 있었고, 비합리적인 요구적 성향(unreasonable demandingness)은 라헬에게 투사되고 있었다. 결국, 라헬은 니겔이 자신이 만족할 수 있을 만큼 변하지 않을 것이라는 결론을 내리고 그를 떠났다.

이 사례에서는 아내가 먼저 외도를 시작했다. 치료자는 라헬에게 그녀가 결혼생활이 이미 견딜 수 없을 만큼 절박해진 사실을 직면하지 않고 대안으로 외도를 선택한 것이라고 말했다. 그러나 그녀는 치료자의 말을 듣지 않았고, 부부 생활은 훨씬 더 혼동스러워졌으며 마침내 결별에 이르게 되었다. 라헬의 외도는 상당 기간 동안 그녀의 이혼을 연기시켜 주었으나, 결국 그녀는 마냥 미루는 것이 무의미하다고 확신하게 되었다.

또 다른 환자인 펠리시아 마르티는 결혼에 실패한 후에 심리치료를 시작했다. 그녀는 이미 고등학교 시절에 일종의 외도를 경험을 했다. 그녀는 남자 친구가 잠시 도시를 떠날 때마다 그의 친구와 놀아나곤 했다. 그녀는 홀로 서야 한다는 절박한 느낌 때문에 대학을 졸업하자마자 결혼을 했다. 마르티는 그녀보다 나이가 훨씬 많았고, 거칠지만 재미있는 그녀의 아버지를 닮았다. 아버지와 남편은 콩깍지 속의 완두콩처럼 닮았고 서로 잘 지내기로 유명했다.

마르티 부인의 결혼생활은 순조롭지 못했고 폭력의 위험에 처할 때도 있었다. 그녀는 6주간의 격렬한 연애 기간을 거쳐 남편과 결혼했다. 그런데 결혼을 하고 나서 남편의 성격이 생각했던 것보다 훨씬 더 불같은 아버지의 성격을 많이 닮았다는 것을 발견했다. 그녀는 남편의 동의를 얻어 가까운 도시에서 직장을 구했다. 그녀는 직장생활을 하면서 남편보다 나이가 많고 세련된 유부남들과 외도를 했다. 그런데 어느 날 밤 남편이 술에 취해서 그녀를 쏘아 죽이겠다고 총으로 위협한 사건이 터졌고, 결국 그 일로 결혼생활은 끝이 났다. 그녀는 결혼에 실패한 후에도, 자신과 나이가 비슷하고 훨씬 더 자신에게 잘 어울리는 남자들과 관계를 가질 수가 없었다. 자기 패배감에 사로잡힌 채 6년을 보낸 후에, 그녀는 점점 더 외로워졌고, 마침내 심리치료를 받게 되었다.

일단 집중적인 심리치료를 시작하자, 마르티 부인은 그녀의 남자 치료자를 유혹하면서 다음과 같이 말했다. "이제껏 제가 마음속에 두었던 사람 중에 저를 거절한 사람은 아무도 없었어요." 치료자를 유혹하는데 실패하자 그녀는 또 다시 외도를 시작했는데, 그들 중에는 유부남도 있었고 또 그녀보다 훨씬 더 나이가 많은 혼자 사는 남자들도 있었다. 그녀는 남자 친구에게 선물하려고 가게에서 와인 잔과 같은 작은 물건들을 훔치기도 했다. 치료 과정에서, 그녀는 꿈을 통해 이러한 훔친 물건들이 엄마의 질과 아버지의 페니스를 의미한다는 것을 알게 되었고, 그녀가 훔치는 행동을 한 것은 치료자가 없는 동안에 자신이 버림받았다는 느낌이 자극되었기 때문이라는 것도 깨달았다. 그녀는 결혼 초부터 시작되어 이혼을 한 후까지 계속된 외도와 훔치는 행동이 모두 초기 관계에서 경험한 사랑의 결핍과 부모에 대한 시기심에서 비롯된 무의식적 반응이었음을 깨닫게 되었다. 그러나 그녀는 이러한 것을 깨달으면서 더욱 우울해졌다. 그후 그녀는 거의 2년 동안 한번도 비행을 저지르지 않았고, 외도 역시 중단했다. 그리고 나서 보다 더 적절하고 책임 있는 데이트를 시작했다. 3년 동안 시험적인 관계를 가진 후에, 그녀는 36세 되던 해에 세살 위의 남자와 결혼하여 그와 안정된 결혼관계를 유지할 수 있었다.

이 여성의 외도는 청소년기에 시작되어 첫 번째 결혼이 실패한 이후까지 지속되었다. 마침내 그것은 전이에서 재연되고, 이해될 수 있었다. 그리고 나서야 비로소 그녀는 외도를 포기하고 신뢰할 수 있는 관계를 형성하는 쪽으로 나갈 수 있었다. 이것은 외도의 패턴이 치료 초기에 전이에서 나타났기 때문에 가능했다. 환자는 치료자를 박탈하는 아버지와 엄마로 경험하는 초점 전이를 통해서 자신의 문제의 근원을 이해할 수 있었고, 마침내 그녀의 삶에서 계속해서 반복되던 패턴을 포기할 수 있었다.

치료적 관리의 원칙

외도가 부부 문제의 중요한 요인일 때, 우리는 평가 과정과 치료 과정에서 일련의 과제를 수행한다. 이것은 표 12-2에 요약되어 있다.

결혼에 대한 헌신의 정도를 평가하기

먼저 부부가 결혼생활에 헌신하는 정도를 평가할 필요가 있다. 이것은 치료의 성공 가능성에 대한 가장 좋은 지표이다. 외도로 인한 갈등에도 불구하고, 만일 부부가 서로에게 헌신적이거나 아니면 적어도 그러기를 원한다면, 그들은 치료를 통해서 아주 좋은 결과를 가져올 가능성이 높다. 일단 부부 중 한 사람이 서로에 대한 헌신을 회복할 수 없다고 느끼면, 좋은 결과를 기대하기 어렵다.

분열과 투사적 동일시에 대한 조사

외도에 대한 치료는 부부 각자가 어린 시절에 겪은 대상관계에 뿌리를 두고 있으면서 현재의 부부관계에 영향을 미치는 과거에 있었던 사건과 비밀의 의미를 찾는 것으로부터 시작된다.

비밀을 드러내기

가능하다면, 비밀이나 외도 사실을 남김없이 드러내는 것이 새로운 관계를 세우기 위한 튼튼한 기초가 된다. "빈약한 기초 위에 세운 집이 무너질 수밖에 없다"는 것은 자명한 이치이다. 모든 상처를 다 끄집어내는 것은 몹시 고통스러운 일이지만, 그것이 상처를 입히기 위한 것이 아니라 치료적 회복을 위한 것이 된다.

표 12-2 외도를 다루는 방법

---

1. 결혼생활에 헌신하는 정도를 평가한다.
2. 외도에서 작용하는 분열과 투사적 동일시의 의미를 검토한다.
3. 새로운 관계의 기초를 세우기 위해 부부의 비밀을 드러내도록 돕는다.
4. 외도를 중단할 것을 제안한다.
5. 외도에서 배우자가 분열시키고 투사한 내용을 재통합할 수 있도록 해석을 제공한다.
6. 치료에서 출현하는 전이와 역전이를 사용해서 외도의 의미를 이해한다.

그러나 만일 부부가 사실상 별거나 이혼을 예상하고 치료자를 만나러 왔을 경우에는, 비밀을 드러내라고 고집할 필요가 없다. 만일 부부가 헤어지려고 한다면, 비밀은 그대로 갖고 있는 것이 나을 수도 있다. 이때 비밀을 드러내는 것은 이혼을 법정 싸움으로 가게 할 수도 있다. 물론 이러한 경우, 부부가 이혼하기 전에 자녀들이 부모에게 어떤 일이 일어났는지를 아는 것이 그들에게 도움이 될 수 있다. 그러나 이 문제는 별개의 문제이다.

부부관계의 진정한 변화를 목적으로 할 경우, 치료자는 부부의 비밀을 드러내도록 격려한다. 비밀이 없게 될 때 부부는 처음으로 동등한 위치에 서게 되는 경우가 많다. 모르고 있었기 때문에 불리한 위치에 서 있던 배우자가 이제 동등한 지식과 힘을 갖게 되는 것이다. 그 배우자는 더 이상 "모르고 있어야 한다"는 자신의 무의식적 욕구에 볼모로 잡혀 있는 것이 아니라 떠나는 것과 기꺼이 머무르는 것을 자유롭게 선택할 수 있게 된 것이다. 그리고 비밀을 드러내는 것은 숨겨진 비밀로 인해 부여받은 힘을 기꺼이 포기하는 것이다. 여기에서 부부는 취약함을 공유하면서 새 출발을 하기 위해 든든한 기초를 확립할 수 있는 위치에 서게 된다.

외도의 중지를 요구하기

우리는 외도를 중지하라고 요구한다. 외도는 배우자에게는 말할 나위도 없고 치료자에게도 못할 노릇이다. 물론 계속되는 외도는 개인치료에서 다루어야 할 문제로서, 부부치료와 병행할 수 있는 것이 아니다. 우리는 그러한 불균형을 견디는 것보다는 부부치료를 그만두는 것이 더 낫다고 믿는다. 그때 우리는 부부 중 한 사람 혹은 두 사람 모두에게 개인치료를 받도록 권한다.

해석과 재통합

치료 작업의 대부분은 항상 부부로 하여금 외도 관계 안으로 투사시킨 분열된 관계의 측면—흥분시키고, 두렵고, 부인된 측면—을 재통합하도록 돕는데 치료의 초점을 맞춘다. 이 과제를 해결하는데 있어서 치료자는 부부의 성생활과 관련된 구체적인 문제를 다루는 것이 중요하다.

전이와 역전이

모든 대상관계 심리치료에서 그러하듯이, 부부치료에서 전이와 역전이가 차지하는 역할은 매우 크다. 부부치료 안에는 제 삼자인 치료자와의 외도라는 요소가 포함되어 있으며, 또한 부부의 문제가 포함되어 있다. 치료 과정에서 치료자는 외도에 대한 죄책감 섞인 흥분, 비밀의 희생자에 대한 연민, 불법적이고 위태로운 성질의 불안을 느낄 것이다. 무엇보다도, 치료자는 제 삼자로서 자신에 대한 부부의 투사를 경험할 것이다. 부부 중 한 사람 또는 두 사람 모두가 치료자의 안아주기를 공격하거나 개인적 전이를 통해서 직접 치료자를 유혹할 수 있는데, 이것은 그들로 하여금 부부의 경계를 깨뜨리도록 이끈 공유된 안아주기의 결핍을 표현하는 것일 수 있다.

치료자가 환경 전이 안에서 기꺼이 이 투사적 동일시를 흡수해줄 때, 부부는 분열과 병리적으로 양극화된 투사적 동일시를 되돌리는 과정과, 부부의 신체적인 측면과 정서적인 측면을 재결합시키는 과정을 시작하게 된다. 투사된 불안을 견뎌줌으로써, 그리고 궁극적으로 외도는 안 된다고 말해줌으로써, 치료자는 부부를 파편화시키는 외도를 허용하지 않으면서, 새로운 안아주기의 가능성을 제공할 수 있다.

외도를 관리하는 문제는 부부치료에서 일반적으로 다루어지는 주제이며, 이 한 권의 책에서 그것에 대해 충분히 이야기하는 것은 거의 불가능하다. 그럼에도 불구하고, 이 주제에 관한 문헌은 그렇게 많지 않고, 특히 정신역동 심리치료 문헌에서 간과되어 온 것이 사실이다. 이 장은 부부치료자들로 하여금 그들의 표준적인 치료적 무기의 일부로서 외도 문제의 치료에 관한 지식을 포함시키고자 했다.

제 13 장
동성애와 성도착

　부부 중 한 사람에게 동성애와 성도착(지금은 이상성욕 [paraphilia]이라는 용어를 사용한다)이 공존할 경우, 치료자는 특별히 난처한 문제에 직면하게 된다. 이성애 부부에게 있어서, 성정체성의 전환과 관련된 문제는 부부관계의 존속 여부에 근본적인 도전을 제기한다. 실제로 이러한 전환과 관련된 문제로 인해 결혼의 붕괴에 직면한 부부들이 상황에 대처하고 자녀들의 문제에 도움을 받기 위해 오는 경우들이 종종 있다. 부부치료자가 가장 많이 만나는 상황은 부부 중 한사람이 동성애에 대한 양가감정을 가지고 있는 경우이다. 이때 그들은 자신들의 결혼이 유지될 수 있는지 알고 싶어한다.

　동성애 못지 않게 치료자에게 도전이 되는 문제가 이상성욕(또는 성도착), 즉 배우자가 이성의 옷을 입거나, 이성의 물품에 애착을 보이거나, 성기를 노출하거나, 아동과 성적 행동을 하는 등의 문제이다. 성도착은 심각한 정신병리의 증거로 간주되며,

특히 아동에게 성적 행동을 하는 것은 사회에서 용인될 수 없는 문제로 간주된다. 그러나 흔히 이러한 이상성욕적 요소가 평소에는 잠재되어 있다가 스트레스 상황에서 겉으로 드러나는 경우가 많다. 우리의 과제는 동성애나 이상성욕의 문제가 부부 모두 또는 부부 중 한 사람의 스트레스와 연관되어 있는지를 살펴보고, 부부치료나 개인치료 중 어느 것이 적합할지를 결정하는 것이다. 대체로 우리는 그것을 심각한 정신병리의 징조로 보기 때문에 부부치료에서 치료하기가 어렵다고 간주한다. 치료 과정에서, 그 문제로 인해 부부가 별거로 들어갈 수 있으며, 그후에 부부는 좀더 안정된 치료 과정을 다시 시작하게 되는 경우가 많다.

또한 성치료자들에게 잘 알려져 있는 다른 상황이 있는데, 그것은 다른 쪽 배우자가 상대방의 이상성욕을 그대로 덮어두고 거기에 적응하면서 함께 사는 것이다. 가장 흔한 예가 이성애적 아내가 남편의 의상도착에 적응하며 사는 것이다. 미국에는 이런 부부들의 공식적인 모임이 많이 있는데, 여자의 옷을 입은 남편들의 행사에 아내들도 참여한다. 물론, 어떤 아내들은 적극적으로 또 어떤 아내들은 주저하면서 이들의 사교 모임에 동참한다. 성적으로 적극적인 결혼생활을 계속하면서 동성애 행위를 하는 양성적인 동성애 배우자와 함께 살아가는 사람들도 상당수 있다. 물론 이런 경우 에이즈에 감염될 위험성이 크기 때문에 심각한 문제가 되고 있다.

물론 이와 같은 문제를 불편하게 느끼는 치료자는 이런 부부들을 지지해주는데 어려움을 느낄 수밖에 없겠지만, 다음과 같은 두 가지 정보가 도움이 될 수 있을 것이다. 첫째, 많은 부부들이 이러한 상태에서 살아가고 있으며, 그들은 이것을 편하게 느낀다는 사실이다. 우리가 불편하기 때문에 그들에게 거기에서 벗어나라고 말하는 것은 그들을 밀어내는 것이 될 것이다. 만일

치료자가 이런 문제를 불편하게 느낀다면, 그런 사실을 털어놓고 다른 치료자에게 의뢰하는 것이 더 좋을 것이다.

둘째, 이런 부부들의 존재는 미묘하지만 아주 중요한 점을 강조해준다는 사실이다. 성 정체성에 대한 양가감정을 가지고 있는 개인은 그의 성 정체성과 관련된 내적인 갈등을 인내해주는 배우자를 필요로 한다. 자신의 배우자 안에 있는 동성애적 또는 이상성욕적 갈등을 개인적으로 견딜 수 없는 부부치료자는 이러한 개인적 갈등을 감당해주는 배우자들이 얼마든지 있다는 사실을 보지 못할 수도 있다. 다른 여느 부부와 마찬가지로, 이들 부부에게는 내적 대상관계의 문제가 있으며, 이 문제는 특히 성 정체성의 영역과 밀접하게 관련되어 있다. 이 대상관계 문제는 특이한 환상을 갖는 것에서부터 공공연한 행동화에 이르는 모든 수준의 이상성욕 환자와 동성애자에게 적용된다. 치료자는 이들을 치료해보지도 않고, 심한 성적 정체성의 혼돈이 부부의 만족스런 결혼생활을 붕괴시킬 것이라고 생각해서는 안 된다.

이러한 상황이 부부치료에서 갖는 의미를 좀더 깊이 생각해보기 전에, 정신분석적 대상관계 이론의 관점에서 동성애와 이상성욕의 원인을 간략하게 살펴보겠다.

정신분석 사고의 발달 초기에, 프로이트는 동성애를 여러 도착의 형태들 중에서 가장 흔한 것으로 가정하였다(1905b). 나중에야 그는 동성애적 대상 선택과 이상성욕에서 나타나는 대상의 분열 현상에 대상관계적 요인이 중심적인 영향을 미친다는 사실을 알게 되었다.

다른 한편에서는 호르몬의 균형이 동성애적인 기질에 어떤 역할을 한다는 주장을 둘러싸고 많은 논쟁이 있었다. 메이어는 다음과 같은 결론을 내렸다(Meyer, 1985a):

현재의 이해에 따르면, 성 정체성의 형성이나 대상 선택의 문제에서 호르몬이나 다른 생물학적인 요인이 어떤 결정적인 역할을 하는 것으로는 보이지 않는다. 그보다는, 생물학적, 환경적, 심리적 요인들간의 복잡한 상호작용이 성적 행동에 영향을 미치는 것으로 보인다. '타고난 것 대 양육에 의한 것'이라는 논쟁은 시대착오적인 것으로 보인다(p. 1058).

또한 자아 동조적인 동성애를 병리적인 과정으로 보아야 하는지에 대한 논쟁도 있다. 이 문제는 우리가 여기서 다룰 수 있는 범위를 넘어서는 것이므로, 임상 상황에서 치료자를 난처하게 만드는 몇 가지 문제들에 대해서만 간단히 언급하겠다. 동성애 대상을 선택하면서도 성 정체성에는 아무런 문제가 없는 경우를 어떻게 설명할 것인가? 많은 이론가들은 부모와의 어려운 관계가 동성애의 발달에 영향을 미치는 것으로 보고 있다. 특히 지배적인 엄마와 무능한 아버지 혹은 아버지의 부재가 크게 영향을 미치는 것으로 설명해왔다. 로이프(Roiphe, 1985a)와 갤런슨(Galenson, 1981)은 생애 첫 2년간의 경험이 중요하다고 강조한 반면에, 메이어(Meyer, 1985a)는 오이디푸스 단계 동안에 경험한 사건들이 중요하다고 강조했다. 종종 청소년기에도 중요한 전환점이 발생할 수 있으므로(D. E. Scharff, 1982), 이제는 청소년기에 이르는 모든 발달 과제와 문제들이 동성애적 대상 선택에 영향을 미치는 것으로 이해되고 있다.

이상성욕에서와 마찬가지로 동성애에서도 아동기 성욕의 표현은 성인의 성욕을 구성하는 필수적인 요소이다. 삭스(Sachs, 1923)는 개인이 다른 사람에게 성적 감정을 느낄 때, 그는 유아 성욕의 전성기적 요소들을 억압시키고 남은 잔재를 사용한다고 설명했다. 이것은 삭스 기제(Sachs Mechanism)로 알려져 있다. 현

재 이 삭스의 설명을 평가하기에는 아직 이른 감이 있지만, 중요
한 초기 공헌으로 인정된다. 좀더 최근에, 컨버그(Kernberg, 1975)
와 소카리데스(Socarides, 1978)는 동성애가 자아의 성숙 과정에
서 내재화된 대상관계를 나타낼 수 있다는 사실에 주목했다. 그
들은 오이디푸스 단계 수준에서 작용하는 동성애의 원인은 유아
적 자기가 동성의 지배적인 부모에게 종속되었기 때문이라고 가
정했다. 비교적 높은 수준의 전오이디푸스적 동성애의 경우, 성
적 대상은 부분적으로는 자기를 나타내고 부분적으로는 전 오이
디푸스적 엄마를 나타낸다고 보았다. 그리고 보다 덜 성숙한, 자
기애적이며 전오이디푸스적인 동성애의 경우, 성적 대상은 순전
히 과대적 자기를 나타낸다고 보았다. 이런 경우에 개인은 단순
한 관계를 맺게 되고, 타자로서의 대상에 대한 관심이 전혀 없
다. 분열증적-동성애의 경우, 동성애와 정신분열증이 함께 공존하
며, 따라서 자기와 대상은 분리되어 있지 않다(Socarides, 1978).

가족 관계는 동성애에 영향을 미치는 근저의 대상관계 형성
에 결정적인 영향을 미친다. 비버와 그의 동료들(1962)은 동성애
문제가 심각한 남자들이 정서적으로 멀리 있는 적대적인 아버지
와 지나치게 친밀하고 유혹적인 엄마(남편을 지배하는)를 경험
했음을 발견했다. 동성애적 대상 선택은 근본적으로 초기 발달
과정에서 심각한 어려움이 있었음을 말해준다. 여성 동성애자들
도 부모와의 관계에서 실패한 경험과 전오이디푸스적 및 오이디
푸스적 문제들이 섞여있는 어려움을 겪고 있음을 보여준다. 새
거와 로빈스(Saghir & Robins, 1973)는, 레즈비언의 경우 지배적이
고 적대적인 엄마와 줏대가 없고 정서적으로 멀리 있는 아버지
로부터 심하게 유혹적인 아버지와 자기애적이고 정서적으로 멀
리 있는 엄마에 이르기까지 그 원인이 다양하다는 사실을 주목
했다. 그들은 이런 현상의 근저에 있는 일반적인 원인은 가정 안

에 강렬한 반-이성애적 패턴이 형성되어 있었기 때문이라고 보았다. 맥두걸(McDougall, 1970)은 엄마를 이상적인 자기 이미지 (an ideal image of the self)로 유지하기 위해서 아버지와의 관계를 희생시킨 한 레즈비언에 대한 분석 결과를 제공했다.

종종 엄마와의 관계는 친밀하면서도 양가적인 것으로 드러난다. 남아는 아버지와 적절한 동일시를 형성하기 위해서 엄마와의 초기 동일시를 포기해야 하는데, 이것에 실패함으로써 나중에 동성애자가 된다. 나중에 레즈비언이 되는 여아는 증오하는 엄마(아버지를 대상으로 갖고 있는)와 맞서는 위험을 감수할 수 없었거나, 또는 침범하고 괴롭히는 과도하게 흥분시키거나 거절하는 아버지를 가졌을 가능성이 높다. 이와 같이 심하게 왜곡된 가족 상호작용으로 나타나는 부모의 심리적 장애는 아이의 동성애적 잠재력 안에 자리잡을 수 있다.

우리는 동성애의 발달이 주로 양쪽 부모 모두에 의해 영향을 받을 뿐만 아니라, 또한 부모 사이의 관계에 대한 아이의 경험에 의해서도 영향을 받는다는 사실을 관찰할 수 있었다. 첫째로, 아이는 각 부모와 맺는 관계에 의해 영향을 받는다. 둘째로, 옥덴 (Ogden, 1989)이 말했듯이, 각 부모는 아이에게 타자에 대한 무의식적인 이미지(내적 대상)를 제공한다. 이때 아이에게 제공되는 아버지에 대한 첫 이미지는 엄마가 갖고 있는 아버지에 대한 내적 대상일 수 있다. 유사하게, 아버지는 아이에게 자신이 갖고 있는 여자와 엄마에 대한 내적 대상을 제공한다. 셋째로, 아이가 성장하면서 내재화하는 실제 부모의 부부관계가 매우 중요한 영향을 끼친다—이것은 아이가 내재화한 각 부모와의 개별적인 관계와는 전혀 별개의 것이다. 이것은 부부치료에서 이성애적 또는 동성애적 배우자가 어린 시절에 부모 사이의 관계—심리내적인 부부와 서로 경쟁 가운데 있는 환상 속의 또는 실제 부부를 포함하여—를 동일시함으로써 형성하는 내적 부부를 가리킨다.

요약해서 말하자면, 동성애는 부모의 공유된 의식적 및 무의식적 과정에 의해 지지되고 조장될 때(Kolb & Johnson, 1955), 분리-개별화 단계에서 부모의 욕구가 자녀의 자율성을 지배할 때(Socarides, 1978), 그리고 가족의 의식적 상호작용과 무의식적 투사적 동일시가 내적 대상을 분열시킬 때 발달한다. 내적 대상이 분열될 때, 흥분시키는 안전한 내적 대상이 동성과 동일시되고 위협적인 대상이 이성과 동일시됨으로써 동성애가 발생한다(D. E. Scharff, 1982). 성도착도 이와 같은 역동에 의해 결정된다: 직접적인 성적 표현을 위험한 것으로 느끼게 하는 가족 관계가 관계를 맺는 것에 대한 일반적인 어려움을 위험과 흥분으로 가득한 성적 문제로 바꾸어 놓음으로써, 이상성욕의 발달에 기여한다.

동성애자와의 결혼

이제 성 정체성과 대상 선택에서 동성애 성향을 보이는 배우자와 결혼한 부부의 상황으로 돌아가 보자. 어떤 경우에는, 부부 모두가 결혼 전에 동성애를 경험했을 수 있다. 무엇보다도 한쪽 배우자가 동성애 경향을 보이는 배우자를 잘 견뎌줄 경우에 흔히 부부 모두에게 중복된 부분이 있는 경우가 종종 있다.

동성애 문제는 부부관계 안에서 실제 행동은 하지 않고 환상만 갖는 경우에서부터 단 한번의 관계를 갖는 것으로 끝난 경우 그리고 지속적이고 반복적인 단계를 거쳐 결국 완전한 동성애자

가 되는 경우에 이르기까지 하나의 연속체를 이루고 있다. 부부
치료자로서 우리가 도움을 줄 수 있는 경우는 부부 중의 한쪽
배우자가 완전한 동성애를 주장하는 일없이, 환상을 통해서 혹
은 주기적인 행동을 통해서 동성애를 부분적으로 표현하는 사례
에 한정된다.

동성애 환상

배우자 중 한 사람 혹은 두 사람 모두가 동성애 환상을 갖는
것은 일반적인 현상이다. 종종 이런 환상이 수치심 때문에 배우
자에게 비밀로 간직되게 되는데, 이처럼 환상이 억압되거나 비
밀스런 생각으로 간직되면, 보통 그것의 영향력은 더욱 강력해
지고 점점 더 통제가 힘들어진다(D. E. Scharff, 1978, 1982,
Wegner et. al., 1990). 동성애 환상을 부부가 함께 나누는 것은 보
통 도움이 되며, 그때 그것의 세력이 약해지고 그것이 지닌 강박
적인 특성 또한 사라진다. 이런 일은 부분적으로는 배우자가 뜻
밖에도 그런 환상을 갖고 있는 사람을 수용해줄 때 흔히 일어난
다. 그때 그것을 수용해주는 배우자는 보통 과거에 알고 있던 사
람보다 더 위대한 존재로 경험된다. 어쨌든 비밀이 유지되는 한
부부치료 작업은 거의 불가능하기 때문에, 비록 그 결과가 항상
긍정적이지 않다 하더라도, 비밀을 드러내도록 돕는 것이 중요
하다. 만일 본인이 그러한 환상을 혐오한다면, 그리고 만일 그것
들이 사라지지 않는다면, 그는 부부치료와 동시에 개인치료를
받을 필요가 있다.

동성애 외도

치료가 더 어려운 부부 문제는 배우자의 동성애 외도가 갖는 의미와 그것이 가져오는 결과이다. 이러한 외도들 중 일부는 동성애로 분류되는 전조가 되는 반면, 더 많은 동성애 외도가 영구적인 성정체감의 전환과 관계없이 발생한다. 배우자의 동성애 외도 사실을 알게 된 사람들 중 다수가 이성과 외도한 사실을 알게 되었을 때보다 덜 당황해 한다는 사실은 꽤 의미 있는 현상이다. 그러나 현재 에이즈 문제로 인해 동성애가 특히 위험한 것으로 인식되고 있고, 생명의 위협이 뒤따르는 만큼 이 문제는 심각하게 다루어져야 한다.

47세의 성공한 해군 대령인 콘라드와 44세의 가정 주부인 제니퍼는 콘라드의 성적 흥미의 결핍 때문에 부부치료를 받으러 왔다. 면담 과정에서 그는 항해 중에 동성과 이성을 가리지 않고 짧은 외도를 수없이 많이 했다는 사실을 털어놓았다. 제니퍼는 이것에 대해 격분했지만, 동성애 외도에 대해서는 이성과의 외도만큼 심하게 화를 내지 않았다. 그녀는 모든 외도를 중단하지 않으면 결혼생활을 지속할 수 없다고 했다.

콘라드는 어린 시절에 부모의 돌봄을 받지 못하고 심각한 방치를 경험했다. 부모가 모두 일하러 나간 사이에 가정부들이 그를 돌보았다. 그는 11세에서 14세쯤 되었을 때 가정부가 그를 유혹해서 성교를 한 적이 있다. 또한 남자 사감 선생이 돌보았던 기숙사에서 생활하는 동안 한 선생에게 수차례 성적인 유혹을 받았다. 돌봄을 받고 싶은 기본적인 욕구를 채워주는 대신에 성적 욕구를 자극하는 어른 남자와 여자들과 맺은 이러한 관계 경험이 그의 양성적인 외도 패턴으로 유지되고 있었다. 그는 자신이 만나는 모든 대상들을 성별에 상관없이 지지해주는 꾸준한 아내와 같은 사람과 그가 성적 관계를 가질 수 있는 흥분시키는 사람으로 분열시켰다. 이 분열이 그가 제니퍼를 안전하지만 흥분을 주지 못하는 대상으로 만드는데 기여했다. 어린 시절에 형성된 그의 혼돈스런 대상 선택은 성인기의 외도로 계속되고 있었다.

나는 제니퍼가 전에 그의 외도를 참아준 것과, 지금도 그의 모호한 성 정체성을 견디어주고 있는 것이 더 이해하기 힘들었다. 차츰 그녀 역시 유아기에 방치되었고, 그런 경험이 남편에게서 좋은 돌봄을 받지 못하는 것과 배우자의 성적 모호성을 기꺼이 견딜 수 있게 하고 있는 것으로 드러났다. 그녀는 외도 사실에 대해서는 관심이 없었고, 그런 일이 있다는 것 자체에 대해서만 관심을 보였다. 그녀는 무엇보다도 콘라드가 그녀에게 성적인 관심이 없다는데 대해 가장 큰 관심을 보였다. 십중팔구, 남편의 외도와 동성애를 견디어온 그녀의 내적 구조는 투사적 동일시를 통해서 그녀의 남편과 많은 대상관계적 문제를 공유하고 있음이 분명했다. 흔히 이런 부부들에게서 여성의 드러나지 않는 이상성욕 또는 동성애가 남편의 동성애 외도로 표현되기도 한다(Meyer, 1985b).

이 부부가 미분화되고 모호한 성 정체성과 대상 선택을 참아줄 정도로 상호적인 무의식적인 적합성(unconscious fit)을 갖고 있다는 사실은 그들이 자신들의 문제를 재작업할 수 있는 가능성을 갖고 있음을 보여준다. 콘라드는 개인치료를 받기로 동의했고, 외도를 포기하기로 동의했다. 몇 개월간의 통찰 지향적 심리치료를 받으면서, 그는 성인이 된 후 처음으로 자신의 아동기 상실경험을 이해할 수 있게 되었고,

우울을 견딜 수 있는 힘을 발달시켰다. 그가 우울을 견딜 수 있게 되면서, 제니퍼에 대한 성적인 흥미가 되돌아왔고, 외도를 하고자 하는 압박감은 사라진 것으로 보였다. 이것이 결코 완전한 치료는 아니었지만, 추후 확인에 따르면, 콘라드는 제니퍼에 대한 유대를 강화했고 외도를 완전히 포기한 것으로 드러났다. 그후 여러 해 동안 그들은 안정된 새로운 관계를 유지했다.

두 번째 사례는 페브 오말리 부인의 사례이다. 오말리 부인은 열정 없이 유지되는 자신의 결혼을 삶을 살아가는데 필요한 배경에 지나지 않는 것이라고 생각했다. 그녀는 많은 남성들과 외도를 하면서도, 딸들을 돌보아주던 젊은 여자와 오랜 기간에 걸쳐 격렬한 동성애 관계도 맺어왔다. 이 동성과의 외도는 이성과의 외도가 그랬던 것처럼 결혼에 아무런 불편을 가져다주지 않았다. 남편은 자신의 턱밑에서 행해지는 아내의 동성애 외도에 대해 알기를 원치 않았다. 그 와중에 오말리 부인의 동성애 파트너와 부인의 큰 딸 사이에 비밀스런 관계가 형성되었으며, 이 여자는 오말리 부인이 이혼한 후에도 계속해서 딸을 성적으로 유혹했다. 딸의 문제로 인해 오말리 부인은 그녀가 결혼생활에서 분열시켰던 것을 되찾아 오기 위해 오랜 기간에 걸쳐 노력하게 되었다.

오말리 부인이 나(J.S.S)에게 치료를 받은 것은 그녀가 두 번째 결혼생활을 하는 동안이었다. 그것은 동성애 외도를 끝내고 몇 해가 지난 후였는데, 그 상대방 여자는 계속 오말리 부인의 딸을 유혹하고 있었다. 그러나 두 번째 결혼에서는 양성적인 대상 선택의 문제가 두드러지게 나타나지 않았다. 오말리 부인의 두 번째 남편은 예술가로서 자신도 유사한 문제를 갖고 있었기 때문에 그녀의 양성애에 대해 상당히 관용적이었다. 그는 자신의 동성애적 요소를 행동화한 적이 없지만, 그녀에 대해 열린 자세와 동정심을 가지고 있었다. 그러나 두 사람 모두 이 결혼에서 독점적인 관계를 유지하기로 동의했기 때문에, 성정체감과 대상 선택의 문제에서 두 사람은 무의식적 수준에서는 서로 잘 맞았지만, 행동 수준에서는 그렇지 못했다.

이상성욕

이상성욕—노출증, 관음증, 주물성애—은 특정 물건이나 기괴한 상상을 사용하여 성적 흥분에 도달하거나 자위를 하게 되는 반복적인 상황과 관련되어 있다. 그러한 성적 흥분의 상황들은 때때로 수치와 고통을 수반하기도 하는데, 여기에는 가피학적인 도착이나 강간과 소아 성애 등이 포함된다. 흥분과 오르가즘은 의식적 및 무의식적 요소를 내포하고 있는 특별한 환상을 불러내는데 달려있지만, 그 영향력은 성적인 영역을 넘어 개인의 생활 전반에 미친다(Meyer, 1985b). 스톨러(Stoller, 1975, 1979)는 이런 증상들 안에 항상 성과 공격성의 문제가 포함되어 있으며, 그러므로 이상성욕은 성적 흥분과 함께 성적 대상을 향한 분노를 나타낸다는 사실을 깨닫게 해주었다.

이상성욕은 주물성애, 의상도착, 성적 가학증과 피학증, 노출증, 관음증, 소아성애, 동물성애, 대변 및 소변기호증, 그리고 좀더 이상하고 기이한 증후들을 포함하는 포괄적인 용어이다. 이상성욕은 여자보다는 남자들에게서 훨씬 더 많이 발견되는데, 메이어 (Meyer, 1985b)는 그 이유를 거세 공포가 내부에 위치한 여성의 성기보다는 외부에 위치한 남성의 성기에 더욱 강력하게 집중되기 때문이라고 설명했다.

"남성의 도착은 외부적이고, 종종 거세 불안에 대한 승리를 나타내는 구체적이고 요란한 구조를 갖는 반면, 여성의 도착은 주로 잘 드러나지 않고 성적 상대자의 도착에 기꺼이 맞추어주는 것으로, … 여성 성기에 대한 열등감에 대한 은밀한 반동 행동으로 나타나는 특성을 갖는다"(Meyer, 1985b, p. 1069).

내적 대상관계의 왜곡에 따른 결과인 도착 증상은 각 개인마다 다르지만, 그것의 심리경제적 측면은 모두 유사하다: 그것은 개인과 가족의 갈등들 사이의 타협 형성이다. 이것은 보통 중요하면서도 사소한 역할만을 담당해왔던 성적 요소를 표현하고, 초기 아동기의 성을 드러내는 기능을 갖고 있다. 그리고 그것은 불안과 공격성이 성적 욕구 및 흥분과 뗄 수 없이 밀접하게 연결되어 있는 모습을 보여준다.

고전적인 정신분석 이론에서는 남아의 거세 불안을 도착 행동의 배후에 있는 동기적 세력으로 이해한다(Freud, 1905b). 남아는 거세 불안을 완화하기 위해 남근을 지닌 엄마의 상을 반복적으로 불러내는 무의식적인 환상을 사용한다. 그것은 엄마가 페니스를 가지고 있다는 확신을 통해서 자신의 페니스 상실에 대한 불안을 견디기 위한 것이다(Bak, 1968).

유아의 주물성애에 대한 연구에서, 로이프와 갤런슨(Roiphe & Galenson, 1981)은 보통 아이들에게 일시적으로 나타나는 이러한 현상이 다양한 정도로 그 기간이 확장될 수 있으며, 이것이 성인의 이상성욕으로 남게 될 수 있다고 가정했다. 이러한 증상 근저에 있는 무의식적 환상들은 정신분석이나 자세한 아동 관찰과 같은, 세밀한 조사를 통해서만 발견될 수 있는 것으로 간주된다. 이러한 환상들은 부부치료에서 발견되기도 하는데, 그것은 이상 성욕을 가진 배우자와 그에게 맞춰주는 배우자 사이의 상호적인 행동 배후에 있는 근저의 문제를 탐구함으로써 가능해진다.

고전적 정신분석 이론에서는 이상성욕을 초기 발달 과정에서 일시적으로 나타나는 정상적인 요소들이 이후의 발달 과정에서 만나는 많은 무의식적인 요소들로 인해 고착되고 고정되었기 때문이라고 설명해왔다. 이상성욕에 대한 연구는 칸, 맥두걸, 코엔과 같은 현대 연구가들의 최근 연구로 그 내용이 더욱 풍부해졌다.

칸(Khan, 1979)은 도착을 "둘이 짝을 이룬 자체-성애"(auto-erotism a deux), 즉 "유아의 자체-성애와 자기애의 발달을 위해 필수적으로 필요한 엄마의 돌봄이 충분치 못한 것에 대한 보상으로 두 사람 사이에서 행해지는 자위 활동이 재현된 것"이라고 설명했다. 이러한 생각은 맥두걸(McDougall, 1970, 1985, 1986)의 견해와 일치한다. 그녀는 도착을 경직되고 빈곤한 환상 내용을 갖고 있는 그리고 내적 대상관계를 상징적 사고를 통해 다루지 못하고 행동화할 수밖에 없는 내적 드라마의 단계에 대한 표현이라고 생각했다. 이것은 상징형성 능력을 갖지 못한 개인이 "상징적인 동등시" 대신에 구체적인 행동을 사용하는 현상을 설명해준다는 시걸(Segal, 1981)의 생각과도 연결되어 있다.

맥두걸(McDougall, 1985)은 "정신에 의해 억압되기보다는 부정되거나 거부된," 통제하는 엄마 상에 대한 파괴적인 욕망이 "부모 대상 또는 그들의 부분대상 표상을 공격하며, 따라서 이 모든 것은 정신적 표상으로 구성된 내적 세계를 파편화시키고 손상을 입힌다"고 말한다. 그리고 이런 개인은 그녀가 "새로운 성적 시나리오"(the neosexual scenario)라고 부른 것을 행동화하게 된다.

성적 파트너는 주체가 욕망하는 이상화된 이미지를 구체적으로 나타낼 뿐만 아니라 주체가 인정하기를 원치 않는 모든 비난의 요소들을 구체적으로 나타내도록 요구받는다. 모든 새로운 성적 시나리오 안에서, 위험하기도 하고 소중하기도 한 자기의 부분들이 회복되고, 숙달되고, 무해한 것으로 만들어진다. 이와 같이 주체는 심리내적 갈등을 해소하기 위해서 외부 세계에서 해결책을 찾는다. 파트너는 그러한 행위에 참여하고 즐김으로써 심리내적 스트레스를 제거하고, 거세 불안을 극복하며, 남녀 성기의 차이에서가 아니라 새로운 성적 시나리오에서 진정한 원색 장면의 원천을 찾는다. … 타자는 … 남근 오이디푸스적인 죄책감과 거세 불안뿐만 아니라 좀더 원시적인 불안과, 공격받고 파괴된 내적 대상들의 환상적 이미지들을 부정하고 쫓아버리는 역할을 한다. 환상은 타자를 거세할 필요가 있다—또는 자신을 완성시키기 위해 타자를 희생시킬 필요가 있다 … 환상은 원래 대상에 대한 환각적인 보상과, 신체의 부분들과 내용물이 보상물로서 교환되는 원시적인 성적 표현을 포함한다.

코엔은(Coen, 1985) 이상성욕에 대한 대상관계적 이해를, 자기와 부모 사이의 일반적인 초기 문제가 성적인 영역에 집중되어 나타난 것이라고 요약한다. 그는 아이와의 관계를 유혹적으로 성화시키는 엄마의 역할을 강조한다. 정신분석적 문헌이나 발달에 관한 문헌에서는 충분히 서술되어 있지 않지만, 이 문제에 포함된 중요한 요소는 가족 관계임이 명백하다. 그것은 가족이 투사적 동일시를 통해서 가족 관계에서의 문제를 이상성욕을 통해서 해결하도록 지지하고 격려하는 역할을 하기 때문이다.

가족 경험을 나타내는 이상성욕

나는 이성의 옷을 입고 싶어하는 열 살 짜리 소년 의상도착증 환자를 치료한 적이 있다. 이 소년의 이상성욕은 자신의 발달과 관련된 두려움뿐만 아니라 그가 내재화한 지배적이고 남근적인 여성에 대한 두려움과 거세 공포를 표현하고 있는 것임이 드러났다. 그의 엄마는 드러내놓고 남자들은 쓸모가 없는 족속이라고 말했고, 그에게 유혹적으로 압력을 가했으며, 그의 아버지를 집에서 쫓아내 버렸다. 이 가족은 새 계부가 소년이 여자 옷을 입는 것을 견디지 못하자 치료를 받으러 왔다.

또 다른 예에서는, 여성이 성교시에 남편에게 자신을 묶고 성기 부위를 채찍질해달라고 애원하였다. 그녀의 아버지는 그녀를 학대했지만 동시에 그녀를 정서적으로 지원해준 유일한 후원자였던 반면, 그녀의 엄마는 남편이 술에 취했을 때 외에는 남편에게 철저히 무시당했던 우울하고 수동적이며 피학적인 성격의 소유자였다. 이 여성은 부모 두 사람의 고통을 합쳐서 갖고 있는 것으로 보였으며, 그녀의 전체 성격에서 그리고 성적 영역에서 그녀가 내재화한 부모의 좌절된 갈망을 나타내고 있었다.

이러한 점들을 사례를 통해서 좀더 설명해 보겠다.

이상성욕 부부의 치료

결혼한지 12년 된 랄프와 오드리 S는 두 자녀의 부모였다. 그들은 랄프가 오드리와 성관계를 갖기 전에 수영복 모양의 옷과 운동 팬츠를 입고서 레슬링을 하자고 요구하는 문제 때문에 상담을 받으러 왔다. 랄프는 그러한 강박적 의식이 없으면 흥분이 되지 않는다고 호소했다. 공동 면담을 통해서, 나는 그들이 8년 전에 아들을 낳은 뒤부터 랄프의 강박적인 요소가 심각해졌다는 사실을 알게 되었다. 랄프는 이 아이를 잠재적인 경쟁자로 경험하면서, 자신의 부모로부터 제외되는 것에 대한 두려움을 느꼈던 것으로 추측되었다. 그의 아버지는 거의 집에 없었으며, 아버지에 대한 기억은 그가 아주 어렸을 때 몇 차례 엄마와 대판 싸웠던 일에 관한 것이 전부였다. 랄프의 엄마는 주의력이 깊었지만 냉정했고, 두 딸을 더 좋아했다. 랄프가 레슬링에 집착하도록 만든 두 번째 요소는 그가 소년 시절에 가장 사랑했던 할아버지와 레슬링 프로를 보면서 많은 시간을 보낸 경험으로부터 왔다. 청소년기에 그는 외로움을 많이 느꼈고 가족으로부터 소외되었는데, 특히 아버지가 죽고 난 직후에 많이 외로워했으며, 이때 그는 친구들과 "말타기 놀이"를 하곤 했다.

오드리는 대가족 가정에서 자라면서 자신은 상실된 존재라고 느꼈다. 그녀의 아버지도 집에 거의 없었다. 아버지가 집에 있을 때는 항상 엄마와 싸우는 것 같았다. 오드리는 네 자녀 중 첫째였고, 동생들에 대한 엄마의 편애로 인해 늘 소외감을 느끼면서 자랐다. 그리고 엄마가 병이 들자, 그녀는 가족들을 돌보아야 했다.

면담에서, 우리는 랄프에게 있어서 레슬링은 그를 소외시킨 가족에게 느꼈던 분노를 표출하는 것이며 동시에 자신이 사랑 받고 있는 상태를 상징하는 것임을 확인할 수 있었다. 사춘기에 강력하게 출현한 성과 공격성은 "말타기 놀이"를 하면서 강화되었고, 이것이 그가 성적 흥분을 위해서 레슬링을 해야 하는 요소로 작용했다.

오드리가 레슬링을 하자는 랄프의 요구에 굴복하는 것 또한 일종의 이상성욕으로서, 메이어(Meyer, 1985b)는 이것을 복종적인 이상성욕이라고 부른 바 있다. 결혼 초기에, 오드리는 랄프의 요구가 고통스럽지만 남편을 위해 참아야 하는 것으로 받아들였다. 그러나 시간이 지나고 좀더 성숙해지면서, 도착을 해결하고자 하는 그녀의 욕구는 강화되었고, 따라서 성도착을 견딜 수 없게 되었다. 치료를 요구한 사람은 바로 그녀였다. 랄프는 그녀에게 의존되어 있었고, 또한 보다 성숙한 대상관계를 맺고자 하는 희망을 갖고 있었기 때문에 치료받기로 동의하였다. 이 부부는 몇 회기의 치료를 통해서 틀에 박힌 성교 형태를 포기할 수 있었다. 그러나 그들은 거기에 만족하지 않고 왜곡된 초기 대상관계와 관련된 거절에 대한 두려움과 불안의 문제들을 탐구하기 위해 치료를 계속하기로 결정했다.

이 짧은 사례는 다음의 두 가지 사실을 보여준다. 첫째, 일반적으로 부부는 배우자의 대상관계적 욕구를 만족시켜주는 도착의 상호성(mutuality to perversion)을 갖고 있다. 두 사람 사이에 도착에 대한 공모가 이루어질 경우, 도착은 공유된 상태로 안정되게 유지된다. 둘째, 비정상적인 성은 그 개인의 대상관계와 환상 내용을 표현하고 상징한다. 랄프와 오드리 각자의 발달사와 그들의 상호 관계의 발달사는 그들의 증상이 갖는 의미를 이해할 수 있게 해준다.

마지막으로, 성적 증상을 포함한 모든 증상들이 그러하듯이, 도착의 심각성은 정상에 가까운 것으로부터 심각한 병리에 이르기까지 다양한 정도의 연속체를 이룬다. 가장 경미한 경우는 성적인 표현에서 편안한 변화를 주는 것이고, 그 다음이 자신과 배우자를 힘들게 하는 것인데, 예를 들어, 결혼생활이 힘들어질 때 남자가 가끔 의상도착 증상을 보이는 경우가 여기에 속한다. 이런 사례들은 대부분 비교적 쉽게 치료가 된다. 반면에, 심각한 사례들은 치료가 좀처럼 쉽지 않다. 이처럼 이상성욕을 연속체로 이해하는 것이 중요하다. 그래야만 부부치료를 통해서 쉽게 치료할 수 있는 경미한 사례들을 찾아낼 수 있기 때문이다.

부부의 성전환

다음의 사례는 대부분의 치료자들이 치료될 가망이 거의 없는 것으로 간주하는 극단적인 이상성욕의 경우를 보여준다.

올리버 윈체스터는 성전환 수술을 받는 문제로 도움을 얻기 위해 왔다. 그는 그의 첫 번째 아내가 10년 전에 죽은 후부터 자신이 정말 여자였으면 하고 생각하기 시작했다. 그럼에도 불구하고, 그는 해군 잠수부로서 사내다운 일을 계속했고, 다시 결혼을 했다. 그의 두 번째 아내인 샐리는 면담에서 자신은 결혼생활을 지속하기를 간절히 원한다고 말했다. 성

전환 수술에 관해 대화가 통하지 않자, 그녀는 그에게 여자
옷을 입을 것을 제안했다. 그녀는 그에게 여성에게 필요한
기술을 가르쳐주고, 머리 치장을 돕겠다고 제안을 했으며, 아
직 사춘기 이전의 자녀들을 돌보면서 그와 함께 결혼 관계
안에 머무르겠다고 제안을 했다. 처음 얼마 동안 올리버는
이 해결책에 끌렸지만, 점점 더 과격한 요구들을 하기 시작
했다. 치료자는 올리버가 여자처럼 살거나 성전환 수술을 받
는 것을 결코 격려하거나 지지하지 않았고, 그의 생활에서
충동을 조절하고 안정을 유지하는데 치료 목표를 두었다. 올
리버는 샐리와 별거를 하다가, 결국 수술을 받고 이름을 올
리브로 바꾸었다. 그는 더 이상 개인치료를 원치 않았다. 그
는 이전 직업과 관련된 분야에서 일자리를 얻었고, 아이들과
는 헌신적인 관계를 계속 유지했다. 한 가지 유감스러운 것
은 아이들이 이러한 변화로 인해 경험한 것에 관해 깊이 있
게 이야기할 수 있는 기회를 갖지 못한 점이었다.

물론, 이런 사례는 결혼관계의 회복을 목표로 하는 부부치료
에는 적합하지 않다. 그런 경우, 치료자의 노력은 상실에 대한 그
들의 적응을 지지해주는데 그친다. 여기에서 치료자가 해야할
과제 중의 하나는, 비록 성공할 가능성이 아주 희박하지만, 부모
의 이런 급진적인 변화에 적응해야만 하는 자녀들을 지지해주는
것이다.

결혼한 부부의 의상도착

라울과 마벨 곤잘레스 부부는 성적인 증상을 갖고 있었기 때문에 마벨의 개인치료자가 내게(D.E.S) 평가면담을 의뢰해서 만나게 되었다. 그들은 지금까지 마벨이 임신을 원했기 때문에 드물게 성교를 해왔다. 마벨이 성관계의 횟수를 늘리자고 압력을 가하자, 라울은 마벨에게 성생활을 위해 입을 여성의 속옷을 사달라고 요구했다. 그는 점점 더 여성의 속옷 없이는 아내에게 다가갈 수가 없었다. 그는 그녀에게 이런 소망은 오래된 것이고, 자신이 오랫동안 그 소망을 억압하고 있었다고 말했다. 그때 그는 만일 아내가 함께 여자 속옷을 사러 간다면, 또는 여자 속옷을 입은 자신과 함께 외출한다면, 그것은 자신에게 대단히 의미 있는 일이 될 것이라고 제안했으며, 그래서 그것은 그들의 공유된 비밀이 되었다. 그는 또한 그녀에게 검정 비키니 속바지 등 특별한 종류의 속옷을 입으라고 했는데, 그녀가 입고 있던 속옷의 냄새를 맡은 다음에 그것을 자신이 입곤 했다. 그는 처음 그녀와 사귈 때 그녀가 자신의 머리 위에 덮어준 그녀의 속바지의 냄새를 맡으면서 전율을 느꼈던 일을 회상했다.

그들이 함께 한 8년간의 결혼생활은 폭풍과도 같은 것이었다. 그들은 부부싸움을 자주 했는데, 마벨은 싸울 때 소리를 질렀고 때로는 라울을 때리기도 했다. 그 역시 감정을 통제하지 못하고 폭발하곤 했다. 라울은 마벨의 격노를 가장 큰 문제로 꼽았지만, 마벨은 그것을 대수롭지 않게 여겼다. 내가 이들의 평가면담 마지막 회기에서 이 두 사람의 서로 다른 견해에 대해 언급하자, 그들은 서로 마주 보고 미소를 지었다. 라울이 말했다. "네, 그것 참 멋있네요!" 그리고 곧 덧붙였다. "그건 끔찍해요. 우리는 그것이 지속되는 것을 원치 않아요." 그들에게 있어서 부부싸움은 강렬한 긴장이 해소되는 순간이었으며, 어쩌면 성교 자체보다도 더 강렬한 흥분을 가져다주는 것이었다.

라울의 주물성애는 그들의 관계에서 대부분 드러나지 않은 상태로 유지되었다. 최근 마벨이 임신을 하기를 원하자, 그는 여자의 속옷을 입고 특히 페니스에 "음경 반지"를 끼거나 마벨이 창녀처럼 말을 한다면, 더욱 흥분이 고조될 거라고 느끼기 시작했다. 그는 그녀에게서 다음과 같은 말을 듣기를 원했다. "서둘러요. 나는 하루 종일 기다릴 수가 없어요. 이제 5분밖에 남지 않았어요." 그는 그녀가 공격적이고, 퉁명스럽고, 지배적이기를 원했다. 그는 그러한 지배적이고 잔인한 여자에 대한 일련의 소망과 환상들을 다섯 살 때부터 갖고 있었다고 그녀에게 털어놓았다. 사실, 그는 그 환상이 숨어있다는 것을 오래 전부터 알고 있었다. 그러나 그것이 그의 생각 안에서 모습을 드러낸 것은 불과 2, 3년 전이었다.

마벨은 그의 요구에 맞춰주려고 노력을 했지만, 문제는 점점 더 심각해졌다. 그녀는 처음에는 이런 사소한 요구에 별로 개의치 않았지만, 차츰 라울이 여자의 속옷이나 가학증을 통해서만 흥분할 수 있다는 사실이 증오스러워졌다. 몇 달 후에, 그녀는 자신의 개인치료자의 지지를 받아 그의 요구에 순응하기를 거부하고 부부치료를 받자고 요구했다.

라울과 마벨 두 사람은 모두 힘든 과거를 가지고 있었고, 내재화된 박탈감을 갖고 있었다. 마벨은 그녀와 엄마는 서로를 미워했다고 말했다. 그녀는 그 이유가, 아버지가 그녀를 특별히 좋아했기 때문이라고 했다. 그러나 아버지는 사실상 그녀에게 시간을 내주지 않았다. 결국 그녀는 자신에게는 아무도 없다고 느꼈다. 그녀는 자신을 학대하는 남자 친구를 반대하는 엄마와 싸우고 나서 17세 때 집을 떠났다. 그후에 그녀는 혼자 힘으로 대학을 다녔다.

라울은 엄마와 누나들에게 괴롭힘을 당하면서 자랐다고 느꼈다. 그는 세 자녀 중에서 막내였으며 위의 누나와는 열두 살이나 차이가 났다. 누나들은 그를 무자비하게 못살게 굴었다. 그들은 그가 작다고 조롱하면서도 그를 유혹했다. 그들은 그가 세 살 때에 여자 속옷을 입혀 침대에서 데리고 잤으며, 다음 할로윈 때에는 그에게 여자 옷을 입혔다. 그들은 자주 그가 여자가 아니어서 너무 안됐다고 말하면서, 그가 여자였더라면 매우 귀여웠을 것이라고 말했다. 누나들은 그에게 생리대를 사오면 심부름 값으로 10센트 은화를 주겠다고 약속하고는 그 약속을 지키지 않은 적이 허다했다. 한 번은, 그가 10세 때에 22세인 누나와 같은 방에서 옷을 갈아입고 있었는데, 투명한 브라와 팬티를 입고 있던 누나가 그를 유혹했다. 그때 그는 너무나 겁이 나서 아무런 반응도 하지 못했다. 청소년이 되었을 때, 그는 속옷을 입은 두 누나에 대한 환상을 떠올리면서 자위를 하곤 했다.

라울은 자신을 힘들게 했을 뿐만 아니라 누나들이 그를 괴롭히도록 내버려둔 엄마에 대해 분노를 느끼고 있었다. 어머니는 43세에 그를 낳았고 그를 특별한 존재라고 느꼈다. 그가 완벽하기를 기대했고 또 높은 이상에 따라 살기를 기대했던 그녀는 그에 대해 비판적이었다. 그의 여자 친구는 모두 마음에 들어하지 않았다. 이전 치료에서, 라울은 생애 초기 2년 동안에는 자신이 아버지에게 특별한 존재로 대우

받았는데, 그의 자기 주장이 강해지자 아버지는 갑자기 마음이 바뀐 것 같다고 회상했다. 그의 아버지가 그에 대한 사랑을 철수하면서, 라울은 어린 시절 내내 그를 지배했던 엄마와 누나들에게 맡겨졌다. 라울은 이런 기억을 회복하면서, 아버지의 사랑을 상실한 것이 자신이 평생 동안 여자들을 증오하게 된 원인이라는 사실을 깨달았다.

라울은 마벨을 만나기 전에 여자들과 많은 관계를 가졌다. 그는 그러한 관계 안에 반복되는 패턴이 있다고 생각했다: 좋은 감정을 느끼고 성교를 즐기는 기간이 어느 정도 지나면, 그는 그들을 자신의 엄마와 누나들처럼 "음란한 여자"라고 느끼기 시작했고, 그들로부터 성적 및 정서적으로 철수했다. 그는 이것이 마벨과는 아무런 상관이 없는 그 자신의 개인적인 문제라는 사실을 분명히 알고 있었고, 조만간 그것을 해결할 것이라고 생각했다.

라울과 평가면담을 하는 동안 흥미로운 전이가 나타났다. 그는 나와 첫 개인 면담을 하고 나서 처음으로 동성애적 환상을 경험했으며, 그 전에는 동성애 경험은커녕 그런 환상도 가진 적이 없다고 보고했다. 그 시간 이후로, 그는 자위를 하면서 구강 성교를 하는 남자에 대한 환상을 갖게 되었다. 그 환상은 그가 평가면담 시간에 구체적인 성적 질문에 대답하면서 흥분을 느꼈고, 치료자를 그의 누나들처럼 유혹하는 사람으로 경험했다는 것을 암시했다. 나와 가진 면담에서 경험한 친근감이 그의 거절하는 아버지에 대한 성화된 갈망을 다시 일깨웠던 것이다. 그의 환상은 라울이 겉으로 드러난 것보다 더 많은 양성적인 성향을 가지고 있을 수 있다는 사실을 깨닫게 해주었다.

우리가 중요하게 생각한 문제는 부부의 성생활이 개선될

수 있는 가능성이 있는가 라는 것이었다. 마벨은 그녀의 개인치료가 진전되면서, 점점 더 강박적이 되어 가는 라울의 주물성애를 더 이상 받아줄 수 없다고 느꼈는데, 그로 인해 그들의 결혼은 막다른 골목에 처해 있었다. 두 사람은 정면 충돌을 향해 가고 있었고, 그것은 헤어지는 결과를 가져올 것이 뻔했다.

평가 과정에서 내가 중요하게 물었던 질문은 주물성애와 의상도착이 라울의 초기 삶에 뿌리를 둔 것인지, 아니면 현재 상황의 긴장에서 오는 퇴행 현상인지에 관한 것이었다. 부부치료가 진행되는 과정에서, 나는 마벨로부터 그녀의 치료적 진전에 관해 들을 수 있었다. 그것은 그녀가 치료 과정을 통해서 점점 더 결혼생활의 고통에 맞설 수 있게 되었고, 더 이상 라울의 요구에 사로잡혀 피학적 성향의 이상성욕에 희생당하지 않을 수 있을 만큼 건강한 자존감을 확립할 수 있게 되었다는 것이었다. 그러나 처음에는 라울이 여자의 속옷을 입는 강박적인 주물성애와 그것과 관련된 영역을 포기할 수 있을 지에 대해서는 확신할 수가 없었다.

이 부부는 모두 집중적인 정신분석적 심리치료를 받고 있었다. 이 사례는 개인치료가 진전됨에 따라 배우자간의 충돌이 일어날 수밖에 없는 드물지 않은 경우를 보여준다. 그 충돌은 그들 각자의 치료에서 서로 반대 방향으로 가고 있을 때 발생했다. 특히, 마벨이 개인치료 과정을 통해 그녀의 자기를 공고화하고, 자기 존중에 대한 "권리"를 주장하고, 그녀의 피학증적 요소를 줄여 가는 단계에서 충돌이 발생했다.

라울은 여러 해 동안 그의 낮은 적응 능력에 관해 탐구했으며, 그 점에서는 상당한 진전을 이루었다. 그러나 그의 치료자가 죽는 바람에 2년 동안 치료를 쉬었고, 결혼생활의 문

제가 심각해지자 최근에 새롭게 치료를 시작했다. 그의 문제
는 주물성애 외에도 다른 문제들, 즉 그의 결혼생활을 공고
화하고 자녀를 갖는 문제, 그에게 좋은 아버지와도 같았던
치료자의 죽음을 애도하는 문제 등을 포함하고 있었다. 다행
스럽게도 그는 자신의 주물성애의 의미를 탐구할 수 있는
능력을 갖고 있었다.

　이러한 요인들을 고려할 때, 나는 그의 주물성애가 극복할
수 없는 장애물이 아니며, 본질적으로 그들을 갈라놓을 만큼
커다란 문제가 아니라는 결론에 도달했다. 그것은 위기에 발
생하는 관계의 와해에 따른 산물이었다. 라울은 자신이 주물
성애를 오래 전부터 가지고 있었다고 느꼈음에도 불구하고,
결혼생활과 자녀에 대한 헌신이 깨어질 수 있는 위기를 맞
기까지는 잠재적 상태로 유지해왔다. 이 위기는 그가 이전의
관계에서 경험했던 것과 거의 같은 것이었다. 그는 여성들과
의 관계에서 처음에는 여자 속옷 없이도 성적 관계를 잘할
수 있었지만, 헌신이 필요할 정도로 관계가 깊어지면, 그 여
자를 음란한 존재로 생각하기 시작했고, 따라서 관계를 끝내
곤 했다. 결국 그는 여자 속옷을 사용하여 마벨에 대한 증오
를 상쇄시키고자 했음이 드러났다.

　이 부부의 핵심적인 문제는 실제로 자녀들에 대한 결정으
로 구체화된, 서로에 대한 헌신이었다. 평가면담이 끝날 때쯤,
그들은 자신들이 실제로는 결혼하지 않았다고 내게 털어놓
았다. 이것은 라울의 개인치료자도 모르고 있었다. 그들은 세
금 문제로 몇 해 전에 이혼을 했고, 재혼을 하지 않은 상태
였다. 나는 라울이 결혼에 대한 신뢰성과, 마벨의 엄마로서의
능력에 대해 심각한 의문을 가지고 있다고 말했던 것을 기
억해냈고, 그 점에 대해 그에게 물었다. 그는 많이 망설인 끝

에 마침내 자신이 가족과 자녀를 갖는 것을 원하는 데까지는 도달했지만, 마벨이 그의 자녀들에게 좋은 엄마가 될 수 있을지 확신할 수가 없었다고 말했다. 마벨은 그녀가 이 결혼을 원하고 있음에도 불구하고 그리고 관계의 향상을 위해 치료를 받고 있음에도 불구하고, 결혼의 운명에 대해 명백히 밝히기를 원한다고 말했다.

나는 그들이 세금 문제로 이혼한 것도 그들이 뿌리 깊게 공유하고 있는 헌신하지 못하는 문제가 드러난 것이라고 말했고, 그들은 내 말에 동의했다. 그들은 이혼한 후에, 결혼하지 않은 상태로 있으면서 그들의 관계가 강화되었다는 생각을 공공연히 이야기했던 일을 기억해냈다. 그들은 양가감정을 공유했고, 그들의 관계를 결혼 아닌 결혼으로 유지함으로써 서로에 의해 통제 받는다는 생각으로부터 벗어날 수 있었다.

도착은 이 부부가 공유하고 있는 문제였다. 라울은 도착을 외적인 형태로 표현했다. 그의 도착 행동 안에는 그가 비위를 맞추고 통제할 수 있기 때문에 잔인하게 그를 거세하지 않는 엄마에 대한 추구가 담겨져 있었다. 그는 그녀의 옷을 입음으로써 흥분시키는 엄마와 동일시했다. 마벨은 이 전체 모습의 보완적인 측면인 여성적 측면을 나타내고 있다. 그녀는 경멸과 통제에 복종했고, 비하된 대상이 되었으며, 그녀가 개인치료에서 자신에 대해서 새로운 관점을 갖게 되기까지는 통제 당하고, 소유되고, 모욕당하는 데서 무의식적인 평안과 친밀감을 느꼈다.

평가 과정에서 출현하는 전이와 역전이

이 사례에서, 전이와 역전이는 부부의 공유된 도착을 평가 과정 안으로 가져왔다. 즉, 부부는 서로에 대한 초점적인 투사적 동일시를 평가 과정 안으로 가지고 왔다. 라울은 두렵고, 박해하는, 경멸스런 대상을 마벨에게 투사한 반면, 마벨은 그녀가 추구하는 학대하는 동시에 흥분시키는 대상을 라울에게 투사했다. 평가가 이루어지기 전에, 서로에 대한 이 초점적인 전이들은 서로를 사랑하지 못하는 무능력에 대한 그들의 두려움을 몰아내기 위한 것이었는데, 평가 과정에서 이것은 그들의 공유된 안아주기의 영역을 차지해 버렸다. 치료 면담에서, 그들은 그들의 공유된 안아주기 영역을 보호하기 위해서 이 요소들을 내게 투사하였고, 나를 비하하려고 했다. 이 과정에서, 그들은 서로에 대한 헌신의 느낌을 갖게 되었는데, 그것은 전에는 불가능한 것이었다. 그들은 나를 거절하는 대상으로 그리고 도움과 위로를 주는 사람으로 경험하는 것을 통해서 그렇게 할 수 있었고, 이러한 작업을 가까스로 해낼 수 있었다. 그들은 내가 실제로 그들이 한 말을 인용했을 뿐인데도 그것을 내가 자꾸 틀린 말을 하고 있다는 증거로 간주했다. 나는 그들에게 개인치료가 그들에게 중요한 것은 사실이지만, 그것만으로는 그들의 상호적인 두려움이 어떻게 그들의 관계를 방해하는지 알 수 없을 것이라고 말했다. 라울은 내 말을 경청했으면서도, 부부치료의 필요성과 나의 능력에 대해 의심했다. 다른 한편, 마벨은 오래 전부터 그들이 도움을 필요로 한다고 느끼고 있었다. 그렇기 때문에, 그녀는 내가 왜 그녀가 이미 알고 있는 것에 대해 그렇게 야단법석을 떠는지 모르겠다고 반문했다. 그녀는 이처럼 나를 대면하는 것을 통해서, 나와 공유하고 있는 관심, 즉 주물 성애를 용납할 수 없다는 사실과 그녀가 과연 라울과 함께 살 수 있을 지에 대한 의심을 씻어버렸다.

이러한 전이적 요소는 부분적으로 그들이 다른 상황에서 나에 대해 보였던 태도에서 이미 드러난 바 있었다. 최초의 부부 면담에서는 위기감이 감돌았다. 개인 면담에서 마벨은 절망하고 있었고, 라울에 대해 화가 나 있었으며, 결혼생활을 유지할 수 있을지 회의를 느끼고 있었다. 라울 또한 개인 면 담에서, 결혼에 대해 유보적이고 회의적이었다. 그러나 그는 곧 부부치료를 거부했다. 그리고 나서 부부가 다시 함께 만 났을 때, 그들은 마치 결혼생활이 지속될 가능성에 대해 전 혀 의심하지 않았다는 듯이 부부치료를 받는데 동의했다. 그 러면서 그들은 내가 도달한 이해와 결론은 쓸모 없고 부적 절한 것이라는 생각에 동의했다.

그러나 놀랍게도, 내가 막상 그들에게 더 적합한 치료자를 추천하는 과정을 시작하자, 그들은 내게 그들의 치료를 맡아 달라고 요청했다. 그러면서 상담료를 삭감해주고 저녁시간에 치료를 해달라고 조건을 내세웠다. 나는 그들이 내세운 조건 을 받아들일 수 없었다. 역설적이긴 하지만, 그들이 감당할 수 있는 조건하에서만 나를 보겠다는 요구는 나에게 자신에 게 맞추어주는 사랑과 신뢰를 요구하는 것이라고 볼 수 있 다. 마치 라울이 마벨이 받아들일 수 없는 조건을 받아들여 주기를 요구하는 것이 문제이듯이, 그들이 내가 받아들이기 힘든 틀을 요구하고 있는 것이 문제라고 생각했다.

나를 비하하고 반대하는 전체 전이 과정이 나를 소유하고 통제하고자 하는 그들의 시도임이 드러났다. 그렇게 함으로 써, 그들은 나에 대한 시기심과 열등감을 처리하고자 했다.

이러한 전이는 모성적 전이 대상을 완전히 통제하고 위험으로부터 자신을 보호하기 위해 그 대상의 옷을 입는—아마도 두려운 남근을 지닌 엄마를 거세하기 위해서—라울의 주물성애와 다를 바가 없다. 전이에서, 그들은 더 고통스런 감정인 갈망과 시기심을 감춘 채 나를 경멸스럽게 통제하는 것을 통해서 대상에 의해 통제되는 것에 대한 그들의 두려움을 다루고자 했다. 따라서 역전이에서 나는 치료적으로 무능해지는 느낌을 가졌다.

요컨대, 내가 전이를 통해서 마벨과 라울에게 부과한 위협이, 즉 그들의 상호적 패턴을 해체하라는 위협이 그들이 정해놓은 계급, 즉 누구는 도착자이고 누구는 아니라는 식의 차별을 무너뜨렸다. 따라서 그들의 공유된 환경 전이는 공유된 성도착으로 채워지게 되었다. 그러나 다른 한편, 나를 마치 사로잡은 포로인양 비하하고 모욕적으로 통제하고자 하는 그들 공동의 노력은 그들이 서로 안아주는 능력을 유지하고자 했던 시도였던 것도 사실이다.

우리가 이 장에서 제시한 부부치료 사례는 부부치료가 이성간의 사랑과 공격성이라는 비교적 친숙한 테두리 안에서만 수행되는 것이 아니라는 사실을 보여준다. 그것은 우리의 내적 대상관계가 그러한 테두리보다 훨씬 더 복잡하기 때문이다. 이러한 문제들은 단지 겉으로 드러난 도착이나 동성애 문제에만 해당되는 것이 아니다. 따라서 이러한 문제에 대한 이해는 유사한 문제를 지닌 더 많은 부부들을 이해하는데 도움이 된다.

동성애나 이상성욕의 문제를 갖고 있는 부부를 만날 때, 이러한 문제에 익숙하지 않은 치료자는 불편한 느낌을 갖기 쉽다. 우리는 이 장에서 이러한 문제들이 본질적으로 부부치료를 불가능

하게 만들거나 반드시 치료를 특별히 어렵게 만드는 요소가 아
니라는 사실을 분명히 하고자 했다. 이러한 문제들은 연속선상
에 존재한다: 정상적인 것으로부터 상황적 또는 발달적 위기에
따른 경미한 반응, 근저의 병리가 약간 드러나는 정도, 부부치료
로서 해결이 불가능한 심각한 왜곡에 이르기까지. 평가면담이
진행되는 과정에서, 치료자에게 부여된 과제는 그 사례가 치료
할 수 있는 것인지를 측정하는 것이다. 평가 과정과 치료 과정에
서 일어나는 전이와 역전이는 동성애자나 이상성욕자의 대상관
계를 반영하고 표현하는 것으로 이해되며, 이때 치료자는 탄력
성 및 지식과 함께 편안한 마음을 갖는 것이 필요하다.

제 5 부

부부 문제의 평가와 치료

제 14 장

종결과 추후 조사

종결의 기준

부부치료는 충분히 좋은 치료 결과를 가져올 수도 있고, 어떤 이유로든 치료에 성공하지 못할 수도 있다. 또 때로는 환자와 치료자가 치료 결과에 대해 동의하지만, 항상 그런 것은 아니다.

예를 들어, 부부 중 한 사람이 결혼관계가 회복되는 것을 원치 않을 수도 있다. 부부 중 한 사람이 결혼생활을 끝내기로 마음을 결정을 하고 있을 경우, 그 결혼관계는 회복이 불가능할 수 있다. 그 외에도 결혼관계를 새롭게 하기 위한 조건들을 만족시킬 수 없는 사례들이 많이 있다. 그럴 경우, 부부치료는 결혼관계를 회복시키지 못하고 실패로 끝나거나 별거를 거쳐 이혼하기에 이르기까지 지속될 수 있다. 부부치료를 끝내는 것과 관련된 어려움은 불만족스런 결혼을 종결하지 못하는 부부의 무능력을 나타낼 수 있다. 때때로 치료자가 부부에게 그들의 결혼에 아무런 희망이 없다는 말로 부부를 도전할 때, 그들이 헌신을 새롭게 하고 예기치 않게 좋은 결과를 가져오기도 한다.

모든 사례의 종결에서 공통적으로 나타나는 한 가지 주제는 상실이다. 그것은 종결이 단 한번의 실망스런 회기 후든지 아니면 몇 년간의 치료 후든지 상관이 없다. 이 상실에는 결혼의 상실, 결혼에 대해 가졌던 이상의 상실, 치료 기회의 상실, 치료 환경의 상실, 그리고 치료자와의 관계의 상실 등 다양한 상실 경험들이 포함된다.

상실은 단지 종결 과정에서만 나타나는 것이 아니다. 어떤 점에서, 각 회기의 종결은 궁극적인 종결을 위한 준비이기도 하다. 때로 이 문제가 중심적인 문제가 되기도 한다. 예를 들어 부부가 별거를 하게 되거나, 또는 치료자가 멀리 떠나갈 때 그 문제는 치료과정의 중심적인 문제가 될 수 있다. 치료의 종결이 가까워질 때, 부부는 지지를 상실하는 것에 대해 반응을 보이기 쉽다. 이별이 임박할 때 부부는 갑작스럽게 미묘한 문제나 동요를 보이기 쉽다.

이 장에서, 우리는 치료 과정에서 성취해야 할 과제와 치료 작업의 한계에 초점을 맞추면서, 다양한 상황에서의 치료의 종결에 관해 묘사하고자 한다.

치료가 시작되기도 전에 발생하는 종결

환자가 의뢰되자마자 바로 치료가 중단되는 경우가 종종 있는데, 그것은 배우자 중 한 사람 혹은 두 사람 모두가 결혼생활을 지속하기를 원치 않을 때이다. 단지 의무감 때문에 첫 회기에 오는 사람들이 있다. 이런 경우, 치료는 곧바로 중단되거나, 아니면 배우자 중 한 사람이 개인치료를 계속 받게 되기도 한다. 그리고 개인치료는 짧을 수도 길 수도 있다.

돈 L은 전화로 나(J.S.S)와 면담 약속을 했다. 그는 전화로 결혼한지 20년 된 그의 아내 레노르가 별거하자고 요구하고 있으며, 그는 이혼을 피할 수만 있다면 무엇이든지 하겠다고 말했다. 그는 그녀의 이혼 요구로 인해 엄청난 충격을 받았다고 말했다. 그는 자신과 아내가 남부럽지 않은 행복한 부부였다고 하면서 내가 그들을 빠른 시일 안에 만날 수 있겠느냐고 물었다.

이틀 후에 내가 그들을 만났을 때, 레노르는 남편과 전혀 다른 생각을 말했다. 그녀는 여러 해 전부터 돈에게 무언가가 잘못되어 가고 있다고 말했다고 했다. 그녀는 여러 해 전부터 자신이 남편으로부터 멀어지고 있다고 느꼈으며, 이제는 사춘기에 접어드는 자녀들이 부모의 이혼을 감당할 수 있을 거라고 생각하고 있었다. 그녀의 불만 중의 하나는 돈이 학습 장애가 있고 잘 적응하지 못하는 그들의 아들에게 너무 무관심하다는 것이었다. 그녀는 돈이 그 아이를 돌보는 일을 자신에게 떠맡긴 것에 대해 증오하고 있었다.

돈은 자신에게 한번 더 기회를 주어야 한다고 그녀에게 항변했다. 자신은 직장에서 위기를 맞고 있는 상태이고, 레노르에게 쓸 돈을 주지 않은 것도 아닌데, 이혼을 요구하는 것은 공정하지 않다고 했다. 레노르는 자신이 여러 해 동안 해 온 말을 돈이 이해하지 못하고 있다고 버텼다. 그녀는 여러 해 동안 이러한 위기를 하나씩 넘기면서 그를 어린애처럼 돌보아왔다. 그녀는 내가 돈이 치료받도록 설득할 수 있을 것이라는 희망을 가지고 왔는데, 그것은 그가 이 이별을 힘들어 할 것이라는 것을 잘 알고 있기 때문이었다.

돈은 아직도 절박한 심정으로 이혼을 모면할 방법을 찾기를 원했고, 레노르는 몇 주 동안은 이혼의 의지를 분명하게 밝히지 않았다. 나는 그들이 함께 있는 자리에서 만일 그녀가 정말로 결혼생활을 끝내기를 원한다면, 그런 자신의 생각을 명확히 밝혀야 돈의 불안을 줄일 수 있다고 말했다. 개인 면담에서, 그녀는 자신이 처음으로 다른 남자와 알게 되었으며, 그 사실을 돈이 알면 앙심을 품을 것이라고 내게 털어놓았다. 그녀는 결혼을 끝내겠다는 생각이 확고했지만, 돈에 대한 동정심 때문에 그가 도움을 받을 수 있도록 이끌고 싶어했다.

내가 돈을 따로 만났을 때, 그는 절망에 빠져 있었고, 불안해하고, 겁을 먹은 상태였다. 그는 아내가 여러 해 동안 결혼생활에 대해 불평해온 이유를 모르겠다는 생각에 강박적으로 사로잡혀 있었다. 레노르가 집을 떠날 준비가 되자, 그는 불안이 더 심해졌고, 깊은 우울증에 빠져들었으며, 죽고 싶다는 생각을 했다. 그는 항우울제를 복용하면서 비교적 좋아지긴 했지만, 계속해서 자신이 공정한 기회를 가질 권리가 있다고 고집했다. 그러나 그의 이런 행동은 그에 대한 아내의 판단을 확인해줄 뿐이었다.

결국 그는 애도할 수가 없었다. 대신에, 그는 재산을 분할하는 과정에서 계속해서 그녀와 싸웠다. 그는 결혼과 가족을 애도하며 떠나보내지 못하고 격한 싸움을 벌였다. 2년 후에 그가 새로운 관계를 시작하게 되면서 비로소 모든 분쟁이 해결되었다. 반면에, 레노르는 이상화된 새로운 관계에 뛰어드는 것을 통해서 애도 과정을 회피했다. 이것은 돈이 취한 것과는 다른 방법이지만, 그녀의 심리적 상실감을 최소화시켜주었다. 그녀의 두 번째 관계가 부정적인 관계로 변하고 그녀가 두 사람을 비교하게 되었을 때, 그녀는 비로소 자신이 새로 선택한 남자가 처음에는 매력적이고 협조적인 것처럼 보였지만 똑같이 의존적이고 요구적인 남자라는 사실을 깨달았다. 그때 비로소 그녀는 유쾌한 성격을 지녔지만 실망을 안겨주던 자신의 아버지와의 경험을 이해하기 위해 치료를 받기 시작했다. 그녀는 지금까지 자신이 선택한 두 남자를 통해서 그 경험을 다루고자 했다.

이 부부의 사례는 치료를 시작도 하지 못하고 끝난 경우이다. 물론 이 치료에서도 각 배우자로 하여금 이미 경험한 상실과 또 앞으로 경험하게 될 상실을 관리하는데 일부 도움을 준 것은 사실이다. 그러나 그것조차 성공적이었다기보다는 불완전한 것이었다. 이 사례는 온건하고 "낙관적인" 부인을 사용하는 겉보기에 합리적인 배우자와, "반칙이요"와 "나를 돌보아 주세요"를 외치는 강박적이고 편집적인 배우자의 모습을 보여준다. 돈은 실제로 거의 도움을 받지 못한 반면에 레노르는 자녀들의 문제를 다루는 것과 관련해서 약간의 지지와 충고를 얻을 수 있었다. 그러나 그녀는 두 번째 관계가 실패할 때까지 실제로 의미있는 치료작업을 시작하지 않았다.

치료자의 실수로 인한 종결

이런 힘든 작업에서, 치료자의 실수로 인해 치료가 종결되는 경우도 물론 있을 수 있다. 부부와 치료자가 서로 잘 맞지 않거나 치료자의 실수 때문에 치료를 계속할 수 없는 경우가 그것이다. 종종 치료를 진행할 수 없게 만드는 실패가 순전히 치료 기술의 문제인지 아니면 역전이 문제인지, 아니면 여러 가지 문제들이 혼합된 것인지를 분간하기란 쉽지 않다.

나는(J.S.S) 필드 부부를 가까운 동료에게서 의뢰받았다. 사실 그때 나는 그들을 만날 만한 시간적 여유가 없었다. 그러나 의뢰한 사람이 가까운 동료였고, 그들 부부가 특별히 치료를 맡아볼 만한 가치가 있으며, 내가 그들을 만나는 것을 즐길 것이라고 권하는 바람에 그들을 위해 시간을 내기로 했다. 그러나 내가 그들과 만났을 때 그들은 치료를 받고자 하는 의지가 없는 상태였다. 남편인 필드씨는 아내의 불안정에 대해 호소했고, 그녀는 그의 수동성과 사용 불가능성에 대해 호소했다. 그녀는 실제로 그런 상황을 더 이상 견딜 수 없다고 말했다. 그녀는 이혼을 생각하고 있었다.

나는 그녀가 밧줄 끝에 매달려 있다고 느끼면서, 헤어질 것을 생각하고 있는가보다 하고 생각했다. 그러나 다음 시간에, 그녀는 자신에게 그런 의도가 없는데 내가 그들을 헤어지는 쪽으로 압력을 가하고 있다고 비난했다. 나는 사자굴 한가운데 있는 것처럼 느꼈다. 그녀는 내가 그녀를 오해했다고 느꼈다는 사실과, 이런 상황에서 자신이 다시 나를 만나러 올지 자신이 없다는 사실을 알려주었다.

다음 회기에 필드씨만 오고 그녀는 오지 않았다. 그때 그는 그 자리에서 상담을 취소했다. 나는 어떤 경우라도 취소한 회기에 대해 치료비를 받는 것을 원칙으로 삼고 있었지만, 이 상황에서 내가 만일 필드씨와 의논하지 않고서 계산서를 보낸다면 그 역시 한대 얻어맞은 기분일 것이라는 생각 때문에 내 원칙을 수정하기로 했다. 실상 그는 취소한 회기에 대해 치료비를 지불하지 않았을 뿐 아니라 치료 자체를 포기했다.

이 사례를 돌이켜볼 때, 이 부부가 나에 대해 갖게 된 불편한 느낌은 그들을 내게 의뢰한 동료에 대한 나의 느낌이 전달된 것이었음을 알 수 있다. 나는 그들을 처음 만났을 때 내 동료가 나를 유혹했다는 느낌을 받았다. 내가 이미 한 약속 때문에 그들을 만났지만, 그때 나는 이 부부의 전이를 받아들일 준비가 되어 있지 않았다. 그들에 대한 나의 실망감을 인식하지 못한 채, 나는 그 실망감을 이 부부에게 넘겨주었고, 따라서 그들은 나에게 실망감을 느꼈다. 나는 이 부부가 다른 많은 부부들보다 치료가 더 어렵다고는 생각하지 않으며, 따라서 이 치료의 실패 원인은 나에게 있다고 생각한다.

좀더 적절한 치료자에게
의뢰함으로써 이루어지는 종결

카일리 부부의 사례는 전에 출판된 책에서 이미 소개된 바 있다(Scharff & Scharff, 1987). 남편은 55세 아내는 41세 된 이 부부는 카일리 부인의 개인치료자에 의해 내게(D.E.S) 의뢰되었다. 그들의 결혼생활은 끊임없는 싸움으로 얼룩졌고, 회기 동안에도 그들은 싸움으로 일관했다. 따라서 치료자는 무시되고 버림받는다고 느꼈고 마음이 무거웠다. 카일리 부인은 항상 무언가 부족하다고 느꼈고, 따라서 요구가 무척 많았다. 카일리 씨는 그녀의 공격을 꾹 참고 견디다가, 결국

은 폭발하곤 했고, 때로는 사무실 가구가 망가질 정도로 주
먹으로 내려치기도 했다. 그러나 그녀는 그런 그를 아랑곳하
지 않았다. 몇 번의 면담을 통해서 치료의 진전이 발생할 때
마다 그들은 싸움거리를 가지고 왔다. 그 싸움은 모든 치료
적 진전을 망쳐버리는 것으로 보였다. 나는 그들이 함께 치
료를 망치고 있다고 해석해주었지만, 아무 소용이 없었다. 그
때마다 카일리 부인은 늘 이혼 이야기를 꺼내며 남편을 경
멸하곤 했다.

이러한 패턴이 열두 번쯤 반복된 후에, 나는(D.E.S) 그들이
계속해서 반복되는 패턴에서 벗어나지 못하는 것을 지적하
면서, 이 치료의 효과에 대해 의문을 제기했다. 나는 이 치료
가 별 의미가 없는 것 같다고 말했다. 카일리 부인은 어쨌든
자신은 헤어지겠다고 말했고, 그것은 치료자의 실수와는 상
관이 없는 것이었다. 그녀의 남편은 한마디로 구제불능이었
다. 카일리 씨는 수동적인 몸짓으로 어깨를 으쓱거렸다. 그는
이혼을 원치 않지만, 상황이 진전되지도 않았고 변화되지도
않았다는 생각에 동의했다. 우리는 두 번의 종결 회기에서
이러한 결론에 대해 검토하기로 동의했다. 하지만 그들은 여
전히 격렬한 싸움만을 계속 했고, 결국 그녀는 부루퉁한 상
태로 그리고 그는 패배한 사람으로 치료를 끝냈다. 그리고
그 패배의 느낌은 내게도 마찬가지였다.

나는 2년 후에 카일리 부인의 개인치료자에게서 그들의
후속 치료에 관한 이야기를 들었다. 그들은 헤어지지 않은
채, 다른 치료자에게 다시 부부치료를 받았고, 훨씬 더 조용
히 이야기를 나누는 시간을 가졌다. 치료 작업과 그에 따른
그들의 관계의 질이 향상된 것은 카일리 부인이 그녀의 집
중적인 개인치료에서 도달한 치료적 향상 때문일 수도 있고,

나와 치료를 끝내면서 내가 그들에게 직면했기 때문일 수도 있다. 그리고 어쩌면 그들이 다른 치료자와 더 잘 맞았기 때문이거나, 그 치료자가 그들의 더딘 진전에 대해 더 잘 인내하고 그들의 가-피학적인 관계 방식을 더 잘 견디어주었기 때문일 수도 있다. 그들의 후속 치료에 대한 소식을 듣고 나는 멈칫했다. 나에게 치료받던 부부가 치료의 실패 원인이 내게 있다는 느낌을 남긴 채 치료를 떠났다가 다시 치료를 잘 받고 있다는 것이다. 나는 한편으로는 그들이 향상된 데에는 아마도 내가 한 역할이 한몫 했을 것이라고 생각했고, 다른 한편으로는 내가 그들의 치료 과정을 더 잘 이끌 수도 있었을 텐데 라고 생각했다.

이러한 모호함은 항상 우리가 만나는 것이다. 우리는 치료에 관한 기술을 배우고 또 우리의 경험과 직관을 따르지만, 그럼에도 불구하고 우리가 모르는 것이 많다는 것을 인정하지 않을 수 없다. 많은 환자들은 우리를 잘 대해주며, 어쩌면 분에 넘치도록 잘 대해준다. 그런가 하면 우리를 시험하는 부부도 있다. 우리는 종종 그 시험에 통과하지 못한다. 따라서 우리는 치료가 충분히 이루어지지 않고, 결과가 좋지 않은 종결을 하게 되는 경우가 흔히 있으며, 그 중에는 치료자에게 잘못이 있는 경우도 있다는 사실을 인정할 수밖에 없다. 우리는 이러한 가능성을 정직하게 직면하고, 우리의 기술을 좀더 다듬으며, 이러한 불완전성이 인간의 노력의 본질이라는 사실을 이해할 필요가 있다. 치료가 잘 되지 않을 때, 그것은 환자들에게 상실인 것과 마찬가지로 우리에게도 상실이다!

단기간의 치료 후에 도달하는 종결

단기간의 부부치료에서 좋은 치료 결과가 나타날 수도 있다. 어떤 부부들은 이 위기를 그들의 결혼이 지닌 장점들을 찾아내는 기회로 삼기도 한다. 만일 우리가 이런 부부들이 맞고 있는 위기를 극복하도록 돕는다면, 그들의 결혼은 곧 제 궤도를 찾게 된다. 이러한 경우에는 단기치료만으로도 종결이 가능하다. 그들이 다시 치료를 받으러 올 수 있도록 문을 열어놓는 것이 좋겠지만, 그들 중 대부분은 그럴 필요를 느끼지 않는다. 그런가 하면 단기간의 중재를 통해 도움을 얻은 후에 나중에 배우자들 중 한 사람이 개인치료를 받는 경우도 종종 있다.

단기치료에서 잘 해내는 부부들은 보통 치료 기간 동안 긍정적인 환경 전이를 발달시키며, 그 결과 그들의 공유된 안아주기 능력을 상당 정도 회복하게 된다.

25세 된 린다 T는 개인 면담을 위해 나를(J.S.S) 만나러 왔다. 그녀의 남편 닉은 28세 된 성공한 법률가이다. 그녀는 남편 닉이 지난 한해 내내 그녀를 완전히 무시했으며, 이제는 더 이상 그런 상황을 견딜 수 없다고 했다. 그녀는 방송 계통에서 일하고 있었고, 그 일을 즐겼지만, 이제 아이를 가지려고 계획하고 있었다. 닉은 결혼생활과 가족에게 좀더 시간을 내달라는 그녀의 간청을 잊고 있는 듯이 보였다. 그녀는 부부 평가면담을 받아보라는 나의 추천을 받아들였고, 그녀의 남편도 참석하기로 했다.

첫 번째 공동 회기에서, 닉은 그녀나 내가 하는 모든 말에 저항을 했다. 그러자 그녀는 그들의 결혼생활이, 오랜 세월을 실제로는 증오하면서 함께 살았던 닉의 부모의 결혼생활과 같다고 말했다. 그때 닉이 갑자기 소리쳤다. "당신이 옳아." 그가 말했다. "나는 당신이 시기심 때문에 내가 열심히 일하는 것을 방해한다고 생각했었어. 그런데 당신이 하는 말을 들으면서, 나는 갑자기 아이를 갖는 것이 두려워졌다구. 아이를 갖게 되면 나도 부모님들처럼 살아야 되는 게 아닐까 하고 말이야. 그것은 내가 지금껏 가장 두려워하던 것이었어." 그 순간 말하는데 대한 그의 망설임은 사라졌고, 그는 변한 것처럼 보였다.

그들은 두 번 더 만났지만, 거의 아무 말도 하지 않았다. 그는 말을 하지 않고 그녀를 아랑곳하지 않는 태도를 버렸고, 조용히 자신의 결혼생활을 진지하게 돌이켜 보았다. 종결작업은 마지막 면담인 세 번째 회기까지 계속되었다. 부부는 그들 스스로 자신들의 문제를 해결할 수 있을 지에 대해 숙고했다. 우리는 그들의 장점과 문제점을 검토했고, 그들 사이에 다시 긴장이 생길 경우 상대방이 치료적 도움을 받는 것을 방해하지 않기로 동의했다. 나는 그들이 견디는 능력을 회복했으며, 아직은 안정적인 것은 아니지만, 치료 면담을 계속해야 할만큼 문제점이 남아 있다고는 여겨지지 않았다. 나는 한편 염려스런 마음을 간직한 채, 그들을 떠나보냈다.

6개월 후에, 닉이 그들을 도와준 것에 대해 감사한다는 편지를 보내왔다. 린다는 임신한지 두 달이 되었고, 그들은 원하던 결혼생활을 다시 찾았다. 나는 3년 후 레스토랑에서 그들을 다시 만났다. 린다는 내가 있는 곳으로 다가와 모든 일이 잘 되어가고 있다고 말했다. 그들은 둘째 아기를 낳았으며, 그녀는 두 아기를 돌보기 위해 집안 일만 하고 있었다. 그녀는 닉이 여전히 그녀에게 이상적인 남자이며, 이제는 훌

룽한 아버지가 되었다고 말했다. 이 만남은 내가 맡고 있는
사례들이 모두 이처럼 좋은 결과를 가져왔으면 하는 바램을
갖게 했다.

우리는 단기치료로 충분히 치료된 부부들은 모두 인생의 발
달 단계의 과제를 다루는데서 오는 위기를 겪고 있었으며, 그들
의 결혼이 근본적으로 건강한 기초 위에 세워져 있었다는 사실
을 발견했다. 반면에 몇 번의 치료로 만족해야 하는 사례들 중에
서, 그 결혼이 장기적으로 위험을 가지고 있다고 생각될 경우, 상
당한 염려와 함께 그들을 떠나보내게 된다.

개인치료나 가족치료로 인도하는 종결

치료의 성공 여부를 떠나서, 부부는 함께 부부치료를 받다가
개인치료로 전환할 수도 있다. 샌더(Sander, 1989)는 이 치료의
전환을 전략으로 사용할 수 있다고 보았다. 그는 종종 부부치료
를 한쪽 배우자 또는 두 사람 모두의 개인치료를 위한 예비치료
로 활용했다. 우리의 경험에 의하면, 개인치료에서 부부치료로
전환하는 것도 가능하다. 즉, 한 단계의 치료적 초점은 그 다음
단계에서 다른 초점으로 옮겨갈 수 있다.

예를 들어, 부부가 부부치료를 통해서 투사적 동일시를 철회
하고, 서로를 지지해주고, 가정 안에서 협력할 수 있게 되었다고
하더라도, 둘 중 한 사람이 개인 심리치료나 정신분석을 받아야
할 수도 있다. 아니면, 그들의 가족 문제, 즉 그들의 자녀들, 부부
사이 그리고 그들의 부모 형제들과 관련된 문제가 남아있을 수

있다. 그럴 경우, 이러한 전환은 자연스런 진전으로 간주될 것이다. 종결 작업은 부부가 그들을 지지해주던 환경을 포기하는데 따른 상실감을 다루어야 할 수도 있는데, 이때 그 상실감이 다른 치료 양태로 전환되면서 분명히 표현되지 못하고 덮여버릴 수도 있다. 어쨌든 종결에는 애도를 필요로 하는 실제 상실의 경험이 있다. 이 상실의 문제는 다음에 이어지는 치료를 위해서 가능한 한 충분히 다루어져야 한다.

개인치료로 인도하는 성공적인 부부치료

베아와 딕 닐은 큰 기대 없이 부부치료를 받으러 왔다. 딕은 자신의 결혼을 구할 방도가 거의 없다고 느꼈다. 그는 베아와 함께 살기 위해 워싱턴으로 이사를 왔지만, 그의 전공 분야인 컴퓨터 디자인 영역에서 직장을 구할 수가 없었다. 외교 분야에서 훈련을 받고 있던 베아는 아이를 원치 않던 자신의 생각을 바꾸었지만, 딕이 적극적으로 직장을 구하지 않는다고 느꼈고, 자신이 해외로 파견되면 그의 이런 상태가 지속될 것이라고 느꼈기 때문에, 과연 그가 좋은 아버지가 될 것인지에 대해 의심하고 있었다.

그럼에도 불구하고, 이들 부부는 치료를 잘 받았다. 베아는 그녀가 딕과의 결혼을 받아들인 동기에 대해 통찰을 얻을 수 있었다. 그녀는 자신의 부모처럼 싸우지 않기 위해 수동적인 딕을 선택했지만, 지금은 그가 좀더 적극적이 되어주기를 바랐다. 딕은 치료 과정에서 특별히 말을 잘 하지는 않았지만, 잘 경청했고 치료에 참여하려고 노력했다. 그는 베아가 원하는 것이 변했다는 것을 이해했고, 그것으로 인해 그가 중압감을 느끼고 있다고 이야기했다. 그는 대부분 직장을 구하는 문제와 승진할 기회가 거의 없는 분야에서 일하면서 느끼는 어려움에 대해 이야기했다.

차츰 그는 더욱 적극적으로 직장을 구하기 시작했고, 결국 좋은 일자리를 얻었다. 그는 얼굴이 밝아지기 시작했고, 그들 사이에 새로운 활기가 생겼다. 이제 부부치료는 그 소임을 다했다. 이제 베아는 딕과의 결혼을 선택하게 한 자신의 낮은 자존감의 문제를 해결하기 위해서 개인치료를 받기를 원했고 좋은 사람을 추천해달라고 요청했다. 그녀는 자신이 기대했던 것보다 더 많이 좋아졌다고 느꼈고, 이제는 과거에 자신의 성장을 스스로 방해했던 원인에 대해 조사하기를 원했다.

부부는 한편으로는 용기를, 다른 한편으로는 슬픈 감정을 느끼면서 작별을 고했다. 15개월 동안의 치료를 통해서 삶이 변화되는 것을 경험한 그들은 이런 상태를 계속 유지할 수 있을 지에 대해 다소 불안해했다. 그들은 1년 후에 나에게 전화를 했다. 베아는 1년간의 개인치료를 마쳤고, 첫 번째 해외 파견을 받았으며, 해외로 떠날 날을 손꼽아 기다리고 있었다. 딕은 직장에서 인정을 받고 있었기 때문에, 그의 회사는 그가 해외 지사에서 일할 수 있도록 특별히 배려해주었다.

부부치료의 실패가 성공적인
정신분석으로 인도하는 경우

부부치료가 좌초하거나, 곤경에 빠지거나, 결혼이 깨지거나, 배우자 중 한 사람이 철수하면서 개인치료로 전환되는 경우도 있다. 종종, 부부치료는 실패로 끝나지만 그럼에도 불구하고 이어지는 개인치료는 그 당사자에게 커다란 유익을 줄 수 있다.

40세 된 벨린다 레비츠는 전화로 부부치료를 받겠다고 요청했다. 그녀는 남편의 치료자에게서 나를(J.S.S) 소개받았다고 말했다. 그들이 첫 면담을 받으러 왔을 때, 그녀의 남편 죠엘은 착한 남편처럼 행동했다. 그는 벨린다가 결혼생활이 만족스럽지 못하다고 하는 말에 놀라움을 표했고, 그가 할 수 있는 것은 무엇이든지 다 하겠다고 말했다. 그럼에도 불구하고, 그는 알코올 중독자이며 아내를 학대를 한다는 사실이 곧 드러났다. 보통은 바깥에서 온화한 모습을 보이면서, 집에서는 밤늦게까지 술을 마셨고, 벨린다를 위협하고 아이들에게 소리를 지르곤 했다. 한번은 그녀에게 성교를 강요하다가 그녀의 갈비뼈를 부러뜨린 적이 있었는데, 그는 그것을 "곰이 하는 포옹"(friendly bear hug)을 하려고 했던 것이라고 주장했다. 그는 세상 사람들의 눈에는 매력적인 사람이었지만, 집안에서는 공포의 대상이었다. 곧 부부 상담에서도 이러한 특성이 지배적으로 나타났다.

벨린다는 그에 대한 불안하고 피학적인 의존을 포기할 수 없었다. 부부치료에서 그녀는 자신이 홀로 있는 것에 대한 두려움과 그녀의 낮은 자존감에 사로잡힌 채 인질로 살아왔

다는 것을 깨달았다. 그녀는 이제 치료 시간에 그와 맞설 수
있게 되었다: 술을 끊든지 아니면 헤어지든지 둘 중에 하나
를 선택하라고 그에게 요구했다. 이러한 압력으로 인해 죠엘
의 행동이 난폭해졌고, 비서와 외도를 시작했으며, 만취 상태
로 밤늦게 귀가하기 시작했다.

죠엘이 개인치료를 받고 있었음에도 불구하고, 부부의 상
황은 급속도로 악화되었다. 벨린다가 혼자만이라도 면담할
것을 요청했지만, 나는 부부 문제가 해결되기 전에는 그 요
청을 받아들일 수 없었다. 벨린다만 만나는 것은 죠엘을 소
외시키고 부부치료에 대한 희망을 너무 빨리 포기하는 것일
수 있다는 생각 때문이었다. 죠엘이 그 점을 확인시켜주었다.
그는 나와 그의 개인치료자가 함께 만나 상담 받는데 동의
했지만, 상황은 계속 악화되었다. 마침내, 벨린다가 이제는 참
을 만큼 참았다는 생각에 도달했다. 그녀는 최종 날짜를 정
했고, 그 날이 되어도 그가 변하지 않자 그녀는 아이들을 데
리고 집을 나갔다. 그 다음 부부치료 시간에, 그녀는 자녀들
을 돌보는 일과 관계된 것만 상담하겠다고 말했다. 죠엘은
격노했고, 일련의 폭력적인 전화를 하기 시작했으며, 그들의
공동 구좌에서 돈을 빼 갔고, 협력하지 않겠다고 거절하였다.
다음 회기에 왔을 때 그는 술을 마시지 않았음에도 불구하
고, 그의 태도는 술 취한 사람 같았다. 그는 치료자에게 대들
면서, 벨린다의 편을 들었다고 비난했고, 상담실을 뛰쳐나가
는 것으로 치료를 끝냈다.

레비츠 부인은 이제 부부치료와 결혼생활을 끝내는 것을
애도하는 과제에 직면하고 있었다. 그녀는 마지못해서 오랫
동안 비밀로 묻어두었던 남편의 신체적 학대와 언어 폭력을
인정하기 시작했다. 이제 그녀는 절대로 포기하려고 하지 않

왔던 결혼생활을 애도해야만 했다. 그녀는 부부치료를 하면 이 결혼관계가 회복될 수 있었을 것인지에 대해 스스로에게 물었다. 무엇인가 달라질 수도 있지 않았을까? 그녀는 그렇게 생각하지 않았고, 커다란 상실감에도 불구하고 나를 신뢰했으며, 부부치료에 이어 집중적인 개인치료를 받겠다고 했다. 레비츠 부인은 자신이 그렇게 오랫동안 학대를 견디어 온 원인을 생각해보고 싶어했다. 그녀는 이제 자신으로 하여금 무기력한 희생자의 역할을 떠맡게 한 우울증과 낮은 자존감의 문제를 다루기를 원했다. 그녀는 정신분석을 통해서 마침내 처음부터 잘못된 결혼으로 이끈 원인, 즉 어린 시절과 청소년기의 상실 경험에 대해 철저하게 탐구할 수 있었다. 이것을 통해 레비츠 부인에게는 근본적인 내적 변화가 일어났고, 훨씬 더 높은 수준에서 치료받을 수 있는 능력을 갖게 되었으며, 궁극적으로는 강하고 친절한 남자와 사랑하는 관계를 맺을 수 있게 되었다.

불완전한 상태에서 끝내는 종결

때로는 불완전한 상태에서 치료를 끝내야 할 때가 있다. 이러한 경우, 치료의 상실에 대한 애도가 중심적인 문제가 된다.

순탄치 못한 결혼생활을 해온 앤디와 맥신 W는 우리 학생 중 하나와 부부치료를 시작했다. 맥신은 앤디가 이전 결혼에서 낳은 아들에게만 관심을 주고 그들의 세 자녀를 소홀히 여긴다고 느끼고 있었다. 그녀는 질투심이 많고 성질이

급한 반면에, 그는 냉정했고 거리를 유지했다. 치료 회기는 격노와 시기심으로 채워졌다. 치료를 시작한지 여섯 달이 지난 후, 부부는 다른 지역으로 이사를 가기로 결정했다. 앤디는 대학에 다니고 있던, 첫 번째 결혼에서 낳은 아들을 아쉽지만 그곳에 남겨 두고 떠나기로 했다. 맥신은 이것이 그들이 새롭게 출발할 수 있는 최선의 기회가 될 거라고 느꼈다.

종결 시간을 앞두고 앤디와 맥신은 아직도 불안한 결혼생활을 하고 있었지만, 그래도 서로의 생각에 동의하고 서로 지원해주는 태도를 보이고 있었다. 그들은 모든 것이 잘 될 거라고 낙관적으로 생각하고 있었는데, 치료자의 관점에서 볼 때 그것은 조적 부인(manic denial)에 의해 유지되는 것이었다. 마지막 회기에 앤디 혼자 왔다. 그녀는 맥신이 문제가 다 해결되었기 때문에 올 필요가 없다고 했다고 보고했다. 그는 치료자에게 그 동안 견디어준 것에 대해 감사를 표했고, 많은 것들이 균형을 찾았다고 말했다. 그는 비록 그 결과에 대해서는 확신이 없었지만, 결혼을 건지기 위해서 그의 생업과 돈을 걸었다. 그는 치료자를 떠나는 것이 섭섭했지만, 치료자와 더 오래 만난다고 해서 더 좋아질 수 있을 거라고는 생각하지 않았다.

성치료에서 부분적인 결과만을 얻었거나 또는 성적 영역의 치료는 성공했지만, 관계의 문제는 쉽게 해결되지 않는 부부들 또한 불완전한 종결의 모습을 보여준다. 우리는 일반적인 관계는 상당히 개선되었지만, 남편의 발기부전이라는 장애를 극복할 수 없었던 부부의 사례를 다룬 적이 있다. 이 부부는 주사제의 사용과 수술 요법을 거절했다. 그들은 감사와 안도의 느낌을 갖고 치료를 떠났다. 아내는 평생 동안 지속되어온 남편의 발기부전이 유기체적인 결함 때문이라는데 대해 슬픈 감정을 느꼈다. 치료를 떠난 지 1년 후에, 남편이 다시 찾아와서 비뇨기과 의사를 추천해줄 것을 요청했다. 그리고 나서 부부는 주사제를 사용하는 법을 배웠다. 남편은 그것에 대해 감사했고, 그들은 이제 전에는 불가능했던 성교를 즐길 수 있게 되었다.

너무 일찍 종결하는 경우

우리는 치료자가 종결 과정에서 퇴행을 견디어주어야 한다고 믿는다. 치료자가 퇴행을 이해하고, 치료의 틀을 변경하지 않고 버티어내는 것이 필요하다.

이것이 최선의 과정이지만, 항상 그런 것은 물론 아니다. 종결 과정에서 환자에게 좀더 치료가 필요하다는 것을 보여주는 자료가 나타날 수 있다. 다음의 사례는 너무 이르거나 불완전한 종결 과정을 보여준다. 이 사례에서 치료자는 마지막 몇 분을 남겨놓고 모든 것을 종합하고 종결할 수 있었지만, 그 결과는 여전히 불확실한 상태였다.

이제 50대 초반인 리디아와 알렉스 고든 부부는 자녀들이 대학으로 떠나자 자신들의 문제를 돌아볼 수 있었고, 그들의 관계 안에 친밀감 대신에 유해한 상호작용이 자리잡고 있다는 것을 알게 되었다. 리디아는 아담한 체격에 빨간 머리를 가진 활기찬 여성이었다. 그녀는 저널리스트로서 그리고 승마 애호가로서 정열적인 삶을 살고 있었고, 반면에 그녀의 남편은 전혀 운동을 즐기지 않는 뚱뚱한 체구의 남자였다.

그는 일이 끝난 후에 음악을 듣고 그림을 그리거나 요리하는 것을 즐겼다. 알렉스는 자신이 리디아에게 끊임없이 괴롭힘을 당하고 비판을 받고 있다고 느꼈고, 리디아는 자신이 마녀로서 비난받고 있다고 느꼈다. 그들은 이혼을 피할 수 있을지 알아보기를 원했고, 이 일을 위해서 알렉스의 개인치료자에 의해 내게(J.S.S) 의뢰되었다.

부부치료에서, 그들은 별거 직전의 순간으로부터 시작해서 다시 사랑에 빠지게 되기까지 긴 과정을 거쳤다. 그들은 그들 사이에서 투사적 동일시가 작용한다는 사실을 인정했고, 직접적인 의사소통을 통해 좀더 협력적인 관계를 형성했다. 죄책감을 유발하는 그들의 자위 환상에 대해 작업한 후에, 그들은 놀랍게도 그들의 관계에 평안, 친밀감, 흥분을 가져다주는 새로운 성생활을 즐길 수 있게 되었다. 그들이 종결할 준비가 거의 다 되었을 때에, 리디아가 뜻밖의 임신을 하게 되어 그들은 다시 한번 놀랐다. 임신 사실을 알고 나서 처음에 그들은 기뻐했지만, 그들의 나이에 다시 아이를 갖는 것에 대해 회의적이 되었다. 카톨릭 신자로서 그리고 임신 중절에 반대하는 사람으로서 그들은 무엇을 선택할지 고민하게 되었다. 알렉스는 다시 어린아이의 아버지가 되는 것을 원치 않았지만, 리디아는 언제나 아이가 하나 더 있었으면 하고 바랐다. 그러나 그녀는 알렉스가 그들이 새로 발견한 자유와 친밀감을 누리기 위해서 임신 중절을 원했기 때문에, 그의 생각에 따르기로 결정했다. 치료 과정에서 그들은 그들이 공유하고 있는 양가감정을 이해하기 위해 작업했으며, 임신 중절의 괴로운 경험과 그것으로 인한 심리적인 여파를 잘 극복할 수 있도록 서로를 돕고자 했다. 이 위기를 거치는 동안 그들은 서로를 사랑과 관심으로 지지해주었다; 그들은 짧지만 심신을 상쾌하게 하는 휴가를 가졌으며, 휴가 기간에 알렉스는 체중을 줄이고 콜레스테롤 치수를 조절하기 위해서 저지방 다이어트를 했다; 그들은 아기의 상실을 애도했고, 그들의 관계는 어느 때보다 견고해졌으며, 따라서 그들은 치료를 끝낼 준비가 되었다고 느꼈다. 한 달 후로 종결 날짜가 잡혔다.

종결 단계에서, 부부는 퇴행을 했다. 알렉스는 무기력해졌고 성적 에너지를 상실했다. 리디아는 처음에는 이것을 음식량을 줄인 탓으로 돌렸지만, 그녀의 동정심은 그가 더 이상 성적 만족을 줄 수 없는 것에 대한 실망감으로 바뀌었다. 그는 철수했고, 수동적이고 우울한 과거의 상태로 돌아간 반면에, 그녀는 필사적으로 그를 거기서 끄집어내려고 하면서, 이전처럼 통제하고, 비판하고, 바가지를 긁는 모습으로 돌아갔다.

종결 단계에서 퇴행이 일어나는 것은 예외적인 일이 아니며, 실제로 예상되는 일이기도 하다. 이 기간 동안에 치료의 상실이 갈등을 재활성화하는데, 이를 통해서 최후의 극복 과정이 발생한다. 이 사례의 경우, 부부가 나와의 치료를 종결하는 것에 대한 상실감이 그들의 임신 중절로 인한 상실감을 활성화시켰던 것으로 보인다. 그들의 심리적 균형은 깨어졌고, 따라서 불안한 상태를 유지하고 있었다. 나는 그들이 퇴행으로부터 회복하지 못하는데 대해 당혹감을 느꼈다. 나는 내가 알고 있는 지식에 대한 확신을 잃어버렸고, 다시금 가능한 설명을 찾기 시작했다. 나는 이전에 내가 그들에게 피임약 사용에 대해 질문했던 것을 기억해냈다. 그들의 반응은 마음에 걸리는 것이었다. 그들은 전에 실패한 적이 있는 피임법을 그대로 사용할 계획을 세우고 있었다. 나는 그들과 함께 더 안전한 대안을 찾았고, 그들은 그들의 방법과 함께 콘돔을 사용하기로 했다. 그러나 리디아는 임신 가능성을 유지하고 싶었기 때문에 그녀의 나팔관을 묶는 것을 거절했다. 그녀는 알렉스가 정관 수술을 받는 것을 반대했는데, 그것은 그것이 심각한 후유증을 가져올 수 있다고 믿고 있기 때문이었다. 그녀는 결코 임신 중절은 하지 않겠다는 것을 분명히 했다. 출산 능력에 대한 그녀의 환상이 갖는 중요성을 알고 있는 알렉스로서는 정관 수술을 받을 수가 없었다.

종결 직전 회기에서, 나는 전에 그녀가 오랫동안 마음속에 품어온 아기에 대한 소망이 그들을 막다른 골목으로 이끌고 있다고 지적했던 것이 생각났고, 내가 그것을 지적한 후에 그들이 퇴행했던 것 같다고 말했다. 그러나 그들은 내 말에 동의하지 않았다: 그들이 퇴행한 것은 아기에 대한 소망 때문이 아니라는 것이다. 알렉스가 콘돔을 사용하자고 했을 때 그들 모두가 편하게 느꼈다는 사실이 그 증거라고 했다. 처음에 그들은 시간을 좀더 가지면서 이 문제를 스스로 해결할 수 있다고 생각했지만, 회기가 끝날 때쯤 되어서는 종결 후에 추후 면담을 갖기를 원했다. 그들은 또한 리디아가 그녀의 원래 가족과의 관계, 자녀들이 다 성장하고 난 후에 느끼는 상실감, 그리고 그녀의 직무 장애에 초점을 맞추어 개인치료를 할 필요가 있다고 말했다. 알렉스는 그의 개인치료자와 우울증 성향을 해결하기 위해 치료를 계속하기로 계획을 세웠다. 나는 이 종결이 적절한 것인지 아니면 임신의 상실에 대한 조적 승리감을 나타내는 조숙한 종결인지 확신이 서지 않았다. 나는 이러한 불확실한 느낌을 간직한 상태로 마지막 회기에 임했다.

리디아가 먼저 말했다: "저는 우리가 아직 종결할 준비가 되어 있지 않다고 생각해요." 알렉스가 반대했지만, 리디아는 계속해서 말했다. "여러 주 동안 우리는 성관계를 갖지 않았어요. 전혀 접촉이 없었다구요. 알렉스는 우울해하고 아무 말도 하고 싶어하지 않았죠."

쓸쓸하고 위축되어 보이는 알렉스가 말했다. "제가 그것에 대해 이야기한 적이 있죠. 우리가 친밀감을 잃어 버렸다는 걸 저는 알아요. 저는 잠을 잘 자지 못해요. 돈 문제 때문이죠. 큰 설계 건이 끝났고 당장은 일이 많이 있지만, 다음에는 어디서 그런 큰 건이 생길지 알 수가 없어요. 그래서 일하는 데 신이 안 나요. 우리는 여행을 간 적이 없어요. 정지된 상태예요. 성적 에너지도 없구요. 그것이 다시 임신하는데 대한 두려움 때문이라고는 생각하지 않아요. 제 생각에, 리디아는 유산의 후유증을 완전히 극복하지 못한 것 같아요. 리디아, 당신은 아마도 개인치료를 받아야 할 것 같아. 당신이 여러 해 동안 그것에 대해 이야기해왔잖아."

리디아가 가로막았다. "알렉스, 당신은 직장에서 무슨 신나는 일이 있죠?"

알렉스가 움찔했다. 리디아가 그를 가리키며 예리하게 말했다. "당신이 어떻게 반응하는가 보세요! 당신은 너무 우울한 상태에 처해 있어요."

알렉스는 그 말에 일어나서 대꾸했다. "당신은 또 그러는군. 당신은 언제나 나를 몰아 부친다구. 나더러 왜 운동을 하지 않느냐는 둥 언제나 나에게 무언가를 하라고 하지. 나는 지금 노력을 하고 있고 또 아직 다이어트가 끝나지 않았다구. 나는 그저 정지해 있을 뿐이고, 아무 문제도 없을 거야. 우리가 부부치료를 종결해야 한다는 내 생각에는 변함이 없다구."

내가 말했다. "나는 당신들의 문제의 발단이 아기를 잃어버린 데 있다는 것을 알고 있고, 그 때문에 당신들이 얼마나 고통을 받았는지도 알고 있습니다. 어쩌면 당신들은 치료를 잃어버리는 것에 대해서도 마찬가지로 반응하고 있는지 모릅니다."

알렉스가 즉시 대답했다. "예, 저는 그것을 그리워할 겁니다. 그리고 무엇보다도 우리가 치료 과정에서 경험했던 것을 그리워할 거예요. 저는 우리가 임신 중절 이전의 상태로 돌아갔으면 해요."

이어서 리디아가 말했다. "저는 아기를 잃은 게 아쉬워요. 저는 우리가 정말 끔찍스런 결정을 했다고 생각해요. 저는 그 일 때문에 저 자신에게 너무 화가 나 있어요. 아기는 아주 건강했죠. 아기는 실제로 안 나오려고 매달렸어요. 산부인과 의사가 흡입기를 두 번씩이나 사용해야 했죠. 그건 끔찍스러웠고 아기가 살려고 기를 쓰고 있다는 것을 계속해서 느꼈어요. 그리고 알렉스 당신에 대해서도 화가 났다구요."

"미안해." 알렉스가 말했다. "그렇지만 나는 아직도 우리가 올바른 결정을 내렸다고 생각해." 그리고 그가 넌지시 물었다. "당신, 아직도 아기를 원해?"

"그래요." 리디아가 거침없이 대답했다.

"저런." 알렉스가 한숨을 쉬었다. "그건 정말 큰 문제야. 우리가 성교를 하려면 정관 수술을 받아야 한다구."

리디아가 놀라면서 말했다. "그건 안 돼요!"

알렉스가 진퇴양난에 빠진 것처럼 절망적으로 보였다. "이 문제는 부부치료에서 해결할 수 있는 게 아닌 것 같아. 리디아, 당신은 그 문제를 개인치료에서 다루어야 해."

"그건 내가 아기를 가질 수 있는 마지막 기회였어요." 리디아가 외쳤다. "지금 나는 다시 시도하고 싶어요. 나는 그 아이를 낳았어야만 했다구요. 그 아이는 아마도 딸이었을 거예요."

"글쎄. 아무튼 나는 당신이 그 문제를 개인치료에서 다루어야 한다고 생각해." 알렉스가 결론을 내렸다.

나는 마음속에서 알렉스의 의견에 동의하고 있었다. 리디아는 처음부터 그녀의 직무 장애, 그녀의 원래 가족과의 문제, 특히 지나치게 흥분을 자극했던 아버지와의 관계 등의 문제로 개인치료를 받고자 했다. 나는 아기를 갖고 싶어하는 그녀의 소망이 아버지의 아기를 갖고싶어 하는 오이디푸스적인 무의식적 환상과 관련되어 있다고 생각했다. 그리고 이러한 심층적인 작업을 하려면 집중적인 개인치료가 필요하다는 생각이 들었다.

그러나 리디아는 알렉스의 제안을 거절했고, 눈물을 흘리면서 항의하듯이 말했다. "나는 당신이 우리가 부부치료를 받아야 한다고 말한 것에 대해 화가 나요. 내가 치료를 받아야만 한다고 말하는 당신에게 화가 난다구요. 나는 지금까지 내가 원하는 것보다는 당신이 원하는 것을 해왔다는 것이 화가 나요. 그리고 그건 모두 당신 탓이에요. 나는 이제 당신이 없는 곳에서 이런 말을 하고 싶지 않아요. 나는 당신이 상처받는 모습을 내 눈으로 보고 싶다구요."

알렉스가 부드럽게 말했다. "나는 임신중절 때문에 당신만큼 상처받지는 않아. 임신은 당신의 몸으로 한 것이고, 그래서 당신이 더 많이 아픈 거지."

리디아가 더욱 화가 나서 응답했다. "이건 우리 사이에서 일어난 일이에요. 나 혼자서 해결할 일이 아니라구요. 당신에겐 그 문제가 끝났겠지만, 나에게는 아직 끝나지 않았어요.

나는 더 이상 그 일을 가지고 혼자서만 슬퍼하지는 않을 거예요."

나는 리디아가 여성으로서 얼마나 큰 신체적 고통을 경험했는지를 느낄 수 있었다. 아기를 갖는 것이 좌절되자 그녀는 상실에 취약한 상태가 되었고, 이것은 그녀의 아기에 대한 환상과 연관되어 있었다. 그녀가 자신의 고통에 대해 명료한 인식을 가지고 있다는 것은 알렉스가 투사적 동일시를 사용하여 모든 고통을 리디아에게 집어넣는 경향이 있다는 것을 암시했다. 따라서 리디아는 그녀의 감정을 분명하게 말할 수 있었던 반면, 알렉스는 자신의 경험에 대해 말하지 못하는 빈곤하고 모호한 상태에 머물러 있었다. 삶에 대한 그의 열정 없는 태도는 리디아의 분노를 더욱 자극했고, 그녀의 분노로 인해 그는 더욱 철수했다.

내가 말했다. "알렉스가 마음 아파하는 것은 잘 드러나지 않는 것 같아요. 그것은 그가 아픔을 느끼지 못하고 있고 또 그것에 대해 말하지 않기 때문이죠. 리디아 당신은 아기를 낳고 기를 수 있는 기쁨을 상실했다는 자신의 아픔에 대해 명료하게 느끼고 있어요. 하지만 알렉스는 그 자신의 방식대로 고통을 겪고 있습니다. 알렉스, 당신은 다시는 아버지가 될 수 없다고 해서 상처를 받지는 않아요. 그 문제는 이미 해결되었습니다." 알렉스가 고개를 끄덕였다. "당신을 마음 아프게 하는 것은 성적 흥분을 잃어버린 것이지요. 아마도 그것이 알렉스가 잃어버린 아기를 애도하는 방법일 겁니다."
이 말을 듣고 나서 알렉스의 마음이 열렸다. 그는 임신했다는 소식을 듣고 얼마나 즐거워했으며 흥분과 전율을 느꼈는지에 대해 길게 이야기했다. 그러나 그는 아이를 양육하는 데 필요한 헌신의 기간들을 감당하기 어렵다는 것을 깨닫고는 우울해졌다고 말했다. 그가 젊었을 때, 즉 그들의 아기가 걸음마 아이였던 시절과 그후에 학교를 다니는 동안 그는 즐겁게 아버지 역할을 했다. 그는 아들의 축구 코치가 되는 것을 즐겼고, 이러한 역할을 다른 사람에게 넘겨준다는 것은 생각조차 할 수 없었다. 그러나 이제 그런 모든 일을 하기에는 그의 몸이 따라주지 않았다. "예." 그가 말했다. "저는 아직도 그것을 생각하면 우울해집니다. 그리고 리디아는 정말로 저를 이해하지 못해요. 하지만 저는 그것 때문에 리디아에게 화를 내지는 않아요. 제가 바라는 것은 다만 그녀가 더 이상 그 문제로 저를 자극하지 않는 것이죠."

리디아가 말했다. "나는 우리가 다시 아기를 가질 수 있도록 당신이 적극적으로 노력해 주기를 바래요. 나는 우리 사이에서 발견한 만족스런 성을 보존하기 위해서 아기를 포기했어요. 그런데 지금은 그것마저 없어졌어요. 난 실망했고 화가 났다구요. 나에게는 아기도 없고 친밀한 성적 관계도 없어요. 우리는 이중 상실을 겪은 거예요. 임신도 상실했고 성적 능력도 상실했어요."

내가 말했다. "당신이 발견한 만족스런 성은 건강한 아기의 모습으로 나타났습니다. 따라서 당신이 그 아기를 잊을 때까지는 성도 되찾을 수 없을 겁니다. 그렇지만 당신이 성을 되찾기 전에는 그 성을 상징하는 아기를 포기할 수도 없지요. 지금, 당신의 활기찬 관계와 그것을 파괴하는 것 모두를 나타내는, 아기에 대한 감정이 당신을 무겁게 짓누르고 있습니다. 어떻게 이 악순환의 고리를 끊을 수 있을까요?"

리디아가 대답했다. "모르겠어요. 저는 우리가 성적 능력을

되찾지 못할까봐 염려하고 있고, 그래서 알렉스가 적극적이
되기를 바라고 있죠. 저는 제가 그를 적극적으로 이끄는 일
에 자신이 없기 때문에, 그렇게 못하고 있어요."

"당신이 그렇다는 것을 나도 알아." 알렉스가 부드럽게 말
했다. "하지만 나는 당신이 적극적이 되기를 바래." 그는 그
녀에게 몸을 기댔고, 그의 굵고 곧은 회색 머리카락이 흘러
내려 눈썹을 덮었다.

리디아가 알렉스의 머리카락을 쓸어 올려주었다.

"당신, 지금 뭐해?" 그는 마치 친구들 앞에서 마치 아기처
럼 자신을 대한다고 엄마에게 말하는 소년처럼 조심스럽게
말했다.

"머리카락이 또 눈에 들어가잖아요." 리디아가 혀를 차며
말했다.

나는 그들의 신체적 상호작용에서, 그들이 감추고 있는 보다
깊은 수준의 신체적 사랑을 엿볼 수 있었다. 나는 리디아가 알
렉스를 만지고 싶은 충동을 느끼고 있으며, 그래서 적절한 구
실이 필요했다고 생각했다. 그리고 나는 그 순간 알렉스의 피
부가 창백한 회색 빛에서 밝고 건강한 빛으로 바뀌는 것을 주
목했다.

그래서 내가 말했다. "머리카락은 구실에 지나지 않고, 실
은 리디아 당신이 알렉스에게 다가가려고 했던 것 같습니
다."

알렉스가 물었다. "그 말이 맞소?" 그리고 그녀 쪽으로 좀
더 가까이 다가갔다.

내가 계속해서 말했다. "그리고 리디아가 알렉스 당신을

만지는 순간, 당신의 표정이 곧바로 밝아지더군요."

"아, 그래요." 알렉스가 미소지으면서 인정을 했다. "나는 그게 아주 좋아요." 그는 리디아의 무릎 위에 그의 팔을 얹었다. 그녀는 팔을 그의 목에 두른 채 그를 껴안았다.

그들은 서로를 즐거워하는 것 같았다. 나는 비록 신체적으로는 그들로부터 제외되고 있었지만, 그들의 행복한 모습을 바라보면서 아이처럼 기뻐했다. 나는 이제 그들의 치료를 종결을 해도 되겠다고 생각했다.

리디아가 말했다. "이것은 우리가 함께 노력하면 할 수 있다는 것을 입증해주고 있어요. 나는 우리가 치료를 더 받아야 할 필요가 있다고 생각하지만, 당신은 이제 우리가 치료를 끝내고 우리 스스로 해내야 할 때라고 생각하고 있어요."

"아니." 알렉스가 말했다, "나는 지금 당신 생각이 옳다고 생각해. 우린 아직 준비가 덜 되었어." 그가 나를 돌아보면서 물었다. "우리가 옛날로 되돌아갈 수는 없겠지만, 우리를 좀더 만나주시겠어요?"

나는 종결날짜를 잡으려고 했던 나의 생각을 포기했다. 우리는 종결 날짜를 절대로 바꿀 수 없는 확정일이 아니라 안내 또는 의도를 나타내는 것으로 간주한다. 사실, 우리는 때로 환자가 치료를 계속해달라고 요청하는 것을 치료자와 떨어지는 분리에 따른 아픔을 피하려는 퇴행적인 소망으로 해석하기도 한다. 그러나 이 사례에서 부부는 종결 단계에서 이전보다 좀더 깊은 슬픔을 표현했기 때문에 그 감정을 해소하기 위해서 그들에게 좀더 시간이 필요하다고 느꼈다.

그래서 나는 그들에게 새로운 치료 시간을 제안했다. 리디아가 말했다. "우리는 샤르프 박사님과 헤어지는 슬픔을 다룰 수 있는 시간을 좀더 갖게 돼서 기뻐요."

"저도 같은 생각입니다." 알렉스가 덧붙였다.

나는 그들이 이런 타협에 도달했을 때, 긴장이 풀리는 것을 느꼈고, 그들도 안도의 감정을 공유하고 있다고 생각했다.

그리고 나서, 치료의 진전에 대한 저항의 보편성을 증명이라도 하듯이, 리디아가 방을 떠나면서 알렉스에게 말했다. "나는 당신이 어떻게 그렇게 갑자기 바뀔 수 있었는지 믿을 수가 없어요. 때로는 당신이 변하는 방식이 정말로 마음에 걸려요." 알렉스도 이러한 전환을 믿을 수 없다는 듯이 머리를 흔들었다.

이 부부의 경우, 종결을 앞두고 느낀 위협이 그들이 갖고 있던 문제의 역동을 명료하게 드러냈다. 그들의 성적 능력을 나타내는 임신은 파괴의 가능성도 갖고 있었다. 파괴는 낙태 그 자체에서 온 것이 아니었다. 그들을 힘들게 했던 슬픔은 낙태를 결정한 의식적인 공격성 때문이 아니라, 사랑하는 성적인 내적 부부에 대한 무의식적인 공격성 때문이었다. 그들의 부모에 대한 해결되지 않은 증오의 세력이 부부관계 안에서 그 모습을 드러낸 것이다. 그들이 어린 시절에 부모로부터 배제되었다고 느꼈던 감정이 지금 그들이 행복을 누릴 수 없다는 감정으로 되돌아온 것이다. 그리고 이러한 감정은 이제 곧 치료로부터 제외된다는 생각으로 인해 전면에 등장하게 되었다.

그들을 친밀한 부부라고 느꼈던 나의 역전이에 대한 작업이 그들을 이해하는데, 그리고 약속한 것 이상으로 치료를 연장할 수 있도록 그들을 돕는데 중요한 역할을 했다. 나는 그들에게 배제 당하고 있다는 느낌에 대해 보복하지 않고 그것을 변형시킬 수 있었으며, 마음속에서 아이처럼 그들을 안아주는 것을 통해서 그들에게 따뜻한 느낌을 줄 수 있었다. 이러한 작업은 말로 표현되지는 않았지만, 종결 단계에서도 안아주기가 치유하는 힘을 갖고 있다는 사실을 확인시켜주었다.

두 달 후에 리디아와 알렉스는 종결 날짜를 정했다. 알렉스는 이제 개인치료를 받을 준비가 되어 있었다. 이 종결 단계 동안, 우리는 임신에 대해 더 많은 이야기를 나누었다. 리디아는 아기를 유산한 일로 인한 엄청난 수치심과 죄책감에 대해 작업했다. 이런 감정들은 여전히 아기를 갖고 싶어하는 그녀의 갈망과 관련되어 있었다. 그녀는 어린 시절부터 그와 같은 강렬한 소망을 갖고 있었다. 알렉스의 도움으로, 그녀는 그 갈망이 아버지가 출현하는 그녀의 자위 환상과 관련되어 있다는 사실을 깨달았다. 그녀는 앞으로 개인치료에서 이 문제에 대해 더 많은 작업이 이루어질 것을 기대하고 있다. "그건 너무나 오이디푸스적이에요!" 그녀가 결론을 내렸다.
리디아의 깨달음은 그녀의 꿈에서 확인되었다.

"저는 윗층으로 올라가고 있었는데, 엄마가 제 뒤에 있었어요. 계단이 흔들리기 시작했지만, 저는 꼭대기까지 올라갔어요. 제가 다 올라가자마자 계단이 비탈길로 바뀌더니, 엄마가 넘어져서 바닥으로 떨어졌어요. 정말 무서웠어요."

꿈에서 계단이 성 또는 부모와의 성관계를 의미한다는 것을 잘 알고 있는 리디아가 말했다: "제가 알렉스와 성관계를 갖는 것은 엄마를 죽이는 일일 거예요! 잠깐! 그보다는 제가 아버지와 성관계를 갖는 환상이 엄마를 죽이는 일이라고 말하는 게 더 맞을 거예요! 그리고 제가 실제로 그것을 원했던 게 분명해요."

알렉스가 다음과 같이 말함으로써 그녀를 도왔다. "무엇을 원했는데? 엄마를 죽이는 것, 아니면 아버지와 성교를 하는 것?"

"아마도 둘 다일 거예요." 리디아가 한숨을 쉬었다. "아버지에게 성적 흥분을 느끼는 것은 정상이겠죠. 그렇지만 그런 성적 환상에 사로잡혀 있는 것은 병적인 것이죠. 내가 원인 제공을 한 것은 아니에요. 그가 자극했던 것이 분명해요. 나는 알고 있어요. 그는 미쳤어요."

"당신이 십대일 때 그가 당신을 떼어낸 방식이 당신으로 하여금 그를 더 많이 갈망하도록 만들었던 거야." 알렉스가 그녀의 어깨를 감싸면서 따뜻하게 말했다.

리디아가 알렉스에게 항변했다. "당신이 나를 떼어냈을 때, 나는 그때 그 기분을 다시 느꼈는데, 그건 내가 더럽다는 느낌이었어요. 그리고 나서 나는 당신을 만질 수가 없었어요. 그럴 자격이 없다고 느꼈죠." 리디아는 그가 만지는 것에 의해 자극된 흥분시키는 대상을 억압하기 위해서 알렉스에게 투사한, 거절하는 대상에게 반응하고 있었다. 그러나 알렉스는 그녀의 투사로부터 자유로웠다.

"그렇지만." 그가 항의했다. "내가 당신과 떨어져 있다고 해도, 여전히 나는 당신을 사랑하고 있다구. 나는 당신의 아버지와는 달라."

리디아가 부드럽고 다정하게 대답했다. "알아요. 당신이 그렇지 않아서 다행이에요. 그렇지만 나는 자꾸만 당신이 아버지와 같다는 느낌이 들고 그래서 당신에게 다가갈 수가 없어요. 나는 전처럼 당신과 성적인 사랑을 나누고 싶어요."

나는 꿈 내용을 다루는 그녀의 세련된 능력에 압도되었다. 그리고 그녀가 투사적 동일시를 통해 알렉스에게 집어넣은 내용물이 그의 담아주는 능력으로 인해 변형되고 있음을 알 수 있었다. 나는 나 자신이 그들에게 별로 필요 없는 존재인 것 같다고 느꼈다. 아마도 그것이 내가 리디아의 꿈이 지닌 전이적 의미를 보지 못한 이유인 것 같았다. 알렉스와 만족스러운 성교를 갖는 것은 그들이 치료를 떠난다는 것을 의미하며, 그 점에서 나의 죽음을 의미하는 것이다. 오이디푸스적인 공격성이 나의 역전이 안에서 감지되었다. 나 자신이 부분적으로 그 공격성에 사로잡혀 있었기 때문에 나는 그 꿈의 전이적 의미를 깨달을 수 없었다. 그것은 바로 리디아의 꿈에서 엄마가 계단에서 떨어진 것과 같은 것이었다. 치료의 완결과 건강으로 가는 종결 단계는 미끄러운 계단으로 남아 있었다.

다음 몇 주 동안 부부는 퇴행하여 과거의 거절하는 대상을 실연하는 것을 통해서 그들의 흥분시키고 거절하는 대상들에 대한 분석 작업을 해나갔다. 과거에 리디아는 알렉스에게 자꾸 저지방 다이어트를 제대로 하지 않고 눈속임을 한다면, 동맥이 막힐 수도 있다고 말했고, 그는 이것에 대해 말없이 저항했었다. 그녀는 그에게 제발 우울한 척하지 말라고 요구했고, 그로 인해 그는 더욱 기가 죽었다. 그녀는 자신이 그를 필요로 할 때 그가 정서적으로 현존하지 못하는 것을 매우 힘들어했다. 이와 같이 치료의 진전과 퇴행이 빠르게 교체되는 것이 종결 단계의 특징적인 모습이다. 자기 직면을 통해서 통찰이 이루어지는 순간에, 리디아는 알렉스를 우울한 상태에서 끌어내기 위해 그를 통제했다는 사실과, 그로 하여금 그 자신이 적극적으로 결정했다고 믿게 하기 위해 그리고 그녀 자신은 그의 결정에 따르고 있다는 인상을 주기 위해, 그를 교묘하게 조종했다는 사실을 인정했다. 예컨대, 그녀는 알렉스가 유산을 하기로 결정하기를 바랬으며, 피임 방법을 결정할 때도 마찬가지였다.

이것에 대해 알렉스는 자신의 운명을 스스로 통제하는 것으로 반응했다. 그는 곧바로 대담하게 다이어트를 종결했는데, 이것은 리디아에게 큰 고통을 안겨 주었다. 그를 통제하지 않기 위해서, 그녀는 아무 말도 하지 않았다. 그는 자신이 준비가 되면, 다시 다이어트를 할 것이라고 그녀를 안심시켰다. 그녀는 여전히 아무 말도 하지 않았다. 그러자 알렉스는 그녀가 화가 나서 철수하고 있으며, 그것은 그에게 조금씩 약을 주는 것이라고 생각했다. 이와 같은 진보와 퇴행이 새로운 종결의 날이 될 때까지 반복되었다.

마지막 회기에서, 알렉스가 새로운 자기 주장 능력을 발휘하면서 이야기를 시작했다.

"글쎄요." 알렉스가 극적으로 말했다. "바로 이거예요!" 잠시 멈춘 후에 리디아가 기대와는 달리 끼어 들지 않자, 그는 자신은 치료와 관계에서 계속해서 경험하게 되는 기복에 너무 마음을 쓰지 말아야 한다는 것을 깨달았다고 말했다. 여러 해 동안 그는 완벽한 결혼생활을 하려고 노력했는데, 그것은 그녀가 과거에 겪었던 비참하고 혼돈스러운 가족 경험을 보상하기 위한 것이었다. 그 노력이 실패하자 그는 우울해졌는데, 그것은 그녀를 더 많이 힘들게 했다. 갑자기 그는 리디아를 행복하게 하는 것이 그의 책임이 아니며, 그가 실패한 것이 전적으로 그의 잘못이 아니라는 것을 깨달았다. "모든 일을 완벽하게 해내야 하는 것은 아니며, 실패했다고 해서 우울해질 필요가 없습니다." 그가 선언했다. "기복이 있는 것, 그것이 인생이에요!" 이 모든 것은 그가 리디아와 심각하게 싸우고 나서 별거를 고려하는 동안에 깨달은 것이었다. 싸움은 지난 주말에 있었던 일 때문에 일어났다. 그때 집에는 손님이 와 있었는데, 리디아는 알렉스가 자신을 전혀 고려하지 않고 자기가 원하는 대로 행동한다고 비난했다는 것이다. 그러나 여전히 리디아는 아무 말도 하지 않았다.

알렉스가 계속해서 말했다: "그게 그녀가 제게 달려드는 방식이죠. 그게 저를 미치게 해요! 그녀가 왜 그렇게 화를 내야만 할까요? 그녀는 저를 노려보면서 소리를 질렀어요. '왜 함께 보낼 시간이 없느냐? 그렇게 하겠다고 약속하지 않았느냐!' 라고 말이에요. 내가 약속을 지키지 않았다는 거죠." 그가 리디아를 돌아보면서 말했다. "리디아, 당신은 그저 '우리가 약속한 대로 함께 시간을 보내고 싶어요' 라고 말할 수 있었어. 하지만 당신은 그렇게 말하는 대신 나를 괴롭히고 비난했다구." 내 쪽을 향해서 그가 말했다. "그래서 저는 그녀의 분노에 의해 더 이상 통제 당하지 않겠다고 생각했죠. 그리고 대화 도중에 그냥 나가버렸어요. 나중에, 그녀는 제게 화가 난 것이 아니라 상처를 받았다고 말했어요." 그리고 나서 그는 다시 리디아에게 부드럽게 제안했다. "만일 당신이 '내가 상처받았어' 라고 말한다면, 나도 '당신과 함께 있고 싶어' 라고 말할 수 있다구!"

나는 물론 그녀는 그렇게 할 수도 있었고, 그 역시 마찬가지로 그녀가 상처를 입었다는 사실을 기억하고 약속한 대로 그녀를 위로해줄 수도 있었다고 말해 주었다. "그래요. 그럴 수도 있었죠." 그가 동의했다.

리디아는 여전히 아무 말도 하지 않았다. 내가 알렉스의 말에 대한 응답으로 두 사람 모두에 관해 언급했을 때조차도 그러했다. 알렉스는 그가 좀더 분리된 존재가 된 것과 개인치료에 새롭게 헌신하게 된 점이 리디아를 힘들게 하는 것 같다고 말했다. 그 순간 리디아가 말했다. "맞아요. 힘들어요." 그녀가 인정했다. "나는 할 말이 없어요. 글쎄요. 무엇인가를 말한다는 게 두려워요. 그것이 자신에게 진실하고자 하는 노력을 망칠 수도 있으니까요. 저는 제가 화가 났다고 말해야 할 거예요. 당신은 나와 함께 있겠다고 했지만, 당신 부모가 함께 있을 때에는 나에 대해서 깨끗이 잊어버리죠." (그들이 말했던 손님이 바로 남편의 부모였다!) "그들은 그와 저 모두에게 아주 잘해줍니다. 하지만 그에 대한 그들의 사랑은 맹목적이에요. 그는 자신이 제 유일한 가족이라는 것을 잊고 있어요. 그것이 마음 아파요." 그녀가 흐느껴 울었다. 울음을 그치고 나서 그녀가 말했다. "하지만 이것만은 말하고 싶어요. 알렉스, 당신을 사랑해요. 나는 당신이 변하고 있다는 것을 알고 있고, 당신에게 시간을 주고 있다는 것을 알고 있어요. 나는 별거 상태 그대로 있으면서, 당신 스스로 자신을 규정할 수 있기를 바라고 있어요. 그게 쉽지 않지만, 애를 쓰고 있어요!" 알렉스가 감동했다.

"지금 당신은 우울하고 화가 난 것 같아요!" 그녀가 말했다.

"아니. 그렇지 않아." 그가 부정했다. "당신은 멋진 말을 했고, 나는 그것을 고맙게 생각해."

여기서 그는 그녀의 투사를 받아들이지 않았다.

이제 리디아는 다시 마음이 상한 것처럼 보였다. 그녀의 눈에는 눈물이 고였고, 그녀의 얼굴 표정은 쾌활함을 잃었다. 알렉스는 마치 아이의 고통을 달래주듯이, 그녀에게 말했다. "나는 당신의 부모가 당신에게 한 일에 대해 당신이 얼마나 화가 나있는지 알고 있어. 당신의 부모는 그렇지 않았는데, 나의 부모가 나를 너무나 사랑하는 것에 대해서 화가 나 있다는 것도 알고 있고. 나도 당신의 부모가 당신에게 하는 것을 생각하면 화가 나. 하지만 나의 부모들은 나뿐 아니라 당신도 사랑하고 있다구."

"잠깐만요." 내가 개입했다. "알렉스, 당신은 상처받은 감정에 대한 주제로부터 분노에 대한 주제로 옮겨가고 있는데, 사실 그것은 당신이 리디아에게 그만 두기를 바라는 것이 아닌가요?" 그가 고개를 끄덕였고, 나는 계속해서 말했다. "그녀의 슬픈 얼굴을 보는 것을 힘들게 만드는 무언가가 알렉스 당신에게 있는 것 같아요. 그 점에 대해 마음에 떠오르는 게 없나요?"

알렉스가 리디아의 어깨를 감싸안았다. "나는 그것을 견딜 수가 없어요." 그가 대답했다. "나는 나의 엄마에 대해서 항상 그렇게 느꼈듯이, 그녀가 화가 나 있다는 생각이 들어요. 그녀의 발이 돌부리에 걸리면, 나는 그 순간 뱃속에서부터 화가 치밀어 오르는 걸 느껴요." 그는 마치 복부 충격으로부터 벗어나기라도 하듯이, 손으로 눈가를 쓸어 내리며 똑바로 앉았다.

"그의 가족은 제 가족보다 훨씬 좋은 사람들이에요." 리디아가 말했다. "저는 그가 저를 화만 내는 사람으로 보지 않고, 제가 말하는 것을 있는 그대로 들어주었으면 해요."

끝날 시간이 10분 정도밖에 남지 않았는데, 그들은 마치 종결 회기가 아닌 것처럼 계속해서 그들의 문제에 관해 작업하고 있었다. 나는 알렉스처럼 내가 실패했으며 충분히 잘하지 못했다고 느꼈고, 리디아가 말한 것처럼 있는 그대로를 받아들여야 한다고 느꼈다. 나는 또한 결실을 맺기 위해 진행되고 있는 치료로부터 제외되었다고 느꼈다. 나는 이것이 치료자를 상실하는 아픔을 감당하기 어려워하는 그들을 대신해서 느끼는 상실감이라고 생각했다.

내가 말했다. "당신들은 나에 대해 이야기하는 대신에 부모들에 대해 이야기를 하고 있고, 상처받은 느낌을 분노로 바꾸고 있는데, 그것은 치료자인 나를 떠나보내는 상실감을 느끼는 것이 힘들기 때문인 것 같습니다. 한참 이야기를 하는 도중에 갑자기 종결하는 것에 대해 어떻게 생각하세요?"

리디아가 말했다. "그건 상실이에요."

알렉스가 말했다. "그건 사실이에요. 하지만, 못 다한 이야기는 개인치료에서 계속할 수 있을 겁니다."

리디아가 동의했다. "저는 지금 그에게 그것이 필요하다고 생각해요. 그리고 저도 제 자신을 위해서 무언가를 하려고 해요. 어쩌면 그후에 우리가 여기에 다시 올지도 몰라요."

"그렇게 하는 것이 상실의 충격을 줄여줄 것 같네요." 내가 말했다. (그 점은 내게도 마찬가지였다.) "하지만 이 시점에서 끝나는 게 여전히 서운하군요."

리디아와 엄마를 위해 그랬던 것처럼, 알렉스는 내 기분을 맞추어주려고 애쓰면서 말했다. "저는 다음 화요일에 시간을 낼 수 있습니다. 만일 리디아가 …"

"아닙니다." 내가 말했다. "내 말은 단지 상실감을 제거하는 것에 대한 것이 아닙니다. 불완전한 상태에서 치료를 끝내는데 대한 상실감에 대한 것입니다. 당신들은 함께 가까이 지내는 것이 불가능하기 때문에 별거하는 것에 대해 이야기하고 있습니다. 당신들은 성적인 친밀감을 다시 발견하기 전에 이 치료를 끝내고 있습니다. 그리고 임신의 상실에 대한 작업이 이루어지기는 했지만, 아직 피임 방법과 관련된 딜레마를 해결하지는 못했어요."

리디아가 내가 한 마지막 말에 대해서 대답했다. "그것이 제가 4주간 동안 하려고 하는 일이에요. 저는 제 수란관을 동여매는 방법을 택하기로 결정했습니다."

"서로에게 사랑스런 아기를 주고 싶어하는 당신들이, 부부로서 그런 결정을 내리는 것이 쉽지 않았을 겁니다." 내가 인정했다.

리디아는 내가 말한 내용 중 첫 부분에 대해 반응했다. "그렇지만 우리는 별거를 원치 않아요. 우리는 가까워지기를 원해요. 저는 우리가 이전에 나누었던 친밀감을 되찾고 싶어요. 저는 하루 24시간 내내 그의 관심을 받기를 원해요."

"오, 그렇군요." 나는 약간 놀라움을 느끼면서 말했다. "하루 24시간의 관심은 아기들이 받는 것이죠." 너무 이른 종결로 인해, 그들은 전이에서 나의 아기가 되고 싶은 소망을 경험하지 못하도록 방어하고 있었다. 내가 계속했다. "당신은 낙태라는 힘든 결정을 내렸습니다. 그리고 그것은 새롭게 발견한 성적인 관계를 위해 시간을 주기 위한 것이었습니다. 그것은 당신들이 24시간의 사랑과 헌신을 주고받을 수 있는 가능성으로 돌아가는 것을 의미합니다. 당신은 그런 헌신을 아기에게 주었을 테지요. 그것은 내게 아직도 충분한 작업이 이루어지지 않은 것이 무엇인지를 깨닫게 했는데, 그것은 바로 아기를 갖고 싶어하는 환상이 아기가 되고자 하는 당신의 갈망을 나타낸다는 사실입니다."

"그렇습니다. 나는 아기처럼 사랑을 받고 싶어요." 리디아가 말했다.

"그건 나도 그래요." 알렉스가 동의했다.

그리고는 체념한 듯 그들 각자는 거의 한 목소리로 말했다. "예, 우리 각자는 서로에게 아기가 되기를 원해요. 하지만 그건 현실적으로 가능하지 않아요."

이 모든 것은 내가 이미 말했던 것이지만, 헤어지는 순간에 나타난 전이에서 구체화되는 것처럼 보였다. 나는 이 말을 하고 난 후에, 마치 아기를 낳은 출산부가 느끼는 것과 같은 이완감을 느꼈다.

그들은 떠나면서 서로를 위해 그들의 부족한 시간을 어떻게 더 잘 사용할 것인가에 대해 이야기를 나누었다. 나는 그들이 사무실을 나가 버스 정류장까지 걸어가서 오랫동안 포옹을 나누는 모습을 볼 수 있었다.

논평

종결 단계의 마지막 부분에서 출현한 리디아의 꿈과 그 꿈에 대한 부부의 연상에서 두 가지 요소가 부각되었다: (1) 리디아의 여성 치료자에 대한 경쟁심과 관련된 초점 전이와, (2) 환경 전이 안에 있는 부부의 공유된 공격성. 이 부정적인 전이를 해석하지 못한 치료자의 실패는 보복하지 않거나 반동 형성을 자극하지 않고 환자의 공격에서 살아남을 수 있는 치료자의 능력에 의해 완화되었다. 그렇지 않았더라면 아마도 치료의 종결을 연장해야 했을 것이다.

그리고 나서, 종결의 마지막 순간에, 부부치료의 초기 작업에서는 함축적이었던 전이의 새로운 측면이 분명하게 드러났다: 치료자의 아기가 되고싶은 그들의 갈망. 마지막 순간에, 치료자는 부부가 공유하고 있는 충족되지 않은 욕구에 대한 환상이 명명되고 해석됨으로써 해소될 수 있을 거라고 생각했다. 그러나 그것에 대한 확신이 없었기 때문에, 종결에 동의했음에도 불구하고 치료자와 부부 모두는 여전히 중간에 끝내는 것과 같은 느낌을 갖게 되었다.

이것이 바로 실제 종결이 보여주는 특징적인 모습이다. "완전한 종결"이란 환상 속에서나 존재할 뿐이다. 오직 죽음에만 완료가 있을 뿐이다; 살아있는 동안은 언제나 또 다른 생각과 이론의 가능성이 있다. 종결에서 중요한 것은 발달의 마지막 단계를 수용하고, 미래의 가능성을 신뢰하며, 친밀성을 새롭게 하는 능력을 지닌 채, 계속해서 앞으로 나아가는 삶의 자세를 확립하는 것이다.

성공적인 부부치료의 종결

성공적인 부부치료는 다양한 형태를 띨 수 있다. 성공적인 종결에 대한 유일한 기준이란 없으며, 다만 부부가 치료 받으러온 목적의 달성 여부가 중요한 기준이 될 것이다. 종종 부부는 그들이 기대했던 것보다 더 많은 것을 얻으며, 비록 모든 것을 다 얻지는 못했더라도 많은 것을 얻었다고 생각하며 치료를 떠난다. 우리의 경험에 의하면, 종결은 성치료를 포함하는 부부치료에서 강조되는데, 그것은 부부가 성적 문제의 치료를 커다란 성취라고 간주하기 때문이다. 성적 관계가 향상될 때, 그들은 종결 훨씬 이전부터 자신들이 치료자가 없이도 충분히 잘 할 수 있을 것이라고 생각하기 시작한다. 치료의 종결에 도달할 수 있고 치료를 끝낼 수 있다는 기대와 믿음이 중요한 의미를 갖는다. 종결은 소중한 사생활로 돌아가기를 갈망하는 사람들에게는 커다란 해방을 주는 것이지만, 대부분의 사람들에게는 불안을 주는 사건이다. 부부치료에서, 종결은 상당한 충격과 함께 올 수도 있고, 반대로 조용히 찾아올 수도 있다.

레베카와 켄틴(제 1장)은 이 책의 첫 번째 사례에서 등장했던 부부이다. 30대 후반이었던 그들은 그녀의 질경련과 성에 대한 혐오 그리고 그가 그녀의 질 안에서 사정하지 못하는 문제로 성치료를 받으러 왔다. 레베카에게는 성에 대한 불안한 순진함의 문제가 있었고, 켄틴에게는 자기애적인 몰두라는 문제가 있었다. 치료 과정에서, 레베카는 엄마가 되는 것에 대한 불안을 드러냈다.

성 장애를 성공적으로 치료한 후에, 그들은 좀더 일반적인 부부관계와 레베카가 개인치료에서 다루고 있는 문제인, 아이를 갖는 것에 대한 불안을 다루었다. 그 과정에서, 그녀는 이 문제를 해결하는 것이 두렵다고 말했는데, 그렇게 되면 그들이 치료를 그만 두어야 하기 때문이었다. 자녀를 가지겠다고 결정을 하는 것은 그들 자신들이 더 이상 아이로서 즐길 수 없게 되는 것을 의미했다.

그럼에도 불구하고, 그들은 치료 과정에 열심히 참여했다. 켄틴이 가족을 정서적으로 부양할 수 있는 능력에 대한 자신의 두

려움을 깨닫게 되자, 레베카는 덜 불안해졌고, 따라서 그들은 켄
틴의 표현대로, "잘 기능하는 성적인 팀"이 되었다. 그들은 여전
히 두려움을 느끼고 있었음에도 불구하고, 결국 자신들이 가족
을 가질 준비가 되었고 치료를 떠날 수 있다고 느꼈다. 그들은
치료자 없이 지낼 수 있어야 한다는 불안, 어릴 때 가정에서 겪
었던 지지의 상실 경험을 반향하는 상실에 대해 이야기하면서
몇 주를 보냈다. 그리고 마지막으로, 그들은 치료자에게는 아주
길게 느껴졌던 종결 단계를 거친 후에, 덜 불안하고, 확신을 가진
상태로 자신들의 길을 떠났다.

성공적인 종결을 보여주는 사례

여기에서, 우리는 우리의 치료 작업을 통합적으로 보여줄 뿐
만 아니라 전이와 역전이에 대한 치료 작업의 예를 보여주는 하
나의 사례를 제시하고자 한다. 이 사례의 대단원은 꿈 작업으로
부터 왔다.

이 부부는 두 사람 모두에게 성적인 욕망이 없었다. 이 오래
된 문제는 남편의 발기부전으로 인해 더욱 심각해졌다. 처음에
나(D.E.S)는 억제된 성욕은 정체감과 관련된 깊은 신경증적 문
제이거나 지배적이며 흥분시키는 대상에 대한 두려움 때문일 수
있다고 생각했기 때문에, 그들에게 개인치료나 정신분석이 필요
한 것이 아닌가 하고 생각했다. 그러나 실제로 이들은 성치료만
으로도 충분히 치료될 수 있었다.

35세 동갑내기인 티 박사 부부는 여자 아기를 입양한지

한 달 후에 입양 기관의 소개로 나에게 치료받으러 왔다. 성적으로 수동적인 티 박사는 불임 검사를 받는 등 아기를 갖기 위해 노력하는 동안 가끔 발기부전을 겪었다. 그리고 2년 전에 그는 철수했고 성에 대해서 거의 관심을 보이지 않았다. 티 부인은 스포츠 팀 간부로서 직장 일이 바쁘기 때문에 처음에는 잘 몰랐으나 차츰 남편이 자신에게 소홀하다고 느끼게 되었다. 입양을 담당하는 사회복지사는 이 부부에게 성적인 문제가 있으며, 이들이 성을 지속적인 즐거움과 상호적인 사랑의 원천으로 보지 못하고 있음을 깨닫게 해주었다.

평가 작업이 진행되는 동안, 티 박사는 그가 전문적인 일과 지역사회의 일 때문에 성으로부터 관심을 돌리게 되었다고 인정했다. 그는 발기부전에 대한 두려움 때문에 성적인 관계로부터 철수하고 있음을 알고 있다고 했고, 결혼한 이후에 성적인 흥분을 느끼지 못했다는 사실을 강조했다. 그러나 휴가 기간 동안에는 그렇지 않았다. 그때 그들은 긴장을 풀고 성관계를 즐겼다. 그의 문제는 부분적으로 발기부전과 성 기능에 대한 불안과 관련되어 있었고, 부분적으로는 성욕의 억제와 관련되어 있었다. 티 박사의 어린 시절의 역사가 이 두 가지 측면을 뒷받침해주었다. 성교에 대해 흥미가 별로 없었던 그는 기숙사 학교에 다닐 때 몇 차례의 동성애 관계를 한 적이 있었다. 이는 그가 청소년 시절에 성 정체성 확립에 어려움이 있었음을 보여준다. 그는 부모와의 관계는 좋았으며, 부모의 부부관계도 좋았다고 했다. 그런데 이 상태는 아버지의 에너지는 감퇴하지 않은 상태에서 엄마의 노화 현상이 두드러지게 나타나자 그 균형이 깨졌다. 그가 대학에 가 있는 동안, 그의 아버지는 다른 여자와 도망을 갔다. 티 박사는 여전히 아버지와 잘 지냈지만, 엄마를 생각하면 마음이 아팠다.

티 부인은 자신이 사랑이 많은 가정에서 자랐다고 말했다. 그녀는 운동을 잘하는 오빠가 있었는데, 오빠처럼 운동을 잘하고 경쟁하도록 강요당했기 때문에 여자로서 자신감을 가질 수 없었다. 그녀는 여성의 성에 대해 자신감이 없었다. 이 문제는 그녀가 티 박사에게 좀더 성적인 관심을 가져달라고 요구하지 못하도록 만드는 원인으로 작용했다.

평가면담의 마지막 회기에서, 그들은 최근에 입양한 아기를 데리고 왔다. 그때 나는 그들이 자신들의 신체적 어색함을 아기를 돌보는 일에서 행동화하고 있음을 볼 수 있었다. 티 부인은 태미의 발을 자신의 성기 부위에 올려놓은 채 그를 곧추 세워 안고 있었고, 한 손으로는 아기의 머리를 받쳐주고 다른 한 손으로는 마치 주사기를 들고 있듯이 젖병을 들고 있었다. 이처럼 아기를 안고 있는 그녀의 모습은 포근하다기보다는 어색하고 딱딱해 보였다. 아기는 부드럽고 사랑스러워 보인 반면에, 티 부인은 아기를 다룰 때 아주 어색하게 자신의 몸으로부터 거리를 두고 있었다. 나는 그녀의 신체와 남편의 신체가 이와 유사하게 어색한 장면을 연출하는 모습을 상상할 수 있었다. 티 박사가 아기를 받아 안았을 때, 그는 어찌할 바 모르고 압도된 것처럼 보였다. 그러나 그래도 그는 아기 안는 것을 즐거워했다. 전체 상황은 조금도 사랑스럽지 않다거나 병리적으로 보이지는 않았으나, 신체적으로는 억제되고 어색해 보였다.

나는 부부에게 그들 모두가 성적인 면에서 자신감이 없기 때문에 성을 회피하고 있는 것 같다고 말했다. 나는 이미 티 박사에게 발기부전에 대한 그의 불안과 수치심에 대해 그의 아내에게 이야기하도록 격려했다. 그는 그렇게 했으며, 그 결과 그들은 모두 안도감을 느꼈다. 나는 그의 발기부전 근저에 그들이 공유하고 있는 성적 욕망을 갖지 못하는 어려움이 있는 것 같으며, 이 공유된 문제를 티 박사가 대표로 표현하고 있는 것 같다고 말했다. 나는 나중에 부부치료나 개인치료로 전환할 수 있는 가능성과 함께, 우선 성치료를 시작할 것을 제안했다. 나는 티 박사에게 집중적인 심리치료나 정신분석이 필요한 것인지에 대해 확신이 없었다. 그러나 이 부부가 솔직하고, 친절하고, 명료하고, 신뢰할 수 있었기 때문에, 나는 낙관적인 기대를 가지고 있었다. 나는 나의 낙관적인 역전이를 그들의 치료 효과에 대한 길조로 느꼈다. 그들은 치료에 대한 나의 제안에 기꺼이 동의했다.

첫 번째 중요한 중재는 티 박사가 치료를 시작하기 위해 도시에 머물 것인가와 관련된 것이었다. 그는 여름 동안 대학원 훈련 프로그램에서 몇 주를 보내도록 계획을 짰다. 내 스케줄에 따르면, 그 여름 동안에 치료를 시작하든지 아니면 다른 동료에게 의뢰해야 했다. 그들에게 이런 상황을 이야기했을 때, 티 박사는 매우 불안해했다. 그는 그가 결혼에 대한 관심보다도 전문 직업에 대한 관심을 우위에 두었던 방어적인 방식과 유사한 방식을 선택했다. 티 부인은 그의 회피와 은밀히 공모했다. 처음에는 그녀가 그에게 여행을 떠나도록 격려했다. 그녀는 나의 도움을 받아서 그에게 여행을 자제할 것과 그들의 관계를 우선 순위로 두라고 요청하게 되었는데, 이것은 그녀에게 쉬운 일이 아니었다. 그녀는 이것을 그녀가 자신을 위해 무엇을 요청하는 것에 대해 죄책감을 느끼는 것과 연결시켰는데, 그것은 그녀의 엄마가 아버지의 기분을 상하지 않게 하기 위해서 결코 무언가를 요청한 적이 없었던 데서 온 것이었다.

그들은 치료를 받는 문제를 가지고 다투었다. 그 모습에서 그들에 대한 나의 낙관주의적 희망은 무너져 내렸고, 나는 그들의 저항의 깊이에 대해 알 수 있었다. 그들을 치료에서 안아주는 것이 쉽지 않을 것이라는 생각에 마음을 단단히 먹어야 했다. 상당한 고민 끝에, 티 박사가 마침내 치료를 받기로 결정했다. 그 과정에서, 그는 치료에 대한 헌신이라는 측면에서 위기를 통과했다고 느꼈다. 그는 마치 자신이 아내를 떠나지 않겠다고 결정을 내리기라도 한 것처럼, 새로운 사람이 되었다고 느꼈다. 그는 그 결정이 그를 자신의 아버지와는 다르게 만들었다고 생각한다고 말했다.

초기 연습 단계는 순조롭게 진행되었다. 부부는 안전한 가운데 편히 존재할 수 있었고, 그들이 잃어버렸던 사랑의 감정을 느낄 수 있었다. 그러나 성기를 자극하는 과제에서 티 박사는 흥분을 느낄 수 없다고 몇 차례 보고했다. 내가 그에게 어떤 꿈을 꾸는지에 대해 묻자, 그는 이틀 전에 꾼 꿈을 들려주었다.

"꿈속에서 제가 잘 모르는 의과 대학의 선생님이 다가와 앉아서 제게 말을 걸었습니다. 학생들을 몹시 권위적으로 대하는 그는 전에는 결코 그렇게 한 적이 없었어요. 그건 꿈이었어요. 나는 그 전날 그가 우울증으로 자살했다는 기사를 읽었죠. 그 일은 처남을 생각나게 했는데, 그는 우울했지만 자살은 하지 않았어요. 그는 우울증에서 빠져 나왔습니다. 우리는 내 발기부전이 타고난 것이 아닌가 염려하는 것처럼, 처남의 우울증이 선천적인 것일까 봐 걱정을 하곤 했습니다."

나는 그의 성적인 문제가 기질적인 문제가 아니라는 것을 알고 있었기 때문에, 그 원인을 찾는데 꿈의 도움을 받을 수 있을 거라고 말했다. 티 부인이 합세했다. "저는 제가 성적으로 매력이 없기 때문에 그가 제게 흥미를 못 느끼는 것이 아닌가 염려가 돼요." 그녀는 계속해서 자신이 사내같이 생겼다는 느낌을 갖고 있다고 상세히 설명했다. 그녀는 21세가 될 때까지 생리를 하지 않았는데, 그것은 아마도 격렬한 운동으로 인한 생리적인 불균형 때문이었던 것 같다고 했다. "저는 제가 정말 여성적인 매력이 있다고 생각해본 적이 한 번도 없어요. 저는 성숙한 여성이 된 적이 없었어요: 저는 열 네 살에 고착되어 버린 것 같아요."

내가 그들에게 말했다. "당신들은 모두 신체적인 결함을 가지고 있다고 생각하고 있어요. 이것은 티 박사 당신이 갖고 있는 두려움과 무관심의 원인이 되고 있고, 티 부인 당신이 갖고 있는 더 나아질 수 없다는 감정의 원인이 되고 있습니다." 그때 그들은 서로의 신체와 다른 특성에 대해 매력을 느끼고 있다는 사실을 확인시켜주었다.

나는 그들 모두가 자신의 매력을 느끼지 못하고 성적 매력에 자신감이 없던 시기인, 청소년 중기에 고착되어 있다고 생각했다. 나는 티 박사에게 그 자신의 문제에 대해서 느끼는 두려움의 깊이를 과소 평가해서는 안 된다고 말했는데, 그것은 그의 꿈에서 표현된 대로 삶과 죽음에 관련된 문제였다. 게다가, 나는 꿈속의 의과대학 교수는 나를 가리키며, 그것은 그들이 나에 대해 불안을 느끼고 있다는 사실을 말해준다고 지적했다. 그들은 내가 자신들을 경멸할지 모른다는 두려움을 공유하고 있으며, 또한 그들을 돌보는 나를 죽여버리는 것—내가 그들을 볼 수 없게 되는 것—을 두려워하고 있었다.

그 다음에 계속된 두 회기 동안에 그들은 상호간의 즐거움을 나누었다고 보고했다. 티 부인은 쉽게 흥분되었던데 반해서, 티 박사는 흥분되거나 발기되지는 않았지만 마사지를 즐겼다. 혼자서 자위하는 과제를 수행하는 동안에도 그는 흥분을 느끼지 못했다.

역전이에서 나는 그들이 공유하고 있는 불안을 느끼기 시작했다. 나는 그들의 치료가 내가 생각하는 것보다 잘 안될지도 모른다는 생각에 사로잡혔다. 이것은 나의 능력에 대한 그들의 의심—그들이 그들을 돕고자 하는 나의 노력을 "망쳐버릴 것"이라는—을 나타내는 것이었다. 이제 나는 역전이에서 그들을 실망시키고 흥분시키는 대상으로 경험하고 있었다. 나는 그들이 나아지지 않은 채 치료를 떠날지도 모르며, 만약 그렇다면 나는 오히려 안도할 거라는 환상을 가지고 있었다. 그들의 용어를 사용해서 말한다면, 나는 "그들을 치료하는 것이 지긋지긋하고," 어떤 점에서 치료를 하고자 하는 "의욕"을 잃어버렸다. 그들은 투사적 동일시를 사용해서, 성적 욕망이 그들에게 절망적이고 치명적인 곤경을 가져다줄 것이라는 그들의 무의식적인 견해를 공유할 것을 내게 요구하고 있었다. 나는 그들의 내적 문제가 재연되는 전이-역전이 안에서 흥분시키는 대상인 그들에게 유혹되어 절망에 빠져 있었고, 실패에 대한 두려움으로 인해 낙심해 있다고 느꼈다.

그때 티 박사가 두 번째 꿈을 이야기했다. 그는 그 꿈이 치료와는 전혀 관계가 없는 것이라고 나를 안심시키면서 이야기를 시작했다.

"저는 넓은 방안에서 열 명 내지 열 다섯 명 정도의 사람들과 함께 벽을 등지고 서 있었어요. 제 마음속에는 우리가 한 사람씩 차례로 처형을 당하게 될 것이라는 생각이 떠올랐어요. 누가 그랬는지 모르지만, 갑자기 방의 앞쪽이 시끄러워졌어요. 저의 첫 번째 반응은 패배주의자가 되는 것이었죠. 저는 몇 분전에 여기서 그랬던 것처럼 재킷을 벗고 소매를 말아 올리고 나서 생각했어요. '만일 그들이 우리를 죽인다면, 빠를수록 좋을 것이다. 기다린다는 것은 고통일 뿐이다.' 그때 저는 그들이 아직 시작하지 않았다는 것을 알았어요. 그건 긴 시간이었어요. 저는 생각했지요. '나는 죽고 싶지 않아. 그런데 왜 싸우지 않는 거지?' 그들은 사람들이 어떻게 일산화탄소에 의해 죽는지를 보여주고 있었는데, 그것은 최근에 나의 의과대학 교수님이 죽은 것과 같은 방법이었어요. 그들은 당신을 쓰레기 봉투로 덮인 침대로 데려가서 산소가 일산화탄소로 변할 때까지 산소 마스크를 쓰고 있어야 한다고 했어요." "저는 끔찍스럽다고 생각했고, 그래서 전화를 하겠다고 청했어요. 그들이 허락을 했고, 그래서 전 엄마에게 전화를 했어요. 그러나 아무도 받지 않았어요. 저의 싸우려는 기질이 마침내 발동되었고, 저는 사무실 앞문으로 걸어 나갔죠. 저는 셔츠를 벗었는데, 그것은 일종의 경고였어요. 그리고 저는 뛰기 시작했어요. 저는 제가 너무 느리다고 느꼈지요. 2, 3분 후에 저는 오토바이를 탄 경찰이 따라오고 있다는 것을 알게 되었는데, 저는 여전히 필사적으로 달렸죠. 저는 고속도로 옆길을 따라 그리고 문을 닫은 주유소를 지나 달리고 있었어요. 저는 경찰에게 거의 체포당할 뻔했어요. 저는 그가 저를 잡을 것이라고 생각했지만,

바로 그때 어떤 악당이 트레일러에서 저와 경찰에게 총을 쏘았고, 경찰은 그를 쫓아갔죠. 그래서 저는 도망을 쳤어요."

꿈속에 등장한 처형 장면에 대한 티 박사의 연상은 그 장면이 성치료에서 과제로 내준 성적인 실습과 관련된 것임을 분명히 해주었다. 티 부인은 이상한 처형 방법에 주목했는데, 침대에서 질식시켜 죽이는 모습이 그들이 해야 했던 성적 실습을 생각나게 했다. 꿈속에서, 그는 청소년기에 절망을 느낄 때 그랬던 것처럼 엄마를 불렀다. 그가 말했다. "긴 세월 동안 변하지 않은 유일한 전화번호는 엄마의 것입니다. 저는 엄마를 믿어요. 그녀는 한밤중에 집에 있었어야 했지만, 그곳에 없었어요. 그래서 나는 죽기로 달아났지요." 그가 두려워하는 경찰이 바로 나라고 말했을 때, 그가 대답했다. "그건 분명해요!" 그러나 티 부인은 자신이 경찰이라고 생각했는데, 그것은 그가 자주 그녀를 자신을 잡으러 오는 사람으로 취급했기 때문이라고 했다. 그는 자신이 통제받고 있다는 두려움에 대해서 말했는데, 그것은 그가 성적 실습을 해야 하고, 자신에게 매력을 느끼는 아내를 갖고 있으며 그리고 아내를 사랑하고 있는 그 자신에 의해 압력을 느끼고 있기 때문이었다.

나는 그에게 그가 꿈에서 보았던 빌딩에 관해 물었다. 그는 고향의 중학교를 생각해냈다. 그 중학교는 그가 한때 엄마로부터 벗어나야겠다고 느낄 때 다니던 기숙사제 학교였다. 그러나 막상 집을 떠났을 때, 그는 엄마를 몹시 그리워했다.

나는 그가 10대 소년으로서 부모의 성생활에 대해 알게 되자 두려움 때문에 집을 떠나고 싶었는지도 모른다고 말했다.

그가 대답했다. "내가 그곳을 떠난 후에 그들은 누이동생을 가졌어요. 사실 우리는 막내의 이름을 누이동생의 이름을 따라 태미라고 지었어요."

꿈에서, 성교에 대한 그의 두려움을 인식하는 것에서, 나에 대한 공포를 인식하는 것에서, 부모의 성교를 통해 태어난 아기의 이름을 따라 아기의 이름을 지은 것에서, 그의 박해 대상에 대한 공포가 드러나고 있었다. 이들 부부는 그들의 전이 안에 담긴 공포가 그들 자신들이 직면하고 싶지 않은 감정을 반향하고 있다는 사실을 깨달을 수 있었다.

나는 이 부부와 대화를 하면서 이 꿈에 대한 추측을 종합했다. 여기서 나는 우리가 나눈 대화를 토대로 그 꿈의 의미를 압축해서 말해 보겠다. 티 박사는 부모의 성을 대표하는 나 때문에 멸절 공포를 느꼈다. 그는 또한 성교 그 자체와 그의 엄마의 유혹적이고 위협적인 부분을 그리고 다른 경우에는 경찰을 나타내는, 그의 아내에 의해 질식되고 삼켜질까 봐 두려워했다. 하지만 그는 또한 (투사적 동일시를 통해서) 그들 모두가 공유하고 있는 성교에 대한 두려움을 표현하고 있다. 그는 아내를 성교에 대한 위협과 동일시하고 있다. 그는 늘 도망치듯 서둘렀고, 결혼 초기부터 두 사람 모두 그랬다. 나는 다음과 같은 말로 이야기를 끝냈다. "티 박사 당신이 서두르면 발기가 되지 않아요. 마찬가지로 티 부인 당신은 너무 많이 뛰는 바람에 생리가 없고, 따라서 임신을 할 수가 없는 거죠!"

그 동안 나는 경찰이었고 치료의 집행관이었지만, 지금까지 그 역할을 맡아온 사람은 바로 그의 아내였다. 그녀는 아무도 그녀에게 기꺼이 관심을 보이지 않았기 때문에 그 역할을 받아들였다.

이 회기 후의 실습에서, 티 박사는 쉽게 흥분이 되었으며, 치료는 급속도로 진전되었다. 티 박사는 불안에도 불구하고 긴장을 풀 수 있었고, 따라서 그의 불안과 두려움은 차츰 감소되었다. 티 부인도 차츰 자연스럽게 물러서는 법을 배워나갔다. 부부는 성적 친밀감과 정서적인 친밀감을 통합하게 되는 새로운 단계에 도달했다.

자신들의 목적을 달성한 이 부부에게 종결은 즐거운 일이었다. 그럼에도 불구하고. 그들이 얻은 것을 계속 유지할 수 있을 지에 대한 불안을 느끼는 순간이 있었는데, 그것은 그들이 이전에 사용하던 적응 방식을 포기하는데 따른 상실 때문이었다. 그들이 결혼하고 난 이후 여러 해 동안 서로 성적으로 거리를 두던 두 사람의 관계 유형은 마치 재미있는 남매처럼 서로를 즐기는 관계로 바뀌었다. 이제 그들은 자신들이 새로운 성적 친밀감을 잘 감당할 수 있을 지에 대해 궁금해했다.

그럼에도 불구하고, 그들은 그들이 다시 치료받으러 올 수도 있다는 것을 알지만, 자신들이 스스로 해볼 수 있는 기회를 갖겠다고 말했다. 그들은 마지막 회기에 이제 3개월 된 딸 태미를 데리고 왔다. 그녀는 엄마 무릎 위의 왕좌에 앉아서 부모의 관심과 사랑을 독차지한 채 키득거리며 즐겁게 웃고 있었다. 두 달 전에 보았던 어색함의 흔적이 아직 남아 있었지만, 태미와 그들 사이에는 새롭고 생동감 있는 리듬이 흐르고 있음을 느낄 수 있었다.

이 부부는 치료 내내 긍정적인 환경 전이를 유지할 수 있었다. 사랑이 있는 그들의 관계와 동기가 그들로 하여금 투사적 동

일시를 철회하고 그들 상호간의 정신 신체적 협력관계를 향상시
킬 수 있게 했고, 이것을 통해서 그들은 자신들이 공유한 문제와
그들 각자의 개인적인 문제들을 빠르고 철저하게 극복할 수 있
었다.

치료 이후의 삶

우리는 이 부부에게서 더 많은 것을 배울 수 있다. 그후
나는 그들을 상담실에서 다시 만나지는 않았지만, 그들로부
터 두 번이나 소식을 들었다. 첫 번째 소식은 그들이 치료를
종결한 후 18개월만에 자연분만으로 아기를 낳았다는 것이
다. 사진에는 마냥 좋아하는 부모와 23개월 짜리 누나와 함
께 있는 남자 아기의 모습이 담겨 있었다. 티 부인은 다음과
같이 썼다. "우리는 이런 일이 일어나리라고는 생각지도 못
했어요. 선생님의 도움에 감사드려요!"

그리고 3년 후에, 내가 비디오 제작을 위한 촬영을 하고
있을 때 티 부인이 찾아와서 잠깐 이야기할 시간을 청했다.
그녀는 나에 대해 자주 생각한다고 말했다. 그들은 아기를
하나 더 임신했으며, 그들의 결혼생활은 견고하고 사랑이 가
득하다고 말했다. 치료가 그들의 삶을 바꾸어 놓은 것이다.

정신분석적으로 훈련받은 대부분의 치료자들이 그러하듯이,
우리는 과거의 환자들이 어떻게 지내는지 알기 위해 그들과 만
나거나 편지를 보내지 않는다. 이런 관행은 관심이 없어서가 아
니라, 치료의 경계를 유지해야 하는 치료자의 책임 때문이다. 우

리는 이전 환자들이 우리에게 보낸 편지에 대해 사의를 표하며 예의에 벗어나지 않는 범위 안에서 적절하게 응답한다. 특히 우리는 부부가 치료의 추후 결과에 대한 보고에 관심을 갖는다. 치료자에게 있어서 치료가 삶을 변화시켰다는 것을 아는 것보다 더 큰 보상은 없다.

제 15 장
에필로그

우리는 우리가 치료한 부부들에 대한 추후 조사를 하지 않는다. 그 이유는 그러한 추후 조사가 사생활에 대한 침범이 되거나 치료자의 궁금증을 충족시키기 위한 것이 될 수 있기 때문이다. 우리는 환자들을 자유롭게 떠나보내고, 그들이 자율적으로 살아가기를 바라며, 미래의 일에 관해서는 알지 못하는 상태에 머무르는데 만족한다. 이것이 임상가가 추적 조사를 회피하기 위한 자기 합리화가 될 수도 있지 않을까? 물론, 추적 연구가 잘못된 것은 아니다. 장기적인 치료의 효과를 확인하기 위한 비공식적인 연구를 할 수 있을 것이다. 그러나 우리는 그렇게 하지 않는다. 따라서, 우리가 얻은 추후 정보는 체계적으로 얻은 것이 아니다. 계속해서 접촉을 유지하고 있는 부부로부터 가끔씩 전화를 받기도 하고, 배우자 중 한사람 혹은 그들의 자녀들에서 추후 소식을 듣게 될 때도 있다. 세월이 지나면서, 우리는 우리가 치료한 사람들의 삶이 변화된 모습을 알게 될 때, 심리치료자가 된

보람과 기쁨을 느낀다.

이 책에서 제일 먼저 소개된 사례(1장, 9장, 14장)인 켄틴과 레베카는 치료가 끝난 지 2년 후에 우리에게 소식을 알려주었다. 켄틴의 조루 문제는 그가 엄청난 압력을 받았던 불임 검사를 받는 동안에 재발했다. 그들은 자연 임신을 하기에는 정자의 숫자가 너무 적다는 것을 발견했고, 한 두 가지 형태의 인공수정을 시도하고 있었다. 이 기간 동안에 켄틴과 레베카는 질내 사정을 자제할 것을 제안 받았다. 두 사람 모두는 성관계를 충분히 지속할 수 있었고, 두 사람 모두 손의 자극을 통해서 쉽게 오르가즘에 도달할 수 있었다. 이것은 그들의 성교 능력을 되찾아 주었고, 이 능력은 그들이 불임으로 인한 위기 동안에 그들의 불안을 담아주는데 사용될 수 있었다. 그들은 부부치료자에게 의뢰되었는데, 그 치료자는 임신을 상실한 것을 애도하고 인공 수정과 관련된 불안을 견딜 수 있도록 그들을 도울 수 있었다. 레베카는 몇 주 후에 그들이 비록 완벽한 것은 아니라 하더라도 편안하고 즐겁게 생활하고 있다는 내용의 편지를 보내왔다.

나이든 부부인, 진과 로즈 홀트(12장)는 부부의 성기능 장애를 잘 치료할 수 있었지만, 나이가 들면서 또 다른 어려움을 갖게 되었다. 60대를 넘기면서, 그들은 가끔씩 성기능의 상실과 장성한 자녀들을 다루는데서 오는 스트레스 때문에 치료자를 만났다. 그들은 70대가 되었을 때 노화에 따른 유기체적인 요인으로 인한 항구적인 발기부전 때문에 다시 찾아왔다. 그들은 전에 파파베린이라는 주사제를 처방 받았었다. 진이 이 처방을 들였을 때, 그와 로즈는 성적인 능력을 다시 회복할 수 있었다. 지금 그들은 70대 후반이며, 치료를 시도한 지 여러 해가 지났지만, 성생활은 과거 어느 때보다도 더 안정되어 있다.

그들이 또 하나의 종결에 직면했을 때, 진과 로즈는 그들 스

스로 일을 처리해야 하는 것에 대한 새로운 불안을 경험했다. 그
들의 과거의 종결을 반영하듯, 진은 경직되게 철수했고, 로즈는
혼란스러워했다. 치료자가 그들에게 그들이 마치 떠나갈 수 없
는 아이들처럼 그에게 의존해 있음을 나타내기 위해서 이런 패
턴을 사용한다고 지적했을 때, 그들은 상실을 직면할 수 있었고,
그들 자신의 안아주기 능력을 되찾고, 종결할 수 있었다. 그후 여
러 해 동안 로즈는 이따금씩 몇 회기로 이루어진 짧은 심리치료
를 더 받았다. 이 단기치료에서, 그녀는 진에 대한 오래된 증오에
대해 작업했고, 그녀를 아버지로부터 떼어낸 엄마에 대한 분노
를 다루었으며, 그녀가 갈망했던 부모로서의 치료자에 대한 상
실을 전이에서 작업할 수 있었다. 그녀의 부모는 그녀에게 결코
충분히 줄 수는 없었지만, 그것에 대해 이야기해줄 수는 있었다.
그리고 그녀는 그것으로서 거의 충분하다고 동의했다!

또 다른 부부인 맥스와 진저(12장)는 부부치료, 성치료, 개인치
료에서 상당히 많은 것을 얻었지만, 이렇게 해서 얻은 것들이 그
들의 결혼을 보장해 주지는 않았다. 그들은 이혼이 합리적인 선
택이라는 결론에 도달했고, 그 과정에서 그들이 도움을 받았다
는 사실을 부인하지 않았다. 그들 각자는 더 잘 맞는 사람과 만
나 잘 지내고 있으며, 그들의 자녀들도 마찬가지로 잘 지내고 있
음을 확인할 수 있었다.

또 다른 부부는 부부 평가를 하고 난 후에 부부치료와 병행해
서 개인치료를 받기로 했다. 우리 중 한 사람은 남자의 정서적인
어려움과 성적인 흥미 결핍을 다루기 위해 정신분석을 하기로
했고, 반면에 우리의 동료 중 하나는 여성의 오이디푸스적인 문
제—엄마와 자신을 비하하고 아버지를 이상화시키는—를 다루
기 위해 집중적인 심리치료를 하기로 했다. 두 사람 모두 치료가
잘 되었고, 그들은 무척 기뻐했다. 그들은 자녀를 가질 수 있게

되었고, 매우 행복한 결혼생활을 하게 되었다. 그들은 9개월 된 아들이 수면 장애를 일으켰을 때 잠깐 동안 치료를 받으러 왔었다. 그 수면 장애는 엄마의 불안과 스스로를 달래지 못하는 그의 기질적인 어려움이 모두 관련되어 있었다. 그리고 그 아이가 5세가 되어 아버지에 대한 오이디푸스적인 공격이 시작되면서 오래된 문제가 자극되었을 때, 한번 더 잠깐 동안 치료를 받으러 왔다. 부부는 그후로 중년기의 다양한 발달적 문제들로 가끔씩 수차례에 걸쳐 우리를 찾았다.

우리가 치료한 부부들로부터 얻은 이러한 비공식적인 추후 조사의 결과들은 그들이 우리와 함께 한 작업이 갖는 효과의 항구성과 그 한계를 보여준다. 그것들은 우리에게 그들의 치료적 진전과 우리의 치료적 노력이 갖는 효과를 검토할 수 있는 기회를 준다. 10년 내지 20년 동안 수십 명의 부부를 알고 지내오면서, 우리는 치료자와 환자 모두가 같은 시대의 삶을 함께 살고 있는, 같은 인간의 조건을 공유하고 있는 사람이라는 느낌이 치료자와 환자 사이의 관점의 차이보다 훨씬 더 중요하다는 사실을 깨닫게 되었다.

참고문헌

Althof, S. E., Turner, L. A., Risen, C. B., et al. (1988). Why do men drop out from intracavernosal treatment for impotence? Presented March 1988 at the Society for Sex Therapy and Research meeting, New York.

Bak, R. (1968). The phallic woman: the ubiquitous fantasy in perversion. *Psychoanalytic Study of the Child* 23:15–36. New York: International Universities Press.

Bannister, K., and Pincus, L. (1965). *Shared Phantasy in Marital Problems: Therapy in a Four Person Relationship*. London: Tavistock Institute of Human Relations.

Barbach, L. G. (1974). Group treatment of preorgasmic women. *Journal of Sex and Marital Therapy* 1:139–145.

—— (1975). *For Yourself: The Fulfillment of Female Sexuality*. New York: Doubleday.

—— (1980). *Women Discover Orgasm: A Therapist's Guide to a New Treatment Approach*. New York: Free Press.

Bieber, P., Dain, H., Dince, O., et al. (1962). *Homosexuality: A Psychoanalytic Study*. New York: Basic Books.

Bion, W. R. (1961). *Experiences in Groups*. New York: Basic Books.

—— (1962). *Learning from Experience*. London: Tavistock.

—— (1967). *Second Thoughts*. London: Heinemann.

—— (1970). *Attention and Interpretation: A Scientific Approach to Insight in Psycho-Analysis and Groups*. London: Tavistock.

Bollas, C. (1987). *The Shadow of the Object*. New York: Columbia University Press.

Box, S., Copley, B., Magagna, J., et al. (1981). *Psychotherapy with Families: An Analytic Approach*. London: Routledge and Kegan Paul.

Brazelton, T. B. (1982). Joint regulation of neonate-parent behavior. In *Social Interchange in Infancy*, ed. E. Tronick, pp. 7–22. Baltimore: University Park Press.

Brazelton, T. B., and Als, H. (1979). Four early stages in the development of mother–infant interaction. *Psychoanalytic Study of the Child* 34:349–369. New Haven, CT: Yale University Press.

Brazelton, T. B., Koslowski, B., and Main, M. (1974). The origins of reciprocity: the early mother–infant interaction. In *The Effects of the Infant on Its Caregiver*, ed. M. Lewis and L. A. Rosenblum, pp. 49–76. New York: Wiley.

Brazelton, T. B., Yogman, M., Als, H., and Tronick, E. (1979). The infant as a focus for family reciprocity. In *The Child and Its Family*, ed. M. Lewis and L. A. Rosenblum, pp. 29–43. New York: Plenum.

Breuer, J., and Freud, S. (1895). Studies on hysteria. *Standard Edition* 2.

Coen, S. (1985). Perversion as a solution to intrapsychic conflict. *Journal of the American Psychoanalytic Association* 33 (supp.):17–59.

Comfort, A. (1972). *The Joy of Sex: A Cordon Bleu Guide to Love Making*. New York: Simon & Schuster.

Dickes, R., and Strauss, D. (1979). Countertransference as a factor in premature termination of apparently successful cases. *Journal of Sex and Marital Therapy* 5:22–27.

Dicks, H. V. (1967). *Marital Tensions: Clinical Studies towards a Psychoanalytic Theory of Interaction*. London: Routledge and Kegan Paul.

Dunn, M. E., and Dickes, R. (1977). Erotic issues in co-therapy. *Journal of Sex and Marital Therapy* 3:205–211.

Ezriel, H. (1952). Notes on psychoanalytic group therapy II: interpretation and research. *Psychiatry* 15:119–126.

Fairbairn, W. R. D. (1944). Endopsychic structure considered in terms of object relationships. In *Psychoanalytic Studies of the Personality*, pp. 82–135. London: Routledge and Kegan Paul, 1952.

—— (1952). *Psychoanalytic Studies of the Personality*. London: Routledge and Kegan Paul. Also published as *An Object Relations Theory of the Personality*. New York: Basic Books.

—— (1954). Observations on the nature of hysterical states. *British Journal of Medical Psychology* 27:105–125.

—— (1958). The nature and aims of psycho-analytical treatment. *International Journal of Psycho-Analysis* 39:374–385.

—— (1963). Synopsis of an object-relations theory of the personality. *International Journal of Psycho-Analysis* 44:224–225.

Fisher, S. (1972). *The Female Orgasm*. New York: Basic Books.

Flugel, J. C. (1921) *Psychoanalytic Study of the Family*. In *International Psycho-Analytical Library*, no. 3, ed. E. Jones. London: International Psycho-Analytical Press.

Freud, S. (1894). Unpublished draft G. *Standard Edition* 1:206–212.

—— (1895). The psychotherapy of hysteria. *Standard Edition* 2:255–305.

—— (1905a). Fragment of an analysis of a case of hysteria. *Standard Edition* 7:7–122.

—— (1905b). Three essays on the theory of sexuality. *Standard Edition* 7:135–243.

—— (1912a). The dynamics of transference. *Standard Edition* 12:97–108.

—— (1912b). Recommendations to physicians practicing psychoanalysis. *Standard Edition* 12:111–120.

—— (1914). Remembering, repeating, and working through. *Standard Edition* 12:147–156.

Gill, M., and Muslin, H. (1976). Early interpretation of transference. *Journal of American Psychoanalytic Association* 24:779–794.

Graller, J. (1981). Adjunctive marital therapy: a possible solution to the split-transference problem. *The Annual of Psychoanalysis* 9:175–187. New York: International Universities Press.

Greenson, R. (1965). The problem of working through. In *Drives, Affects and Behavior*, vol. 2, ed. M. Schur, pp. 217–314. New York: International Universities Press.

Greenspan, S. I. (1981). *Clinical Infant Reports No. 1: Psychopathology and Adaptation in Infancy and Early Childhood*. New York: International Universities Press.

Gross, A. (1951). The secret. *Bulletin of the Menninger Clinic* 15:37–44.

Grotstein, J. (1982). *Splitting and Projective Identification*. New York: Jason Aronson.

Guntrip, H. (1969). *Schizoid Phenomena, Object Relations and the Self*. New York: International Universities Press.

Heiman, J. R., and LoPiccolo, J. (1988). *Becoming Orgasmic: A Personal and Sexual Growth Program for Women*. Second Edition. Englewood Cliffs, NJ: Prentice Hall.

Heimann, P. (1950). On counter-transference. *International Journal of Psycho-Analysis* 31:81–84.

Hite, S. (1976). *The Hite Report: A Nationwide Study of Female Sexuality*. New York: Macmillan.

Jaffe, D. S. (1968). The mechanism of projection: its dual role in object relations. *International Journal of Psycho-Analysis* 49:662–677.

Kaplan, H. S. (1974). *The New Sex Therapy: Active Treatment of Sexual Dysfunctions*. New York: Brunner/Mazel.

—— (1977). Hypoactive sexual desire. *Journal of Sex and Marital Therapy* 3:3–9.

—— (1979). *Disorders of Sexual Desire and Other New Concepts and Techniques in Sex Therapy*. New York: Brunner/Mazel.

—— (1983). *The Evaluation of Sexual Disorders: Psychological and Medical Aspects*. New York: Brunner/Mazel.

—— (1987a). *The Illustrated Manual of Sex Therapy*. Second Edition. New York: Brunner/Mazel.

—— (1987b). *Sexual Aversion, Sexual Phobias, and Panic Disorder*. New York: Brunner/Mazel.

Kernberg, O. (1975). *Borderline Conditions and Pathological Narcissism*. New York: Jason Aronson.

—— (1987). Projection and projective identification: developmental and clinical aspects. In *Projection, Identification, Projective Identification*, ed. J. Sandler, pp. 93–115. Madison, CT: International Universities Press.

Khan, M. M. R. (1979). *Alienation in Perversions*. New York: International Universities Press.

Klein, M. (1946). Notes on some schizoid mechanisms. *International Journal of Psycho-Analysis* 27:99–100. And in *Envy and Gratitude & Other Works, 1946–1963*, pp. 1–24. London: Hogarth Press and the Institute of Psycho-Analysis, 1975.

Kolb, L., and Johnson, A. (1955). Etiology and therapy of overt homosexuality. *Psychoanalytic Quarterly* 24:506–515.

Langs, R. (1976). *The Therapeutic Interaction. Vol. II: A Critical Overview and Synthesis*. New York: Jason Aronson.

Levay, A. N., and Kagle, A. (1978). Recent advances in sex therapy:

integration with the dynamic therapies. *Psychiatric Quarterly* 50:5–16.

Levay, A. N., Kagle, A., and Weissberg, J. (1979). Issues of transference in sex therapy. *Journal of Sex and Marital Therapy* 5:15–21.

Levine, S. B. (1988). *Sex Is Not Simple*. Columbus, OH: Ohio Psychology.

Levine, S. B., and Agle, D. (1978). The effectiveness of sex therapy for chronic secondary psychological impotence. *Journal of Sex and Marital Therapy* 4:235–258.

Lieblum, S. R., and Pervin, L. A. (1980). *Principles and Practice of Sex Therapy*. New York: Guilford Press.

Lieblum, S. R., and Rosen, R. C., eds. (1988). *Sexual Desire Disorder*. New York: Guilford Press.

Lief, H. F. (1977). What's new in sex research? Inhibited sexual desire. *Medical Aspects of Human Sexuality* 11:94–95.

—— (1989). Integrating sex therapy with marital therapy. Paper presented at The 47th Annual Conference of the American Association of Marriage and Family Therapists. San Francisco, California, October 27, 1989.

Loewald, H. (1960). On the therapeutic action of psychoanalysis. *International Journal of Psycho-Analysis* 41:16–33.

LoPiccolo, J., and Lobitz, W. C. (1972). The role of masturbation in the treatment of orgasmic dysfunction. *Archives of Sexual Behavior*. 2:163–171. Also in *Handbook of Sex Therapy*, ed. J. LoPiccolo and L. LoPiccolo, pp. 187–194. New York: Plenum, 1978.

LoPiccolo, J., and LoPiccolo, L. (1978). *Handbook of Sex Therapy*. New York: Plenum.

LoPiccolo, J., and Steger, J. (1974) The sexual interaction inventory: a new instrument for assessment of sexual dysfunction. *Archives of Sexual Behavior* 3:585–595.

Mahler, M., Pine, F., and Bergman, A. (1975). *The Psychological Birth of the Human Infant: Symbiosis and Individuation*. New York: Basic Books.

Malin, A., and Grotstein, J. (1966). Projective identification in the therapeutic process. *International Journal of Psycho-Analysis* 47:26–31.

Masters, W. H., and Johnson, V. E. (1966). *Human Sexual Response*. Boston: Little, Brown.

—— (1970). *Human Sexual Inadequacy*. Boston: Little, Brown.

McDougall, J. (1970). Homosexuality in women. In *Female Sexuality: New Psychoanalytic Views*, ed. J. Chasseguet-Smirgel, pp. 94–134. Ann Arbor: University of Michigan Press.

—— (1985) *Theaters of the Mind: Illusion and Truth on the Psychoanalytic Stage*. New York: Basic Books.

—— (1986). Identification, neoneeds, and neosexualities. *International Journal of Psycho-Analysis* 67:19–33.

Meyer, J. K. (1985a). Ego-dystonic homosexuality. In *Comprehensive Textbook of Psychiatry IV*, ed. H. I. Kaplan and B. Saddock, pp. 1056–1065. Baltimore: Williams & Wilkins.

—— (1985b). Paraphilias. In *Comprehensive Textbook of Psychiatry IV*, ed. H. I. Kaplan and B. Saddock, pp. 1065–1076. Baltimore: Williams & Wilkins.

Meissner, W. W. (1980). A note on projective identification. *Journal of The American Psychoanalytic Association* 28:43–67.

—— (1987). Projection and projective identification. In *Projection, Identification, Projective Identification*, ed. J. Sandler, pp. 27–49. Madison, CT: International Universities Press.

Mitchell, S. A. (1988). *Relational Concepts in Psychoanalysis: An Integration*. Cambridge, MA: Harvard University Press.

Money-Kyrle, R. (1956). Normal countertransference and some of its deviations. *International Journal of Psycho-Analysis* 37:360–366.

Moultrup, D. J. (1990). *Husbands, Wives and Lovers: The Emotional System of the Extra-Marital Affair*. New York: Guilford Press.

Murray, J. M. (1955). *Keats*. New York: Noonday Press.

Ogden, T. H. (1982). *Projective Identification and Psychotherapeutic Technique*. New York: Jason Aronson.

—— (1986). *The Matrix of the Mind*. Northvale, NJ: Jason Aronson.

—— (1989). *The Primitive Edge of Experience*. Northvale, NJ: Jason Aronson.

Paolino, T. J., Jr., and McCready, B. S., eds. (1978). *Marriage and Marital Therapy: Psychoanalytic, Behavioral and Systems Theory Perspectives*. New York: Brunner/Mazel.

Pincus, L., ed. (1960). *Marriage: Studies in Emotional Conflict and Growth*. London: Methuen.

Racker, H. (1968). *Transference and Countertransference*. New York: International Universities Press.

Raley, P. E. (1976). *Making Love: How to Be Your Own Sex Therapist*. New York: Dial.

Roiphe, H., and Galenson E. (1981). *Infantile Origins of Sexual Identity*. New York: International Universities Press.

Sachs, H. (1923). On the genesis of sexual perversion. *Internationale Zeitschrift fur Psychoanalyse* 9:172–182. Trans. H. F. Bernays, 1964, New York Psychoanalytic Institute Library; quoted in C. W. Socarides, *Homosexuality*, 1978.

Saghir, M. T., and Robins, E. (1973). *Male and Female Homosexuality*. Baltimore: Williams & Wilkins.

Sander, F. (1989). Marital conflict and psychoanalytic therapy in the middle years. In *The Middle Years: New Psychoanalytic Perspectives*, ed. J. Oldyam and R. Liebert, pp. 160–176. New Haven, CT: Yale University Press.

Sandler, J., ed. (1987). *Projection, Identification and Projective Identification*. Madison, CT: International Universities Press.

Scharff, D. (1978). Truth and consequences in sex and marital therapy: the revelation of secrets in the therapeutic setting. *Journal of Sex and Marital Therapy* 4:35–49.

—— (1982). *The Sexual Relationship: An Object Relations View of Sex and the Family*. Boston, London: Routledge and Kegan Paul.

Scharff, D., and Scharff, J. S. (1987). *Object Relations Family Therapy*. Northvale, NJ: Jason Aronson.

Scharff, J. S., ed. (1989). *Foundations of Object Relations Family Therapy*. Northvale, NJ: Jason Aronson.

—— (in progress). *Projective Identification*. Northvale, NJ: Jason Aronson.

Schmidt, C. W., and Lucas, M. J. (1976). The short-term, intermittent, conjoint treatment of sexual disorders. In *Clinical Management of Sexual Disorders*, ed. J. K. Meyer, pp. 130–147. Baltimore: Williams & Wilkins.

Segal, H. (1964). *Introduction to the Work of Melanie Klein*. London: Heinemann; Hogarth Press and the Institute of Psycho-Analysis.

—— (1981). *The Work of Hanna Segal*. New York: Jason Aronson.

Semans, J. H. (1956). Premature ejaculation: a new approach. *Southern Medical Journal* 49:353–357.

Shapiro, R. L. (1979). Family dynamics and object relations theory: an analytic, group-interpretive approach to family therapy. In *Foundations of Object Relations Family Therapy*, ed. J. S. Scharff, pp. 225–258 Northvale, NJ: Jason Aronson.

Skynner, A. C. R. (1976). *Systems of Family and Marital Psychotherapy*. New York: Brunner/Mazel.

Slipp, S. (1984). *Object Relations: A Dynamic Bridge between Individual and Family Treatment*. New York: Jason Aronson.

Socarides, C. W. (1978). *Homosexuality*. New York: Jason Aronson.

Spitz, R. A. (1945). Hospitalism: an inquiry into the genesis of psychiatric conditions in early childhood. *Psychoanalytic Study of the Child* 1:53–74. New York: International Universities Press.

Spitz, R. A. (1965). *The First Year of Life*. New York: International Universities Press.

Stierlin, H. (1977). *Psychoanalysis and Family Therapy*. New York: Jason Aronson.

Stern, D. N. (1985). *The Interpersonal World of the Infant: A View from Psychoanalysis and Developmental Psychology*. New York: Basic Books.

Stoller, R. J. (1975). *Perversion: The Erotic Form of Hatred*. New York: Pantheon.

—— (1979). *Sexual Excitement: Dynamics of Erotic Life*. New York: Pantheon.

Strean, H. S. (1976) The extra-marital affair: a psychoanalytic view. *The Psychoanalytic Review* 63:101–113.

—— (1979). *The Extramarital Affair*. New York: Free Press.

Sutherland, J. D. (1963). Object relations theory and the conceptual model of psychoanalysis. *British Journal of Medical Psychology* 36:109–124.

Wallerstein, J. S., and Blakeslee, S. (1989). *Second Chances*. New York: Ticknor & Fields.

Wegner, D. M., Shortt, J. W., Blake, A. W., Page, M. S., et al. (1990). The suppression of exciting thoughts. *Journal of Personality and Social Psychology* 58:409–418.

Winer, R. (1989). The role of transitional experience in development in healthy and incestuous families. In *Foundations of Object Relations Family Therapy*. ed. J. S. Scharff, pp. 357–384. Northvale, NJ: Jason Aronson.

Winnicott, D. W. (1947). Hate in the countertransference. In *Collected Papers: Through Paediatrics to Psychoanalysis*, pp. 194–203. London: Tavistock, 1958, and The Hogarth Press, 1975.

—— (1951). Transitional objects and transitional phenomena. In *Collected Papers: Through Paediatrics to Psychoanalysis*, pp. 229–242. London: Tavistock, 1958, and The Hogarth Press, 1975.

—— (1956). Primary maternal preoccupation. In *Collected Papers: Through Paediatrics to Psychoanalysis*, pp. 300–305. London: Tavistock, 1958, and The Hogarth Press, 1975.

—— (1958). *Collected Papers: Through Paediatrics to Psychoanalysis*. London: Tavistock, 1958, and The Hogarth Press, 1975.

—— (1960a). The theory of the parent–infant relationship. *International Journal of Psycho-Analysis* 41:585–595, and in *The Maturational Processes and the Facilitating Environment*, pp. 37–55. London: The Hogarth Press, 1965.

—— (1960b). Ego distortion in terms of true and false self. In *The Maturational Processes and the Facilitating Environment: Studies on the Theory of Emotional Development*, pp.140–152. London: The Hogarth Press, 1965.

—— (1963) Communicating and not communicating leading to a study of certain opposites. In *The Maturational Processes and the Facilitating Environment: Studies on the Theory of Emotional Development*, pp. 179–192. London: The Hogarth Press, 1965.

—— (1968). The use of an object and relating through cross-identification. In *Playing and Reality*, pp. 86–94. New York: Basic Books.

—— (1971). *Playing and Reality*. New York: Basic Books.

Williams, A. H. (1981). The micro environment. In *Psychotherapy with Families: An Analytic Approach*, ed. S. Box et al., pp. 105–119. London: Routledge and Kegan Paul.

Zetzel, E. (1958). Therapeutic alliance in the analysis of hysteria. In *The Capacity for Emotional Growth*, pp. 182–196. New York: International Universities Press, 1970.

Zilbergeld, B., and Evans, M. (1980). The inadequacy of Masters and Johnson. *Psychology Today* 14:29–43.

Zinner, J. (1976). The implications of projective identification for marital interaction. In *Contemporary Marriage: Structure, Dynamics, and Therapy*, ed. H. Grunebaum and J. Christ, pp. 293–308. Boston: Little, Brown. Also in *Foundations of Object Relations Family Therapy*, ed. J. S. Scharff, pp. 155–173. Northvale, NJ: Jason Aronson, 1989.

—— (1989). The use of concurrent therapies: therapeutic strategy or reenactment. In *Foundations of Object Relations Family Therapy*, ed. J. S. Scharff, pp. 321–333. Northvale, NJ: Jason Aronson.

Zinner, J., and Shapiro, R. (1972). Projective identification as a mode of perception and behavior in families of adolescents. *International Journal of Psycho-Analysis* 53:523–530, and in *Foundations of Object Relations Family Therapy*, ed. J. S. Scharff, pp. 109–126. Northvale, NJ: Jason Aronson.

—— (1974). The family group as a single psychic entity: implications for acting out in adolescence. *International Review of Psychoanalysis* 1 1:179–186, and in *Foundations of Object Relations Family Therapy*, ed. J. S. Scharff, pp. 187–202. Northvale, NJ: Jason Aronson.

주제별 색인

Object Relations Couple Therapy

by David E. Scharff & Jill Savege Scharff

Copyright © 1991 by David E. Scharff & Jill Savege Scharff
by arrangement with Jason Aronson Inc. and Mark Paterson

Translation copyright © 2003
by Korea Psychotherapy Institute

대상관계 부부치료

발행일 | 2003년 5월 10일
지은이 | 데이빗 E. 샤르프, 질 새비지 샤르프
옮긴이 | 이재훈
펴낸이 | 이준호
펴낸곳 | 한국심리치료연구소
주소 | 서울시 종로구 새문안로5가길 28, (적선동, 광화문플래티넘) 918호
전화 | 02) 730-2537~8   팩스 | 02) 730-2539
홈페이지 | www.kicp.co.kr   E-mail | kicp21@naver.com
등록 | 제22-1005호(1996년 5월 13일)

정가   20,000원

ISBN   89-87279-31-6 93180

◇정기 간행물

000 정신분석 프리즘

◇대상관계이론과 기법 시리즈

멜라니 클라인
001 멜라니 클라인
002 임상적 클라인

도널드 위니캇
003 놀이와 현실
004 그림놀이를 통한 어린이 심리치료
005 성숙과정과 촉진적 환경
006 박탈과 비행
007 소아의학을 거쳐 정신분석학으로
008 가정, 우리 정신의 근원
009 아이, 가족, 그리고 외부세계
010 울타리와 공간
011 참자기
012 100% 위니캇

로널드 페어베언
013 성격에 관한 정신분석학적 연구

크리스토퍼 볼라스
014 대상의 그림자
015 환기적 대상세계
016 끝없는 질문
017 그들을 잡아줘 떨어지기 전에

오토 컨버그
018 내면세계와 외부현실
019 대상관계이론과 임상적 정신분석
020 인격장애와 성도착에서의 공격성

◇대상관계이론과 기법 시리즈

그 외 이론 및 기법서
021 심각한 외상과 대상관계
022 정신분석학적 대상관계이론
023 대상관계 개인치료1: 이론
024 대상관계 개인치료2: 기법
025 대상관계 부부치료
026 대상관계 단기치료
027 대상관계 가족치료1
028 대상관계 집단치료
029 초보자를 위한 대상관계 심리치료
030 단기 대상관계 부부치료
031 대상관계이론과 정신병리

◇하인즈 코헛과 자기심리학 시리즈

032 자기의 분석
033 자기의 회복
034 정신분석은 어떻게 치료하는가?
035 하인즈 코헛과 자기심리학
036 하인즈 코헛의 자기심리학 이야기1
037 자기심리학 개론
038 코헛의 프로이트 강의

◇아스퍼거와 자폐증

039 자폐아동을 위한 심리치료
040 살아있는 동반자
041 아동 자폐증과 정신분석
042 아스퍼거 아동으로 산다는 것은?
043 자폐아동의 부모를 위한 101개의 도움말
044 자폐적 변형

현대정신분석연구소 수련 과정 안내

이 책을 혼자 읽고 이해하기 어려우셨나요? 그렇다면 함께 공부합시다! **현대정신분석연구소**에서 이 책의 내용에 대한 강의를 들으실 수 있습니다.

현대정신분석연구소는 1996년에 한국심리치료연구소라는 이름으로 창립되어, 국내에 정신분석 및 대상관계이론을 전파하는 선구자적 역할을 해왔습니다.

정신분석을 연구하고 교육하는 기관으로서 주요 정신분석 도서 130여권을 출판 하였으며, 정신분석전문가 및 정신분석가를 양성하고 있습니다.

또한 부설기관인 **광화문심리치료센터**에서는 대중을 위한 정신분석 및 정신분석적 심리치료를 제공하고 있습니다.

현대정신분석연구소에서는 미국 뉴욕과 보스턴 등에서 정식 훈련을 받고 정신분석 면허를 취득한 교수진 및 수퍼바이저들로 구성되어 있으며, 뉴욕주 정신분석가 면허 기준에 의거한 분석가 및 정신분석전문가 프로그램을 운영하고 있습니다. 프로그램에서는 프로이트부터 출발하여 대상관계, 자기심리학, 상호주관성, 모던정신분석, 신경정신분석학, 애착 이론, 라깡 이론 등 최신 정신분석의 이론에 이르는 다양한 이론들을 연구하는 포용적eclectic 관점을 채택하고 있습니다.

프로그램에서 요구하는 요건들을 모두 충족하고 프로그램을 졸업하게 되면, **사단법인 한국정신분석협회**에서 공인하는 'Psychoanalyst'와 'Psychoanalytic Psychotherapist' 자격을 취득하게 됩니다. 이와 동시에 현대정신분석연구소와 결연을 맺은 미국 모던정신분석협회Society of Modern Psychoanalysts, SMP에서 수여하는 'Psychoanalyst'와 'Applied Psychoanalysis Professional' 자격증을 신청할 수 있습니다.

국내에서 가장 정통있는 정신분석 기관 중 하나로서 **현대정신분석연구소**는 인간에 대한 보다 심층적인 이해를 통해 한국사회의 정신건강에 기여하고자 합니다.

■ 졸업 요건

구분	PSYCHOANALYST	PSYCHOANALYTIC PSYCHOTHERAPIST
번호	· 등록민간자격 2020-003430	· 등록민간자격 2020-003429
임상	· 개인분석 300시간 이상 · 개인수퍼비전 200시간 · 임상 1,000시간 이상	· 개인분석 150시간 이상 · 개인수퍼비전 25시간 · 임상 150시간 이상
교육	· 졸업이수학점 72학점 · 기말페이퍼 12과목 · 종합시험 5과목 · 졸업 사례발표 2회 · 졸업논문	· 졸업이수학점 48학점 · 종합시험 5과목 · 졸업 사례발표 1회
입학 자격	석사 혹은 그에 준하는 학력이상	학사 혹은 그에 준하는 학력이상

※상기 자격은 자격기본법 규정에 따라 등록한 민간자격으로, 국가로부터 인정받은 공인자격이 아닙니다.

■ 문의 및 오시는 길

서울시 종로구 새문안로 5가길 28(적선동, 광화문플래티넘) 918호

- Tel: 02) 730-2537~8 / Fax: 02) 730-2539
- E-mail: kicp21@naver.com
- 홈페이지: www. kicp.co.kr (홈페이지를 통해 인터넷 강의도 수강이 가능합니다)

* 정신분석에 관한 유용한 정보들을 한눈에 보실 수 있는 **정신분석플랫폼 몽상**의
　SNS 채널들과 **현대정신분석연구소** 유튜브 채널을 팔로우 해보세요!

blog 네이버 블로그: blog.naver.com/kicp21

ⓘ 인스타그램: @psya_reverie

▶ 유튜브 채널: 현대정신분석연구소

f 페이스북 페이지: 정신분석플랫폼 몽상

QR코드로 접속하기